COACHING ENERGÉTICO

SER Y HACER CON ESPÍRITU

JOHN COLLINGS, PH. D., M.C.C.
LEA HARPER, M.O.D.

KOLIMA BOOKS

Categoría: Crecimiento personal
Colección: Autoayuda, coaching, mindfulness y psicología

Título original: *Energetic Coaching, Doing and Being with Spirit*
Primera edición: Diciembre 2019
© 2019 Editorial Kolima, Madrid
www.editorialkolima.com

Autores: John Collings y Lea Harper
Traducción: Multiversidad Improving Network
Esta traducción se ha realizado por amor y compromiso con la Fuente de nuestro Ser y Hacer, en el deseo de proclamar a los cuatro vientos quiénes somos y para qué vivimos.
Dirección editorial: Marta Prieto Asirón
Maquetación de cubierta: Sergio Santos Palmero
Maquetación: Carolina Hernández Alarcón

ISBN: 978-84-17566-87-6
Depósito legal: M-37819-2019
Impreso en España

La «Multiversidad Improving Network» es una hermandad,
un lugar en el que confluimos viejos compañeros de camino.
Un lugar de respeto, aceptación y alegría por el reencuentro...

*«Ser un 'improving networker' implica proceder del
lugar de la genuina autenticidad. 'Improving' significa
incorporar y compartir mis puntos de vista en colaboración
con personas afines. Es rendir mi ego a la dicha del ser
superior. Llevar a efecto acciones congruentes en el ahora
para alcanzar amor, paz y felicidad para todos».*
JOHN COLLINGS, MCC (ICF), *Coach Trainer* Emérito de SUN,
PhD en Comportamiento Organizacional. Autor de *Energetic Coaching, Being&Doing with Spirit*. Co-fundador de
Coaching energético.

*«Ser una 'improving networker' es para mí ser la expresión
más completa de mi auténtico ser en el Multiverso de la
Unidad, conectada en Amor con la Fuente de Todo-Ser y
expresando, a través del Hacer, las cualidades del Espíritu
del que venimos y al que regresaremos.*
LEATRA HARPER, PCC (ICF), *Coach* de SUN, Master en Organizational Development, Autora de *Energetic Coaching,
Being&Doing with Spirit*. Co-fundadora de *Coaching
energético*.

«Ser una 'improving networker' es una identidad para mí, cómo presentar y presentarme. 'Improving' para mí significa llevar mi auténtico y entusiasta ser a todas las conexiones, para mi progreso y para la evolución positiva de la humanidad. Como una networker interactúo, inspiro, influencio y abrazo a muchas personas, por lo que podemos sostener y entremezclar nuestras esencias. Para mí, 'improving' significa recordar y recordarles a otros que todo es perfecto tal y como es, y que tenemos que honrar, celebrar y estar agradecidos por ello. Mi papel es estar alineada y abierta para recibir y compartir las bendiciones que ya están aquí».

Teri-E Belf, primera MCC (ICF) del mundo. Conocida como la «Abuela del *Coaching*». Fundadora y directora de SUN, Success Unlimited Network

«Ser un 'improving networker' para mí es vivir como un rayo de luz para los demás».

Alfonso Medina Fermín, MCC (ICF), *Master Coach Trainer* de SUN y Doctor en Psicología

ÍNDICE

PRÓLOGO A LA EDICIÓN ESPAÑOLA

«Co-creamos el mundo que nos merecemos y YA ES»
www.gruporhmadrid.com/madrid 11.03.2019

*«Aquí las palabras me faltan, se rezagan del sentimiento,
que es ignoto, extraño, incomunicable... ¿Cómo se logra?
Como todas las situaciones perfectas en este mundo
imperfecto, alcanzando el punto álgido en que ser y no
ser se tocan, en que las cosas se vuelven su contrario...
Ese descubrimiento ha sido el mayor logro de mi vida,
incomparablemente más preciado que todas las obras
salidas de mis manos. Pero ese estado de ánimo queda en
mí y morirá conmigo, por eso deseo dejarlo anunciado...
Quiera Dios que algunos lo vayan descifrando y lo
cultiven como yo en su cuerpo, su sensibilidad, en su alma
vegetativa, animal y angélica, armonizando las tres,
porque ese será el hombre (y la mujer) nuevo(s)[1]».*

LEONARDO DA VINCI

Por iniciativa del Instituto Multiversitario RH Asesores Improving, miembro de la Multiversidad Improving Network, te damos la bienvenida a la traducción al español de *Energetic Coaching, Being and Doing with Spirit*, «el primer libro de la estantería de nuestra Multiversidad», tal como Alfonso Medina Fermín lo bautizó en mayo de 2014 cuando regaló su ejemplar en inglés a nuestra comunidad en un momento inolvidable para mí. Sin yo saberlo, él lo había recibido de su maestro John Collings muchos años antes. Re-

---

1   Entre paréntesis aportaciones de Elena Pérez-Moreiras López.

cibir este ejemplar de sus manos esa mañana tardía en nuestra sede multiversitaria de Andújar, Jaén, como colofón a un impresionante programa avanzado de *coaching* (*Coaching Energético*, primera edición) fue uno de los miles «regalos caídos del cielo» que me han llovido desde que él, mi maestro y *coach*, Alfonso Medina, me comenzara a acompañar en la maravillosa aventura de conectar con mi alma y ponerla al servicio de los demás y de mí misma.

Imagen 1. Ejemplar original de *Energetic Coaching, Doing and Being with Spirit* y lugar exacto en el que el 11.05.14 Alfonso Medina regalara a la Multiversidad Improving Network este libro (en su texto original en inglés) como «primer libro de la estantería de nuestra Multiversidad».

La «Multiversidad Improving Network» es un proyecto colectivo que ponemos a tu servicio y al de todos los que como nosotros se declaran apasionados por la capacidad de crecer del ser humano, su dimensión energética y su naturaleza espiritual. Somos una red de impulsores de personas, equipos, organizaciones y sociedades que se ponen al ser-vicio del desarrollo humano con el fin de contribuir a la co-creación del mundo que nos merecemos y ya es.

Con la convicción profunda de que es más lo que nos une que aquello que nos separa, desde el espíritu de colaboración colectiva y meta-competenciación nació *Improving Network* en junio de 2012 en Majadahonda, Madrid (España). Una multiversidad formada por profesionales de muchas y muy diversas procedencias: *coaches*, psicólogos, médicos, abogados, economistas, periodistas, físicos, matemáticos, artistas... y muchos más. Un espacio abierto, inclusivo y global en el que todos, desde el respeto, la escucha, el fomento de la diversidad y la apertura a lo desconocido como medio de enriquecimiento personal y social tenemos cabida. Somos grandes amigos unidos por y para el desarrollo humano.

Nuestro propósito de vida colectivo es «energizar, irradiar amor en servicio al desarrollo global, dirigido a equipos, personas y organizaciones; pulsando, alentando, jugando y amando, para cocrear el mundo que nos merecemos y ya es».

Si resuenas con estas palabras, si has sentido en repetidas ocasiones la energía que fluye en tu interior y esa otra que detectas en los ambientes en los que te mueves, la que emana de las personas con las que te relacionas, de la naturaleza y de todo lo existente, quizás tengas mucho que ver con nosotros.

Si, además, después de leer esta maravillosa obra –libro de cabecera de cualquier *coach* y/o facilitador energético– se incrementa tu sensibilidad y tu sentido de plenitud, bienvenido a esta tu casa.

Deseamos que disfrutes tanto como lo hemos hecho nosotros en el proceso de preparar este regalo para ti. Seguro que mientras lo leas John y Lea derraman suavemente su luz sobre ti. Esa luz que emana del espíritu, que llena nuestra alma y que alinea de manera impecable nuestro ser con nuestro hacer.

Queremos que sepas que a todos y cada uno de los miembros del equipo de traducción esta obra nos ha traído eso que necesitábamos en el momento preciso de leerla. Ojalá a ti te traiga lo mismo.

Estamos seguros de que bajo la influencia de estos maravillosos *coaches* energéticos, John Collings y Leatra (Lea para los amigos) Harper, pioneros en esta forma tan poderosa de acompañar, podrás experimentar la fuerza de la presencia del espíritu en ti y en cada faceta de tu vida de ahora en adelante. Tan solo date permiso, relájate y disfruta.

Bienvenido al infinito y apasionante mundo del *coaching* energético.

Gracias John, gracias Lea, gracias Teri-E, gracias Alfonso, gracias equipo de proyecto ([2]), gracias Marta, gracias Multiversidad Improving Network. Esto y mucho MÁS para «Cocrear el Mundo que nos merecemos y YA ES» *all over the world.*

¡Así es y así será! Gracias a todos. ¡Lo hemos conseguido! Sin todos y cada uno de vosotros, imposible.

Con sonrisa de *coach* energética,

Elena Pérez-Moreiras López[3]
Majadahonda, Madrid 11 de marzo de 2019

---

2   Miembros del Equipo de Proyecto: Eva del Olmo Calvin, Techu Arranz Basagoiti, Laura Pérez Sánchez, Lourdes Repiso Portillo, Rocío González-Aller Pita, Andreína Ortiz Cardozo, Samar Cajal Falk, Natalia Pérez Arango, Carmen Crespo Salazar, María Manzano Sánchez, María Torres Pascual, Ángeles Barbero Hernández, Ana Santillana Fernández, Lourdes Pérez Pérez, Juan José Hidalgo Arroquia, Angelien Kaak, Asunción Saura Cuadrillero, Carmen González Román, Rafael Martínez Alonso, Victoria Cepeda Ibáñez, Eva Martínez Álvarez, Eloy García Osa, Gustavo Adolfo Arranz Molero, Beatriz Díaz Serrano, Carla da Silva Chasco, Alfonso Medina Fermín, Ramón Gil Gil, Virginia González González-Vélez, Elena Peregrín Caballero.

3   Psicóloga Experta en Coaching por COPM, Coach de SUN (Success Unlimited Network), Coach PCC (ICF), Directora del Instituto Multiversitario RH Asesores Improving. Miembro de la Multiversidad Improving Network. Doctoranda en la tesis: «La Inteligencia Energética, más allá de la Inteligencia Emocional».

PRÓLOGO

Suena el timbre de la puerta. Cuando abres te encuentras con un repartidor que se asoma detrás de un frigorífico enorme diciendo que acabas de ganarlo. «Debe tratarse de un error –contestas–. No tengo sitio para esto».

Traducido en términos de *coaching* podríamos leer lo siguiente:

Tu cliente, sentado cerca de ti o al teléfono, acaba de decir algo. Una imagen de ti en estos momentos refleja que: 1) Tus pensamientos vagan y te cuestionas qué preguntas deberías hacer; 2) tu ego siente miedo de que la elección que hagas revele la falta de confianza en ti mismo; 3) te das cuenta de que tu estómago está haciendo ruidos; 4) tu yo enjuiciador ha estado evaluando las palabras del cliente a la búsqueda de alguna incongruencia con tus valores personales; 5) te sobreviene una sensación constante de no poder lograr convertir esa conversación de *coaching* en algo útil. Tu ego se está interponiendo en el camino; la energía del espíritu no tiene espacio para manifestarse.

El repartidor está a punto de llamar a la puerta; esta vez no con una nevera sino con el libro que tienes entre las manos: *Coaching energético, ser y hacer con espíritu*, junto con el enorme desafío de aumentar tu habilidad como *coach*.

La Conexión entre el Pensamiento de Vanguardia y la Sabiduría Ancestral

En la profesión de *coaching*, el debate sobre la energía y el despertar espiritual está en su punto más álgido. Cuando se me pidió escribir este prólogo estaba leyendo *E=mc2: la biografía de la ecuación más famosa del mundo,*[4] escrito por David Bodanis (2000) y acababa de ver en la PBS (Televisión pública estadounidense) el documental *El Universo elegante* (2003)[5] basado en el libro de Brian Greene del mismo nombre sobre la «Teoría de las Cuerdas». Greene hace avanzar nuestra forma de entender la conexión entre los macro universos, como por ejemplo nuestro sistema solar, y el micro mundo subatómico de las ondas y las partículas cuánticas. La conexión es vibración o energía. Este tipo de asunto me intriga como pasatiempo intelectual pero no parece tener mucho que ver con el *coaching*. Cuando leas este libro te darás cuenta de que tiene todo que ver con el *coaching*. Ambas perspectivas, la etérea y la concreta, presentadas en *Coaching energético* van mucho más allá de las once competencias que la ICF señala como cruciales para el ejercicio de nuestra profesión. Considera este libro un puente que ofrece al *coaching* la conexión entre el pensamiento de vanguardia y la sabiduría ancestral.

PREGUNTAS BÁSICAS

Si eres una persona «abierta, receptiva, ávida de aprendizajes, viajera en el camino de resolver las preguntas últimas sobre el sentido de la vida» probablemente estés considerando comprar este libro o ya estás leyéndolo y reconoces en ti misma esas cualidades que los autores utilizan para describir al *coach energético*. Los que buscan habitan en la pregunta.

¿Te has preguntado alguna vez, ya seas un *coach* recién iniciado o un *coach* experimentado, como aumentar

---

4   Bodanis, David. *E=mc2: A Biography for the World's Most Famous Equation.* The Berkley Publishing Company: New York, 2000.

5   Greene, Brian, *The Elegant Universe* (*El Universo elegante*). Vintage Books, New York, 2000. PBS October 26, 2003 and November 4, 2003. www.pbs.org/wgbh/npva/elegant

tu propia energía para conseguir una frecuencia vibratoria más elevada o, mejor aún, para ayudar a tu cliente a obtener una «frecuencia creciente para alcanzar su máximo nivel de energía»? ¿Estás familiarizado con los procesos y técnicas que hacen tangible lo intangible referentes al espíritu? ¿Puedes cuantificar tu experiencia con el espíritu? ¿Sabes cómo hacer crecer la energía?

Este libro gira en torno a estas preguntas y las respuestas tienen algo que ver con conceptos que nos son familiares: creencias, acciones, pensamientos, actitudes, sentimientos, juicios, conciencia, motivos, valores, opciones, conexión con el corazón, intuición, leyes físicas naturales y patrones instintivos. Entonces, ¿qué hace que este libro sea diferente de otros libros de *coaching* o relacionados con el espíritu?

¿POR QUÉ ESTE LIBRO ES DIFERENTE?

Mientras escribía mi libro *Coaching con espíritu: dejando que el éxito emerja*, en el que invito a los lectores a considerar el marco de referencia del espíritu en el proceso de *coaching*, a menudo documentaba mis observaciones sin entender por qué estaban ocurriendo. *Coaching energético* va un paso más allá y aborda el tema desde la dinámica que subyace a estos procesos para ayudarte a entender por qué nos comportamos como lo hacemos y qué podemos hacer al respecto de forma intencionada.

El plato fuerte, la parte más provocadora y estimulante de este libro, para mí fue el capítulo sobre la sombra. Ningún libro de *coaching* que yo conozca ha abordado el tema de la sombra de esta manera. Para serte sincera, yo era una de esas personas que prefería no dedicar tiempo a nuestro lado sombrío. Sin embargo, después de leer el capítulo 7, sé que estarás conmigo en apreciar la claridad de la exposición y la forma tan convincente de abordar este tema. Este capítulo muestra la manera de reconocer cuando nuestra sombra se hace presente como maestra y nos muestra diez maneras de conseguir que brote la energía del espíritu para hacer frente a sus desafíos. Aprenderás las diferentes maneras de confrontar la sombra que aparecen en la relación de *coaching* como, por ejemplo, el ego, la intensidad de la energía vibratoria, el egocentrismo, los apegos. Ahora estoy convencida de la necesidad de que como *coaches* energéticos abramos nuestra consciencia y abracemos a la sombra en nuestro trabajo. Esto me ha llevado a un nuevo nivel de integración en mi forma de hacer *coaching*.

Los autores nos persuaden y enriquecen con muchas opciones de aprendizaje desde el punto de vista académico, perceptual, de marcos de referencia y modelos de análisis de expectativas, valores y cualidades de los *coaches* energéticos. Su valoración en el capítulo 4 es una de las mejores aproximaciones al crecimiento espiritual que jamás haya encontrado.

Habiendo pasado más de la mitad de mi carrera en el área de Recursos Humanos (RRHH), he encontrado en el capítulo 6 un marco de actuación, una guía escrita por *coaches* energéticos y para «miembros energéticos» (los autores prefieren designar así a los profesionales que trabajan en las empresas) extremadamente refrescante, creativa, vital... ¡Y posible! Para cualquiera que trabaje en RRHH o en Formación y Desarrollo, este capítulo vale el precio del libro. También en este capítulo encontrarás una excelente distinción entre *coaches* energéticos y nuestros aliados, los profesionales de Desarrollo Organizacional.

Un manual de instrucciones sin instrucciones

Yo pensaba que el capítulo 7 era la mejor golosina hasta que llegué al capítulo 8. Los autores nos hablan de la inexistencia de instrucciones para convertirse en *coach* energético, si bien la parte que trata la importancia de la práctica rebosa sugerencias. Muy a menudo mis clientes me preguntan por la manera en la que consigo mantenerme conectada con la esencia, con el espíritu, y empiezo a explicarles las alternativas que yo elijo y otras posibilidades. Cada práctica plantea una referencia diferente semejante a un amplio proyecto de investigación para un experto.

Necesito decirte que disfrutarás leyendo y experimentando con la excelente y concisa descripción de todas las opciones recogidas en un solo sitio, en un solo libro: *Coaching energético*.

Asómate al diario personal de los autores, luego escribe el tuyo propio

Hay algo para todos inmerso en la estructura de este libro. Lo encuentro bastante equilibrado en cuanto a la explicación académica y los ejemplos que provienen de las realidades internas y externas de John y Lea. He sentido como si me dieran permiso para leer sus diarios personales, vagando por el delicado encaje de sus pensamientos y serpenteando a través de la desnudez de sus reflexiones tan brutalmente honestas. Conozco a John y Lea y me llega al corazón su autenticidad y profundidad espiritual, y su deseo de exponerse y ser vulnerables por un bien más elevado, en pro de la evolución de todos. Sin esta motivación este libro no tendría el impacto que tiene.

Tienes la oportunidad, no solo de bucear en tu mundo interior; no querrás permanecer bajo el agua mucho tiempo. Estarás también deseoso de salir a respirar para meditar sobre las reflexiones y las señales que intencionadamente te ofrece en cada uno de los capítulos. Este libro dejará una huella indeleble en tu memoria según vayas leyendo, como «sembrar, desbrozar, y nutrir la energía del espíritu en tus relaciones», o se verá reflejado en tu fórmula POW (Presencia=Unidad de Tiempo de Percepción) en el capítulo 4. Podrás añadir grandes páginas a tu diario.

Gracias a que los dos autores tienen experiencia trabajando tanto con particulares como con organizaciones, este libro tiene la ventaja de añadir ejemplos sobre ambos mundos. Muy a menudo la gente me pregunta cómo puede el *coaching* generar impacto dentro de las organizaciones. Todo lo que tengo que hacer es remitirlos al capítulo 6. No pienses que necesitas acumular décadas de experiencia para ser capaz de incorporar esta información a tu próxima reunión de *coaching*. Este libro te ofrece un atajo para lograrlo.

De modo que cuando llamen a la puerta, corre hacia ella con una sonrisa porque tu estantería ya tiene un espacio reservado para este libro. Cuando los milagros ocurran en tus sesiones de *coaching*, vuelve a sonreír por haber leído este libro y haber descubierto la magia del *coaching* energético, que puedes compartir de forma exitosa con tus clientes.

Con sonrisa de *coaching* energético.

Teri-e belf, MA, CAGS, MCC
16 de enero, 2004

PREFACIO

«La Memoria del Todo es aún lo mejor que conozco».
Johann Wolfgang Von Goethe

Este libro es fruto de la colaboración de dos personas: un *coach* experimentado, John Collings, y una *coach* en formación, Lea Harper. Desde el inicio y sin tener ni idea de lo que estaba por llegar nos reconocimos como «espíritus gemelos». Yo, Lea, encontré en el *coaching* una manera de conocer mi ser interior. Quería dirigir mi vida con visión, valores y propósito. Yo, John, soy un máster *coach* certificado con más de treinta años de experiencia en *coaching* y consultoría. Aunque he ido entretejiendo el *coaching* con la espiritualidad durante estos años, no me había dado cuenta de que la búsqueda de la excelencia en el *coaching* me conducía a mi propio crecimiento espiritual. A través de nuestra relación de *coach* y *coach* en formación, Lea y yo rápidamente reconocimos un lazo espiritual. Al mismo tiempo, Teri-E Belf, la fundadora de Success Unlimited Network® «SUN», publicaba su libro *Coaching con espíritu*. Esto nos aportó claridad sobre cómo incorporar la energía espiritual en el *coaching* y catalizó nuestro deseo de escribir. Este libro es para aquellos que buscan una conexión más profunda con la espiritualidad y quieren expresar esta conexión en su vida personal y profesional.

John: *«Durante los años de desarrollo de mi práctica de coaching he ido profundizando en mi espiritualidad. Sigo maravillándome de como la sincronicidad se ha convertido en una parte de mi vida cotidiana. Soy sumamente* consciente de la presencia del espíritu mientras estoy haciendo coaching. Pido orientación al espíritu para superar lo que podría impedirme estar plenamente presente con mis clientes.

En 2001, el equipo directivo de SUN decidió que Teri-E debía tutelar un programa de certificación de formadores en coaching que diera respuesta a las necesidades de los coaches certificados de SUN. Coaches como yo fuimos elegidos para este rol de formadores de coaches, comprometiéndonos a utilizar la triada del 'Juego de los Resultados' (Results Game), las 'Claves para Ganar' (Guidelines for Living) y el 'Juego del BienSer-Estar' (Well Being Game). Esos procesos forman la piedra angular del programa de coaching de Success Unlimited Network. Además de los instrumentos prácticos, los formadores de coaches bajo la guía de Teri-E son alentados a aplicar el sentido espiritual en su coaching.

Al finalizar el programa de formador, viví dos acontecimientos significativos que dieron nuevo sentido y orientación a mi carrera como coach. Con el apoyo del equipo directivo de SUN escribí un libro de trabajo sobre coaching espiritual basado en un modelo de coaching titulado 'El potencial del espíritu humano'. El segundo evento fue trabajar como coach de SUN con Lea Harper. Lea se sintió atraída por el programa de coaching de SUN como una forma de expresar su profundo afecto por las personas y su interés por la integridad y la búsqueda de la autenticidad.

Después de una serie de experiencias y análisis sobre el trabajo del espíritu en el coaching extendí una invitación a Lea para asociarse conmigo en la creación de este libro. Lea, rápida y humildemente, aceptó. Yo era consciente de las dificultades que encontraba a la hora de describir la presencia del espíritu en mi coaching y en mi labor docente.

También me daba cuenta del desafío de abrazar lo espiritual en mí día a día.

Para el desarrollo de este libro buscaba lo tangible, una relación humana que me sirviera de espejo en mi relación con lo intangible del espíritu. Elegí a Lea como compañera para escribir este libro porque quería transformar nuestra relación de coaching en un proceso dinámico que fuera más allá de trabajar juntos, a una experiencia de conexión espiritual y energética.

Nuestra relación creció, de forma conectada y congruente, durante los tres años que duró la co-creación de este libro. Nuestro respeto y cuidado mutuo evocó la energía espiritual, la orientación y la validez del trabajo que realizamos juntos».

Lea: *«Una de las razones por las que busqué una nueva carrera como coach era el hueco existente entre mis experiencias vitales y las expectativas puestas sobre cómo debía ser mi vida al cumplir los 50. Aunque he practicado continuamente la introspección y la auto-reflexión, buscaba expresar con plenitud mi Ser auténtico. Deseaba estrechar la relación con mi Ser y con mi Alma y buscaba conexiones llenas de sentido con los demás. Tenía sensación de vacío incluso después de muchos éxitos y experiencias desafiantes en la vida. Sentía que había una parte de mi ser que estaba desequilibrada y desatendida. Había acudido a varias iglesias y participado en diversos grupos de New Age; sin embargo, mi voz interior me seguía diciendo, 'No es esto'. Podría haber seguido indefinidamente eliminando posibilidades externas, pero quería descubrir lo que funcionaba y recuperar la vitalidad y la energía. Necesitaba comunicarme directamente con mi Ser, pero no quería hacerlo sola. Fue entonces cuando mi voz interior claramente me pidió que buscara un coach que tuviera una inclinación espiritual. Hice lo que normalmente hago: pedir un deseo, car-*

garlo con la intención de que lo que yo quiero me quiere a mí, y dejarlo ir. Es la mejor forma de describir como encontré a John Collings, mi coach y formador en el programa de certificación Success Unlimited Network. Tan pronto entré en relación con John (después de la búsqueda de otras posibilidades) supe que él era el coach que buscaba.

Mi parte intelectual (a la que siempre podía pedir éxito externo y credibilidad) necesitaba pruebas. La parte izquierda del cerebro dudaba de mi 'saber' intuitivo. Sentí la prueba en mi corazón (tres años de practicar coherencia cardíaca con la experiencia HeartMath® dieron resultado una vez más). Hoy en día sigo siendo consciente de que mi corazón se armoniza con mi evidencia intelectual. Una y otra vez, mi corazón me muestra la verdad (incluso cuando parece que es contraria a la lógica de mi raciocinio). John era todo lo que yo buscaba en un coach, en un mentor y aún más, era un ejemplo real de persona espiritual. Él muestra un nivel tan alto de congruencia interna y externa que me desafía a mí a hacer lo mismo. Gracias a nuestra relación he recibido continuamente reconocimiento por ser quien soy, conectándome con el espíritu y con los demás con auténtico poder personal.

Lo que buscaba lo encontré en mi relación con John y en nuestro trabajo juntos. La labor de amor que este libro necesitaba era difícil, por supuesto. No habría aceptado el reto de no haber sentido esa sabiduría interior y la prueba de tener entre manos la clase de conexión espiritual que la relación con John me ofrecía. Alineando mis deseos con mi conocimiento interior experimenté los beneficios del coaching energético en mis objetivos personales y profesionales».

Gracias a la experiencia de conexión espiritual en nuestra relación de *coaching* obtuvimos la energía para escribir este libro. Debido a que compartíamos un lazo de benevolencia para con nosotros mismos y para con los demás, experimentamos la conexión con el espíritu. Nuestra relación nos enseñó sobre qué escribir. A través de la búsqueda de la congruencia en nuestra práctica individual conectamos con el crecimiento espiritual en las relaciones con los demás. Desde el primer momento fuimos «espíritus gemelos» en *coaching* para el prolongado proceso de este trabajo y hemos podido sentir la energía del espíritu en nuestra conexión y eterno aprecio. El amor sabe y crece.

Empezamos este libro como un diálogo académico, casi técnico, sobre los factores relacionados con la creación de la energía espiritual. Pero una descripción son solo palabras y símbolos que sintetizan ideas y no necesariamente crean significado. Lo que queríamos plasmar eran las maneras de invitar a la energía del espíritu a manifestarse a través de una relación positiva como la de *coaching*. Como experiencia individual con el espíritu podría ser algo único y lleno de sentido a nivel personal.

Para nosotros el *coaching* energético se convirtió en algo real e importante a medida que fuimos creando deliberadamente las cualidades de nuestra relación basada en los valores espirituales.

El crecimiento de la energía espiritual es interminable, siempre desafiante y esclarecedora. Experimentamos el espíritu al escribir este libro como una extensión del amor que sale de uno mismo, conectándose con el que sale del otro, de él mismo, y luego volviendo a conectar con uno mismo con la frecuencia de una energía cada vez más elevada. El espíritu probó su validez y funcionalidad de maravillosas formas, que ofrecemos como ejemplos a lo largo de este trabajo. La energía espiritual creció con nuestra intención consciente de vivir la experiencia del espíritu en las relaciones. Nuestra espiritualidad personal se convirtió en espiritualidad conectada a las relaciones, creando un lazo de amistad y amor que cada uno de nosotros sintió internamente y expresó externamente a los demás. A través de nuestra relación y de este trabajo experimentamos el ser y el hacer del *coach* con espíritu.

Lea: «*John y yo nos reuníamos como era habitual para nuestra sesión de coaching semanal y como era costumbre empezábamos hablando del libro. Habíamos logrado completar nueve capítulos con mucha diversión y entusiasmo. Una de las principales razones por las que la comunicación entre nosotros resultaba tan fácil era la sólida base de relación espiritual que habíamos creado. Gracias a nuestra relación colaborativa, nuestra conexión y buenos deseos compartidos se creó una energía constante y positiva entre nosotros. Solíamos incorporar los puntos de vista de cada uno que a menudo eran parecidos. Cuando discrepábamos, esto hacía que la conversación nos llevara a lugares que enriquecían nuestra perspectiva individual y que incluso nos hacían transcender lo conocido hasta entonces. Operábamos juntos alcanzando niveles cada vez más altos que podían ser descritos como una conexión de crecimiento basada en el respeto y el amor mutuos. A medida que nuestra relación se convertía en una experiencia tangible de nuestros valores y metas intangibles, el espíritu nos demostró cómo el proceso de elevación energética y la conexión con nuestros corazones producía resultados*».

El *coaching* energético añade una nueva dimensión al *coaching*, como en su momento lo hizo la logoterapia con la psicoterapia. De acuerdo con el psiquiatra vienés fundador de la logoterapia, Víctor Frankl, «una psicoterapia que no solo reconoce el espíritu sino que empieza por él, debe ser denominada logoterapia. En esta conexión, Logos está llamado a significar 'lo espiritual' e incluso más allá, 'el significado' (*El doctor y el alma*). Frankl afirma que debido a que la persona se conforma del aspecto físico, mental y espiritual, ignorar el espíritu no hace más que desembocar en «frustración existencial» que es, según él, la razón por la cual muchas personas van a la búsqueda de la psicoterapia. Logoterapia y *coaching* energético reconocen e invitan al espíritu, en las relaciones a ayudar a conseguir resultados de *coaching,* que muy a menudo sobrepasan las expectativas del cliente.

La logoterapia fue desarrollada para facilitar el descubrimiento de lo que Frankl llamó «el deseo de encontrar sentido en la vida». El *coaching* se acerca a este deseo de encontrar sentido a través de su proceso de descubrimiento del propósito de vida, definiendo la misión personal, clarificando y eligiendo valores y prioridades. A través del *coaching* el cliente se da cuenta de las cualidades intrínsecas de su carácter y personalidad, que son esenciales para el logro del éxito y el bienestar. El *coaching* energético se centra en el estado interior, así como en las metas exteriores para ayudar al cliente a lograr tanto satisfacción, crecimiento y significados intrínsecos como resultados extrínsecos.

El *coaching* energético busca equilibrar e integrar ambos mundos, interno y externo. Muchos de los que buscan el *coaching* se enfocan en resultados inmediatos para obtener resultados externos tangibles. Además, el *coaching* energético da peso a la energía interna intangible como contrapeso a los resultados tangibles externos.

Enfatizamos el ámbito interior con especial atención a los valores individuales elegidos y cultivados y ayudamos a nuestros clientes a salvar la brecha entre el ser interno y el hacer externo.

Somos «seres» humanos y no «hacedores» humanos. A través del *coaching* energético los clientes hacen elecciones congruentes con sus normas e ideales. Hacemos emerger los aspectos del ser para que las personas puedan reflejar su yo interior. El *coaching* energético intencionadamente trabaja con las motivaciones internas, los valores, las actitudes, las percepciones, los sentimientos, los juicios, con el sistema de creencias y pensamientos para ayudar a expandir la conexión espiritual hacia resultados positivos externos.

Toda relación ofrece una oportunidad para hacer crecer el espíritu, cuidando el vínculo. Cada relación es única y cada experiencia personal con el espíritu es válida e importante. No hay un proceso lineal, ni una guía paso a paso, ni siquiera un manual de instrucciones para caminar por la vereda del espíritu, pero hay metáforas, ejemplos, puntos de referencia y señales en el camino para ser usadas como guías. Existen enseñanzas milenarias y nuevos descubrimientos científicos que el *coaching* energético emplea en el proceso de trazar la conexión espiritual. Las metáforas constituyen un marco de trabajo para comprender cómo las personas obtienen ideas para tomar decisiones y dar sentido a sus vidas.

En este libro no pretendemos probar la existencia del espíritu. Una vez experimentado está demostrado. Describimos la energía del espíritu, tal como la hemos experimentado, y aportamos ejemplos de cómo los *coaches* y otras personas consideran su conexión como una relación personal tangible. Aunque el espíritu está siempre disponible, elude ser comprendido completamente. Está más allá del lenguaje, los constructos mentales y la habilidad conceptual. Eso nos dice la experiencia que aún tenemos sobre ello; sin embargo, el *coaching* puede provocarlo deliberadamente. Este libro describe algunas de las formas de suscitar y experimentar la intangible e insondable energía del espíritu.

Escribimos este libro para describir los caminos a través de los cuales las personas pueden conectar con el espíritu a través de la intención y la práctica. Puede que ocurra durante un momento de apertura interior o de forma inducida. Como el *coaching* evoca lo positivo y lo genuino en la relación con los clientes proporciona una invitación abierta y un espacio para experimentar el espíritu. El *coach* actúa como testigo compasivo que refleja al mejor testigo compasivo del espíritu. Sin conocer completamente, definir o entender qué es el espíritu, cualquiera puede invitar a la energía del espíritu a trabajar por el bien supremo. El *coaching* energético planta y nutre deliberadamente la semilla de la intención para crear consciencia, conexión e integración a través del maestro interior de cada persona. Con humildad, apertura y aprecio nos embarcamos en un viaje interminable hacia el yo interior en conexión con el espíritu para lograr la totalidad individual y la unidad colectiva.

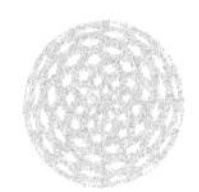

1. COACHING ENERGÉTICO

«Rompe fronteras, te ruego que no ames el encasillamiento. Todo fluye como en un río; desde su nacimiento hasta la desembocadura del mar, uno fluye con la vida».
ROBISON JEFFERS

«L a *vida es difícil»*. Son las palabras de inicio que aparecen en el superventas de M. Scott Peck, *The Road Less Traveled* (*El camino menos transitado*). El hecho es que la vida no está hecha para que sea sencilla. Las dificultades hacen que las personas sean sabias y poderosas. En una sociedad de individuos aparentemente aislados con una orientación excesivamente externa las personas pueden llegar a crear incluso más dificultades. En su búsqueda son conducidas a un consumo externo más que a una conciencia interna. Adoctrinadas en el mito social que idolatra a los ricos, a los guapos y a los jóvenes, temen las realidades de la pérdida y la vejez. Muchos buscan la perfección sin saber medir el éxito. En algún momento de la vida se dan cuenta de que, a pesar de sus esfuerzos, aún carecen de algo que quieren... sin saber lo que es ese «algo». Como nada parece satisfacer su anhelo pueden comenzar a cuestionar lo que se les enseñó y la manera en que han funcionado. Buscan el autoconocimiento y la aceptación de sí mismos, así como la paz interna que nada externo podrá arrebatarles. Quieren sentir que están bien sin importar lo que suceda. Muchos acuden al *coaching* para identificar su propósito único: la esencia de vida, que no se deriva de conseguir o de ir a algún sitio. Quieren saber y ser como son realmente. Quieren experimentar la energía de la conexión espiritual.

El *coaching* como profesión es adecuado para definir diferentes aspectos de la vida, trabajar en ellos y luego volver a reunirlos en un conjunto más equilibrado y completo. Con el método científico las personas pueden comprender mejor la complejidad estudiando sus diferentes partes. Pero ¿dónde está esa fuerza de conexión que hace que el todo sea mayor que la suma de las partes? Algunas personas parecen buscar las respuestas correctas y los comportamientos correctos, tal como les habían enseñado quienes ostentaban la autoridad. ¿Pero qué sistema externo fomenta la autoridad individual interna? ¿Dónde está la recompensa por ser diferente, por ser la expresión total del ser auténtico, tanto si entra o no en la norma? ¿Dónde está el espíritu? ¡Sé tú mismo! ¡Viva la diferencia! ¿Dónde está la conexión cuando las personas necesitan también expresar sus habilidades individuales y únicas? ¿Dónde está la integridad/totalidad y cómo podemos crear todos la integridad individual?

«*Coaching* energético»... ¿Qué es esto? «*Coaching* con espíritu»... ¿Qué significa ese término? ¿Cómo podría un proceso de conexión espiritual ser explicado en un libro de *coaching*? ¿Cómo podrían los *coaches* y los clientes aumentar su consciencia y razón espiritual a través de la relación con el *coaching*? Esas son preguntas que se encuentran repetidamente cuando se sigue un camino de descubrimiento.

Como *coaches* energéticos queremos hacer lo intangible real y experimentar el espíritu en la relación de *coaching*. El proceso de escribir este libro sobre *coaching* energético creó para nosotros la energía espiritual con la que estábamos escribiendo. A través de este trabajo sentimos el poder de nuestra conexión individual con el espíritu. Vimos cómo las creencias internas creaban la realidad externa para nosotros y para los demás, y cómo algunas de nuestras creencias y acciones nos desconectaban. Mediante el intento de cuantificar y describir el «corazón» o lo «energético» del *coaching* nos relacionamos con la energía positiva. Hemos determinado nuestras respectivas experiencias en un esfuerzo para describir la esencia del espíritu. Capturamos nuestras intuiciones para comunicar metáforas, símbolos y lenguajes. Siguiendo las ideas que emergían nos acercamos a la buena voluntad de los demás, lo que nutrió nuestra identidad individual y nuestro crecimiento, ganando energía de nuestro trabajo conjunto y consciencia para expresar y alinear nuestros valores comunes. El trabajo de este libro se ha vuelto cada vez más significativo cuando expresamos nuestros valores y visión compartidos.

La existencia depende de las relaciones. Cada relación humana es única y cada experiencia individual importa. La dinámica de las relaciones ofrece un camino directo de experiencia con el espíritu, que se convierte en relaciones positivas. El espíritu, como conciencia de elevado nivel, opera a través de las relaciones, comenzando por la relación que los individuos tienen consigo mismos.

Es sencillo, pero no siempre fácil, seguir la llamada espiritual, lo cual implica una relación inequívoca entre el corazón y la mente y los sentimientos de los demás. Hay barreras-juegos, mecanismos de defensa, proyectos falsos, percepciones negativas, enfermizas, y vivencias inconscientes que bloquean el espíritu. Sin embargo, una vez reconocidos, las personas pueden aprender a trasladar las decepciones del miedo proyectadas por la ilusión de un ser desconectado conocido como ego. La energía sostenible de la inteligente conexión corazón-mente abre el canal de la fuente de inteligencia, creatividad y energía del corazón-mente. Cualquiera que esta sea –«Dios», el «Universo», el «Ser Supremo», «Atman», el «Tao», «Allah», «Wankan Tanka», «Brahman», «Soy yo», y muchos otros nombres reverenciados– la fuente de energía espiritual y conexión es la misma. Más allá de todas las generalizaciones religiosas o separatistas de esta energía, nosotros elegimos llamar a la manifestación final del espíritu «Fuente»). La energía espiritual vincula a cada uno con una vida útil. Las personas se alinean con la mente, y la mente con la buena intención en las relaciones con otros, que fusionan el intangible interno del ser con el tangible externo del hacer. Ellas comprenden la naturaleza holográfica del universo en las relaciones, el uno encuentra el todo y el todo encuentra al uno. Disipan la ilusión de soledad, separación, inferioridad o superioridad dentro de sí mismas y en su relación con los demás.

Como un sol caliente en el corazón de las personas, la energía espiritual emana de las personas hacia las relaciones. El espíritu incluye y coexiste con la sombra en uno mismo y en los demás. Igual que la luz del sol arroja sombras físicas, el espíritu revela aspectos internos de la sombra. Debido a que cada parte del conjunto es importante, tanto la oscuridad como la luz requieren reconocimiento, aceptación e integración. El *coaching* energético es un foro para la totalidad, donde las personas pueden encender la luz de su sol espiritual e integrar la oscuridad de su sombra.

TRABAJOS ESPIRITUALES:
LA ANALOGÍA DE LA SEMILLA

La naturaleza proporciona muchos ejemplos de cómo funciona el espíritu. Encontramos una analogía adecuada en la idea de sembrar, desbrozar y alimentar la energía del espíritu en las relaciones. Al elegir conectarse con el espíritu, la persona puede disfrutar de sus frutos dentro y fuera. La naturaleza refleja al que lo hace. La analogía del crecimiento de la planta para el crecimiento espiritual de la naturaleza humana es un ejemplo tangible de principios espirituales.

En el ciclo que representa el flujo de la vida, recogemos semillas en la cosecha de vegetación moribunda. Cuando la temporada termina («Para todo hay un tiempo...»), a través de la intención y la elección preparamos la tierra. Seleccionando cuidadosamente las semillas, sembramos lo que queremos que crezca. La siembra ilustra la cooperación y la conexión entre las personas y el espíritu. Al igual que la tierra preparada, el espíritu espera una idea, decisión o visión para cocrear con el individuo.

Los seres humanos cocrean el crecimiento de las plantas. Del mismo modo, con la nutrición las personas cocrean sus vidas con el espíritu para recibir la recompensa resultante. Naturalmente, las cosas que no queremos suelen crecer también representando el lado sombrío de la vida. Los jardineros tienen que atender sus cosechas para mantener el espacio adecuado para las plantas deseadas. Las malas hierbas se convierten en abono para la cosecha de la próxima temporada, demostrando la oportunidad de convertir lo presente, aunque no deseado, en un bien mayor. En consecuencia, al afrontar con éxito las dificultades y aprender de los retos, la persona nutre el crecimiento y la conexión espiritual.

EL COACHING ENERGÉTICO NUTRE LA ENERGÍA ESPIRITUAL

La existencia del espíritu puede que nunca sea probada científicamente, pero las personas pueden sentirla. A diferencia de la ciencia, que depende de lo objetivo, otros demuestran que el espíritu es subjetivo y personal, aunque impersonal y objetivo al mismo tiempo. Algunas personas necesitan datos validados externamente; datos que no pueden ser suministrados, pero el *coaching* energético describe maneras de entender y experimentar las múltiples facetas de la insondable e indescifrable energía del espíritu. Como el *coaching* invoca lo positivo y bueno en la relación con los clientes, es un foro natural para manifestar y hacer crecer la energía espiritual. Los *coaches* energéticos invocamos la energía espiritual en nuestra relación con los clientes fomentando buenas intenciones. Promovemos una estrecha relación con el espíritu y proporcionamos un suelo fértil para que florezca la experiencia espiritual.

El *coaching* energético invita a la energía espiritual planificando con buenas intenciones a través de las relaciones con los clientes. Fomentamos una estrecha relación con el espíritu y proporcionamos el suelo fértil para que la experiencia del espíritu florezca para los demás y para nosotros mismos.

El *coaching* energético tiene como objetivo integrar y equilibrar el ser interno y el hacer externo. Muchos de los que buscan *coaching* tienen como objetivo inmediato los resultados tangibles externos. Nosotros priorizamos las acciones internas intangibles. El *coaching* energético se enfoca en escoger, cultivar y expresar los valores individuales. Apoya el intercambio entre el ser y el hacer. Los clientes pueden escoger el lenguaje y las acciones que sean consistentes con sus ideales y valores. Animamos a los clientes a ser ellos mismos, y les hacemos ver su verdad en la relación de *coaching*.

Los *coaches* energéticos buscan la congruencia entre el ser y los aspectos del hacer. Con congruencia, el hacer de la persona emerge de su ser. Su estado externo refleja su estado interno. En *coaching* energético tratamos con motivos internos, valores, actitudes, sentimientos, prejuicios y pensamientos para propiciar la conexión positiva del cliente con el espíritu para obtener los resultados externos. La luz en la que crecen puede eliminar las barreras a la energía espiritual. Al igual que las plantas, las personas necesitan fotosíntesis. Crecen hacia la luz del espíritu para alimentarse de lo que no pueden obtener en la oscuridad.

Muchas personas cultivan la energía del espíritu al adherirse a una práctica. Puede venir a través de una oportunidad de cambio interno o por invitación. El espíritu a menudo aparece en una relación positiva como el *coaching*. Los *coaches* actúan como testigos compasivos, lo que equivale a la conciencia y la razón del espíritu. Sin intentar una explicación donde las palabras se quedan cortas, usamos historias, ejemplos, ilustraciones y metáforas para proveer semillas que permiten entender cómo la energía del espíritu trabaja para el bien supremo.

El *coaching* energético intencionadamente siembra y nutre de energía espiritual a través de la coherencia, la integridad y la autenticidad. Con el espíritu creamos integridad y conexión con nosotros mismos y con los demás, a través de la expresión de lo que realmente somos.

EL COACHING ENERGÉTICO COSECHA ENERGÍA ESPIRITUAL

John: «*Mi práctica de coaching se desarrolló a partir de mi tesis doctoral sobre comportamiento organizacional 'Later life career transition' (Cambio de carrera en la últimas etapas de la vida). Decidí hacer una serie de entrevistas en profundidad a personas que habían dejado su carrera porque se habían quemado o aburrido. En mis entrevistas con ellos encontré otros elementos de sus vidas (familia, salud, relaciones, etc.) que habían influido en sus decisiones de cambio. Sus historias tenían un denominador común de descontento con su trabajo actual, habían intentado algunos otros empleos con éxito moderado, y finalmente se habían asentado en un empleo que englobó sus experiencias y pasiones en la vida. Incluí en mi investigación un estudio heurístico de lo que estaba ocurriendo en mi propia vida.*

Llegué al coaching tras una amplia trayectoria en el mundo de los negocios y las operaciones, investigación y desarrollo, capacitación y desarrollo organizacional. Mientras progresaba, seguía diciéndome a mí mismo que me estaba preparando para algo importante en mi vida (como todos). No estoy seguro de si el coaching energético es eso; igual hay otros caminos a seguir. Pero sí sé que todo lo que he aprendido y practicado hasta hoy ha hecho que el coaching sea una de las vocaciones más satisfactorias y gratificantes que conozco. Expresa mis experiencias pasadas y las pasiones presentes basándose en lo que soy como persona, incluyendo mi espíritu, así como mi mente y mi cuerpo».

Todo el mundo se siente atraído por la energía espiritual, ya sea conscientemente o no. El espíritu revela nuestra divinidad interior, la expresión de nuestra naturaleza. La diferencia entre aceptar una conexión poderosa, buena, amorosa y creativa con toda la humanidad o negarla puede constituir una reticencia para unirse. Las personas pueden, consciente o inconscientemente, bloquear la presencia y el poder del espíritu. Los *coaches* pueden elegir entre trabajar con el espíritu o trabajar desde su ego. Bloquear o ignorar la energía espiritual limita el trabajo de *coaching* con los clientes. Muchos en la profesión están eligiendo utilizar todo lo que esté disponible para ellos en nombre de sus clientes. Una de las mayores fortalezas en la relación de *coaching* es la experiencia positiva y poderosa de la energía espiritual y la conexión.

John: «*Como coach experimentado de vida y trabajo, me he encontrado muchas veces con un cliente en la situación de poner mi confianza en algo más grande que mi intelecto. Al principio no confiaba en esa fuente intuitiva de información. Me sentía ansioso por mi forma de hacer coaching. Mis dudas sobre mí mismo bloqueaban mi creatividad ofreciendo a mis clientes menos de lo que realmente podía. Cuando me dominaba el ego, me sentía menos consciente e inferior. Quería demostrar un coaching superior, pero una parte de mí sabía que era una farsa. Con el tiempo* comencé a darme cuenta de que si hacía caso omiso a cómo estaba desempeñando mi trabajo y me concentraba en mi cliente comenzaban a suceder cosas maravillosas. Los clientes rápidamente tomaban la responsabilidad de llegar a sus propias opciones/opiniones. Y el coaching se convirtió en una experiencia alegre y sin esfuerzo para mí. A medida que he llegado a comprender el papel que mi ego desempeña como maestro para mí y cómo el ego puede bloquear mi creatividad, soy más consciente de que elijo trabajar con el espíritu. Mi decisión de abrirme a la vida espiritual ha mejorado mi papel como coach y ha producido una estrecha conexión con mis clientes. No entiendo bien cómo trabaja el espíritu, pero sé que funciona cuando me salgo de mi propio camino previsto».*

LAS MALAS HIERBAS BLOQUEAN EL ESPÍRITU DEL COACHING ENERGÉTICO

El espíritu crece en las personas cuando preparamos una base de amor, apreciación y buena intención. Como *coaches* elegimos intercambiar energía positiva con los clientes. Llamamos a nuestra actitud «*free will goodwill*», «voluntad libre, buena voluntad».

Para nutrir el espíritu en el proceso de *coaching* primero debemos apreciarnos y amarnos a nosotros mismos. Cada pensamiento que tenemos, consciente o inconsciente, se basa en el respeto a los seres humanos. Mientras comunicamos, abierta o encubiertamente, otros se dan cuenta e intuyen nuestro propósito. Cuando elegimos pensamientos amorosos y evocamos sentimientos positivos, honramos los valores que crecen internamente en conexión con el espíritu. Bloqueamos el espíritu cuando nos entretenemos con pensamientos egoístas, que nos separan de nosotros mismos y de los demás. Para abrirnos al espíritu necesitamos confrontar y reconocer los pensamientos negativos de separación, rechazo, escasez y miedo. En lugar de juzgarnos a nosotros mismos y a los demás podemos cambiar y estar contentos con la forma en que ahora estamos en conexión y plenitud, permaneciendo abiertos a algo aún mejor.

John: *«En 1989, cuando empecé un nuevo trabajo, el término 'coaching' era utilizado principalmente en el deporte. Ofrecía mis servicios como consultor. Comencé a trabajar con personas que decidieron invertir para recibir más de la vida y vivir sus pasiones, que a menudo incluían su trabajo. Muchas personas a quienes ofrecí coaching sintieron un impulso interno de asociarse con un profesional experimentado. Querían abrir la puerta a nuevas opciones en sus vidas. Algunos de mis clientes querían liberarse de los trabajos en los que 'no encontraban salida' y expresar su creatividad. Fue en ese momento cuando conocí a Teri-E Belf, presidenta de Success Unlimited Network® (SUN). Bajo su tutoría, amplié mis servicios como coach certificado y formador de coaches de SUN. Mi conexión con Teri-E creció espiritualmente, añadiendo una nueva dimensión a mi coaching mediante nuestro respeto y amor mutuo. Sentí que estaba en el camino correcto, logré personalmente lo que mediante el coaching acompañaba a otros a lograr. Mostrando a los clientes que había hecho lo que a ellos les acompañaba a hacer logré coherencia personal y conexión con ellos y con el espíritu».*

LA INTEGRIDAD DE UN COACH

La integridad individual proviene de la autenticidad interior y la coherencia expresada en cada momento. Mantener el enfoque consciente y el compromiso de superarse a uno mismo puede constituir un desafío. Como los caóticos eventos externos parecen exigir un enfoque externo, hay una tendencia a descuidar el estado interior. Al ignorar nuestro estado interior, el miedo y los mecanismos de defensa del ego pueden dominarnos. Los *coaches* energéticos perciben las situaciones externas, las relaciones y los acontecimientos como un espejo del sistema de creencias de los clientes. Cuando los clientes trasladan su estado de ánimo a la consciencia pueden plantearse una intención positiva y una acción decidida, independientemente de la situación externa. Los clientes pueden afrontar los desafíos experimentados como si fueran malas hierbas y convertirlos en abono para la siguiente cosecha. Por integridad, los *coaches* energéticos debemos desarrollar nuestro propio trabajo de forma regular. Consideramos que las personas pueden alinear los pensamientos, las percepciones y los sentimientos con sus valores internos declarados. Expresar sus ideales y objetivos a través de acciones externas lleva al crecimiento personal y al poder.

La luz de la intención positiva

El espíritu crece de forma natural cuando la persona elige la intención positiva. El *coaching* involucra al espíritu a través de la identificación del propósito de la vida, el descubrimiento de los valores, la auto-reflexión y la interacción con los mismos. El papel fundamental de los *coaches* energéticos es mantener el espacio abierto para que los clientes puedan definir y expresar su auténtico ser. La propia expresión comienza con un deseo consciente de aclarar quiénes son y de qué manera pueden expresarse. Se trata de ayudarles a responder a estas cuestiones importantes de manera decidida, sepamos o no cuál es la situación concreta o cómo se manifiesta.

En cierta medida todas las personas están trabajando para expresar su identidad y propósito en la vida. Mientras viven experimentan momentos de alegría, paz, amor y felicidad, en los que el espíritu está profundamente presente. Para algunos, tales experiencias (o incluso la posibilidad de que se produzcan) parecen extrañas y aterradoras. Pueden incluso querer alejarse de la consciencia y la conexión. Algunos pueden justificar su miedo diciendo que la felicidad y el éxito son difíciles de conseguir. Otros pueden sentirse no merecedores de ello. Sin darse cuenta de su poder, algunas personas pueden sabotearse a sí mismas actuando como víctimas. En vez de mirar hacia el interior, se debilitan a sí mismas al atender a los factores externos, centrados en percibir las carencias, los pensamientos negativos o sus elecciones inconscientes. Los *coaches* energéticos reorientan el foco ahí donde ningún evento externo o entidad influye.

Observamos el estado interno de nuestros clientes, los pensamientos que establecen y las emociones que describen, para ayudarles a escoger una opción positiva, a pesar de la situación externa que estén viviendo. Pueden traer su «equipaje» a la sesión de *coaching*, en la que tienen la capacidad de disfrutar de un espacio energético positivo creado para ellos. Durante ese tiempo les recordamos que el espíritu siempre está presente, no importa las dificultades o situaciones que puedan ver o sentir. Permanecemos abiertos e invitamos al espíritu a ayudar en las áreas donde las habilidades de *coaching* y las técnicas específicas se quedan cortas. Desde una intención positiva, los *coaches* energéticos permiten el trabajo con «la sombra» y «la luz» de los aspectos oscuros, de las «malas hierbas», ayudando a eliminarlas para el crecimiento futuro.

LIBRE ALBEDRÍO

El espíritu opera en el universo de la libre voluntad. Los *coaches* y los clientes crean desde ahí mejores resultados que mejoran la vida de todas las personas involucradas. Cuando alineamos nuestra mente con lo divino, nuestro trabajo de *coaching* adquiere energía propia. Los *coaches* que se han conectado con el espíritu atraen a los clientes. En ese contexto, los dos participantes expresan sus relaciones positivas y reales. Se apoyan en la energía de cada uno a través de un vínculo espiritual creciente entre sí mismos y con otras personas. Creamos una relación de igualdad a medida que elegimos aprender, crecer y crear junto a nuestros clientes.

A través del aprendizaje continuo, los *coaches* que han adquirido habilidades y técnicas de *coaching* pueden decidir trabajar con el espíritu. La decisión de alinearse con el espíritu atrae a los clientes que desean lo mismo. La razón para unirse puede no ser obvia al principio; sin embargo, en un nivel más profundo, ese deseo mutuo abre la relación a la experiencia espiritual. La unión desde el libre albedrío entre el *coach* y el cliente a través de la intención consciente, la elección y la invitación convocan a la energía espiritual. Un *coach* que se siente cómodo trabajando con el espíritu exhibe libre albedrío mientras acepta la libre voluntad e intención del cliente.

Con la energía presente en la relación, el *coaching* se alinea con el espíritu para lograr un bien mayor. Los *coaches* energéticos cocrean resultados con sus clientes, que a menudo van más allá de las expectativas de cualquiera de las partes.

Lea: «*Aprendí acerca de la profesión de coaching durante las prácticas de mi certificación en HeartMath®. El coaching me intrigó porque se basaba en cómo aprovechar la sabiduría que los clientes ya poseen para lograr un bien más elevado. Aunque había obtenido mi título de postgrado en Desarrollo Organizacional, no me sentía cómoda en el papel de asesora experta externa... Pensaba que tanto las organizaciones como las personas tenían su propia sabiduría, a menudo escondida y sin utilizar. Quería encontrar el manantial y llevar el agua de la sabiduría a las personas y a las organizaciones. Quería alentar acciones que reflejaran el propósito interior de las personas. El coaching fue mi siguiente paso natural para dar el poder a organizaciones e individuos de revelar su sabiduría innata y reclamar la propiedad de sus propios resultados».*

LA IMPORTANCIA DE ELEGIR

Para invitar al espíritu al proceso de *coaching* es esencial reconocer la importancia de las elecciones. El espíritu no cierra puertas. Las personas tienen que invitarle a entrar. Del mismo modo que se enfoca un haz de luz creado por un láser, el enfoque de *coaches* y clientes llega a ser más consciente y poderoso cuando se invita a la energía espiritual a participar. Siempre presente, el espíritu esperará.

¿Por qué no todo el mundo invita al espíritu en sus relaciones? Algunas personas que creen estar cerca del espíritu en el fondo están separadas por la actuación del ego. Tales separaciones causan la ilusión de soledad más que de unidad. Cuando las personas se separan unas de los otras o del espíritu (que conecta todo y a todos), el espíritu espera. Cuando no reconocen cómo se desconectan del espíritu, su ego está preparado para darse a conocer y culpar al exterior de todo lo que no funciona. La separación y la desconexión crean relaciones difíciles y superficiales.

John: «*Harold buscó mis servicios de coaching para mejorar un negocio familiar. Necesitaba contratar a más personas y liderarlas con eficacia. Uno de sus empleados, a cargo de la venta de productos al sector público, desafió el liderazgo de Harold. Prometió a los clientes algo que su línea de productos no podía cumplir; los consumidores se quejaron de lo inadecuado de la mercancía.*

Harold quería aprovechar la fuerza que el empleado mostraba como vendedor sin que exagerase el producto para aumentar las ventas. Desafortunadamente, ambos hombres se centraban en justificar sus posiciones. Harold quería preservar la integridad de su negocio, mientras que el empleado criticaba la política de desarrollo de productos de la compañía. No pudieron identificar una visión común. Sus egos bloquearon la oportunidad surgida para dejar al espíritu mostrarse, crear armonía y lograr un éxito común».

Cuantas más personas se abren al espíritu, más pasan la causalidad y la sincronía a formar parte de su expresión normal. De forma natural se viven los días con humor y ligereza. Cuando las personas deciden incluirlo, el espíritu se vuelve cada vez más operativo en el exterior. El espíritu crea energía positiva exponencialmente gracias a las gratificantes experiencias que eso conlleva. Tanto *coaches* como clientes se benefician cuando las relaciones se vuelven más positivas y gratificantes.

La energía de las relaciones

Lea: *«John y yo estábamos en una de nuestras raras reuniones cara a cara relacionadas con este libro. El tiempo había pasado deprisa y John tuvo que acelerar para atender otro compromiso. Más tarde mi esposo Steve me preguntó cómo había ido nuestro encuentro. Yo le dije: '¡Genial, como de costumbre!'. Entonces Steve dijo que no se podía creer que no hubiéramos descansado en todo el día. Me di cuenta de que incluso parar para comer hubiera sido una gran interrupción. John y yo trabajábamos en un estado de fluidez. Cuando revisé mis notas esa noche encontré algunas ilustraciones esclarecedoras que no me había acordado de comentar. ¿De dónde venían? Sabíamos que era el espíritu. Este tipo de dinámica sucedió en repetidas ocasiones durante el proceso de co-creación de este libro».*

Las personas experimentan la energía espiritual en las relaciones coherentes. Estas relaciones pueden ser interiores entre sus pensamientos, emociones y lenguaje, o exteriores con las acciones que manifiestan individualmente, o en relaciones uno a uno con otras personas, como el *coaching*, o dirigidas a una comunidad más grande. Algunos clientes buscan algo internamente orientado en conjunción con el logro de objetivos materiales. Usamos el *coaching* energético para complementar nuestra caja de herramientas a utilizar en procesos de *coaching*. Junto con la priorización, la fijación de objetivos, las mediciones y los inventarios, los *coaches* energéticos observan las relaciones que los clientes establecen. Empezamos examinando la relación que tienen consigo mismos. Les invitamos a explorar las brechas que encuentran entre sus deseos internos y sus resultados externos. Buscamos la congruencia entre su ser (interno) y su hacer (externo). Los *coaches* energéticos abordan, además de los logros externos que el cliente desea alcanzar, los resultados internos intangibles, que son impulsados por valores, como la paz y la armonía. Vamos al terreno interior de los valores desde los resultados del terreno exterior. Lo que los clientes afirman que desean o no desean indica sus valores y visiones. Priorizan y promueven lo que desean en el mismo grado en que mantienen una relación congruente consigo mismos. Todas las demás relaciones provienen de la que se tiene con uno mismo. Los *coaches* energéticos se enfocan en lograr la congruencia en las relaciones para abrirse a la energía espiritual y a la conexión. El *coaching* evoca de forma natural la energía espiritual alimentando relaciones conectadas y congruentes.

Es importante diferenciar el *coaching* energético de la terapia, la consultoría o el *mentoring*. Los *coaches* energéticos cumplen con este precepto: los clientes tienen el conocimiento y la capacidad de responder a sus propias preguntas y definir y alcanzar sus metas. Como *coaches* acompañamos a desvelar la sabiduría interna que apoya los deseos. Contamos con los elementos de la buena voluntad y el aprecio para convertirnos en testigos compasivos de nuestros clientes. Buscamos mantener la inteligencia de los individuos y fortalecerlos. Cuando hay buena voluntad y aprecio, la energía espiritual se eleva espontáneamente. Los *coaches* también se benefician de ello, ya que las relaciones positivas se reflejan de vuelta en quien ofrece las buenas intenciones.

¿POR QUÉ INVITAR AL ESPÍRITU AL COACHING?

Lea: «*Al vivir un proceso de coaching, me sentí llamada a ser coach. Sentí el espíritu como parte del proceso de coaching. Pedí a John que me acompañara a conectar estrechamente con ese espíritu. Cuando verbalicé mi deseo, John me dijo que él había expresado específicamente el mismo deseo de recibir clientes que estuvieran en la senda espiritual. Sus tres clientes siguientes también manifestaron querer un proceso para conectar con el espíritu en su vida cotidiana. El espíritu reunió a estos individuos por su elección consciente de conectarse con él a través de un proceso de coaching*».

El espíritu trabaja para manifestar lo que la gente quiere de acuerdo con el bien supremo. Los *coaches* que abren un canal para el espíritu crean y manifiestan los resultados deseados personalmente y en asociación con los clientes. Los *coaches* energéticos reconocen que el espíritu ayuda al proceso de *coaching*. La energía del espíritu es una presencia tangible durante las reuniones de *coaching* y en las experiencias que se viven en ellas. El objetivo de que se manifieste el bien mayor ayuda a los *coaches* y a los clientes a cocrear resultados que a menudo trascienden sus expectativas. A pesar de que las percepciones obtenidas a través de un canal abierto con el espíritu pueden suponer un desafío o ser desconcertantes, el espíritu ofrece los recursos y el apoyo necesarios para seguir el camino elegido. A menudo, el espíritu se manifiesta como el saber qué hacer y decir en un momento determinado.

Lea: «*Estaba en la tercera de diez reuniones programadas con mi cliente Julie cuando me dijo que pensaba que yo era vidente. Dijo que yo le había proporcionado perspectivas y demostrado intuiciones que la habían ayudado a ser consciente de sí misma. Me preguntó cómo podía aprender ella a ser vidente. Le dije que yo había desarrollado capacidades intuitivas y discernimiento abriéndome a mí ser interior y conectándome con el espíritu. Le dije también que creía que todos teníamos esa capacidad si nos abríamos a esas perspectivas.*

Más tarde le pregunté a John cómo explicaba él esa capacidad de discernimiento. Me dijo que podía ser un lugar donde todo el conocimiento y la verdad tenían lugar. Le pregunté si el lugar se llamaba 'inconsciente colectivo'. John dijo que no sabía cómo llamarlo, que tan solo su conexión con el espíritu le permitía alcanzarlo y obtener la información necesaria para el beneficio de sus clientes».

El espíritu trabaja para el bien supremo de las personas sin que ellos sepan de antemano cuál será el resultado. Simplemente caminan con fe mientras reciben indicaciones. El resultado, a menudo mejor de lo esperado, emerge en formas que no podrían haber sido orquestadas o predichas.

UNA METÁFORA PARA EL PROCESO DE CRECIMIENTO ESPIRITUAL

Imagina un movimiento continuo en el cual el individuo se mueve de menos a más energía. En un extremo descansa el deseo motivado por el ego de ser especial, superior y separado de los otros. En el otro extremo descansa el espíritu, que se manifiesta en un sentimiento de pertenencia, igualdad y unidad con el todo-en-Todo, o la Fuente. A lo largo de este movimiento continuo, los *coaches* energéticos ayudan a los clientes a aclarar sus valores y propósito de vida de manera positiva y significativa. Como testigos compasivos que sostienen un espacio sagrado para los clientes, nos convertimos en el instrumento para que el espíritu se conecte con ellos. El espíritu ayuda a los clientes a crear resultados externos congruentes con sus deseos internos. Los *coaches* reciben también beneficios de esta relación con los clientes; aprenden y crecen junto a ellos. La energía fluye de forma circular entre *coaches* y clientes operando a elevada frecuencia. El espíritu actúa de la misma manera que un catalizador acelera una reacción química para estimular a los electrones a que pasen a estados energéticos más elevados.

COHERENCIA

La congruencia o coherencia elimina las barreras para que el espíritu ayude en el logro externo. La congruencia proviene de la palabra latina *congruens*, que significa «reunirse y estar de acuerdo». El *coaching* energético se centra en la congruencia (o coherencia) entre los valores internos y las acciones externas. Mantener la congruencia crea relaciones satisfactorias con uno mismo, con los demás y con el espíritu.

Hemos extraído lo siguiente del libro de Genie Z. Laborde, *Influencing with Integrity (Influir con integridad)*, para ilustrar el concepto de congruencia:

- La congruencia se produce cuando todas las sub-personalidades se unen para trabajar de manera unificada.
- Cada uno de nosotros desempeña muchos papeles, es decir, padre-madre, profesional en el mundo de negocios, deportista, líder, seguidor, etc.
- Cuando nuestros roles están en consonancia, somos congruentes; cuando están en conflicto, somos incongruentes.
- Nuestras verbalizaciones (nuestras palabras) y nuestra manera de comportarnos son en muchas ocasiones incongruentes. Decimos una cosa y hacemos otra.

Ejemplos de cómo mostramos incongruencia son:
- Una voz temblorosa al decir palabras fuertes
- Sacudir la cabeza mientras afirmamos algo
- Partirnos de risa cuando hablamos en serio

Formas de lograr la congruencia incluyen:
- Ser claros sobre lo que queremos para nosotros mismos
- Interpretar el papel de nuestras subpersonalidades y reconocer su oposición ocasional
- Explorar nuestras propias polaridades a la hora de emitir juicios como «buena persona» y «niño malo»

El *coaching* energético se basa en la coherencia. La incoherencia bloquea la conexión espiritual. Cuando las circunstancias externas que las personas han creado o aceptado se distancian de sus deseos, creencias y valores internos sabemos que se han desconectado de su ser interior. El *coaching* energético ayuda a los clientes a alinearse con los valores que expresan, con su propósito y con las visiones que crean las circunstancias externas coherentes con sus ideales. Invitamos a los clientes a utilizar su sabiduría interior (aquello que conocen y se conecta directamente con el espíritu) para examinar su falta de congruencia. Facilitamos a los clientes la reconciliación mediante un proceso interno que les lleve a construir buenas relaciones (comenzando con la que tienen consigo mismos) para lograr después lo que quieren en el exterior.

Al alinear los mundos interno y externo mediante elecciones basadas en ideales internos, las personas aumentan su poder personal. El espíritu siempre está trabajando para el bien supremo. A través del *coaching* energético las personas invitan y experimentan el espíritu para alcanzar metas que les benefician. La toma de decisiones individuales con propósito intencional infunde relaciones con una creciente conexión espiritual.

La opción de mantener la intención positiva es clave para aumentar la energía de clientes y *coaches*. La elección aumenta la consciencia, concentra acciones, pensamientos, sentimientos y percepciones para el bien supremo. Al igual que en el movimiento armónico, a medida que las ondas se sincronizan, las longitudes de onda de energía alcanzan una frecuencia más alta. La diferencia entre ser impotente y ser poderoso tiene que ver con hacer elecciones intencionadas y alinear la energía para construir sobre ella.

Lea: «*Alguien me dijo una vez: 'Eres una escopeta. Si alguna vez te hicieras rifle, serías peligrosa'. Quería decir que proyectaba con fuerza mi atención y mis actos. Creé mi propio negocio mientras terminaba mi postgrado. Impulsé una celebración del Día de la Tierra en todo el con-*

dado. Estaba muy involucrada con amigos y familiares y tenía muchas aficiones e intereses.

Prefería leer tres libros a la vez en vez de uno. Hasta que decidí qué era lo que más deseaba y enfoqué mi energía en esa área, estaba fragmentada, tenía bajo rendimiento, estaba ocupada pero era ineficaz. Insatisfecha y desilusionada, con poca motivación para conseguir un empleo evité una decisión importante: preguntarme ¿qué quiero en mi vida?

Comencé a pensar en términos de lo que quería en lugar de lo que no quería. Me pareció que el pensamiento positivo era difícil al principio. Había estado mucho tiempo concentrada en el No en lugar de en el Sí.

Cuando me di cuenta de que quería fomentar buenas relaciones entre las personas de manera personal y profesional, el coaching se convirtió en un camino natural para mí. Era mucho más fácil alinear mi energía una vez que elegí deliberadamente expresar mis valores. Desde entonces he recibido muchas evidencias externas de que lo que he hecho ha sido una buena elección. Dado que el coaching requiere congruencia interna y externa, la relación que se ha convertido en más trabajosa de conseguir para mí ha sido mi relación conmigo misma. Me esfuerzo por ganar más congruencia y autenticidad personal. Todo lo demás fluye desde ahí. Coaching es algo que siempre he hecho. A pesar de que me viene de forma natural y fácilmente, en ocasiones tengo que recordarme a mí misma que un camino no tiene que ser difícil para ser correcto».

LA RELACIÓN DEL COACHING CONDUCE A LA MANIFESTACIÓN DEL ESPÍRITU

Enfocándose en el propósito de la vida, la identificación de la misión personal y los valores internos, la persona identifica y dirige su inspiración y pasión. El *coaching* está lejos de descubrir y dirigir la energía. El *coach* proporciona un espejo para ayudar a los clientes a utilizar sus ideales internos para impulsar la consecución de sus objetivos externos. Como un espejo, testigos compasivos, los *coaches* energéticos reflejan a los clientes cualquier brecha entre sus ideales y la realidad. Observamos su grado de congruencia en pensamientos, palabras, acciones, creencias y resultados para poder examinar las lagunas que manifiestan. Las personas crean su realidad externa. Proyectan lo que aparece en la pantalla de la película de sus vidas.

El *coaching* energético busca específicamente el equilibrio, la congruencia y la autenticidad en los individuos para alcanzar la totalidad. Entonces los clientes pueden conectarse con el espíritu a través de su conocimiento interior. El trabajo como *coach* es como el trabajo espiritual. En el anexo final de este capítulo se enumeran las similitudes que hemos encontrado.

Debido a que crea relaciones positivas, el *coaching* es un espacio natural para experimentar el espíritu. Los *coaches* energéticos cocrean y canalizan la energía espiritual con los clientes para manifestar metas externas en congruencia con los ideales internos. Conseguir que el espíritu se manifieste en el proceso de *coaching* es una cuestión de elección del cliente, ayudado conscientemente por el *coach*. Como testigo compasivo y canal abierto para el espíritu, invitamos a la energía del espíritu y ayudamos a los clientes a alinearse con ella si así lo desean.

Sin la invitación al espíritu, los clientes también pueden perseguir y alcanzar objetivos personales, pero ¿por qué ellos o sus *coaches* desprecian al espíritu como una ayuda para el crecimiento y el proceso de aprendizaje? Hay muchas razones, pero el ego, pequeño y separado, es la principal. La cultura externa transmite un sistema de valores basado en el culto a la personalidad. Muchas personas piensan en términos de separación con respecto a los demás. Hacen comparaciones y juicios como si fueran inferiores o superiores a otros. El *coaching* energético ayuda a minimizar la dependencia de los deseos externos basados en el ego y fomenta la conexión espiritual a través de la congruencia con el conocimiento interno de los clientes.

El *coaching* energético invita intencionadamente al surgimiento de cualidades espirituales además de las cualidades positivas inherentes en la profesión de *coach* incluyendo principios como:

- Todo el mundo tiene un deseo intrínseco de crecer y vivir de manera positiva y energética.
- Las relaciones manifiestan el espíritu a través de conexiones congruentes del individuo con uno mismo, del individuo con los demás, y de este con la comunidad.
- Todas las personas están conectadas espiritualmente. Estamos programados para buscar la energía del espíritu.
- Como todos estamos conectados, los pensamientos, palabras y hechos individuales afectan al Todo.
- El espíritu responde a la congruencia entre el ser interior y el hacer externo.
- Nuestras relaciones y circunstancias externas reflejan nuestro yo interior.
- Nuestra cultura refleja el total de estados individuales de consciencia.

- La energía sostenible del espíritu es invitada a manifestarse a través de la libre voluntad.
- El *coaching* energético busca incorporar el espíritu en el corazón-mente e integrar los aspectos de la sombra para fomentar la totalidad individual.
- Mejoramos nuestras relaciones y la congruencia interior-exterior al elegir ser nuestro yo auténtico.
- El espíritu proporciona energía conectiva y sostenible; el ego proporciona una pseudo-energía falsa e insostenible basada en juicios de separación e inferioridad o superioridad.
- El espíritu trabaja para manifestar el bien supremo para el individuo y el Todo, lo que a su vez beneficia al individuo y al Todo como un holograma.
- Debido a que el espíritu sostiene la ley del libre albedrío, la gente debe tomar una decisión consciente para invitarlo y alinearse con los ideales espirituales.
- Todos buscamos la conexión, la integridad y la alineación con ideales de elevado nivel.

Los *coaches* energéticos actúan como testigos compasivos para permitir que el maestro interior de los clientes se haga presente. Al hacerlo, invitamos al espíritu a que actúe como conductor para canalizar y enfocar la energía para el bien supremo. Nos beneficiamos recibiendo a cambio lo que ofrecemos. Ejemplificamos el poder de la elección positiva e intencional para crecer, alinearse y conectarse con la energía del espíritu. El *coaching* energético es una meta que busca alcanzar la congruencia personal y reflejarla en los demás. Nuestro compromiso con el ser y el hacer auténticos hace que el *coaching* energético sea más que una carrera profesional, es una llamada.

Anexo al capítulo

Similitudes entre el espíritu y el proceso de coaching

¿QUÉ ES ESPÍRITU Y CÓMO FUNCIONA?	¿QUÉ ES EL COACHING Y CÓMO FUNCIONA?
El espíritu es energía	El *coaching* energiza a los clientes a través de la pasión del propósito
El espíritu responde a la intención positiva	El *coaching* ayuda a los clientes a replantearse a sí mismos para desarrollar percepciones, lenguaje, pensamientos, sentimientos y acciones positivas
El espíritu implica elección	El *coaching* ayuda a los clientes a desarrollar opciones a partir de las cuales toman decisiones enfocadas en su propósito
El espíritu proporciona ideas y guía	Los *coaches*, como testigos compasivos imparciales, presencian la alianza de los clientes con su maestro interior
El espíritu trabaja en el marco de la ley del libre albedrío	Los *coaches* toman la dirección que toman sus clientes y patrocinan su aprendizaje para utilizar su voluntad personal de manera efectiva
El espíritu asiste en el proceso de alcanzar metas personales	Los *coaches* hacen lo mismo acompañando al establecimiento de metas, monitorizando, reflejando, visualizando, valorando y acompañando en la definición del propósito de la vida
El espíritu se experimenta espontáneamente	El *coaching* cocrea una experiencia de energía positiva producto de relaciones conectadas

EL ESPÍRITU ACUDE A DONDE SE LE INVITA, SE CONFÍA EN ÉL Y SE LE QUIERE	LOS COACHES HACEN LO MISMO
El espíritu es una experiencia interna	El *coaching* dirige a los clientes hacia dentro para lograr congruencia interna y toma de decisiones
El espíritu está siempre presente y receptivo	Los *coaches* escuchan y responden a los deseos de los clientes
El espíritu cocrea	Los *coaches* y clientes cocrean desde dentro y a través de la relación que establecen entre ellos
El espíritu se experimenta desde el amor y la apreciación	Los *coaches* respetan a sus clientes y los tienen en alta estima
El espíritu es libertad	Los *coaches* identifican las barreras interpuestas a la libertad y ayudan a los clientes a superarlas
El espíritu es una manifestación interna	Los *coaches* ayudan a los clientes a identificar sus valores internos y creencias
El espíritu conecta con el Ser Supremo	El *coaching* apoya el crecimiento desde el yo pequeño y egoísta (el pequeño «yo») hasta el yo más grande y conectado (el «YO» con mayúsculas)
El espíritu se siente atraído por la abundancia, la esperanza y las opciones positivas	Los *coaches* ayudan a los clientes a transformar pensamientos, percepciones y lenguaje negativos, en declaraciones positivas y esperanzadoras
El espíritu es infinito y poderoso	El *coaching* capacita a los clientes para que escuchen a su maestro interior y permite que las opciones centradas en el propósito se refuercen a sí mismas

2. COACHING CON ESPÍRITU

«Cuando las personas abren de verdad su mente y contemplan la forma en que el universo está ordenado y gobernado se asombran, abrumadas por la sensación de milagro que produce».

San Agustín de Hipona

Escribir un libro con el propósito expreso de comprender el espíritu e invitar a este a la relación es más propicio a la experiencia interna del individuo que a la comunicación con los demás. Hay algo al tratar de definirlo y saber cómo funciona que desafía cualquier explicación. Incluso para aquellos que a menudo lo han experimentado, el lenguaje y las habilidades cognitivas son limitadas para describirlo. Dado que la gente experimenta el espíritu en las relaciones positivas, el *coaching* energético crea la oportunidad para que la energía espiritual y la conexión surjan en la relación con los clientes.

Las relaciones proporcionan suelo fértil para que la semilla del espíritu crezca. Cultivar la semilla debe hacerse con fe y sin saber qué crecerá exactamente. Los *coaches* energéticos ayudan a preparar el terreno con los clientes invitando abiertamente al espíritu a la relación. Nuestra postura de testigos compasivos sostiene el lugar para que el espíritu aparezca. Los clientes plantan la semilla y nosotros proporcionamos herramientas, ejemplos y apoyo. En el *coaching* energético nos mantenemos abiertos e invitamos a la presencia del espíritu. Las semillas plantadas a menudo dan fruto más allá de lo que se podría predecir. Los clientes muchas veces quieren dictar los detalles de los resultados. Los *coaches* energéticos les recuerdan que deben permanecer abiertos a «esto o algo mejor», flexibilidad que crea información adicional y energía que elevan el proceso de *coaching*.

El *coaching* energético ayuda a sentar las bases para una relación con el espíritu que beneficia al proceso de *coaching* y los resultados del cliente. Por supuesto, los clientes deciden invitar al espíritu a la relación y practicar lo que para ellos funciona para hacer una conexión espiritual. No tenemos recetas, ni enfoques lineales y directos, ni un modelo único o metáforas para describir por completo cómo funciona el espíritu. Los *coaches* energéticos proporcionan la confianza y el estímulo para que los clientes puedan hacer el trabajo necesario para cocrear con el espíritu lo que de verdad quieren.

UNA DEFINICIÓN DEL ESPÍRITU

Definir lo indefinible, si fuera posible, limitaría inherentemente la comprensión de la energía que reside en todo, conectando toda la vida. Se han escrito muchos y maravillosos textos religiosos y filosóficos para describir el espíritu. Los teólogos y los científicos han intentado definir el misterio y dar ejemplos de la energía espiritual. Cada vez que las personas piensan que tienen una fórmula aparece otro aspecto, a veces contradictorio con lo que originalmente se entendía. El *coaching* energético sostiene que todas las personas pueden tener razón en su comprensión del espíritu porque este puede serlo todo. Nadie puede reclamar la exclusiva o el copyright, ya que se revela únicamente en la experiencia individual subjetiva.

La religión toca el campo de la ciencia, ya que la física cuántica se topa con lo que se llama la «fuerza de la Fuente», la «partícula de Dios» o el bosón de Higgs (también denominada «partícula adamantina»), que parece añadir masa a otras partículas en el campo cuántico. Los científicos están descubriendo una gran energía conectiva en la materia viva con la que algunos especulan que puede proporcionar una prueba de la existencia del espíritu. Esta energía se conoce como el «universo holográfico», «Web de Indra» o «Super String». Algunos han descrito la esencia del espíritu con la energía elusiva de la memoria celular y la genética. Otros han debatido sobre una fuerza que hay fuera del campo electromagnético medible que transmite información para arrastrar y sincronizar procesos moleculares y celulares. Algunos buscan el espíritu en el «Punto Cero», que es la energía vibracional que las moléculas conservan incluso en el cero absoluto. Otros creen que el espíritu reside en la mente y el cuerpo a través de los sentimientos que pueden ser el principio de la conciencia. Al igual que la luz, tanto de onda como de partículas, el espíritu define la identificación objetiva, la medición precisa o la cuantificación relativa.

Podemos elegir la apertura, la receptividad, la invitación y la acción fiel sin garantías de que el espíritu funcione como deseamos. A menudo, a la relación se une el trabajar más allá de los deseos más arriesgados y las expectativas limitadas. Cuando las personas lo experimentan tienen un conocimiento trascendente instantáneo de vastas y poderosas fuerzas. Algunos se refieren a su experiencia como una epifanía, un instante santo o la iluminación. La gente puede experimentar el espíritu de manera flotante, que sale tan rápido como llegó. El espíritu no puede ser mandado ni convocado. Convence a las personas para salir de sus propios modos de ser para permitir que suceda. El *coaching* energético invita al espíritu a producir energía positiva y los resultados deseados, pasando de la elección intencional en el ámbito interno a cocrear los resultados deseados en el externo.

Así como las personas asocian los pensamientos con el cerebro, nosotros asociamos el espíritu con el corazón. No con el corazón físico, sino con el «corazón sagrado». El corazón sagrado es arrastrado a la vida a través de la energía, como el latido del corazón de la Tierra, conocido por muchas culturas indígenas. El espíritu da significado a la vida, inspirando a la gente a ver más allá de los sentidos físicos y del pequeño mundo del ego egocéntrico. Da energía a aquellos que buscan el gran Más Allá, que trasciende lo tangible e indefinible. La gente experimenta el espíritu como algo conocido e incondicionalmente amado a través de la conexión y el sentido, tocado por la gracia de una Fuente incomprensible.

El lenguaje proporciona entendimiento, significado y conexión. Constituye el marco para pensar y permite a los individuos comunicar sus valores, intenciones y comprensión común. El *coaching* energético busca proporcionar un marco de trabajo para conceptualizar e invitar al espíritu sin connotaciones religiosas. Ayudamos a los clientes a integrar el *coaching* con sus creencias religiosas actuales. Su experiencia de *coaching* puede enriquecer su experiencia religiosa privada. También apoyamos la integración de la relación del espíritu para aquellos que han optado por no practicar una religión formal pero desean alcanzar un mayor sentido individual y mejorar sus relaciones interpersonales.

El espíritu es la fuerza vital, omnipresente pero no siempre percibida o experimentada. Las personas pueden disminuir la brecha entre el yo egocéntrico y el espíritu a través de la práctica física, la dirección emocional y la intención mental. Los individuos parecen estar en diferentes puntos en un continuo espiritual que va de baja a alta frecuencia. Tienden a atraer relaciones y experiencias que reflejan su nivel vibracional. La elección de moverse hacia el espíritu aumenta la energía individual y el poder. Las personas que aumentan su frecuencia a través del bien y el crecimiento atraen relaciones y experiencias de alto nivel. Cuanto más alto se sintonizan, más perciben el espíritu y atraen la energía positiva.

Más allá de la inteligencia mental

El *coaching* energético explora un lenguaje común y la comprensión para reconocer y conectarse con el espíritu en lugar de tratar de encauzarlo y dirigirlo. Fluir con el espíritu conduce a facilitar el ser y el hacer. El *coaching* energético se queda, fertilizado y plantado, y luego espera expectante y optimista para lo que crecerá. Aunque la cosecha no llegue a ser lo que esperábamos la recompensa será grande. Esta forma de vida orgánica contrasta con el pensamiento mecanicista moderno que fomenta la ilusión de que el Universo puede ser comprendido, aprovechado y dirigido a través de la inteligencia mental y el esfuerzo.

John: «*Hablé con una colega, Mary Ann, profesional de coaching muy exitosa. Me relató que al principio de su carrera de coaching había deseado imitar a su coach. Comenzó utilizando estrictamente las herramientas, avanzando metódicamente a través de los procedimientos paso a paso con sus clientes. Después de preguntarse por qué su negocio de coaching era limitado decidió cambiar. Mary Ann me comentó que desde el momento que se permitió estar con sus clientes en la franqueza y el respeto, su negocio de coaching comenzó a florecer. Se hizo auténtica desarrollando su propio estilo, una combinación de su formación como coach y de la conexión con ella misma*».

La conexión espiritual eleva a una persona por encima del yo egocéntrico y los límites del mundo secular. Proporciona apoyo a aquellos que quieren explorar dentro y actuar desde la visión y los valores internos. Los *coaches* energéticos en congruencia con el espíritu ayudan a las personas a mirar, sentir y pensar más allá de lo que perciben físicamente. Preparamos a la persona en su conjunto —cuerpo, mente y emociones—, buscando conciliar los tres aspectos en la unidad.

La experiencia del espíritu ha sido descrita como un sentimiento de unidad y rectitud, de ser conocido e incondicionalmente amado. Los serendipias y hechos no relacionados suceden a nuestro alrededor. A largo plazo, muchas personas experimentan el espíritu como el conocimiento pacífico y omnipresente de que todo está en orden divino. En relación con el espíritu, los individuos pueden integrarse y conectarse con su ser interior y con los demás. Las conexiones de corazón tienen como resultado una vida con sentido y la confianza en resultados desconocidos Las personas abandonan la necesidad de controlar y manipular a los demás o los sucesos externos.

Medido solo por el intelecto, el espíritu sigue siendo una idea elusiva, un pensamiento tentador, una noción absurda. Al ir más allá del procesamiento del cerebro de los cinco sentidos y de pensamientos aleatorios, los individuos pueden experimentar el espíritu como un instante de profundo conocimiento. Para mantener la conexión se necesitan preparación continua, siembra y nutrición. Instantes positivos y momentos validados de realización espiritual que sirven a los *coaches* y clientes por igual. Esto ayuda a las personas a comprometerse a nutrir un jardín de por vida. Esto otorga la promesa de cosechar los frutos del espíritu, incluso cuando la temporada de crecimiento ha terminado y una nueva aún no ha comenzado.

Las personas necesitan creer y tener fe para entender al espíritu, que solo puede conocerse a través de la experiencia individual. Es más un sentimiento o una intuición que una comprensión intelectual. Incluso cuando las personas experimentan lo que se siente como espíritu, como ese impulso repentino y apasionado, puede ser algo más. Si lo que la gente siente necesita de una racionalización mental o de un esfuerzo extremo para sostenerlo, probablemente no sea espíritu. El espíritu habla al maestro interior, no requiriendo justificación ni racionalización. Como el amor verdadero, se abraza a sí mismo y al otro para el bien supremo. Aunque aparentemente es imposible describir plenamente al espíritu, los individuos que disipan la ilusión de la separación pueden trascender el ego y el mundo engañoso de la dualidad para ganar entendimiento espiritual.

John: «*En los últimos años me he encontrado reexaminando mis actitudes y creencias acerca de mi propia espiritualidad. Justo cuando creo que sé lo que son, el espíritu me da un empujón en una nueva dirección para mirar aún más profundo. Los desafíos y las dificultades me llevan a cambiar. Mi práctica de coaching se ha convertido en un campo de entrenamiento espiritual para el crecimiento personal. Los clientes se muestran para catalizar su crecimiento espiritual, que a su vez cataliza el mío. Cada uno revela la obra del espíritu en las relaciones. Basándome en creencias y actitudes pasadas, construyo nuevas creencias que impactan positivamente en mi vida y mi trabajo*».

Así como las personas crecen físicamente, también crecen espiritualmente. En el proceso de crecimiento espiritual cualquier muerte crea espacio para lo nuevo. Puede haber algunos seres trascendentes en el mundo que no parecen tener que buscar, probar, descartar, construir, renovar o cuestionar sus creencias espirituales, pero la gran mayoría lo hace. En el mundo de hoy, de materialismo secular e individualismo drogado, muchos tratan de utilizar el espíritu como una mercancía como el dinero. Utilizar el espíritu para satisfacer los deseos egocéntricos puede producir alguna forma de energía, pero probablemente no será satisfactoria, conectada o sostenible.

Cualquier intento de separarse, juzgar o condenar a otros desconecta a una persona de la energía espiritual. La creencia de que el espíritu puede ser utilizado para potenciar los deseos individuales es incompleta. Una vez que la gente se abre a la guía espiritual desde dentro, sus resultados se alinean con el mayor bien para sí mismos y para los demás en relación con ellos. Cuando las personas tratan de forzar en otros actitudes o creencias acerca del espíritu, automáticamente niegan la misma energía que intentan transmitir. El espíritu se mantiene firmemente integrador e inclusivo.

El propósito del coaching energético

Hay un axioma de Programación Neuro-Lingüística: «El mapa no es el territorio». Este texto no puede ser todo el territorio llamado «*energetic coaching*». La percepción en un momento dado centra la experiencia. Debido a que el espíritu abarca lo personal e impersonal al mismo tiempo, algunas de nuestras visiones pueden evocar solo el conocimiento interior. Con tiempo y práctica, lenguaje, símbolos y representaciones pueden convertirse en algo fácil. A los *coaches* energéticos les gusta tomar lo que viene y abrirse continuamente a lo que pueda manifestarse.

El libro de Teri-E Belf, *Coaching with Spirit*, describe el proceso y la dinámica de bienvenida del espíritu en la relación de *coaching*. Nos damos cuenta de que el espíritu es un fenómeno de dinámica interna que responde a las relaciones positivas. El *coaching* es a menudo un foro para experimentar la energía espiritual. Con el *coaching* energético intentamos deliberadamente practicar la intención positiva en la relación como un medio de involucrar al espíritu.

John: «*Ahora que practico el coaching energético puedo darme cuenta de que el espíritu ha estado presente y disponible durante toda mi carrera como coach. En el pasado podría haberme otorgado todo el mérito por el trabajo del espíritu (al ego le gusta hacer eso). El espíritu estaba trabajando y yo ni reconocía, ni nutría, ni optimizaba su ener-*

gía de tal manera que pudiera obtener el mayor beneficio para mi cliente. Cuanto más experimento el espíritu en la relación de coaching, más me relajo y me dejo llevar. Me maravillo de los resultados que los clientes logran al entrar dentro de sí mismos para responder y actuar congruentemente con su esencia, que es la conexión con el espíritu».

El *coaching* energético es para *coaches* profesionales y otros que deseen unirse a la energía del espíritu para un bien supremo de sí mismos y de sus clientes. En una profesión que evoluciona de manera rápida y dinámica, los *coaches* a menudo encuentran que deliberada o accidentalmente experimentan la energía espiritual a través de las relaciones con sus clientes. La conexión positiva entre *coaches* y clientes crea una conexión más estrecha con el espíritu.

Los resultados deseados de *coaching* pueden volar más allá de lo que nadie habría esperado. Informar sobre la presencia del espíritu en el *coaching* es anecdótico. El espíritu surge espontáneamente a través de la intención positiva de las personas en una relación de buena voluntad entre sí. El proceso de *coaching* es inherentemente adecuado para invocar la presencia del espíritu y beneficiarse de la energía que proporciona.

John: «*Estando abierto al espíritu a través del proceso de coaching energético, he tenido muchas experiencias trascendentales en relación conmigo mismo y con otros. Por otro lado, discutía con mi compañera coach Carole sobre los estilos de coaching y distintas filosofías. Yo la había considerado dogmática y cerrada. Durante un reciente retiro de coaching de SUN sucedió que debíamos hacer una improvisación que ilustraba lo que ocurre en el coaching cuando los roles se interponen en el camino. No estaba muy contento con esa situación. Sin embargo, cuando me abrí al espíritu me dio un resultado maravilloso. Tuve una experiencia espiritual máxima de conexión con Carole que probablemente yo no hubiera estado dispuesto a recibir. En ese momento la entendí y la acepté completamente. Al entregarme al espíritu, me di cuenta de que la comprensión de cómo y de quién era mi compañera se unía a mis habilidades de coaching. Esta experiencia proporcionó la base para una sólida relación entre nosotros».*

Se está produciendo una evolución en la conciencia espiritual. Al ser el espíritu común a todos, trasciende las diferencias entre las personas. Muchos discuten y escriben ahora sobre el espíritu en relación con los individuos y sus comunidades y organizaciones. La creciente popularidad de este terreno «blando» hace que sea aceptable hablar de espíritu en los negocios y en la ciencia. Muchos buscan capturar la energía del espíritu para hacer progresar sus visiones y lograr satisfacción en la vida. Al alinearse con el espíritu, que traspasa todos los límites y reconoce a todos como iguales y completos, los individuos están descubriendo nuevas posibilidades en las relaciones que les ayudan a alcanzar sus deseos personales. El éxito les obliga también a querer promover los sueños y deseos de los demás. Al mismo tiempo, es importante modular el movimiento del péndulo. El espíritu no puede ser conjurado, falsificado o inventado −gracias a Dios−, sino una estrecha conexión con él sería un objetivo hueco. La conexión espiritual necesita de cada uno de los individuos para lograr la coherencia. El *coaching* energético desafía a los clientes a enunciar la visión, los valores y actuar de acuerdo con ellos para crear hechos exteriores desde el ser interior.

El campo del *coaching* es un lugar factible para identificar un nuevo paradigma en las relaciones humanas que involucre directamente al espíritu. La ciencia aumenta la comprensión del mundo físico; el *coaching* enérgico, directa e intencionalmente, avanza la comprensión espiritual y la conexión a través del proceso de ayudar a los clientes a alinear su yo interior y exterior. Los individuos congruentes integran sus mundos físico y espiritual. El *coaching* integra el mundo secular científico con el reino de la pasión y el deseo humano.

Un resultado de la relación de *coaching* energético es que la persona reconoce la voz de su maestro interior. Sus resultados pueden ser provocadores y cambiarle la vida. Habiendo aprendido a profundizar en su ser y luchar por la congruencia, crece a partir de la relación de *coaching*. A medida que los clientes evolucionan de acuerdo con su propia dirección interior, tienen las herramientas para actuar como sus propios *coaches* en el proceso continuo de alcanzar la totalidad y la unidad.

John: «*Al reflexionar sobre el propósito de un libro sobre coaching energético me doy cuenta de que las semillas vuelven a mi trabajo con un grupo de siete personas que fundaron la Comunidad de Aprendizaje Espiritual en 1999. 'Casualmente' tomé una mayor orientación espiritual en mi práctica de coaching.*

Nuestra visión es la de ser 'una comunidad comprometida a crear una atmósfera abierta a la conexión espiritual que permita compartir e integrar nuestra experiencia humana con nuestro aprendizaje espiritual'. Los principios de la comunidad son...

- *La inclusión de todos, proporcionando caminos para el auto-descubrimiento y el crecimiento espiritual.*
- *Aprender en un ambiente de amor y vivir la experiencia de ser capaces de estar en conexión con la verdad.*
- *Libre elección sobre qué aprender y qué creer y saber.*
- *La experiencia de ser profesor y alumno en la misma situación.*

- *Permanecer siempre con la presencia del espíritu en la familia, en el trabajo y en todas las demás áreas de la vida.*
- *Diálogo abierto y veraz entre el yo y el espíritu (congruente).*

El coaching energético es el resultado de potenciar y vivir los anteriores preceptos. La transición de la Comunidad de Aprendizaje Espiritual a algo nuevo y mi deseo de trabajar con espíritu se han expandido. He experimentado una conexión directa con el espíritu que ha mejorado mi coaching y los deseos de corazón de mis clientes. Mientras escribo esto me doy cuenta de que puedo desempeñar un papel clave en llevar la espiritualidad a la profesión de coaching debido a mi experiencia del espíritu y su importancia en mi vida y mi carrera. Debo responder a esta llamada aunque me sienta poco preparado para hacerlo. Sé que el espíritu proporcionará la validación del proceso a medida que avance».

¿QUIÉNES SON LOS COACHES ENERGÉTICOS?

Los *coaches* energéticos nos embarcamos en una misión sagrada (pregunta). En lugar de contestar preguntas, cuestionamos las respuestas. Exploramos lo que los clientes desean sin conocer los hitos o los límites hacia donde les llevará su búsqueda. Somos impulsados por la energía del buscador, una orientación abierta de aprendizaje receptivo que invita a lo desconocido y lo insondable. Sabemos que hay más en la vida que orientación externa y que a pesar de que a veces nos sentimos incómodos en el proceso, estamos dispuestos a viajar hacia el interior del misterio, orientado hacia el interior, buscando experimentar la verdad y la conexión que da como resultado la totalidad y la unidad.

Aquellos que entran en el campo del *coaching* esperan estar involucrados en relaciones importantes con los clientes. Los *coaches* energéticos saben que tales relaciones a menudo conducen a experiencias con más sentido de lo que los clientes podrán esperar. A medida que las relaciones de *coaching* van revelando niveles de conocimiento profundos, podemos proporcionar la experiencia y la perspectiva necesarias para apoyar a los clientes en su exploración individual. Solo a través de nuestro difícil y personal viaje hacia la pregunta podemos proporcionar luz en el camino a los clientes. Al buscar y hacer preguntas se abren a nuevas formas de ser y hacer.

Debido a que los *coaches* energéticos han domesticado al dragón del yo egocéntrico (pequeño yo), encuentran el *coaching* con el espíritu satisfactorio como proceso más que como resultados. Una vez vaciados de deseos y motivaciones egoístas nos convertimos en el recipiente para la expresión espiritual. Como instrumento del espíritu, servimos a los clientes en su búsqueda de conexión con su Yo grande, su verdadero yo. Los *coaches* energéticos actúan como testigos compasivos para crear contextos seguros, abiertos y sin prejuicios para que los clientes experimenten confusión, hagan preguntas difíciles, escuchen a su maestro interior y reciban ideas para actuar.

Los *coaches* energéticos son un instrumento para que el espíritu pueda tocar su maravillosa música; no somos el director, el músico o la audiencia. En la medida en que nos conectamos con el espíritu en nuestra vida cotidiana, vibramos como instrumentos claros y melódicos.

Los *coaches* energéticos aspiran a la congruencia en los pensamientos, palabras y acciones en relación consigo mismos y con los demás. Aquellos que están más cerca de nosotros encuentran honestidad, conexión y consistencia dentro de nuestras relaciones. Como personas auténticas con integridad, los *coaches* energéticos buscamos una conexión cercana con nuestro maestro interior. Comunicarnos con nosotros mismos es saber quiénes somos. Deseamos hablar y actuar consistentemente en la verdad con bondad.

John: «*Estaba reunido con una cliente que se interesó en este libro sobre coaching energético. Cuando le conté lo que era un coach energético, declaró: 'John, no solo estás escribiendo sobre coaching con espíritu, ¡eres un coach con espíritu!'. Los aspectos espirituales de mi coaching habían aparecido claramente a lo largo de todo el tiempo; ella había identificado la energía y las cualidades espirituales, aunque no las habíamos comentado*».

Los *coaches* energéticos actúan de forma auténtica y crean éxito como hacedores en el reino externo. Como todos los demás, queremos funcionar bien en la vida. La conexión ser-hacer marca una diferencia en cómo llevamos a cabo el hacer. Por ejemplo, ciertamente tenemos que hacer marketing para ganar clientes, pero nos mantenemos abiertos al resultado. Al permitir que el espíritu opere y dirija el esfuerzo, los clientes nos encuentran a menudo de modo misterioso. En la búsqueda de respuestas por sí mismos, los clientes utilizan a los *coaches* energéticos como espejo y testimonio de su proceso. Nos complace servirlos. Con humildad y aprecio apoyamos sus esfuerzos para lograr la congruencia entre su ser interno y externo para lograr los resultados deseados.

Incluso cuando los clientes detienen el proceso, los *coaches* energéticos demuestran capacidad de soltar, sabiendo que todo está en orden divino. Algún tiempo después, los clientes pueden renovar la relación. Honramos sus opciones, así que apoyamos sus decisiones. Sabemos que están continuamente recibiendo las lecciones necesarias para crecer personalmente y avanzar. Al indicarles maneras positivas que pueden dar valor a sus luchas y fortalezas, los *coaches* energéticos animan a los clientes a creer en sí mismos. A medida que empiezan a involucrar a su maestro interior, nos necesitan cada vez menos. Los *coaches* energéticos confiamos en los clientes para que hagan su propio trabajo.

Lea: «*Tres de mis clientes de coaching se retiraron del proceso de coaching. Puesto que conozco a los tres personalmente, he podido seguir su progreso. En casi todos los casos, los antiguos clientes fueron capaces de alcanzar sus objetivos a su propio tiempo y forma. Habían estado creciendo y aprendiendo a lo largo del camino. De vez en cuando me han contactado para que les eche una mano en un tema específico, pero en general siguen su guía interior. El coaching les ayudó a definir lo que querían; ellos decidieron cómo llegar allí*».

EL CAMINO DEL ESPÍRITU

Un buen *coach* no desea dependencia. Más bien queremos ayudar a los clientes a que se hagan *coaching* y se enseñen a sí mismos. El camino del espíritu es básicamente un camino individual. Parece solitario, pues la gente congruente se adentra con preguntas que ya no buscan en el exterior. Los *coaches* iluminan la luz del conocimiento con la actitud de no saber y se mantienen como testigos durante el camino para que los clientes descubran su propia conexión con el espíritu. No podemos andar el camino por ellos, pero tenemos confianza en los resultados puesto que hemos caminado por nuestro propio camino humano. Como testigos compasivos mantenemos la confianza. Nuestra perspectiva puede ser muy poderosa, especialmente para clientes que todavía no han tenido conocimiento de una relación así. Alentar cariñosamente a otros a apreciarse y creer en sí mismos es a menudo todo lo que se necesita para que miren en su interior y crezcan.

El *coach* energético proporciona a los clientes refuerzo positivo para alcanzar la esperanza, la visión y la confianza necesarias para aventurarse en el vacío de «el oculto desconocido», al principio con nosotros como guías y luego progresivamente ellos solos. Operando con éxito en el mundo exterior queremos vivir con coraje como ejemplos de principios de alto-nivel. Nuestras palabras y actos reflejan nuestro sistema de valores. Nuestro hacer ejemplifica cómo ser y hacer congruentemente con nuestros valores internos y visiones. Precisamente porque tener congruencia completa es algo raro, los *coaches* energéticos son a menudo puestos a prueba para ver si son «verdaderos». Damos la bienvenida a esa prueba, como otra oportunidad para demostrar la paz de saber quiénes somos. Los *coaches* energéticos aportan luz y señales para aquellos que están en el camino interior de descubrir quiénes son y qué quieren. El nuestro es el camino a la autenticidad, el camino de la congruencia y la conexión espiritual con la unicidad.

EL ESPEJO DEL COACH

«Las circunstancias no hacen al hombre,
simplemente le revelan a sí mismo».
Anónimo

Las relaciones son espejos para que los individuos vean quienes son. La gente normalmente es atraída por otros que tienen una energía similar. A través de sus relaciones pueden determinar su propia frecuencia. Si no es satisfactoria pueden decidir en qué vibración quieren vivir, sin culpar ni rechazar al otro. Hay un dicho, «es difícil elevarse con águilas cuando estás corriendo con pavos». Cuando los clientes se dan cuenta de que son atraídos a relaciones discordantes, pueden decidir cambiar su propia frecuencia. Una desconexión invita a que el individuo se analice para ver en qué medida ha contribuido a crearla. A veces, para mantener una relación con sintonía tienen que decidir aumentar o disminuir la frecuencia. El individuo puede elegir rendirse a aquellos con los que está en una frecuencia similar o más alta, dejando ir a esos que tienen una frecuencia más baja, drenando energía de donde no se quiere. El espejo del *coaching* energético ayuda a los clientes a elegir cómo quieren ser y con quién quieren estar.

El *coach* energético mantiene una alta frecuencia de energía para proveer al espíritu de un canal. Incluso si atraemos a clientes de frecuencias más bajas reconocemos el potencial que ellos mismos no pueden ver. El espejo del espíritu refleja una realidad a los clientes que solo ellos pueden haber imaginado para sí mismos. El objetivo del *coaching* energético es proporcionar soporte incondicional y seguridad para ayudar a los clientes a conseguir ir donde quieren ir. A pesar de los miedos a separarse de cosas que pueden llegar con la autenticidad, el *coach* energético sabe que todos somos parte del Todo. Honramos el proceso del cliente, incluso en medio de sus más arduas preguntas. Desde nuestro saber nos resistimos a contestar a los clientes. En cambio, al permanecer en la búsqueda les damos poder en el proceso de descubrir con fe lo desconocido.

Al confiar en la sabiduría innata (Maestro interno) de los clientes y crear intencionadamente un ambiente de aceptación abierta (testigo compasivo), estamos invitando a la energía del espíritu. La energía positiva saca lo mejor para que los clientes se vean a sí mismos tan dignos, completos y aceptables como son.

No hay necesidad de que el cliente cambie, pero el éxito crea deseos de seguir aprendiendo. Los clientes ven su propio potencial en los reflejos del espejo del *coach*. Para algunos el *coaching* es la primera relación en la que el otro le anima a ser él mismo.

Proporcionar el soporte y el espejo ayuda a los clientes a verse a ellos mismos más poderosos para cocrear lo que desean. Vivir plenamente requiere energía sostenible y renovable de auto-conocimiento y aceptación, lo que incrementa la conexión espiritual. La recompensa última para nosotros sucede cuando los clientes alcanzan la maestría en el auto-entrenamiento. Pretendemos ayudarlos a potenciarse al nivel en el que ya no nos necesiten. A medida que la energía en la relación de *coaching* se amplifica, los *coaches* ganamos conocimiento interior y nos fortalecemos con ello.

Por supuesto, habrá algunos clientes que decidan quedarse en su frecuencia habitual y se resistan a ir a su propio ser interior. Abandonan el *coaching* energético. Nosotros somos capaces de dejarles ir, manteniendo espacio para su vuelta a través de la intención positiva y aceptando que su sentido del tiempo es preciso. Hemos puesto la semilla.

El *coaching* energético proporciona lenguaje y comprensión para abrir canales que el espíritu llene. La relación de *coaching* es ideal en muchos sentidos para ayudar a los clientes a entrar en las aguas a veces oscuras de su mundo interior. Después de poner a prueba su ser, pueden aprender a nadar en el vasto océano espiritual. Debido a que nosotros sabemos nadar, podemos ayudar a otros.

Como se suele decir, puedes dar a las personas pescado para un día o puedes enseñarles a pescar para toda la vida. Los *coaches* energéticos enseñan a los clientes a pescar y los animan a que lo hagan por sí mismos. Aunque las personas conozcan las respuestas, pueden necesitar apoyo en muchas situaciones. Al conectarse con su maestro interior sentirán un fuerte deseo de congruencia. Puede que retrasen la reivindicación de lo que quieren porque teman no ser lo suficientemente buenos para merecerlo, o en un nivel más profundo, que no puedan manejar la responsabilidad de su gran bondad y poder. Las personas pueden mantener una relación cercana con el espíritu en la medida en que quieren lo que es mejor para ellos. Los *coaches* energéticos buscan ayudar a los clientes a eliminar las barreras a la conexión espiritual identificando y trascendiendo los bloqueos internos.

Los niños aprenden con los ejemplos de sus padres; los clientes de *coaching* energético pueden aprender con el ejemplo de sus *coaches*. La motivación para actuar proviene de los clientes, ya que eligen la energía positiva, crean un ambiente de apoyo, viven en la aceptación incondicional, enfrentan situaciones desafiantes y ganan confianza en sus habilidades. Les devolvemos el reflejo de sus nuevos comportamientos y creencias. El desafío de sacar lo mejor de cada uno en los demás se convierte a su vez en un *modus operandi* para los *coaches*. A medida que ganamos energía para hacer lo que es mejor para nosotros mismos creamos ejemplos de cómo tenemos éxito. El espejo se convierte en el reflejo, los dos se funden en uno, y los clientes se convierten en sus mejores *coaches*.

El desafío del coaching energético

El *coach* energético ayuda a experimentar con el espíritu puesto que es el objetivo que compartimos con los clientes. La búsqueda del espíritu lleva a muchas personas al *coaching* y muchos de nosotros queremos ayudar a otros a ayudarse a sí mismos. Deseamos ayudar a los clientes a descubrir su propósito de vida y a tomar conciencia de su mejor versión. La decisión de recibir *coaching* significa que los clientes quieren mejorar personalmente. La decisión de desarrollar todo su potencial es tierra fértil para que el espíritu crezca. Mantenemos el espacio y ofrecemos testimonio y apoyo al proceso de otros para que caminen por su propio camino. Encontrar el camino a veces puede ser arduo, por lo que el *coaching* energético ofrece provisiones para el viaje hacia el interior desconocido.

No se puede entender a no ser que se haya vivido esa experiencia anteriormente. El protocolo del *coaching* de Success Unlimited Network (SUN) practica ese mismo principio asegurándose de que todos los *coaches* de SUN experimenten ellos mismos el proceso de *coaching* antes de comenzar el programa de formación en *coaching*.

Del mismo modo, nosotros, que hacemos *coaching* con espíritu de manera consciente y voluntaria, lo hacemos a partir de la experiencia adquirida permitiendo que el espíritu trabaje a través nuestro para nosotros mismos y en las relaciones con los demás.

Como *coaches* energéticos nos hacemos responsables de que haya conexión con nuestro ser interior. La llamada a trabajar en estrecha colaboración con el espíritu para lograr la unidad no es enteramente altruista. El *coaching* energético proporciona la gratificante oportunidad de crecer y aprender del espíritu de los clientes. La relación que disfrutamos con los clientes es congruente y recíproca; lo que hacemos por los demás, lo hacemos por nosotros mismos también. El proceso de aprendizaje nunca termina; siempre hay un crecimiento y una mejora mutuas a través del espíritu. Sabemos que podemos ser señales de luz a lo largo del camino, pero no el camino mismo. En última instancia el camino siempre conduce a la misma fuente de energía y creatividad, bondad y amor; el todo en Todo.

El coaching energético requiere confianza

El *coaching* es un proceso que requiere que estemos al cien por cien presentes para los clientes. Lo hacemos seguro para que ellos exploren lo que quieren y lo que no quieren. En un ambiente seguro los clientes pueden permitirse arriesgarse con experiencias de energía positiva, esperanza, autenticidad y poder. Su disposición a echar un vistazo a su ser es el primer paso para el crecimiento y la libertad personal. Aceptando a los clientes según vienen, demostramos confianza en ellos a lo largo del proceso de *coaching*. Confiar en los clientes les ayuda a construir su autoconfianza. La confianza crea aceptación y apertura, nutriendo la semilla del espíritu. La aparición del espíritu ayuda a los clientes a reconocer, explorar e integrar sus sombras escondidas, así como su personaje público o máscara social. Al incluir las muchas dimensiones de los clientes en el ámbito del *coaching* energético les ayudamos a integrar diferentes aspectos de sí mismos. A medida que descubren quienes son se dan cuenta de por qué han encontrado y creado lecciones difíciles en su vida. La comprensión ayuda a los clientes a identificar lo que quieren lograr en la vida y cómo integrarse en su esencia real, más grande que la vida. A veces los *coaches* pueden necesitar demostrar confianza cuando los clientes dudan de sí mismos. Para obtener el mayor beneficio del trabajo interno, los clientes tienen que comprometerse a cambiar por su propio bien. En las relaciones, la confianza crea un espacio seguro para que la verdad sea reconocida y las personas crezcan.

La gente experimenta el espíritu como una energía positiva y poderosa. La relación de respeto y confianza entre *coaches* y clientes proporciona una apertura para que entre el espíritu. El proceso de *coaching* puede eliminar barreras que los clientes hayan alzado o reforzado, a veces a lo largo de muchos años, para que puedan sentir el espíritu flotando libremente. Con el espíritu pueden disipar la ilusión de separación y superioridad o inferioridad promovida por el ego.

Lea: «*Mientras John me hacía coaching durante mi formación con SUN, comencé a cuestionar mis habilidades y mi dirección. Sabía que necesitaba coaching y pensé que estaba dotada para la profesión. Sin embargo, dudaba de mis habilidades para comercializar mis servicios y no me gustaba promocionarme, identificar el nicho de mercado o identificar clientes atractivos. Mis esfuerzos de marketing me distrajeron de mis deseos de coach pues no me sentía auténtica en el proceso. Consideraba el aspecto comercial del coaching como una pérdida de tiempo y energía. John nunca se tragó mi negatividad. Mientras cuestionaba mi resistencia al marketing, sostenía el espacio para que yo me cuestionara a mí misma si estaba siendo coherente.*

John me contaba historias personales sobre cómo 'encontrar' clientes, algo que parecía fácil y divertido. Nunca había considerado que el marketing podría ser divertido y realizarse sin esfuerzo. Me llevó un tiempo ver que el coaching, incluido el marketing, le funcionaba a John. Manteniéndose abierto y aceptando la duda, respondió a mis preguntas. Puesto que él no dudaba de mi capacidad para comercializar mis servicios, empecé a ver cosas que quería hacer. John continua animándome suavemente en mis esfuerzos por hacer marketing, sabiendo que estoy trabajando a mi propio ritmo y proceso para hacer lo que se necesita para establecer un negocio exitoso conforme a mi sentido del éxito. Puede que lo haga de un modo diferente a él, pero precisamente porque respeta mis formas y confía en mis habilidades me ayuda a creer en mí misma. John me enseñó de diversas formas que él no tenía apego al resultado de nuestro proceso juntos y respetaba mi mejor opinión. Esto me ha permitido promover mi negocio de coaching de una manera más inusual que puede ser menos lucrativa pero que refleja mejor mis valores».

El *coaching* energético no es una relación profesor-estudiante o gurú-seguidor; *coaches* y clientes son iguales. Sabemos que los clientes tienen las respuestas en sí mismos, así que nosotros les proporcionamos un lugar seguro para que esas respuestas emerjan. Hacemos preguntas y proporcionamos *feedback* o *feed-forward* cuando el cliente pide información. Creemos en el proceso del espíritu. Nos damos cuenta de que la cantidad de confianza que tienen los clientes refleja la cantidad de confianza que tienen en ellos mismos. Los dos socios en el *coaching* crecen, lo que constituye la mejor recompensa de ser un *coach*. El *coaching* con espíritu significa tener la oportunidad de sondear en nuestra propia profundidad, conectarnos con la totalidad y alcanzar la unidad.

El *coaching* energético es un liderazgo de servicio. Como líderes de éxito, los *coaches* energéticos pueden elegir el papel de ser servidores de verdad. Sabemos que ninguna persona tiene todas las respuestas y que el proceso de conexión con la totalidad es diferente para cada uno. Haciendo preguntas en vez de actuar como expertos, permitimos que los clientes lleguen a conocer, confiar y respetar a su propio guía interior. Diseñan sus propios resultados. Los clientes desean resultados diferentes en las diferentes etapas de su crecimiento. Una vez que reconocen y confían en su propio conocimiento pueden ser sus propios *coaches* a lo largo de su camino.

El *coach* energético evita el yo egocéntrico separado y superior o inferior para que la confianza crezca. El *coaching* requiere credenciales de naturaleza intangible como la humildad, el respeto a uno mismo, amor propio, autoestima, sabiduría y fe. Tan pronto como el cliente siente un «ajá» y sabemos que nos estamos quedando en la pregunta, el espíritu proporciona el refuerzo necesario para catalizar el conocimiento y el crecimiento. Para los *coaches* energéticos, que reconocen el ego, las lecciones vienen con humor en lugar de humillación. Conscientes de que estamos creciendo y aprendiendo con nuestros clientes, resistimos los pequeños deseos egocéntricos que impulsan a demostrar una experiencia o un conocimiento superior. Confiamos en nosotros mismos sabiendo que todas las cosas trabajan juntas para un bien mayor.

EL COACHING ENERGÉTICO NO ES SOLAMENTE PARA COACHES Y NO ES PARA TODOS LOS COACHES

El *coaching* energético proporciona información sobre *coaching* con espíritu con aplicaciones prácticas que pueden ser de utilidad para cualquier relación de la gente que desee espiritualidad y energía positiva. La gente puede usar este libro para hacerse *coaching* a sí misma y crear coherencia entre su mundo interior y exterior. También puede ayudar en las relaciones uno a uno para eliminar barreras y explorar caminos para generar crecimiento mutuo. Los equipos y miembros de equipos que quieren la energía del espíritu para que les ayude a conseguir sus metas pueden seguir los preceptos del *coaching* energético. No hace falta que sean *coaches* experimentados para ser *coaches* energéticos. Habrá muchos que serán llamados a la profesión de *coaching* especialmente a través del espíritu. Aunque habrá *coaches* novatos, la conexión con el espíritu les dará energía para ayudar a otros a conectar con el espíritu también.

La práctica y los principios encontrados en el *coaching* energético transmiten términos tangibles de experiencias de naturaleza intangible. La intención de este libro es crear un puente entre la parte física y las experiencias espirituales, incorporando ambos mundos para el equilibrio y la integridad.

John: «*Invité a Lea a escribir conmigo este libro sobre el coaching con espíritu porque podía sentir su conexión con él y la naturaleza de las habilidades de coaching. Aun-*

que en cierto modo me preguntaba por qué no había invitado a un coach experto, sabía que Lea sería una compañera perfecta en el proceso. Admitiendo nuestra mutua conexión con el espíritu, usamos nuestra relación para crear este libro utilizándonos a nosotros mismos como sujetos. Estaba abierto a trabajar con alguien que poseyese las cualidades espirituales de Lea, y de alguna manera sabía que Lea y yo escribiríamos este libro juntos. Lea también lo supo. Los dos nos sorprendimos de cómo de fácil fue el proceso que nos ha ayudado a incrementar nuestra conexión espiritual a través de nuestra relación con nosotros mismos y con los demás. Lo que hemos creado juntos es más grande que lo que hubiéramos podido crear ninguno de los dos solos sin nuestra relación positiva, respetuosa y de mutuo apoyo».

Existen *coaches* que han encontrado tiempo para el espíritu y que quieren saber más sobre cómo abrirse a su energía para mejorar la efectividad del *coaching*. Hay *coaches* que son expertos en otras áreas de aplicación práctica que no están interesados en hacer *coaching* con espíritu. Aquellos que buscan hacer *coaching* con espíritu encontrarán clientes que buscan lo mismo. Aquellos que quieran construir relaciones con el espíritu usarán su energía para buscar y encontrar a otros que estén en el mismo camino. El *coaching* energético es un camino que puede ser útil para aquellos que desean una conexión más cercana con el espíritu.

CÓMO SURGEN OPORTUNIDADES PARA QUE APAREZCA EL COACHING CON ESPÍRITU

Los clientes potenciales pueden contactar con *coaches* con el propósito expreso de desarrollar la espiritualidad en sus vidas. El espíritu puede surgir durante el proceso del *coaching*. Al mirar de cerca los resultados de la experiencia de *coaching*, podemos encontrar al espíritu ya presente. En cualquier momento del proceso de *coaching* podemos notar una carga de energía, un pozo de emoción, una profunda intuición, un sentimiento interior de conocimiento del espíritu. Luego, el transcurso de la reunión, así como el resultado global de la relación de *coaching* a menudo evolucionan hacia una exploración e integración del maestro interior. A medida que surgen las preguntas, los clientes empiezan a sopesar las respuestas, a entender y hacer crecer conceptos. Al descubrir la verdad personal pueden comenzar a aplicarla. La coherencia entre su interior y el mundo exterior y el poder inmenso de la elección de las ideas y las emociones proporciona una retroalimentación positiva para mantener el rumbo.

Algunos clientes buscan una relación de *coaching* después de una llamada espiritual. Ese despertar espiritual puede haber sido desencadenado por muchas causas: un trastorno emocional, una tragedia personal, una conciencia creciente de que debe haber algo más en esta vida, un deseo de satisfacción y fuerza interior, o la sensación de que falta algo importante. Preguntas ardientes que deben ser respondidas tarde o temprano en la vida surgen a menudo de la experiencia del *coaching*. Las más importantes son contestadas a través del conocimiento interior de las personas que se abren al espíritu, preguntas como:

- ¿Quién soy?
- ¿Qué quiero?
- ¿Cómo debería vivir mi vida?
- ¿Qué es lo más importante para mí?
- ¿Cómo puedo organizar mi tiempo para experimentar lo que es más importante para mí?
- ¿Cómo me deshago de lo que no quiero?
- ¿Cómo puedo crear mayor creatividad, bondad y amor en mi vida?

- ¿Qué es el éxito en términos de lo que realmente me importa?
- ¿Cómo puedo integrarme en un mundo exterior que parece no respaldarme?
- ¿Cómo puedo expresar quien soy?

Los resultados se convierten en secundarios pues el proceso revela caminos en los que los clientes pueden descubrir respuestas en las propias preguntas. Los *coaches* energéticos proporcionan el espejo del saber para que los clientes puedan ver que tienen sus propias respuestas si van dentro de sí mismos para encontrarlas.

ANEXO AL CAPÍTULO

LO QUE SÍ ES EL COACHING ENERGÉTICO	LO QUE NO ES EL COACHING ENERGÉTICO
Coherencia o congruencia interna-externa	Separación
Inclusivo e integrativo	Reglas o dogma
Liderazgo al servicio de otros	Conversión de sistema de creencias
Humilde	Camino bueno o malo
Auténtico	Egocentrismo
Íntegro	Prescripción
Testigo compasivo	Desequilibrio
Deja ir	Control
Confiado y confiable	Negación
Igualdad	Necesidad
Respetuoso	Demanda
Cuidadoso	Apego
Aceptación	Juez
Orientación al crecimiento	Experto
Amor incondicional	

LO QUE SÍ ES EL COACHING ENERGÉTICO	LO QUE NO ES EL COACHING ENERGÉTICO
Intención positiva	
Voluntad libre-buena voluntad	

PRINCIPIOS DE COACHING ENERGÉTICO

- Somos co-creadores con otros y con espíritu en nuestro día a día.

- Podemos venir de un lugar con conexión espiritual (amor) incluso cuando no la sintamos en el momento.

- Aprendemos especialmente cuando ofrecemos aprendizaje a otros.

- Tenemos un maestro interno que reconoce la verdad incluso cuando tenemos duda y confusión.

- Sabemos que no hay solamente un camino hacia el espíritu; muchos caminos llevan a casa.

- Conectar y fortalecer a otros nos conecta y fortalece como individuos.

- Porque lo divino vive en todos y en cada situación, somos inclusivos e iguales con todos.

- Tenemos mentalidad de inclusividad y calidad, incluso cuando somos desafiados por una perspectiva diferente.

- Entendemos que la espiritualidad está presente en todas las áreas de la vida, incluyendo el trabajo, la familia, los amigos, conocidos, el ambiente natural, nuestras organizaciones y nuestros sistemas culturales.

- Podemos elegir vivir en armonía con nosotros mismos y con los sistemas de creencias de los demás, con aceptación de todas las vías de auto-descubrimiento y conocimiento interior.

- Sabemos que nuestras relaciones son espejos para poder vernos y conocernos a nosotros mismos. Proyectamos lo que esperamos y elegimos esperar lo mejor.
- Sabemos que la verdad proviene de nuestra conexión con la Fuente por medio del espíritu.
- Somos poderosos co-creadores de lo que queremos o no queremos en la vida.
- Cuanta más coherencia conseguimos entre nuestro ser interior y el hacer externo, más estrecha es nuestra conexión con la Fuente en la unicidad.

Expectativas del coaching energético

1. Existen diferentes caminos para el crecimiento espiritual. El *coaching* energético puede ayudar en la decisión y mantener la luz en el camino, pero la elección del camino y el resultado pertenecen solo a los clientes.
2. El *coaching* energético tiene lugar sin necesidad de una religión formal, pero la gente puede aplicar principios universales derivados de enseñanzas religiosas e incorporar las creencias religiosas que ellos elijan.
3. El *coaching* energético se basa en el desarrollo de cualidades y atributos de amor y aprecio por el individuo, incluyendo el amor y el aprecio por uno mismo, los demás, la naturaleza, la vida y la Fuente de la vida.
4. El *coaching* energético busca la integración y el equilibrio de los aspectos físico, emocional, y mental de los individuos de maneras internas y externas para una conexión más cercana con el espíritu.
5. El *coach* energético se compromete con el crecimiento personal, incluyendo la conexión con el espíritu como un proceso continuo y no como un resultado final.

6. El *coach* energético enfatiza la importancia del mundo interior para crear circunstancias externas. Desarrolla la coherencia entre la intención y la acción, que conduce al auto-conocimiento, la consistencia y la autenticidad.

7. El *coach* energético utiliza la práctica personal para desarrollar energía espiritual. Apoyamos a clientes en la elección de su práctica personal.

8. El *coach* energético anima a los clientes a que proporcionen la dirección de su proceso de *coaching* basándose en su sentido único de guía interior.

9. El *coaching* energético desarrolla una conciencia de hábitos de pensamiento para reemplazar procesos negativos con percepciones y creencias positivas y de auto-empoderamiento.

10. El *coach* energético ofrece un espacio seguro para permitir que el maestro interior de cada cliente emerja, incluyendo aspectos de la sombra que no conocen o pueden rechazar.

11. El *coach* energético facilita, como líder al servicio, ayuda a los clientes para desarrollar una conexión con el espíritu, la máxima aspiración de la vida del *coach*.

12. El *coach* energético espera que nuestros clientes hagan el trabajo necesario para su crecimiento personal.

13. El *coaching* energético puede ser un complemento a las intervenciones psicológicas, psiquiátricas o médicas, pero no se utilizará en lugar de la atención médica necesaria.

3. EL MARCO DEL COACHING ENERGÉTICO

«En el momento en que comiences la búsqueda sagrada, te unirás a una energía interna especial. Puede que le llames guía, ángel de la guarda, ala dorada, o voz interior. Es una energía poderosa y sagrada más antigua que el tiempo y que viene a ti desde otro mundo. Te abrirá el conocimiento y los recursos que necesitas para empezar este camino al interior de los mundos de tu ser infinito».
Stuart Wilde

La mecánica cuántica ha demostrado que el mundo está construido en base de relaciones interconectadas con resultados basados en probabilidades que parecen manifestarse cuando se observan. Del mismo modo, las personas experimentan el espíritu gracias a las relaciones que crean resultado de todas las probabilidades posibles. Hay tantas posibilidades como elecciones, y el espíritu cocrea según la intención individual y la invitación que se produce. Así como las leyes de la física crean el contexto para la vida cotidiana, las propiedades del espíritu demuestran la existencia de leyes que pueden liberar y dirigir la energía o bloquear su potencial. El *coaching* energético busca descubrir y aplicar los principios espirituales para proporcionar un lenguaje común para que las personas cocreen lo que quieren junto con el espíritu. Aunque nadie sabe exactamente cómo funciona el espíritu, queremos animar a la gente a considerar sus opciones individuales para elegir entre probabilidades. A través de la intención de conectarse en totalidad, la gente puede alinearse con los principios espirituales para experimentar una integración trascendente en la unidad. Los *coaches* energéticos buscan alinearse y conectarse con el espíritu por medio de su maestro interior. Queremos usar la energía espiritual para apoyar a los clientes en la construcción de relaciones positivas.

En su libro *Coaching with Spirit* (*Coaching con espíritu*) Teri-E Belf proporciona historias, ejemplos, citas y analogías para describir cómo funciona el espíritu en la relación de *coaching*. El *coaching* energético enfatiza la dinámica subyacente para fomentar el espíritu en la relación. Al ser infinito e indescriptible, no puede haber ningún modelo inclusivo o fórmula finita para definir el espíritu o cómo funciona. Ninguna manera singular invoca al espíritu o lo utiliza. Una mentalidad abierta, receptividad, invitación y acción fiel ayudan. A menudo el espíritu trabaja más allá de los deseos más ambiciosos de las personas y de sus limitadas expectativas. El espíritu no puede ser mandado; obliga al individuo a salir a su propia manera para que le permita entrar. Cuando las personas experimentan el espíritu, tienen un conocimiento instantáneo de lo positivo y poderoso que es.

Aquellos que practican del arte del pensamiento positivo tendrán normalmente unos cuantos ejemplos de esas ocasiones en las que el resultado no ha sido como esperaban. La mente subconsciente es un gran campo de energía poco aprovechado. El espíritu en grande se mueve y se manifiesta en su propio tiempo y de una manera aparentemente impersonal pero con propósito. El *coaching* energético busca desarrollar un lenguaje común y la comprensión de un proceso orgánico, sin esfuerzo y abierto a ser guiado por el espíritu desde dentro en lugar de buscar dirigirlo.

Esta forma orgánica de lograr resultados contrasta con el pensamiento mecánico moderno, que fomenta la ilusión de que los seres humanos pueden comprender y controlar el Universo. Aunque hay algunos que tratan de hacerlo, la magia y el misterio de que hay algo más grande que uno se perderían, y los seres humanos se verían reducidos a ser autómatas manipuladores con nada más que una voluntad egocéntrica que los motiva. Al adoptar el misterio, los *coaches* energéticos actúan como ejemplos y facilitadores para que los clientes descubran y se alineen con el espíritu. Proponemos la apertura y la igualdad en la relación. Exploramos con los clientes el ser interno y el hacer externo para lograr la coherencia. Las personas aumentan la energía cuando equilibran los dos aspectos de la experiencia humana y se alinean con un lenguaje y una acción auténticos que expresan sus valores y visiones internos.

LA METÁFORA DE LA TRIADA Y LA ESFERA

Nuestro objetivo al trabajar con el espíritu es conectar e integrar la energía espiritual con la intención y la elección individual de forma que lo separado pueda integrarse en el conjunto. En términos espirituales, cualquier cosa que no sea la unidad es una ilusión. El ego en el mundo engañoso de la dualidad fomenta la separación y la soledad. Para ir más allá de la aparente separación y relacionar todo con un punto en común, utilizamos una metáfora general para conectar con el espíritu: una triada que puede girar en todas las direcciones sobre el eje del punto central para crear una esfera.

Pinta una triada dentro de una esfera. La imagen de la tríada en la esfera puede ser útil para descubrir cómo funciona el espíritu en el proceso de *coaching*.

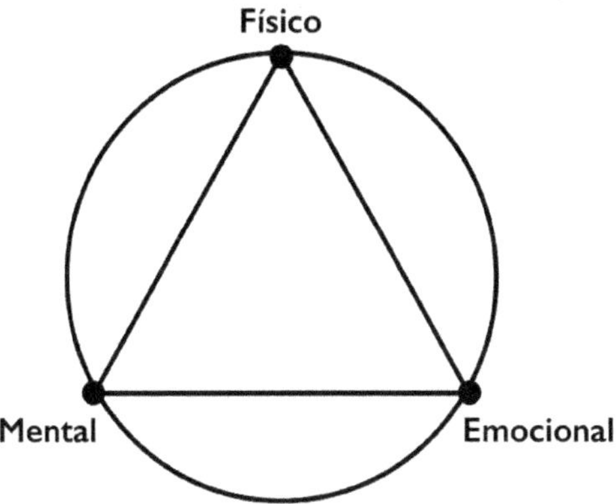

La triada presenta el misterio del concepto tres en uno. Incrustada en la esfera y rotando sobre un eje común, la triada representa los aspectos internos y externos de las tres áreas de la experiencia humana: física (percibida), mental (pensamiento) y emocional (sentimiento). Para integrar cada aspecto en el todo, las personas necesitan dar la misma importancia a su consciencia física, mental y emocional, así como a sus percepciones internas, pensamientos y sentimientos. Las percepciones afectan a las emociones; las emociones afectan al cuerpo; el cuerpo afecta a los sentimientos, los pensamientos afectan a la mente, ida y vuelta, dentro y fuera, todo en un camino conectado. Es raro tener los aspectos internos y externos y las tres dimensiones de la experiencia equilibradas e integradas sin que exista alguna incongruencia entre ellas. Aunque nosotros consideramos el equilibrio y la integración como el resultado óptimo del *coaching* energético, probablemente nadie lo logra de una vez por todas. Siempre hay trabajo que hacer para lograr el equilibrio y una frecuencia de energía más elevada.

Cuando los pensamientos se alinean con los sentimientos, y estos se alinean con las percepciones y así sucesivamente, cada aspecto es coherente con el otro y la triada se convierte en la esfera tres en uno girando en torno al punto central. El punto central (el centro) es la conexión constante del interior y el exterior, conciencia e inconsciencia, espíritu y maestro interior. No hay necesidad de ego; los dos se convierten en uno.

Dentro de la esfera las separaciones entre percepción física, pensamiento mental, y sentimiento, y emoción del cuerpo desaparecen. El pensamiento se manifiesta en lo físico, lo físico se manifiesta en lo emocional, lo mental se manifiesta en el sentimiento, y así sucesivamente de formas igualmente intercambiables. La rotación de la triada en torno al punto central de la unidad crea la esfera. La esfera abarca, conecta y equilibra la dualidad de los tres aspectos de la experiencia humana, incorporándolos en el Todo. El núcleo común representa la conexión con la Fuente a través del espíritu en la unidad en la que el interior y el exterior se unen e integran.

EL CUERPO FÍSICO PERCEPTIVO

> *«Ver el mundo en un grano de arena,*
> *Y el cielo en una flor salvaje,*
> *Sostener el infinito en la palma de tu mano,*
> *Y la eternidad en una hora».*
> WILLIAM BLAKE

El mundo físico refleja al mundo espiritual. Así como los planetas giran alrededor del Sol, la energía espiritual gira alrededor de un núcleo de Fuente. La naturaleza refleja las características del Creador. Que las personas sean seres espirituales en un mundo físico no quiere decir que el mundo físico esté separado del mundo espiritual. El exterior refleja lo interior. La naturaleza ofrece muchas pistas para descubrir las características del Creador.

El cuerpo físico, a menudo retratado como un vehículo pesado con severas limitaciones y desventajas, no tiene que constituir una barrera para la conexión de las personas con el espíritu. Los sentidos pueden crear la ilusión de que solamente el mundo externo es real. El estado humando de la totalidad equilibra y conecta el espíritu con la materia. Las personas perciben el mundo externo, tangible a través de los cinco sentidos cuando reciben diferentes vibraciones de energía. En una época muchos creían que a menos que algo pudiera ser visto y medido, no existía. Ahora bien, aunque algunos siguen limitando la realidad a la atención y los sentidos, la mayoría de las personas saben que una incomprensible extensión de energía vibra más allá de nuestros cinco sentidos. En el nivel subatómico, el cuerpo humano es parte de todo eso. El cuerpo físico, en lugar de actuar como una barrera al espíritu, puede transmitirlo mediante la percepción consciente de la información energética a través del maestro interior, o de lo que puede llamarse sexto sentido o intuición.

Lea: «*Cuando quiero conectar con mi ser espiritual abro los canales de mi energía chi mediante danzas y ejercicios. Si me siento atascada o desconectada, sé que necesito mover mi cuerpo o respirar conscientemente. El movimiento consciente me proporciona un auténtico medio para acceder a un estado virtual. Una canción que suene en la radio me invita a bailar. El baile me ayuda a moverme hasta el reino espiritual. El aumento de mi energía física aumenta mi estado energético interno y me siento más viva*».

Para descubrir lo está sucediendo en el proceso del *coaching*, los *coaches* energéticos podemos sintonizar nuestras propias frecuencias y las de nuestros clientes. A veces captamos una intuición profunda de cómo responder. Si escaneamos nuestro cuerpo en busca de signos físicos provenientes de nuestro maestro interior, nuestra voz interior puede pasar por alto el ego con sus agendas, juicios y límites.

Entonces despejamos el camino hacia la comprensión y la conexión. El espíritu nos conducirá a un *coaching* más efectivo de lo que podría haber venido por medio de la habilidad o la experiencia.

Lea: «*Recuerdo una situación de coaching en la que me confundía cada vez más. Entre todos los mensajes que estaba recibiendo no conseguía determinar el mensaje real. De repente, exasperado, mi cliente hizo un gesto de barrido con la mano de su garganta. En ese momento me di cuenta de que estaba mostrando una desconexión entre su cabeza, su lógica y su corazón y sus sentimientos. Cuando le señalé lo que su gesto físico me venía a representar, mi cliente comprendió su confusión. Trabajamos juntos para reconciliar pensamientos y emociones conflictivos. Al resolverlos a través de la aceptación de sentimientos en lugar de rechazarlos, le vi aclarar su garganta, que abrió los canales entre su cabeza y su corazón para decir su verdad*».

John: «*Durante los años que llevo haciendo coaching he afinado la información que mi estado físico comparte conmigo sobre la calidad del trabajo que hago. Hace dos años estaba llevando a cabo una demostración de coaching en vivo ante 25 personas sobre el papel que desempeña la sombra en el coaching. Un compañero se ofreció voluntario para la demostración de veinte minutos. Para darle más credibilidad a la demostración, le pedí que se reservara el problema a trabajar para sí mismo. Nos sentamos cara a cara. Aunque el trabajo de coaching parecía discurrir lentamente, después de unos siete minutos comencé a notar tensión en el cuello y en los hombros. Me preguntaba qué me estaba diciendo mi cuerpo. Continuamos y me di cuenta de que mi cliente estaba lidiando con un tema muy delicado. Mi ego temía que yo fuera a fallar delante de mis compañeros. Trabajando con mi voz interior, me levanté e invité a mi cliente a acompañarme. Mover mi cuerpo me trajo calma y claridad. También observé que a medida que mi cliente se movía y avanzaba con su problema, su postura cambió de tensa a relajada y su voz se hizo más suave. Al final, me expresó su gratitud por el trabajo que habíamos hecho juntos. Mi reconocimiento y actuación con las señales físicas mejoró los resultados del coaching».*

En un intento de construir una conexión espiritual, las personas suelen ignorar o despreciar el cuerpo físico perceptivo. Pero los antiguos sabios reconocían el aliento físico como correspondiente con el aliento espiritual de vida. Utilizaban la respiración para abrir los canales del *chi* para crear energía y conciencia. Al respirar profundamente y relajar los músculos, las personas pueden liberar estrés y resistencia y abrir el cuerpo a la energía espiritual. Practicar yoga, tai-chi, qui-gong y otras disciplinas crea energía espiritual a través del cuerpo físico. Una vez que incluimos el cuerpo a nuestro proceso de toma de decisiones, libre de juicios basados en la apariencia y otros criterios externos, nosotros y nuestros clientes podemos sintonizarlos con los otros. Los *coaches* energéticos ayudan a los clientes a tomar consciencia de las sensaciones físicas e identificar gestos y posturas incongruentes, expresiones faciales, cambios de posición, contacto visual y otros comportamientos inconscientes. Tomar conciencia de tales comportamientos ayuda a la conexión espiritual y así los clientes pueden escuchar a su maestro interior. Actuamos como un espejo para ayudar a los clientes a observar lo que se está produciendo detrás de lo que se está expresando externamente. Actuando como testigos compasivos, sin especular sobre lo que podría ser, alentamos a los clientes a buscar ideas utilizando su maestro interior para lograr coherencia interior-exterior.

Debido a que lo exterior es un reflejo de lo interior, el cuerpo físico se ve afectado por lo que percibe. El cuerpo percibe miles de mensajes del mundo externo que lo bombardean en todo momento. No es posible considerar conscientemente toda la información entrante, por lo que el organismo tiene que elegir en qué enfocarse y qué filtrar. Las personas suelen filtrar inconscientemente influidas por el hábito. Con consciencia y práctica pueden elegir percibir sin juicio. El cuerpo perceptivo afecta al cuerpo físico de manera positiva para lograr la congruencia y un estado de alta energía conectado con el espíritu. Percibir lo positivo y lo bueno de los mensajes entrantes tiene un efecto positivo en el cuerpo físico.

Dos personas pueden estar en la misma situación y percibirla de forma muy diferente. Por ejemplo, observa el lenguaje corporal de los espectadores de los equipos adversarios. Unos demuestran energía positiva (los del equipo que está ganando) y los del equipo que pierde muestran energía muy diferente, más negativa. El mismo juego pero energías diferentes debido a la diferente manera de percibir.

EL CUERPO EMOCIONAL

«No puede haber conocimiento sin emoción. Podemos ser conscientes de la verdad, pero hasta que no hayamos sentido su fuerza, no es nuestra. A la cognición del cerebro hay que añadir la experiencia del alma».
ARNOLD BENNET

Las emociones son energía en movimiento. La energía fuerza la expresión, pero la gente no siempre utiliza las emociones para canalizar y dirigir su energía. Muchos parecen no saber que pueden elegir sus emociones. Las emociones que se experimentan conscientemente a menudo provienen de sentimientos ocultos. Por ejemplo, una persona puede experimentar ira que proviene de una experiencia que generó daño o celos, que a su vez vienen de la inseguridad. Conectando el sentimiento interno con la emoción externa el cuerpo logra la coherencia.

A través de la socialización y el juicio de sí mismas las personas pierden la conexión con sus sentimientos. A menudo el espíritu se experimenta a través de sentimientos como el amor, la paz y la armonía. Los niños tienen una maravillosa forma de mostrar sus sentimientos sin restricciones, antes de ser enseñados a negarlos o minimizarlos. El rechazo puede conducir a la desconexión de los sentimientos. El intelecto puede asumir el control y criticar inapropiadamente. Con el tiempo, muchos aprenden a subordinar la inocencia y la energía de los sentimientos para dar pie a las señales y expectativas culturales. Los adultos, especialmente los hombres, se sienten presionados a desprenderse de ellos. Entonces pueden experimentar emociones no emparejadas con sus verdaderos sentimientos.

Los sentimientos no pueden ser criticados pues no son nunca buenos o malos. Solamente son. Las emociones negativas que drenan son signos de los sentimientos que necesitan ser sacadas a la superficie. De lo contrario, las personas pueden explotar con una emoción de origen desconocido e inapropiada para esa situación. La rabia o la depresión resultan de sentimientos ignorados o enterrados.

Los sentimientos nos vinculan directamente con el espíritu, que muchos asocian con las emociones positivas y la experiencia de la pertenencia, la rectitud y la reverencia. La espiritualidad proporciona una sensación de sentido e importancia, conectando al individuo con la energía universal, trascendiendo lo temporal y lo mundano para revelar pasión y propósito. La falta de emoción o pasión en la vida puede ser señal de falta de conexión espiritual. Las emociones negativas como la ira pueden ser señal de enajenación e incongruencia de uno mismo y con los demás.

Lea: «*En el coaching, los clientes hablan de lo que quieren y no quieren en la vida. Me parece que al enfocarse en lo que desean, la energía positiva se incrementa. Si permito que se quejen sobre lo que no desean, la energía positiva se cancela. A medida que los clientes se van centrando más en su visión y valores, busco signos de que están emocionalmente implicados en el proceso. No basta con hablar de modo intelectual de metas y deseos. Debe haber una conexión cabeza-corazón para crear más eficazmente. Una vez que un cliente siente realmente cómo sería lograr lo que desea, parece que crea en cierto nivel, lo que significa que no pasará mucho tiempo hasta que la creación se manifieste en lo físico. Describiría la conexión emocional con lo que se quiere como un 'pálpito' y a veces me pregunto si tiene algo que ver con la premonición*».

Sin conexión espiritual con los sentimientos a través del maestro interior, las personas están sujetas a reacciones de estímulo-respuesta a eventos externos. La falta de emoción hace que se sientan sin vida e indefensos. Cuando van como en una montaña rusa a través de ondas de energía se sienten en riesgo y fuera de control. La falta de emoción o la existencia de emociones fuertes y abrumadoras indican desequilibrio lejos del punto central.

Los *coaches* energéticos exploran los signos de desconexión del maestro interior siguiendo las recomendaciones de los clientes, las emociones fuertes o explorando la falta de pasión y entusiasmo por la vida. No invertimos energía extra en las emociones negativas como el miedo o el enfado. Nos mantenemos alejados del juicio o resistencia a lo que es. En vez de incrementar la tragedia, ofrecemos un espejo de objetividad y aceptación para que los clientes puedan experimentar, explorar, dirigir e integrar sus sentimientos. Los *coaches* energéticos apoyan la apertura al espíritu a medida que los clientes experimentan sentimientos auténticos sin juicio ni rechazo.

Como testigos compasivos, los *coaches* energéticos reconocen y admiten los sentimientos. Sostenemos un espacio seguro para que los clientes acepten sus emociones más fuertes. Si los clientes carecen de entusiasmo por lo que quieren, abordamos la incongruencia entre los deseos declarados y la energía para perseguirlos.

En el mundo occidental, la cultura brinda más peso al intelecto que a la emoción. El enfoque de cuello para arriba enfatiza el pensamiento lineal, lógico, externo y racional. Los *coaches* energéticos conectan el intelecto con el corazón. La información debe pasar a través del sistema límbico, el «corazón» del cerebro. Aunque las personas afirmen que saben algo, a menos que integren su verdad en su maestro interior, lo que retienen es un concepto abstracto y no la congruencia necesaria para actuar de forma auténtica en cada momento. La persona no experimenta la totalidad hasta que acepta emocionalmente la voz de su maestro interior.

John: «*Cuando me embarqué en la carrera de coach después de pasar un número de años haciendo formación y consultoría, me desafié a ser yo mismo de una forma diferente. Yo había sido premiado por mi lógica clara. Durante los tiempos en que viví de mi ingenio no era consciente del estrés de mi cuerpo. Trabajando con un mentor, empecé a sintonizar con las señales que mi cuerpo me estaba dando sobre la ausencia o presencia de bienestar físico. El dolor en mi cuello y mis hombros me indicó que estaba operando desde el cuello hacia arriba y soportando una carga. He llegado a apreciar cuán fino es el instrumento del cuerpo y cómo me permite darme cuenta de cuando las emociones negativas me atan con nudos y bloquean el flujo del espíritu. Ahora elijo reconocer las señales de mi cuerpo y permitir que mi conexión corazón-mente fluya con el espíritu reconociendo y aceptando tanto mis sentimientos como mi intelecto».*

El cuerpo físico proporciona las claves para la conexión y el equilibrio de la energía emocional y los sentimientos. Recibe y envía mensajes que de otra manera podrían ser ignorados si no estuvieran acompañados de emoción. Si hay incongruencia entre las emociones, los sentimientos y los pensamientos, el cuerpo físico puede expresar el desajuste como enfermedad o malestar físico con el fin de llamar la atención. Una molestia significativa de los bloqueos energéticos puede ser lo que se necesita para que la gente se pare a escuchar a su maestro interior.

Para experimentar la totalidad, la persona necesita expresar y dirigir sus sentimientos altamente cargados. A menudo es mucho más aceptable para los individuos y para la sociedad que las personas expresen solo sentimientos positivos. Los sentimientos negativos, aunque desagradables, también requieren reconocimiento y expresión. La gente crea un desequilibrio interno cuando suprime los sentimientos indeseables. Y transmiten desequilibrio a otros con mensajes contradictorios.

Cuando las personas reconocen las emociones negativas fortalecen la conexión con el espíritu. Su lenguaje corporal coincide con las palabras que expresan. Descubrir, no juzgar y reconocer los sentimientos negativos es necesario para liberar al maestro interior y conectarse con el espíritu. Las personas crecen cuando pueden experimentar y expresar sus sentimientos sin juicio, y otros leen su cuerpo externo, emocional como espontáneo y real.

El mundo externo raramente aprueba las emociones negativas. Las empresas premian a sus ejecutivos por mantener el optimismo incluso cuando la Bolsa se desploma. Aquellos que lloran la muerte de alguien pueden vestir de negro y a la vez rehusar el compartir su luto con el resto. A los niños se les dice que no lloren si derraman la leche. Las emociones negativas generan separación y alienación, aunque el compañerismo es lo que más necesita el afligido. Cuando los que están decepcionados mantienen su labio superior rígido, se alienan de por vida. Pueden encontrar menos agotador estar solos que tratar de ser positivos con los demás. Aunque cuando tratan de expresar sentimientos negativos, pueden no encontrar ningún foro para hacerlo. Una vez más, las personas necesitan equilibrio. No estamos hablando de aquellos que son consistentemente pesimistas. Estamos animando a las personas a expresar de manera auténtica sus sentimientos para que puedan descargar energía de forma ordenada, integrarse y poder avanzar.

Los *coaches* energéticos aceptan igualmente y sin crítica los sentimientos negativos y los positivos. Ambos son elementos para llegar a formar el todo. Al mantener el espacio como testigos compasivos y permitir que los clientes exterioricen sus sentimientos, reflejamos cómo experimentar sentimientos no deseados y desagradables, así como sentimientos agradables sin dar mayor valor a ninguno. Sabiendo que hay elementos del bien en cada mal y elementos del mal en todo bien, buscamos el centro de no juicio.

Permitiendo a los sentimientos y emociones ser sin crítica o rechazo, los clientes pueden explorar sus orígenes. En lugar de responder o reaccionar, pueden conectarse con su maestro interior para encontrar orientación. Los *coaches* energéticos ayudan a lograr la conexión a través de la intención positiva. Encontramos una gran oportunidad para el crecimiento, especialmente en situaciones difíciles o desafiantes. Cuando sostenemos el espacio en el que pueden aflorar sentimientos o emociones no deseados con intención positiva, los clientes tienen un ejemplo real de vida y tiempo a seguir. A pesar de la necesidad humana de resistirse, negar o actuar negativamente ante estas emociones, los clientes aprenden a aceptarlas junto con las emociones positivas como parte del Todo.

Los sentimientos afectan la cosmovisión que tienen las personas y su sistema básico de valores. Los valores antiguos no pueden aplicarse a situaciones actuales. Las creencias de la infancia pueden ser liberadas cuando han sido superadas. Los *coaches* energéticos ayudan a los clientes a descubrir su sistema de valores de origen. Si este no se desea o no es conveniente, animamos a los clientes a crear conscientemente nuevos paradigmas que les sirvan mejor. Los clientes se sorprenden al descubrir que los sentimientos pueden cambiar con la intención consciente. El espíritu, a través del maestro interior, ayuda al proceso de cambio a aquellos que desean adoptar una visión del mundo basada en sentimientos más positivos y poderosos. No importa lo que haya sucedido en el pasado; el futuro puede ser creado de nuevo.

Todo el mundo conoce personas que viven en la tragedia. Se comportan incongruentemente y de forma errática, creando caos en ellos mismos y en los demás. Nadie puede basarse en emociones volátiles desconectadas de los sentimientos reales para mantener relaciones y conexión espiritual.

Para crear y sostener emociones alineadas con valores espirituales, la persona necesita canalizar la energía de manera productiva y positiva, manejando sentimientos difíciles en lugar de negarlos o herir a otros.

Combinada con mala intención o con ausencia de intención, la energía negativa agota y destruye. Desafortunadamente, los medios de comunicación, la sociedad e incluso la naturaleza humana tienden a centrarse en lo negativo en lugar de lo positivo. Al concentrarse en los problemas, las tragedias y el miedo, las personas crean una pseudo energía adictiva. La negatividad exterior drena la energía del positivo inherente. Desanimada, la persona se separa de los otros y se despedaza por dentro. Esta dualidad conflictiva impregna el campo energético de maneras sutiles con una nube de malestar y descontento. Aunque parece inofensivo e inocente, el consumo de comida basura deshace nuestras emociones. Ver telenovelas que muestran las peores cualidades de la gente, noticias que solo reportan tragedias, pornografía que explora y trivializa el sexo, y películas de horror que representan gráficamente la violencia más odiosa, hace que te desconectes del espíritu. Ingerir pensamientos negativos, emociones e imágenes, anestesia y aliena a la persona de dentro hacia fuera. Al absorber toda esta negatividad se amortiguan los sentidos, lo que bloquea la conciencia y aísla a las personas de la energía espiritual y de los demás.

Las personas pueden reemplazar las emociones negativas con sentimientos positivos a través del enfoque y la práctica conscientes. Pueden mitigar la influencia del mundo externo tomando la decisión interna de qué tipo de cosas externas deben ingerir: *inputs* negativos o positivos que dan energía. A pesar de que el mundo exterior bombardea con mensajes seductores y desensibilizadores de privación y desesperación, su maestro interior tiene el poder de elegir dónde concentrarse y qué absorber. Del mismo modo que los alimentos afectan a la salud física, los pensamientos afectan a la salud mental y los sentimientos a la salud emocional. Las percepciones, pensamientos y sentimientos reflejan la experiencia humana desde dentro. En última instancia, las personas eligen qué sentimientos tener y qué emociones transmitir. El espíritu vive en el espacio de elección entre lo positivo y lo negativo. La gente se conecta con el espíritu reconociendo lo negativo y eligiendo lo positivo.

Los investigadores del Instituto de HeartMath en Boulder Creek, California, han estudiado el efecto de reemplazar las emociones de trastorno y estrés por sentimientos positivos. Con la práctica Freeze de Frame Techniqueä han demostrado que las personas pueden reemplazar la respuesta automática al estrés con la intención y la opción de respirar sentimientos positivos con el corazón. Sus estudios han demostrado que la técnica conduce a estados mentales y físicos equilibrados. Al reemplazar la emoción negativa indeseada por un sentimiento positivo y deseado, logran un sentido de coherencia y bienestar. Con el tiempo, las personas pueden mitigar su respuesta automática de estrés a través de la práctica de la respiración consciente de pensamientos positivos con el corazón.

La elección de experimentar emociones positivas no significa enterrar las emociones negativas. En su lugar, como la persona sostiene las emociones negativas y las lleva a la luz para reflexionar sin actuar desde ellas, gana poder y fuerza interior, y la emoción negativa pierde la energía motriz que tenía. La persona puede liberarse para sentir sin tener que actuar sobre las emociones. Incluso si experimenta un sentimiento negativo, durante ese tiempo puede ganar energía y poder creando congruencia entre sus estados internos y externos y las emociones expresadas. Puede sentir pena más que expresar ira.

Los *coaches* energéticos están abiertos a los clientes aceptando las emociones negativas y liberando barreras al espíritu para que los clientes puedan aumentar sus sentimientos positivos. A través de nuestro ejemplo, los clientes pueden comenzar a notar diferentes perspectivas y reconocer su poder para elegir lo positivo frente a lo negativo. El testimonio de compasión del *coach* energético permite que los sentimientos surjan en un espacio seguro de aceptación.

El testigo compasivo no se queda atrapado en el drama de las emociones negativas o positivas expresadas por los clientes. Observando y experimentando emociones como vibraciones así como energía de baja a alta frecuencia, aceptando lo positivo y lo negativo sin crítica, permanecemos en el centro para alcanzar la integración y la totalidad. Tratando y liberando sentimientos negativos creamos más espacio para que las emociones positivas sean experimentadas.

EL CUERPO MENTAL INTUITIVO Y PENSANTE

*«Si estás angustiado por algo externo, el dolor no se debe
a la cosa misma, sino a tu estimación de ella, y tienes el
poder de anularlo en cualquier momento».*
MARCO AURELIO

Los *coaches* energéticos se enfocan en los pensamientos
mientras integran y sopesan aspectos del pensamiento intuitivo o racional. Ayudamos a los clientes a que piensen sobre
lo que están pensando. Percatarse en el momento de lo que
están pensando ayuda a las personas a examinar la calidad
y la contribución de los pensamientos al bienestar general.
Examinando los pensamientos, los clientes pueden descubrir
la conexión entre el pensamiento y sus sensaciones físicas.

En muchos, la mente racional está más desarrollada que
la intuitiva. Esta es consecuencia de la necesidad práctica de
negociar con el mundo físico. Los niños aprenden a apagar
la mente soñadora e intuitiva para enfocarse en las señales
externas más que en las intuiciones internas. El equilibrio
viene de atender la percepción intuitiva, así como la racional.
Al hacerlo, la gente puede superar la tendencia a descartar la
intuición porque no tiene sentido lógico.

Las personas construyen su visión del mundo y sus patrones de creencia en base a lo que piensan. Para funcionar
en una frecuencia elevada, los *coaches* energéticos deciden
qué pensamientos transmitir y cuáles recibir. Exploramos
procesos mentales con los clientes para cambiar los pensamientos negativos a positivos, de la misma manera que alentamos la energía emocional de los sentimientos positivos, a
través de la elección y la práctica conscientes.

Los procesos mentales de los clientes crean el enfoque,
la dirección y el impulso para perseguir lo que desean. El
coaching energético enfoca la conciencia y aplica de forma

práctica la información racional e intuitiva. La vida no es solo cuestión de formas externas de hacer; la vida emana de la integración del corazón, la mente, el cuerpo y el ser interior. Como resultado de decisiones-hechos conscientes, los clientes ganan claridad y dirección. Su mente racional integra perspectivas con las percepciones intuitivas y las comprueba para determinar si son reales.

Las personas tienden a confiar en la mente racional a expensas de abrirse a vivir cuestionándose su forma de vida. La inteligencia no es todo lo que se necesita para la comprensión y el logro. Cuando se trata de asuntos internos, el maestro interior habla a través de la intuición. Por su parte, las personas se preguntan cómo saber, predecir y resolver asuntos. La sociedad recompensa la inteligencia y la comprobación. Los *coaches* energéticos son capaces de permanecer en el momento presente sin importar lo incómodo que sea y mantener la fe, independientemente de cuál sea el estado externo temporal. Que dispongamos de un espacio de «no saber» permite a los clientes tener de tiempo para ralentizar e integrar sus pensamientos racionales e intuitivos. Aprenden a mantener su mente abierta y comprometida. Aprenden a tolerar un estado interno de confusión sin actuar hasta que su maestro interior proporcione dirección, a menudo a través de la intuición intuitiva.

Para vivir plenamente, las personas necesitan subordinar su mente habitual a una mente abierta. Los niños se abren al día a día con curiosidad. Para la concienciación y la inclusión, aquellos con capacidad receptiva como los niños pueden conectar la racionalidad con la percepción y los sentimientos. Estando en el momento presente se liberan de prejuicios pasados y proyecciones futuras. Los *coaches* energéticos desafían a los clientes a examinar y descartar lo improductivo, los pensamientos arraigados, las visiones del mundo y sus creencias en favor de una mentalidad abierta.

La mente habitual lentamente permite chispas creativas que favorecen pensar de forma creativa.

Los individuos que conscientemente observan sus pensamientos, como en el estado meditativo, a menudo encuentran estos indisciplinados, no intencionados, distraídos y negativos. Algunos usan la meditación para calmar «la mente de mono», como llaman a este estado caótico mental. Una vez que la gente observa sus pensamientos con desapego, puede hacer elecciones conscientes para plantearse los pensamientos negativos y resistir perder el tiempo con ellos. Los *coaches* energéticos dan ejemplo a los clientes observando las tendencias de pensamiento que hay tras sus palabras, sentimientos y reacciones físicas. En el proceso de *coaching* eliminamos los patrones de pensamiento distraído o negativo mediante su examen y revisión.

A través de la elección consciente, la persona aumenta su poder personal. Conecta con el espíritu tan solo observando los pensamientos negativos, creando pensamientos positivos, o dejando ir por completo los pensamientos. El espacio entre pensamientos, donde espera el espíritu, es la experiencia de integración y unidad. Al observar los pensamientos sin apego se hace hueco para que se manifieste el maestro interior. Las personas conectan con el espíritu cuando atienden a su maestro interior.

El cuerpo pensante contiene la historia o subtexto que la gente tiene sobre sí misma. Para muchos el subtexto es negativo o egocéntrico. Puede que digan de su cuerpo físico «no soy atractivo». Un ejemplo de una emoción negativa en subtexto es «eso es muy arriesgado. Me da miedo». Un subtexto mental negativo sería «no estoy cualificado para ese tema». Las personas pueden usar el cuerpo pensante para crear subtextos positivos, invitando al espíritu a transformar los pensamientos autodestructivos en posibilidades. El *coaching* energético aprovecha la orientación del espíritu a través del maestro interior para crear perspectivas más potentes y positivas. Los *coaches* energéticos reconocen el pensamiento negativo y comparten energía positiva con los clientes. Como el *coaching* busca disminuir los patrones de creencias negativas y enfatiza las construcciones y el lenguaje positivos, los clientes obtienen energía. A medida que identifican bloqueos mentales a la energía y al poder espiritual, pueden optar por reemplazarlos con patrones de pensamiento constructivos, válidos y productivos, tanto de naturaleza racional como intuitiva.

Los *coaches* energéticos prestan atención al lenguaje del cliente para descubrir patrones de pensamientos y creencias. Se dirigen a expresiones de pensamiento negativo e invitan a los clientes a cambiar su lenguaje cuando se hablan a sí mismos. A cada oportunidad, reflejamos charlas negativas de nosotros mismos y animamos a los clientes a hacer lo mismo. Aunque nos enfocamos hacia lo positivo, no operamos desde una perspectiva fantástica. Las dificultades y los desafíos requieren conocimiento y empatía, igual que las oportunidades para mejorar el presente requieren reconocimiento. Sin embargo, si los clientes hablan y actúan desde una percepción negativa de sí mismos y de su visión del mundo (uno es normalmente el reflejo del otro), los *coaches* pueden ayudarles a elegir el pensamiento positivo en su lugar. Cambiar patrones de pensamiento negativo, la forma de percibir una situación o su actitud hacia ella puede ser todo lo que los clientes pueden hacer en cierta situación. Pero con este cambio dan un paso enorme ya que la intención interior es mucho más poderosa que la influencia externa. Ejercitando su cuerpo pensante con decisión consciente, los clientes pueden cambiar su foco hacia donde pueden hacer mayor bien con intención positiva.

INTEGRACIÓN FÍSICO-EMOCIONAL-MENTAL

Los cuerpos mental, emocional y físico trabajan juntos para crear las experiencias humanas a nivel micro. El espíritu participa en un macro nivel de interacción en el cual los cuerpos físico-emocional-mental se vuelven un todo. Los *coaches* energéticos, conscientes de los niveles micro y macro, ayudan a los clientes a superar todos los niveles de una vez. Damos igual peso a los aspectos internos y externos de cada uno de los tres cuerpos. Conectar los lados de un triángulo equilátero que gira coherentemente en todas las direcciones crea la esfera espiritual. Si observamos que los tres lados están desconectados o desiguales podemos animar a nuestros clientes a equilibrar e integrar los tres niveles en una unidad.

Lea: «*Yo soy lo que se llama una persona 'mental', alguien con un fuerte intelecto, alimentado y recompensado desde el principio. Me di cuenta de que estaba fuera de sincronía con mis aspectos físico y emocional cuando me apunté como cliente a un proceso de coaching. Hubo reuniones en las que las emociones se me venían encima. A pesar de que me pillaron fuera de juego, mi coach John me mantuvo anclada a la tierra. Él sabía ir a mi lugar seguro de lo intelectual y luego volver a mis emociones y sensaciones físicas. Si hubiéramos explorado mis emociones y reacciones físicas sin mi intelecto, yo no podría haber integrado toda mi experiencia. Habría estado dejando partes de mí fuera de la consciencia. El coaching energético me proporcionó apertura para aprovechar mi conocimiento interno y poder eliminar los bloqueos que había creado con mi orientación hacia el exterior y la negación de mis sentimientos*».

La práctica física proporciona un suelo fértil para que crezca el espíritu. Dicha práctica puede incluir la meditación, la oración, la respiración profunda, el trabajo corporal enfocado y cualquier otra acción que cree energía de alto nivel. La práctica emocional implica amar, actuar y hablar congruentemente con amor intencional. Las semillas que las personas plantan con amor dan fruto espiritual. La práctica mental hace crecer el espíritu a través de la elección de pensamientos, especialmente en tiempos difíciles, cambiando los pensamientos negativos a positivos. Crea poder personal. Con la apreciación de cómo son las cosas, las personas ganan equilibrio y perspectiva. Eliminar los patrones de pensamiento negativos ayuda a las personas a conectarse y crecer con espíritu. Las personas a menudo se embarcan en acciones bien intencionadas para mejorarse a sí mismas y al mundo. Sin amor por lo que están haciendo, tienden a perder energía con sus esfuerzos. De la misma manera, sin la práctica personal de nutrir y renovar, a algunos les puede resultar difícil mantener el amor y la apreciación. Crear amor y aprecio con la práctica física genera energía. Elegir medios físicos, mentales y emocionales para alinearse con el espíritu crea congruencia y un lenguaje y acción auténticos.

Los aspectos físicos, emocionales y mentales de las personas se influyen unos a otros. Sus experiencias a nivel físico afectan a sus emociones y su mente. Los pensamientos afectan a los cuerpos físico y emocional. La emoción afecta a los cuerpos físicos y mentales. Las personas pueden elegir lo que les afecta y cómo. Los *coaches* energéticos ayudan a los clientes a integrar los tres estados en uno buscando formas de equilibrar cada aspecto a medida que surge la oportunidad. Así como el electrón energizado salta de una capa inferior a otra más alta, una persona que nunca deja de aprender y crecer aumenta su energía. La coherencia personal, la integración y el equilibrio son un proceso continuo que crea mayor autenticidad e integridad

EL INDIVIDUO EN RELACIÓN

Imagina tres capas de círculos concéntricos con la triada de lo físico, emocional y mental dentro de la esfera global de la unidad. Los tres niveles de interacciones que tienen lugar en la relación son:

1. El individuo en relación con el ser (interno y externo)
2. El ser en relación con otro (interno y externo)
3. El ser en relación con la comunidad (interno y externo)

Los tres niveles de relación interactúan de manera concurrente. Las experiencias físicas, mentales y emocionales son aspectos de cada una de las esferas en relación. También hay aspectos del ser interno relacionado con el hacer externo. A medida que las personas integran cada dimensión de lo físico, mental y emocional con el yo, con el otro y con la comunidad desde perspectivas interiores y exteriores, los diferentes aspectos se convierten en reflexiones entre sí. A medida que las reflexiones entran en coherencia y equilibrio, todos los aspectos forman un holograma, mirándose y reflejándose entre sí.

A menudo las personas no conocen su relación consigo mismas. Aunque no parezcan dos entidades, una mirada más cercana revela que existen relaciones vitales e importantes entre el espíritu y el ego y entre los seres interno y externo. La relación de la persona consigo misma es la relación más importante de todas. Dependiendo de cómo de bien se equilibren las relaciones conflictivas dentro de uno mismo y en la relación con los demás, crean o disipan la energía.

La relación con uno mismo es el reflejo de nuestra relación con los otros. Las relaciones uno a uno proporcionan el mejor espejo para que las personas se conozcan a sí mismas. El conocimiento propio es a menudo el área de mayor dificultad y la mayor oportunidad para una persona. Como las personas pueden operar individualmente o en comunidad sin desafiar su auto-imagen y sus deseos egocéntricos, su relación uno a uno proporciona el espejo y las reflexiones necesarias para el crecimiento y la espiritualidad. La calidad de las relaciones uno a uno sirve como un osciloscopio para medir los niveles de frecuencia. Si las personas necesitan trabajar en sí mismas para crecer (y todos lo tenemos que hacer), el lugar para empezar a menudo aparece en los problemas y desafíos de sus relaciones más cercanas persona a persona, que refleja más fácilmente su relación consigo mismas.

El círculo concéntrico externo es el yo en la comunidad, que abarca todas las relaciones que reflejan y definen a una persona dentro de la tribu. La gente tiende a identificarse a través de la unidad familiar, las organizaciones en las que vive, sus pueblos, y su nación. Los constructivistas sociales sostienen que la comunidad externa crea la identidad individual a través de la socialización y la educación por parte de los individuos de la tribu que se adhieren consciente o inconscientemente a las costumbres conductuales y normas. Las personas pueden evaluar mejor los efectos omnipresentes de su cultura después de encontrar una tribu diferente con costumbres y cultura diversas. Dependiendo de su disposición a aprender, expanden su mundo para incluir a toda la comunidad humana. Para alcanzar el mayor conocimiento y poder, los individuos pueden tomar conciencia de lo que es o no auténtico para ellos, sin rechazar a la comunidad o tratar de cambiarla. Pueden asumir la responsabilidad del cambio a través del crecimiento personal como primer paso para crear las relaciones con los otros que ellos desean.

LAS RELACIONES REFLEJAN EL ESPÍRITU

Cuando las personas se relacionan con otros y reflejan las mismas cualidades que ellos desean para sí mismos, crean relaciones coherentes. A través de las relaciones coherentes, la conexión de la persona consigo misma y con otros se convierte en un continuo, de modo que uno es y está separado y conectado al mismo tiempo. Los finos límites se confunden en la inclusión infinita. Los individuos experimentan qué es ser uno. La naturaleza holográfica de la experiencia individual se manifiesta en el espejo de las relaciones en el que nos vemos reflejados en los otros. Sin perder su identidad, las personas pueden experimentar conexión estrecha. En palabras atribuidas al Chief Seattle, «lo que se hace a la red (de relaciones) se le hace a uno mismo». Lo que beneficia o disminuye el auto-beneficio, beneficia o disminuye el de los otros y viceversa. La Regla de Oro no solo existe para ser asumida, sino también como forma de experimentar crecimiento personal y plenitud. A través de la congruencia y la igualdad en armonía con la buena intención, los individuos crean energía espiritual. Cuando ellos eligen relaciones positivas consigo mismos, con otros y con la comunidad, alinean su centro para que el espíritu haga girar la tríada en una esfera que lo abarca todo. A medida que integran y borran los límites entre sus cuerpos emocional, mental y físico, su yo interior y exterior, y sus relaciones consigo mismos y con los demás, experimentan la coherencia y la energía de la unidad.

El *coaching* como profesión utiliza el espejo de las relaciones para servir a los clientes desafiando la desconexión entre el yo y el otro, entre el ser y el hacer internos y externos. Los *coaches* energéticos saben que el individuo no está separado de su contexto, por lo que nos centramos en alcanzar la coherencia en las relaciones a todos los niveles. Las tres partes de la tríada representan el individuo conectado. Una vez que los individuos han alcanzado la integridad a través de la integración interna, externa y la coherencia pueden conectarse con los demás con equilibrio y congruencia. A través de la unidad, cada uno experimenta la igualdad con otros individuos. Los *coaches* energéticos congruentes sirven como ejemplo de integración (aunque es difícil de mantener como estado estático). En la medida en que los clientes escuchan a su maestro interior (que a veces aparece como su conciencia) eliminan las barreras al equilibrio y la coherencia.

Para ampliar la metáfora de tres en uno, actuando e inter-actúando para formar una esfera de unidad, imaginemos gotas separadas de agua para cada relación, individuo consigo mismo, individuo con otro, individuo con la comunidad. A continuación, imagina ondas concéntricas emanando a medida que cada gotita que cae en el océano (Fuente). En el punto de superposición de los patrones de las gotas separadas se forma un «nudo». Si las gotitas no están alineadas, una onda cancelará a la otra. Las gotas de agua aterrizan exactamente en el mismo punto, componen la energía. La energía de onda de un núcleo común da como resultado la energía magnética exponencial de los armónicos.

Los individuos con una intención común y cohesiva (valores fundamentales y visión) obtienen el poder de sus relaciones consigo mismos, con los otros y con la comunidad.

Experimentan la fuerza más grande dirigiéndose a la fuente del núcleo, origen del libre albedrío. Sus «gotas» de buena intención se manifiestan a través de una mayor energía y congruencia. Al unir la energía de la buena intención expandida en las relaciones con los demás, la gente puede crear una forma de onda enorme. La energía espiritual armónica del individuo se combina con el todo. A través de la conexión de las relaciones los individuos tienen un impacto positivo mayor del que cada uno podría crear o experimentar solo. Cuando las personas se reúnen y se disipa la ilusión de separación de la fuente y de los otros aumentan su energía exponencialmente.

Los individuos liberan energía exponencial a través de la intención común (el ser) y la acción combinada (el hacer). En los niveles micro y macro forman fuertes conexiones mediante relaciones congruentes. Los aspectos físico, mental y emocional se unen a través de la intención individual de alinearse con los valores centrales. El ser interior y el hacer externo se reflejan entre sí. En las relaciones externas las personas experimentan a otros como espejos de su yo, no separadas, superiores o inferiores. Las relaciones formadas a partir de un núcleo común conectan a las personas e invitan al espíritu. Tras haber creado energía armónica, las personas se vuelven más poderosas para hacer cambios individuales, institucionales y de ámbito mundial mejor.

A través de relaciones positivas estrechamente conectadas, especialmente con el yo, el maestro interior va por delante. El pequeño yo del ego retrocede como auto-identidad, el auto-conocimiento y la autoestima reemplazan las dudas e inseguridades. Las personas emergen del pequeño mundo de lo separado y el deseo gana energía para formar relaciones con todos en la misma longitud de onda. Ya no es importante ser el individualista aislado y robusto superior para alimentar al pequeño ego. Esa identidad nunca puede ser completa. Esto es evidente cuando se compara con la plenitud de ser Uno en Uno en una comunidad de todos en el Todo.

Tres niveles de relación

La cualidad de las relaciones que las personas tienen consigo mismas y con los demás refleja la calidad de su relación con el espíritu. Los *coaches* energéticos apoyan positivamente la mejora en las relaciones y animan a los clientes a hacer lo mismo. Debido a que algunas personas pueden encontrar amenazador examinar sus relaciones consigo mismos y con los demás, el *coaching* energético ofrece un lugar seguro para explorarlas. Ayudamos a los clientes a construir una relación positiva consigo mismos mediante el examen de la brecha existente entre lo que desean y lo que manifiestan. Luego examinan las lagunas que encuentran en las relaciones entre su yo interior y su yo exterior, en el tú a tú, y con la comunidad. En el proceso escuchan a su maestro interior para que les guíe a alcanzar coherencia y autenticidad.

Aunque la calidad de una relación es intangible, es de vital importancia. La calidad de las relaciones con uno mismo y con los demás afecta a todos los aspectos de la experiencia humana y contribuye o disminuye el bienestar personal. Para que los *coaches* energéticos ayuden a los clientes a examinar sus relaciones de manera segura, utilizamos medidas cualitativas. Martin Buber, en su libro *I and Thou*, distingue tres clases de relaciones: Yo y esto, Yo y tú, y Yo y lo divino.

En la relación «Yo y esto» las personas se utilizan mutuamente solo para deseos egocéntricos. La relación progresa hacia «tú» cuando los involucrados ven al otro como separado e igual. La forma más elevada de relación con el otro es «Yo y lo divino» en la cual cada uno trata al otro como igual, conectado y respetado.

- Yo y esto: Separado y desconectado-egocéntrico-Yo-objeto.
- Yo y tú: Separado e igual-ego/espíritu-centro -Yo-otro.

- Yo y lo Divino: Separado y conectado-espíritu-centro-Yo-Uno.

Acorde con la descripción de Buber, el *coaching* energético describe las tres cualidades de la relación como el Yo-objeto, Yo-otro y Yo-Uno. Los tres niveles existen dinámicamente, a menudo sin conocimiento consciente. Una vez que las personas tienen un marco para observar las cualidades de sus relaciones consigo mismas y con los otros pueden explorar la brecha entre lo que tienen y lo que desean. Buscamos ayudar a los clientes a lograr más calidad en la relación consigo mismos y con otros.

Lea: «*Cuando John y yo nos conocimos por primera vez para hacer coaching, buscaba una relación de negocios. Vi a John como el objeto para alcanzar mis deseos y metas y obtener mi propósito y satisfacción en la vida. A través del crecimiento de nuestra relación, John y yo aprendimos a respetarnos y valorarnos el uno al otro como individuos y vernos como parte del Uno. El sentimiento de conexión evolucionó y John y yo recibimos la energía espiritual en nuestra relación. Esta dinámica puede suceder cuando la gente practica la buena voluntad en las relaciones. Nuestra relación continúa creciendo en energía y conexión como resultado de nuestra intención consciente de operar a través de la relación Yo-Uno*».

Crear la relación Yo-Uno requiere consciencia y decisión continuas para actuar coherentemente. Cuanto más cerca está una persona de otra, más difícil es evaluar la calidad de su relación. Hay empleadores que ven a los empleados solo como objetos para lograr beneficios y empleados que utilizan a los empleadores solo para ganar dinero. Hay matrimonios en los que el marido y la mujer se ven a sí mismos como separados, sin un terreno común, conviviendo pero viviendo aislados. Hay personas que tienen poca consideración por su propia vida, gastándola imprudentemente y sin propósito. Cuando la persona descubre que una relación es inferior a la relación Yo-Uno de igualdad y respeto puede actuar para mejorarla. Igual hay que tomar decisiones difíciles para lograr coherencia entre lo que se dice que se quiere y lo que se hace para conseguirlo, o entre lo que dicen que son y lo que hacen para ser de esa manera. Actuamos como testigos compasivos para los clientes que luchan por conseguir la autenticidad que desean en las relaciones a través de un mayor conocimiento de sí mismos.

Aquellos que deliberadamente construyen relaciones de unidad por medio de ser congruentes y aprendiendo a subordinar los deseos egocéntricos en beneficio del todo, dejan de usar el comportamiento político y la manipulación egoísta como táctica. No tienen necesidad egocéntrica de hacerlo. Los *coaches* energéticos sirven a otros haciendo brillar la luz sobre la naturaleza superficial de las diferencias externas y enfocando el láser en el terreno común de los deseos universales, respetando y siendo respetados, para experimentar la integración y la unidad.

EL ESPÍRITU EN RELACIÓN

El camino al espíritu es el camino del Yo-Uno en relación. Esta relación Yo-Uno crea una poderosa energía que integra todos los aspectos del individuo, de dentro a fuera y luego de vuelta hacia el interior. La coherencia entre pensamientos, sentimientos y emociones se manifiesta para integrar al Yo en el Todo. El individuo se convierte en el Uno en Uno. La persona se convierte en espíritu en acción «haciendo a la manera de Dios». No hay discrepancia entre quién es un individuo y lo que dice y hace. La autenticidad personal fomenta la confianza en las relaciones, la cual crece en una afinidad segura casi sin esfuerzo. Cuando hay una discrepancia externa, los individuos pueden reconciliarla con auto-conocimiento porque han conectado el conocimiento interno y el externo. Lo que ocurre en el exterior se percibe de forma realista a través del espejo interno, que se utiliza para crecer y actuar. A través del *coaching* energético los clientes aumentan su flexibilidad y su capacidad de decisión. Se mueven consistente y coherentemente entre el ser interno y el hacer externo para invitar al espíritu a habitar en sus relaciones.

El espíritu surge más fácilmente en la relación con uno mismo. Las personas que permiten que existan discrepancias entre lo que son y lo que quieren, y lo que dicen y hacen, experimentan poco espíritu. La lucha interna y la incongruencia entre la intención y la acción bloquea el espíritu, produciendo sentimientos de separación, alienación y soledad. A pesar de que el espíritu está en todo siempre de todas maneras, las personas que luchan consigo mismas o con los demás tienden a desconectarse de él. En la medida en que las personas mantienen relaciones congruentes con el yo interno y externo, con otros y con la comunidad, fluyen con energía espiritual.

CALIDAD HUMANA EN LAS RELACIONES

«Primero debe haber orden y armonía en tu propia mente.
Luego este orden se extenderá a tu familia, luego a la
comunidad, y finalmente a todo tu reino. Solo entonces
podrás tener paz y armonía».
CONFUCIO

El *coaching* energético busca dar congruencia a las relaciones, comenzando por la relación que las personas tienen consigo mismas. A medida que la tríada de las relaciones interior-exterior con el yo, el otro y la comunidad forman una esfera, la distinción de separación entre lo interno y lo externo y el ser y los otros se funde. La energía irradia desde la congruencia interna, reflejada en las relaciones con los demás. La autenticidad crea fuertes conexiones con el yo, los demás y el espíritu. Todos se convierten en uno en la totalidad. La aceptación, el respeto, el cuidado y la unidad se producen de forma natural. El *coaching* energético es un vehículo a través del cual el espíritu puede expresarse y experimentarse en las relaciones para poner más calidad en la especie humana.

ANEXO AL CAPÍTULO

«Creo en la unidad absoluta de Dios y por lo tanto de la humanidad. ¿Quién pensó que teníamos muchos cuerpos? Tenemos solo un alma».
MAHATMA GANDHI

Los individuos crean energía espiritual en el interior a través de la elección manifestada en experiencia. Los tres niveles de experiencia consisten en los niveles micro y macro físico/percibiendo, mental/pensando y emocional/sintiendo. Imagina una tríada incrustada en otra triada y esta incrustada en otra. Cada triada representa al individuo en relación desde el nivel micro (individuo en relación con el yo) hasta el macro (relación individual con los demás y con la comunidad). Cuando las personas integran intención interior y experiencia exterior alcanzan la totalidad. La esfera alrededor del punto central del individuo en relación congruente con uno mismo forma un núcleo común de energía sostenible del Yo-Uno.

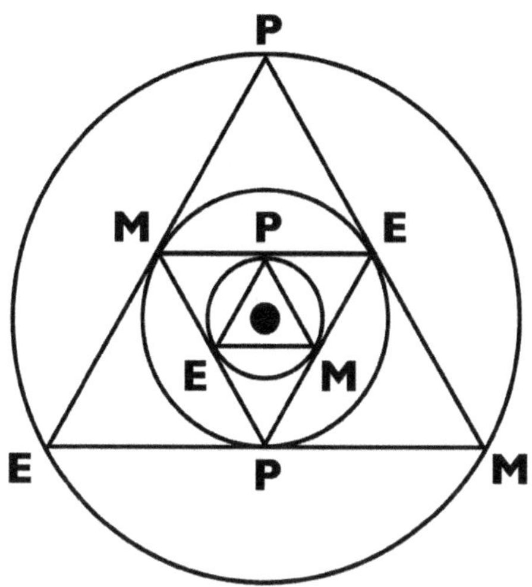

Cuando los individuos alcanzan coherencia a través de las relaciones, de dentro a fuera, sus tríadas incrustadas se convierten en esferas incrustadas.

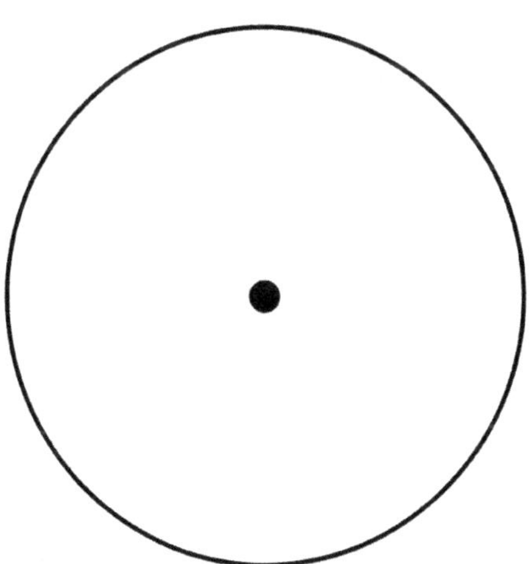

Las esferas incrustadas se convierten en una alrededor del núcleo. Cuando los individuos crean energía centrándose en los valores espirituales y la visión, experimentan relaciones congruentes consigo mismos, con los demás y con su comunidad en general. Aumentan su energía a medida que reducen la brecha que hay entre ellos mismos y los demás. La elección de crear el deseado mundo interno invisible de pensamientos, sentimientos y percepciones hace que el mundo exterior visible se alinee con lo que se desea.

●

La esfera y el núcleo interno, como una onda y una partícula, son separados y son Uno. Parecen diferentes según el enfoque de una persona. La esfera puede contraerse para convertirse en un punto singular de visión de valores individuales o expandirse para abarcar todo el conjunto. Las relaciones se reflejan entre sí. Las personas aumentan la energía sostenible del espíritu con pensamientos, sentimientos y percepciones positivas. El espíritu se experimenta a través del aumento de la energía y la conexión creada por las experiencias físicas, mentales y emocionales de las relaciones. Al integrar las identidades individuales en la unidad inclusiva, las personas crean totalidad y conectividad. El Uno se vuelve Uno.

4. EL INDIVIDUO EN RELACIÓN CONSIGO MISMO

«Confía en ti mismo: todos los corazones vibran con esa cuerda interna».
RALPH WALDO EMERSON

«Las maravillas que buscamos fuera de nosotros están en nuestro interior».
SIR THOMAS BROWNE

El *coaching* energético sostiene que la calidad de la relación con nosotros mismos es lo más importante. Implica el auto-conocimiento, el amor propio y el respeto por uno mismo, lo que determina y afecta a la relación con los demás. La relación con uno mismo es la más importante y sobre la que los individuos tienen mayor poder. Muchas personas subordinan la relación consigo mismos a su relación con los demás porque tienen una orientación externa. Los *coaches* energéticos podemos pedir a nuestros clientes que describan la relación que tienen consigo mismos. Dependiendo de su nivel de consciencia, pueden responder con confusión, resistencia o regocijo. Para algunos, esta petición puede resultar la consideración más vital de todas. Para las personas que estén dispuestas a la auto-reflexión, a conocerse y quererse, el beneficio es muy grande. Una relación positiva y congruente con uno mismo es tan necesaria para el crecimiento del espíritu humano como lo es el agua para una semilla plantada.

La relación con uno mismo es la clave para alcanzar la plenitud y la integridad, porque todas las relaciones con los demás son reflejo de la relación que tenemos con nosotros mismos. No obstante, puede resultar una de las más difíciles de observar y analizar. Debido a la socialización y al aprendizaje mediante señales externas y a la naturaleza intangible del «ser», muchas personas tienden a enfocarse en la relación con el otro. A no ser que mantengan la relación con el otro de la misma forma que quieren que sea la relación consigo mismas, pueden perderse o subordinar sus valores y visiones a la voluntad de otros. Cuando las personas se centran en la relación consigo mismas ponen como prioridad el conocerse para poder expresar de forma consistente su autenticidad (o auténtico yo) en todas las relaciones.

El periodo en el que vivimos se ha denominado la «era de las relaciones» porque se está produciendo un gran salto en la comprensión humana. Las personas han empezado a cuestionar los sistemas a los que pertenecen. Ya no están satisfechas con las respuestas que ofrecen las instituciones establecidas como la Iglesia, el sistema familiar, legal o político o los medios de comunicación sobre las preguntas existenciales. Cuando buscan curarse se encuentran con un sistema médico incompleto e insatisfactorio que deifica a otro como experto. Ahora muchos están asumiendo el control de su salud y bienestar. Poniendo toda su fe en sí mismos se están dando cuenta de que pueden usar expertos externos como instrumentos, pero que la autoridad final viene del interior.

Como adultos, las personas se resisten a que se les diga lo que tienen que hacer. Quieren que su vida sea plena mediante la intención consciente y la elección. Aquellos que desean crecer, disfrutan del reto de salir de su zona de confort. Se dan cuenta del poder derivado de tomar las riendas. Ellos deciden cómo responder en vez de permitir a otros que manejen sus hilos. Ellos son la causa y no el efecto de la vida.

Ahora la búsqueda y el encuentro comienzan desde el interior. Muchas personas han descubierto que, aparte del trabajo u otros eventos que están sucediendo a su alrededor, en la vida hay más cosas. Aquellos que buscan validación en su relación con otros y el Universo se sienten frustrados. Encuentran poco significado en el exterior. Algunas de las personas que están experimentando este cambio de consciencia y de comprensión se dirigen al *coaching* energético para validar y reforzar su búsqueda de empoderamiento, sanación, significado y sabiduría personal.

La senda hacia la espiritualidad es una senda personal e individual. Aquellos que se preguntan cosas tan complicadas como «¿de qué trata la vida?» y «¿qué quiero?» pueden verse divididos entre recompensas y refuerzos externos y una voz interna que dice «esto no es» o «esto no durará» o «esto no es lo que estoy buscando». Si las personas alcanzan el éxito, o no, de esta forma, si se desconectan de sí mismas, antes o después se darán cuenta de que les falta algo. El mundo externo es temporal; nada permanece para siempre. Ser conscientes de nuestra mortalidad nos revela que las cosas más importantes no abarcan solamente una vida terrenal. Cuando las personas no eligen ser guiadas por sus valores y visiones, pierden energía a través de las grietas que las dividen internamente. Algunos elegirán *coaches* energéticos para que escuchen sus preguntas, apoyen el espacio para el conflicto interno, reflejen su propia voz de sabiduría interna y los reten a ser la versión real de sí mismos. Apoyamos y animamos los esfuerzos y dificultades de nuestros clientes para ayudarles a entablar una relación cercana consigo mismos.

Normalmente, *coaching* implica enfocar la intención y la energía para conseguir metas externas. El *coaching* energético incluye visualización, establecimiento de objetivos, responsabilidad personal y compromiso para alcanzar metas externas, pero el foco principal está en conseguir satisfacción interna y energía sostenible. Sabemos que la satisfacción y la energía sostenible provienen de nuestro interior cuando la persona ha encontrado su identidad, significado y conexión. Con un propósito y valores mayores que ellos mismos, los clientes ganan conocimiento interno (auto-conocimiento) y logro externo.

Debido a las influencias externas y presiones para asimilar, socializar y adaptarse, es natural sentir una división entre las demandas externas y las necesidades internas. Esa dicotomía puede traer conflictos internos y abnegación. La tendencia a buscar respuestas a las grandes preguntas de la vida y la satisfacción personal de cara al exterior agrandan esa división. Los humanos necesitan equilibrio. Conectar con el espíritu para reducir esa división requiere someterse a las respuestas y explicaciones externas a favor de la escucha interna. Buscar la espiritualidad no es suficiente; el proceso debe ir acompañado de una experiencia personal. Los *coaches* energéticos ofrecemos una validación externa de la intangibilidad de la experiencia del cliente. Apoyamos la conexión cercana entre uno mismo y el espíritu para crear relaciones auténticas con los demás.

Algunas personas que experimentan la desconexión entre quienes creen ser y lo que experimentan externamente piensan que el mundo se ha vuelto loco. A menudo tienen que sacrificar lo que quieren para darle sentido a todo. Sienten la presión de comprometer sus ideales para encajar en un molde externo. Los que cuestionan las reglas a veces son apartados, etiquetados y marginados por causar problemas. Las relaciones con los demás refuerzan esta desconexión, porque aquello de lo que se han desconectado de sí mismos atrae a otros que se encuentran en el mismo estado. Estas dinámicas crean un círculo vicioso donde las personas pierden energía por resistirse. En cualquier relación con los demás, cuando decidimos mirar hacia el interior para encontrar nuestro poder personal desapegándonos de la ilusión del caos externo, el otro (o los otros) puede resistirse al activarse sus impulsos egocéntricos. El *coaching* energético proporciona el espacio y la perspectiva necesarios para mantenerse en la senda hacia la plenitud individual y el empoderamiento personal a pesar de las apariencias externas, las restricciones y los deseos egoístas y manipuladores de otros.

LA RELACIÓN YO-UNO CON UNO MISMO

La intención del *coaching* energético es alcanzar la congruencia para que los clientes tengan una relación Yo-Uno consigo mismos, consiguiendo que los yoes interno/externo lleguen a ser uno. A medida que el conocimiento interno del cliente va sirviendo como guía para construir la congruencia entre el ser y el hacer desde el interior, el espíritu y el ego cohabitan. Ya no es necesario juzgar a otros o resistirse a lo que es. El ego ya no es una barrera a la energía espiritual.

En la relación consigo mismos los humanos tienen un Yo-objeto, un Yo-otros o un Yo-Uno. En las relaciones Yo-objeto o Yo-otros experimentan una desconexión con su sabiduría interior. Cuando los *coaches* energéticos observamos separación entre quienes son los clientes internamente y lo que muestran externamente, les preguntamos cosas como:

- Si esto es una prioridad, ¿cuánto tiempo le dedicas a la semana?
- Si esta relación es importante para ti, ¿qué estás haciendo para demostrarlo?
- Si esto es lo que quieres, ¿qué te está impidiendo conseguirlo?

Al dirigirse a las inconsistencias que existen entre las intenciones manifestadas y las conductas externas, los clientes empiezan a retarse a sí mismos a ser auténticos. La congruencia interna cierra la división que se presenta entre el maestro interior y el yo externo. A medida que los clientes resuelven conflictos externos e internos recuperan la energía perdida para conseguir sus metas más preciadas.

La relación Yo-Uno ofrece un estándar personal de congruencia e integridad. A medida que las personas alinean su manifestación exterior con su intención interior, los demás empiezan a notar la diferencia. Sus conductas externas representan su ser interno auténtico. Se conoce a un árbol por sus frutos. Como testigos compasivos, los *coaches* energéticos ofrecemos al cliente un reflejo seguro, que no juzga, de las incongruencias externas e internas entre ser y hacer. Cuando los clientes trabajan la incongruencia, resuelven la paradoja por sí mismos. Los clientes se empoderan al comprender que lo que experimentan fuera lo pueden crear primero dentro.

El Yo-Uno representa el estado ideal, nunca totalmente alcanzable. Siempre habrá conflicto en la naturaleza humana, los límites y las demandas del mundo externo y las dificultades con el ego y las expectativas egocéntricas de los otros. A veces esos conflictos pueden parecer abrumadores. Algunos podrían cansarse de buscar la consciencia y la congruencia. Externamente, el esfuerzo puede crear tumulto y dificultades hasta que la semilla brota y da frutos. La alineación con uno mismo, con el yo interno, es la senda para el desarrollo y la plenitud de la humanidad, pero no suele ser una senda fácil.

El camino puede parecer solitario y atemorizador si no hay apoyo desde el exterior. Instituciones e individuos con intereses creados basados en la incongruencia perciben cuándo los demás han dejado de creer en sus mensajes e influencia. A pesar de que el *coaching* energético en sí es de influencia externa, el propósito es acompañar al cliente a buscar dentro de sí mismo la coherencia personal y afrontar dificultades y oposición cuando estas ocurran.

Mientras el mundo externo aplica presión para conformarnos, la congruencia nos llama desde el interior. Los buscadores deben enfocarse en su meta. Para ayudar a que esto ocurra, su intención proporciona una invitación de conexión con el espíritu. Los *coaches* energéticos mantenemos el espacio para que el cliente siga en congruencia con su maestro interior en vez de sucumbir a agendas externas. Ayudamos a los clientes a deshacerse de influencias no deseadas para que puedan valorar las opciones. Los clientes superan las resistencias por medio de la aceptación. Se liberan a sí mismos para decidir qué hacer desde un punto de equilibrio, poder personal y sabiduría interna.

La pseudo energía de la resistencia atrae a algunas personas, que critican y condenan lo que no les gusta. Parece que se regocijan en las batallas, pero la suya es solo energía del ego. La relación Yo-Uno significa que las personas atraviesan la resistencia para reconocer lo que hay al otro lado. Algunos tienen un falso sentido de superioridad o control, creado por su tendencia a rechazar y juzgar. Las personas en la unidad total de la congruencia no gastan energía en rechazar o resistirse. En su lugar preguntan, ¿qué se puede hacer en esta situación? o ¿qué bien hace esto? No encuentran satisfacción en sentirse superiores a los demás. Desde esa perspectiva el maestro interior se hace presente y aquellos que lo escuchan encuentran poder absoluto y auto-control.

Las relaciones Yo-objeto y Yo-otros están basadas en la percepción que tiene el individuo de que la persona, situación o cosa, es sustraída de forma objetiva o subjetiva de la relación consigo misma. La relación Yo-Uno no percibe ninguna separación objetiva o subjetiva, simplemente percibe la unidad del espejo y el reflejo. Sin separación, las personas trascienden las influencias externas para crear su propio mundo interno, eligiendo qué pensar, sentir y percibir para crear más de aquello que quieren.

En el trascurso del tiempo, con intención consciente los clientes empiezan a apreciar la congruencia entre el ser interno y el hacer externo. Las dificultades y pruebas externas ponen a prueban el compromiso con el Yo-Uno. A medida que determinan su propia senda y mantienen su propósito, los clientes se dan cuenta de que eligen cómo el mundo externo afecta a su Yo interno. Para resolver los conflictos del ego conservan la energía y alcanzan la libertad y el empoderamiento personal, abriéndose a la esencia (espíritu). Imperturbables ante las influencias externas y circunstancias, aquellos con más congruencia tienen más poder porque cierran las grietas por las que pierden energía. Al escuchar la voz de su maestro interior atraviesan sus conflictos internos, pasando a un lugar de calma resolutiva.

AUTO-EMPODERAMIENTO

«No hay nada, ni tragedia tan grande, ni enfermedad tan incurable que no pueda ser contrarrestada si no nos olvidamos de mirar hacia dentro».
PARAMANANDA

El auto-empoderamiento significa que las personas operan desde su interior con capacidad de elección sobre sus pensamientos, emociones y percepciones del mundo físico. Aquellos que operan desde la separación del Yo-objeto o del Yo-otros permiten ser manipulados por apariencias y condiciones externas, por expectativas, temores y percepciones erróneas. El dicho «la mente es una magnífica sirviente, pero una dueña terrible» refleja la importancia de dirigir los pensamientos internos con intención y elección consciente.

Nadie puede otorgar empoderamiento personal desde el exterior. Se ha escrito y debatido mucho sobre el empoderamiento de individuos y empleados, pero el empoderamiento es algo que los individuos eligen por sí mismos. Lo más positivo que el mundo externo puede hacer es eliminar barreras, permitiendo a las personas crear una forma de crecer y empoderarse autodefinida. Los *coaches* energéticos observan el nivel de poder personal que reclaman tener los clientes. Entonces utilizamos todas las oportunidades que se enfocan hacia el interior para desarrollar un poder personal aún mayor.

Las personas consiguen su propio empoderamiento al elegir de forma consciente actitudes y formas de percibir auténticas a través del refinamiento de los pensamientos y los sentimientos internos. Son capaces de crear conscientemente sus pensamientos y sentimientos para percibir y experimentar el mundo exterior como un reflejo del interior. Como observó Abe Lincoln, «la mayoría de la gente es tan feliz como decide serlo». Por medio de la relación congruente del Yo-Uno con uno mismo, las personas invitan al espíritu para que inspire estándares positivos y de alto nivel de comportamiento y valores. Plantan las semillas de la intención positiva para que sus resultados externos reflejen sus deseos internos.

Los pensamientos son cosas. Nada se crea sin un pensamiento anterior. Las personas pueden, a través de sus sentimientos, enviar su energía en cualquier dirección que deseen. Debido a que son seres espirituales en un mundo físico, la conexión del yo interno con el espíritu a través del maestro interior conduce a la plenitud. El ego abandona sus batallas fronterizas. Finalmente, con práctica y paciencia, lo que las personas experimentan en sus mundos interior y exterior lo reflejan entre ellas. A medida que los individuos cierran la brecha entre su sentido de sí mismos y lo que experimentan, van creciendo, floreciendo y dando los frutos que han creado conjuntamente con el espíritu.

Pensar y sentir están sujetos a la elección interna. Es cierto que las personas tienden a pensar en positivo o negativo basándose en acontecimientos y circunstancias externas. Igualmente pueden permitir que su conexión con el espíritu se vea influenciada por su mundo externo. Es más fácil experimentar el espíritu cuando hemos tenido un día bueno que en un mal día. Distintas personas perciben el mismo acontecimiento de forma distinta. A pesar de la situación o del grado de dificultad, es su compromiso por mantener la conexión espiritual en todo momento lo que determina la diferencia. Las personas tienen mayor necesidad de energía y conexión espiritual cuando las circunstancias parecen difíciles. Por medio de su elección consciente de mantener una perspectiva positiva ante la adversidad pueden probar y fortalecer su conexión espiritual. Aunque la situación externa que vivan puede no estar sometida a un cambio inmediato experimentan auto-empoderamiento al elegir las reacciones internas que desean.

La conexión con el espíritu significa decidir hacer que los pensamientos y sentimientos sean congruentes con la energía positiva y sostenible del espíritu. Las personas se alinean con el espíritu alineándose con su maestro interior. Liberando los deseos egocéntricos de ser diferentes y mantenerse aislados se guían por valores espirituales tales como la bondad, el aprecio y el amor. La conexión consciente con el espíritu elimina los bloqueos de energía. A pesar de las circunstancias externas, las personas experimentan auto-empoderamiento por medio de un ejercicio de dirección y decisión internas.

El maestro interior conduce la energía espiritual. Las personas disociadas de su propio yo tienen dificultad para ponerse en contacto con su maestro interior. Se debaten con temas internos. A veces parecen no darse cuenta de sus propios motivos e intenciones. La congruencia personal entre el yo y el maestro interior fortalece la conexión espiritual. Aquellos conectados e integrados en una relación Yo-Uno consigo mismos experimentan su naturaleza espiritual. Las personas que se han energizado por medio de la experiencia espiritual y la unidad experimentan un auténtico poder personal. Nadie puede dirigir o influir sobre sus pensamientos, sentimientos o percepciones sin que ellos conscientemente lo permitan. Paradójicamente, al mantener su poder saben cómo permitir que a su interior acceda información externa sin capitular ante su influencia. Mantienen la elección de incorporar a su maestro interior aquello que perciben como correcto. No necesitan experiencias negativas de las que aprender; pueden aprender observando los resultados del ejercicio de la capacidad de elección consciente por parte de sí mismos o de otros.

El empoderamiento personal comienza con la capacidad de elección consciente. Libres de influencias externas, las personas pueden elegir hacer cosas que estén fuera del estado deseado del ser. Las personas empoderadas ya no tienen que hacer nada. Saben que eligen conscientemente trabajar en el empleo elegido, cumplir las leyes de la sociedad en la que viven, pagar impuestos e incluso satisfacer las expectativas de otros.

Han sustituido los sentimientos de victimización, impotencia, culpabilidad y debilidad por un sentimiento auténtico de poder personal. Estos individuos no son capitanes sin navío o navíos sin capitán, incapaces ambos de navegar hacia algún lugar. Han elegido vivir como capitán y navío, capaces de viajar por aguas desconocidas, porque la brújula de su maestro interior les señala el camino.

COACHING ENERGÉTICO: EL INDIVIDUO EN RELACIÓN CONSIGO MISMO

*«El mundo es un espejo y devuelve a cada hombre
el reflejo de su propio rostro».*
WILLIAM MAKEPEACE THACKERAY

Tal como hemos ilustrado en el Capítulo 3, el elemento común en la metáfora de la tríada y la esfera es la relación individual con otros. La triada comprende aspectos mentales, emocionales y físicos. La triada existe dentro de la dualidad de los yoes interno y externo, que las personas llevan a la congruencia por medio de la conexión de su maestro interior con el espíritu. La elección en conjunción con el espíritu sustituye el «yo» en minúsculas del individuo aislado y egocéntrico por el «YO» en mayúsculas del individuo congruente e integrado. Los *coaches* energéticos buscamos continuamente la congruencia interna-externa para servir de ejemplo a otros para que hagan lo mismo. La relación Yo-Uno va más allá del conflicto de dualidad y conduce a la integración. La energía se libera.

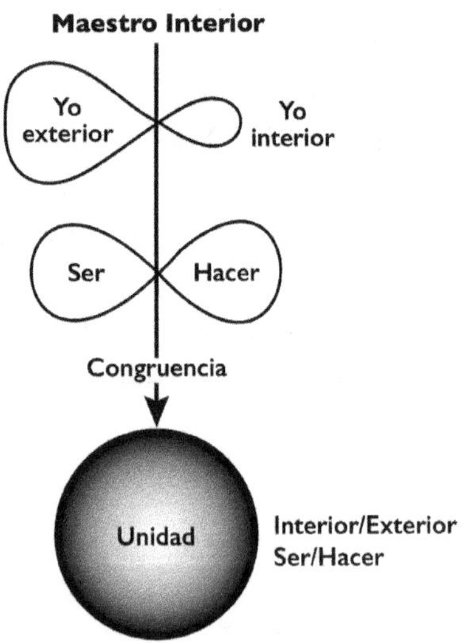

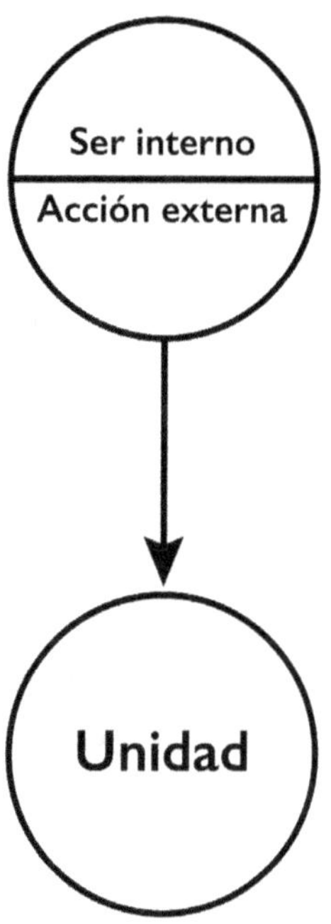

Utilizamos el signo del infinito, la imagen reflejada de dos círculos unidos por el centro, para ilustrar la congruencia a través del punto central del maestro interior. Las personas experimentan de forma diferente los mundos interior y exterior. Su «locus de control» (lugar de control) indica si tienden a mirar hacia dentro o hacia fuera para decidir cómo comportarse o explicar lo que ha ocurrido. Un signo del infinito distorsionado muestra desequilibrio entre su ser interno y su acción externa. La mayoría pone demasiado énfasis en la acción externa a expensas de su ser interno, probablemente porque los cinco sentidos físicos orientan hacia el exterior y la sociedad hace demandas desde ahí. Abrirse hacia el maestro interior proporciona capacidades de percepción más allá de los sentidos físicos. El espíritu habla tenuemente y no se opone al libre albedrío individual ni va a imponer su propia voluntad. Las personas deben elegir dar peso a su ser interno para equilibrar la acción externa. Al estar equilibrados, lo interior y lo exterior se reflejan entre sí para que el signo del infinito pueda plegarse sobre sí mismo como una esfera única, convirtiendo a cada persona en un individuo y una parte del Todo.

He aquí un ejemplo de equilibrio en el ámbito de la atención sanitaria. Las personas pueden considerar al médico un sanador orientado al exterior y en el modelo el sanador orientado hacia el interior es el maestro interior. Aunque relativamente nuevo para el mundo occidental, los orientales han empleado esta combinación durante mucho tiempo. Un enfoque integrador incluye y empodera a las personas para que asuman la responsabilidad de su propia sanación, utilizando expertos externos como instrumentos elegidos conscientemente. El experto interno del maestro interior toma la decisión después de sopesar las contribuciones de otros.

Las personas experimentan el espíritu internamente por medio de pensamientos, emociones, y sentimientos intuitivos, y externamente a través de acontecimientos sincrónicos y significativos. Debido a que el yo externo refleja al yo interno, los individuos crean y atraen experiencias que se equiparan a su estado interno. El punto de mayor poder individual está en la creación del reflejo exterior de las experiencias por medio de la intención interna.

Los *coaches* energéticos ayudamos a los clientes a elegir la congruencia para desbloquear los canales de energía. El énfasis interno contrarresta la influencia externa del mundo exterior. La mayoría de las personas perciben lo externo como algo separado y poderoso. Aquellos que se orientan hacia el mundo exterior se arriesgan a tener una conducta de estímulo/respuesta (reactiva). Conceder peso a las influencias externas reduce el poder intrínseco del individuo.

Redirigimos el enfoque hacia el ser interno e intangible. Los clientes pueden entonces actuar de acuerdo con sus valores y visión internos. Permanecen estables y al tiempo abiertos al aprendizaje, incluso aunque el mundo exterior cambie perpetuamente.

EL YO (CON MAYÚSCULAS) DE LA INTEGRACIÓN

«Entre el desorden, encuentra la simplicidad. Ante la discordia, encuentra armonía. En medio de la dificultad, despliega oportunidad».
ALBERT EINSTEIN

La intención, que surge consciente o inconscientemente desde el interior, puede servir al ego o al espíritu. Los *coaches* energéticos ayudamos a los clientes a determinar si sus intenciones conectan, igualan y empoderan (cuando están centradas en el espíritu), o separan, juzgan y reducen (cuando son egocéntricas).

Las personas lanzan una invitación al espíritu cuando eligen alinearse con sus valores, guiados por su maestro interior. El espíritu espera la invitación porque no puede oponerse o imponerse.

Cuando las personas hacen la transición desde lo interior a lo exterior, transforman la intención en acción (actúan). Cuando actúan en congruencia con su esencia invitan a una conexión con el espíritu y experimentan la integración. Por medio de la conexión espiritual y el auto empoderamiento se transforman de «respondedores» en «iniciadores». A medida que hacen que la ilusión de la separación se desvanezca, disuelven la dualidad en la realidad de la unidad. Cuando la intención de invitar al espíritu e iniciar la acción da como resultado la integración, el universo individual del interior se conecta con el universo general. Las tres íes de intención, invitación e iniciativa desplazan a la i (yo en inglés) minúscula del ser egocéntrico hacia la gran I en mayúscula (de Yo en inglés) del ser centrado en el espíritu. En el *coaching* energético utilizamos la siguiente fórmula para ilustrar el proceso de integración.

INTENCIÓN (ALINEADA CON EL SER INTERIOR) x INVITACIÓN (AL ESPÍRITU) x INICIATIVA (CATALIZADORA DE LA ACCIÓN EXTERNA)=INTEGRACIÓN (UNIDAD)

EL PROCESO CONTINUO DE CONGRUENCIA INTERNA-EXTERNA

Cuando el maestro interior conecta a las personas con el espíritu, el proceso conduce a la plenitud. A modo de testigos compasivos, los *coaches* energéticos mantenemos a los clientes en la consciencia objetiva del presente. Al estar abiertos a la sabiduría, invitamos al espíritu para ser capaces de sostener cualquier situación, en cualquier momento. La apertura es el estado del ser que acepta las cosas como son. Nosotros sabemos que los clientes tienen la respuesta en su interior. Puesto que aceptamos lo que sacan a la superficie, pueden escuchar a su maestro interior en un espacio de seguridad para obtener congruencia.

John: «*Mi modo primario para acceder a la información es visual. Veo al espíritu encaramado en mi hombro derecho en el papel de observador/testigo compasivo de todo lo que está teniendo lugar en la sesión de coaching. Mientras estoy totalmente metido en el debate, mi parte observadora está capturando cada matiz de las acciones y estados de mi cliente. Manteniendo abierto ese canal de información tendré un flujo continuo de pensamientos inter-*

nos con los que trabajar. Puedo interactuar desde mi testigo compasivo por medio de mi maestro interior, libre de juicios o auto vigilancia. He llegado a respetar la integridad del espíritu que actúa a través de mí, especialmente en aquellos momentos en que mi mente racional comienza a buscar qué es correcto hacer o decir. El mejor aspecto del estado metacognitivo del testigo compasivo es que funciona en armonía con la mente racional al equilibrar las contribuciones internas (inputs) sin ego.

El espíritu aflora automáticamente cuando pienso con objetividad, siento con compasión y me comporto en congruencia con la sabiduría y la guía de mi maestro interior».

Por medio del *coaching*, los clientes visualizan y llevan a cabo su propósito vital. Vivir con propósito crea energía que pueden comunicar y compartir. A medida que eligen conectarse con otros y con el espíritu, aumentan su espiral ascendente de energía. Los *coaches* energéticos ejercitamos una elección sobre los pensamientos, emociones y acciones. Nuestra meta es seleccionar qué pensar, sentir y hacer. De forma lenta e imperceptible, el mundo ilusorio exterior y el ser egocéntrico se hacen menos poderosos y exigentes, mientras experimentamos fuerza e integridad. El vasto mundo interior se expande y evoluciona hacia la unidad, interior y exterior. El proceso no se acaba nunca. Las personas siempre tenderán a crecer, o se marchitarán y perderán energía vital, ya que están en la misma dinámica que la naturaleza.

En la analogía del signo del infinito, el punto central del maestro interior conecta los mundos interior y exterior de igual manera. La integración completa da como resultado quedar tan envuelto en el espíritu que el individuo no puede separarse de él; los individuos se unen a algo enorme. Al terminar con la dualidad, la incongruencia se transforma en congruencia, los mundos exterior e interior se unen, la auto consciencia se fusiona con el espíritu y el uno se transforma en el Uno.

Ambos lados del signo de inmortalidad se expanden desde el punto central del maestro interior en conjunción con el espíritu. Para experimentar la conexión espiritual, las personas eligen el equilibrio en el punto central. Conseguir equilibrio interno y externo reconcilia la dualidad de fuerzas opuestas aparentes. Los yoes internos y externos se invierten. A medida que lo interno y lo externo se reflejan entre sí, los individuos interactúan con otros con autenticidad personal. Cuando se equilibran en el punto central del conocimiento interior, el signo del infinito se fusiona en una sola esfera. Desde su punto de equilibrio, las personas pueden observar los desordenados movimientos de polaridad del péndulo creados por la separación egocéntrica. Las personas congruentes se liberan de juzgar para ir más allá de la polaridad que oculta la realidad de la unidad. El péndulo se inmoviliza en el centro equilibrado.

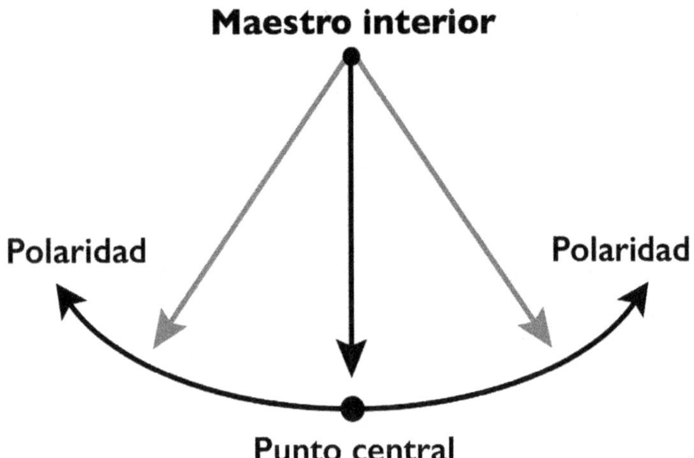

POLARIDAD: ELECCIONES ALEJADAS DEL ESPÍRITU	PUNTO CENTRAL: ELECCIONES CERCANAS AL ESPÍRITU
(Baja vibración de energía negativa)	(Alta vibración de energía positiva)
Ego	Espíritu
Temor	Amor
Separación	Conexión
Condena	Perdón
Juzgar	No juzgar
Superioridad/Inferioridad	Igualdad
Guerra	Paz
Intención inconsciente o mala	Buena intención
Daño	Sanación
Estímulo-Respuesta (reactividad)	Iniciador
Dispersión	Integración

Lea: «*En Primaria tuvimos que aprender sobre los opuestos. Yo creía que los opuestos no tenían relación alguna. Ahora me doy cuenta de que los opuestos son parte de un continuo de energía, donde la oscuridad es la ausencia de luz y los contrastes de blanco y negro se transforman en tonalidades de gris. ¿Cómo puede haber dualidad cuando un aspecto de la experiencia no puede existir sin la otra? Ahora veo que aunque la moneda tenga dos caras es la misma moneda, muestre la cara o la cruz*».

El empuje/atracción de la polaridad

«Ying y yang, varón y mujer, fuerte y débil, rígido y flexible, cielo y tierra, luz y oscuridad, trueno y relámpago; frío y cálido, bueno y malo... la interacción de principios opuestos constituye el Universo».
CONFUCIO

En el mundo exterior de la dualidad parece haber un conflicto de fuerzas opuestas. El resultado es que las personas tienden a etiquetar y categorizar las cosas y las situaciones con valoraciones tales como bueno/malo; me gusta/no me gusta; amo/detesto; me importa/no me importa. Para la apertura y aceptación de lo que se presente en las reuniones de *coaching*, los *coaches* energéticos buscamos el equilibrio en el empuje/atracción de la polaridad. Cuando las personas asumen una postura polarizada y emiten juicios sobre un rasgo, característica, situación o valor particulares, disipan su energía al separarse y desconectar. Llegando al extremo de la polaridad, por ejemplo, cada una de las polaridades que subyacen tiene aspectos positivos y negativos. Integrados son monedas de dos caras:

- Objetivo/Subjetivo
- Externo/Interno
- Varón/Mujer
- Más/Menos
- Creciente/Decreciente
- Uno/Muchos
- Orientación externa/Orientación interna
- Tristeza/Alegría
- Dificultad/Facilidad
- Individual/Colectivo
- Macrocosmos/Microcosmos

La mayor parte de las personas tienden a apegarse a estados agradables, tales como el placer, y a rechazar otros como la tristeza. Mantener cosas opuestas crea una separación y una tensión artificiales entre los elementos. Liberándonos del juicio permitimos valorar cada uno de ellos para igualar e incorporar ambos. Los polos dependen uno del otro para su existencia. Ambos tienen valor, aunque puede ser más fácil vivir en un estado que en el otro. Mantener opiniones similares sobre asuntos mundanos permite a las personas trascender el estado dominado por el ego de la separación y la dualidad. A medida que resuelven las aparentes dicotomías para integrar el impulso/retroceso de la bipolaridad, los individuos pierden la tendencia a juzgar y se abren a la conexión espiritual.

Es una tendencia humana natural el que las personas se separen y juzguen, hasta que se dan cuenta de que lo que rechazan en el exterior refleja lo que rechazan en el interior. Percibiendo (dándose cuenta de) la situación o característica no deseada como una oportunidad para auto-reflejarse y crecer pueden transformar las viejas dualidades en nuevos conceptos. Aceptar los opuestos como iguales conduce a la inclusividad de la totalidad.

Aceptar y apreciar equilibra el punto central. La resistencia desperdicia energía. Aceptar las aparentes dicotomías de la vida libera energía para utilizarla en aquello que desean las personas. Redirigir la energía es como aumentar el calor en un átomo; aumenta la vibración. En el punto de activación el electrón salta hasta una capa más alta. Cuando los individuos se equilibran en el punto central (en su centro), crean un punto de activación para saltar. Al experimentar la vida en el punto central, o «senda intermedia», se restablece un equilibrio dinámico de fuerzas potencialmente polarizadoras. Sin juzgar cómo son las cosas, los *coaches* energéticos animamos a los clientes a imaginar lo que desean. Por medio del acto de imaginar sin juzgar, los clientes elevan su energía para atraer lo deseado. Como electrones vibrantes, se energizan y saltan a un estado más elevado de energía.

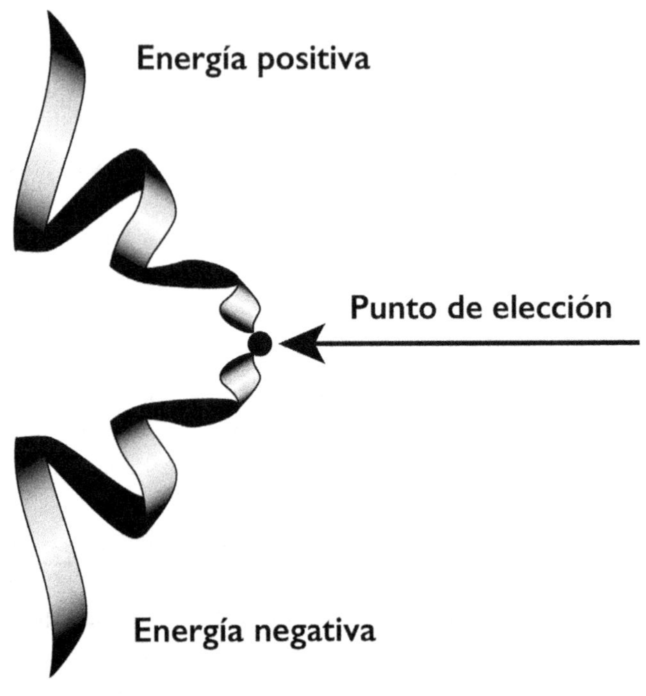

Al elegir conscientemente pensamientos, sentimientos y percepción internos se crea el POW de POWER (poder), que se origina desde el interior. Utilizamos el acrónimo POW para ilustrar el proceso de elección de alinearse con el maestro interior.

LA PERCEPCIÓN (ACEPTACIÓN Y APRECIACIÓN DE OPUESTOS APARENTES) x UNIDAD (RESULTADO DE RESOLVER LA DUALIDAD PARA PERMANECER EN EL PUNTO CENTRAL DE LA INCLUSIVIDAD)=TESTIGO (VER Y ESTAR EN EL ESTADO METACOGNITIVO)=POW

Los *coaches* energéticos utilizamos nuestro ser como instrumento. Proyectamos igualdad, aceptación y apreciación sobre cómo son las cosas. Con el espíritu de unidad para trascender a la dualidad automáticamente asumimos la posición de testigos. Modelamos cómo sería estar libres de la bipolaridad empuje/atracción, de la aparente dualidad, libres de juicio y separación. Al invitar al espíritu, manteniendo la posición de testigos compasivos, ayudamos a los clientes a conectarse con su maestro interior y abrirse a él. La aceptación y autenticidad que modelamos ayuda a los clientes a obtener equilibrio e integración por medio de la renuncia a juzgar y separar.

SOLTANDO

«Al final, son estas las cosas que importan más: ¿has amado bien?, ¿has amado totalmente?, ¿has aprendido a soltar en profundidad?».
BUDA

John: *«'Soltar' (desprendernos) es un término con el que la mayoría de nosotros estamos familiarizados. En una reunión de coaching reciente, una clienta me preguntó cómo el soltar (desprenderse) se podía declarar categóricamente en el coaching. Lo que le preocupaba era que, si soltaba, ¿qué le quedaría?, ¿qué tendría? Compartí con ella que yo me había desprendido de mi apego al resultado específico de mis sesiones, mientras mantenía ligeramente mi visión en los resultados deseados. Esto permitía que el trabajo del espíritu estuviera presente en forma de creatividad y apertura a ideas nuevas. Soltar me permitía que ocurriera algo nuevo, que a menudo iba más allá de mis mejores expectativas».*

La resistencia enfoca la energía en lo que las personas no quieren. Cuando se oponen, pierden energía que podría estar empleándose para atraer lo que sí desean. Para activar la energía, los *coaches* energéticos utilizamos preguntas poderosas como catalizadores, tales como: «¿cuál es tu compensación por seguir atascado?» y «¿qué quieres en lugar de eso?». Contestar con la verdad ayuda a los clientes a desprenderse de su resistencia y a redirigir su energía. Aunque el rasgo o estado actual puedan no cambiar inmediatamente de forma perceptible, los clientes obtienen energía al visualizar y crear posibilidades juntamente con el espíritu.

Las personas pueden transformar su realidad aprendiendo a ser testigos abiertos. La unidad no es un estado estático que se pueda conseguir de una vez y para siempre. La unidad es un equilibrio dinámico continuamente disponible mediante la conciliación de las fuerzas opuestas y el ascenso al siguiente nivel de vibración. En la unidad el individuo logra identidad y conexión dentro (a través de la relación Yo-Uno internamente, el ser auténtico) con individualización y conexión fuera (a través de la relación Yo-Uno externamente, el hacer auténtico).

Para conseguir integridad, las personas deben abrazar todos los aspectos de la experiencia vital, especialmente la polaridad: empuje/atracción. Cuando equilibran el péndulo, liberan energía para vibrar hacia arriba. La ilusión de estar separado y desconectado procede del sistema de creencias egoísta de que esto o aquello es bueno o malo. Conectarse al juicio crea una espiral descendente de energía difusa y debilitada. Las personas crean energía positiva al renunciar a las estimaciones de lo bueno y lo malo y quedarse en cómo son las cosas. Las lecciones y oportunidades para el crecimiento se encuentran tanto en las experiencias vitales dolorosas como en las alegres. Las experiencias dolorosas ofrecen con mayor frecuencia más oportunidades para crecer. En la naturaleza, la sombra y la luz consiguen una perfecta cohabitación. Tanto el dolor como la alegría tienen beneficios, pero generalmente el dolor ofrece las mayores lecciones y sirve como el mayor catalizador hacia la energía más elevada si se es capaz de emplearlo de forma positiva. Naturalmente, reformular el dolor puede ser un reto.

Lea: *«Mi amigo Michael es la persona más feliz que conozco. Tiene ansia por vivir una larga vida (dice que es más viejo que la Tierra). No se pensaría que pudiera ser tan alegre. Huérfano desde la infancia, fue maltratado por sus cuidadores. Perdió a su esposa, el amor de su vida, y sé que después de muchos años sigue echándola de menos. Y, sin embargo, Michael conserva la alegría. Se mostraba tan positivo y optimista con tanta frecuencia que algunos pensaban que era tonto. Cuando le pregunté cuál era la clave de su profunda y enraizada felicidad, me dijo: 'Ah... cuando aprendes a cambiar el dolor por alegría... ahí tienes la clave'. Yo sigo luchando por aplicar esta verdad que, poco a poco, voy empezando a comprender».*

Para llegar a estar completo y experimentar plenitud se requiere renunciar a ideas de perfección, apego a los resultados, resistencia a lo que está presente y al deseo de permanecer de manera estática en la zona de confort. El experimentar y aceptar el continuo de los opuestos con voluntad de cambiar lleva a un estado interno tendente al equilibrio dinámico en el punto central (en nuestro centro). La integridad precisa de un estado libre de juicios y rechazo, o de deseos y apego. Conectarse con el estado del no juicio y la aceptación de todo lo que es libera energía positiva. Las personas crean espacios para el espíritu cuando sueltan, aceptan y vuelven a soltar.

Desapego

Desear es parte de la naturaleza humana. La motivación surge del deseo y se desvanece cuando el deseo conseguido es externo: dinero, posición social o poder sobre otros. Todo lo que es externo es temporal y finalmente insatisfactorio. Una vez conseguido, las personas tienden a desear otra cosa para mantener la pseudo-energía en movimiento.

Una vez logrado lo que externamente querían, necesitan más y más para mantener su sentido de satisfacción. Sin embargo, el *coaching* energético no intenta ayudar a los clientes a liberarse de sus deseos de resultados externos. Los deseos externos son subproductos de la intención y las elecciones internas. El espíritu desea para los individuos lo que ellos desean para sí mismos. El maestro interior guía en el camino. Para crear juntamente con el espíritu, las personas oyen, sienten y visualizan internamente su resultado deseado sin necesidad de pruebas externas. El espíritu no necesita detalles, solo una intención deliberada. Por ejemplo, el espíritu no responde a desear dinero; mientras que aquellos que desean experimentar abundancia con buenas intenciones (en contraposición con el deseo egoísta) se mueven con el espíritu para crear prosperidad.

Si las personas sienten apego por aquello que desean a nivel externo, su apego limita la energía espiritual. A través de la polaridad empuje/atracción del mundo exterior, la gente tiende a apegarse a cosas específicas externas. El desequilibrio entre la orientación y el apego externos puede dar como resultado un consumo excesivo, depresión, adicciones, extrema competitividad y otras conductas separadoras y autodestructivas.

La falta de apego es la elección de permitir «esto o algo mejor». La falta de apego significa que las personas invitan al espíritu a una creación conjunta y luego se abren a lo que se manifieste. Si bien pueden tener deseos, consideran la vida como una oportunidad para crecer en la conexión espiritual. La falta de apego, por otro lado, significa abdicar de la responsabilidad personal de visionar y cocrear lo que se desea. Aquellos que se separan se desconectan del flujo de la energía espiritual. A menudo parecen sin vida, autómatas, indiferentes, ajenos a su potencial como poderosos conductos de energía.

Helen Keller observó que con demasiada frecuencia la gente se concentra en la puerta que está cerrada en lugar de en la ventana que está abierta. La intención y elección constantes con desapego crean una ventana para el espíritu. Cuando las personas utilizan visiones y afirmaciones para buscar y preguntar invocan la energía de la atracción. En lugar de estar «en contra» (contra la guerra) se transforman para estar «a favor» (a favor de la paz).

Preguntar es importante para abogar a favor de algo. Como contrapeso de lo tangible, las personas emplean la fe para seguir adelante mientras están manifestando sus sueños. Aunque carezcan del resultado que desean ahora, pueden ver, pensar y sentir los resultados aún no logrados. La fe libera el espíritu para crear más allá de la imaginación en pequeñas y grandes formas.

EL EGO NO GESTIONADO

«Ojalá que mis posesiones externas no estén en guerra con lo que está en el interior».
SÓCRATES

Al ego le gusta detenerse en los detalles. Si la gente da rienda suelta a su ego, se bloquea la conexión espiritual. El ego tiene aspectos beneficiosos además de nocivos. Equilibrado, el ego crea un sentimiento de propia identidad que empodera externamente a las personas. Aquellos que se conocen a sí mismos tienen un sano sentido del ego; sienten aprecio por sus propios dones especiales. El ego proporciona una identidad y una personalidad definidas. Al igual que un copo de nieve enterrado en un ventisquero, evita que las personas se pierdan en la masa anónima de la humanidad. El sentido de ser único y del propio yo protege a los individuos de hundirse ante el egoísmo de los otros, preservando límites importantes. Los que están en posesión de un ego sano son capaces de diferenciar entre lo que les pertenece y lo que pertenece a otros. Pueden aceptar su propia valía sin medirse con otros. La consciencia del ego es un valioso instrumento para hacer elecciones a fin de establecer congruencia entre los yoes interior y exterior. Permite a las personas enfocarse en el interior y abrirse a cómo son las cosas en el exterior. El ego en equilibrio significa que las personas dan la bienvenida a información desde una cosmovisión del mundo.

Intactos y confiados ante los desafíos pueden efectuar cambios personales o disculparse cuando es preciso. Se pueden permitir estar al servicio de otros sin sacrificarse a sí mismos. Pueden servir a una alta causa sin precisar reconocimiento o recompensa.

Las personas que están amenazadas y separadas del todo más grande tienen una forma de ego que las «va alejando de Dios». Los egos frágiles hacen que las personas sean inflexibles y temerosas ante lo que no encaja con su visión del mundo inmutable o su sistema de creencias. La separación y tendencia para juzgar de un ego no gestionado crea juicios de superioridad o inferioridad y bloquea la conexión espiritual. Las personas con un ego no gestionado sienten un apetito insaciable de prestigio y bienes externos. Al contrario de la energía espiritual, la energía egocéntrica no es sostenible. Acaba destruyendo, tal como lo evidencia la rápida reducción de los recursos de la Tierra y la explotación de los débiles por los poderosos para obtener ganancia personal. La creciente brecha entre los que tienen y los que no tienen, debida a una acumulación egocéntrica de no compartir, no puede continuar, como ha demostrado la Historia.

La gente con ego no gestionado inventa una identidad externa que intenta controlar. El ego del yo pequeño no puede tolerar el conflicto entre la voz del maestro interior y la información de los otros. El yo pequeño satisface cualquier desafío de su ego con represalias, críticas, racionalizaciones y resistencia. El ego no gestionado, con su tendencia a culpar y encontrar defectos, crea la ilusión de la victimización y la impotencia acerca de las circunstancias externas. La tendencia a criticar, juzgar y asumir superioridad esconde un falso sentimiento de un yo inflado o inadecuado. Siempre hay comparaciones que se pueden hacer para reforzar los sentimientos de inferioridad o superioridad. Las personas con un ego no gestionado miran a todos y a todo menos a sí mismos, buscando razones por las que sus vidas no funcionan. Aquellos que culpabilizan a otros también se culpan a sí mismos, y el círculo vicioso de las relaciones Yo-objeto continúa aumentando la separación y el juicio en el propio interior y con los otros.

El egoísmo no gestionado da lugar al materialismo y la trivialización de la vida. Elimina el foco del reino interior, silenciando la consciencia y la voz del maestro interior. Las personas que buscan pruebas externas de auto-valía se desconectan de otros juzgándolos. Cuanto más se inclinan hacia un ego no gestionado, sin contraste y sin disciplina, menos conexión tendrán con el espíritu y con su energía de fuerza vital. A medida que los individuos se van convirtiendo en desafiantes y fragmentados, aumenta su necesidad de probarse a sí mismos y de probar a los otros. El culto societario a la personalidad se alimenta artificialmente del yo desconectado, dando como resultado una laguna interna, a pesar de la abundancia externa. Para compensar lo que les falta, muchos buscan prestigio social y adquisiciones. La búsqueda de satisfacción externa se descontrola hasta que la persona pierde contacto con el origen de esta creciente desconexión. Aquellos en posesión de la mayor cantidad de bienes externos (si se han adquirido debido a la necesidad de tener una prueba externa de superioridad) experimentan dificultad para formar una relación próxima con su propio yo, el espíritu y otros. Si establecen relaciones es porque el otro refleja su propia orientación externa y su ego no gestionado. Estas personas necesitan implícitamente crear complicidad entre ellas, a fin de mantener una relación superficial que fracasaría si desapareciera la tendencia a acumular bienes. La esposa trofeo, el amante rico y los hijos perfectos sirven como símbolos de prestigio en vez de como seres humanos a los que amar y apreciar. Las personas se convierten en objetos que poseer y exhibir, al igual que todos los demás trastos sin significado que se acumulan.

Como contraste, las personas con un ego gestionado internamente buscan relaciones basadas en rasgos y valores internos. El dinero y el prestigio no les impresionan fácilmente porque saben que lo externo es temporal y por sí mismo es insatisfactorio a la postre. Las personas auto empoderadas gestionan sus egos para mantener una perspectiva positiva, buscando conectarse con el mundo externo y con otros por medio de sus atributos positivos y sus valores internos.

Los individuos coherentes interior y exteriormente en la relación Yo-Uno consigo mismos disfrutan de la conexión con el espíritu. Reconocen y gestionan sus propias tendencias egocéntricas de separación y evaluación. Su poder es real y sostenible porque no depende de validación, adquisición o controles externos. Cuando identifican una tendencia a proyectar externamente que necesita tratarse internamente van a su interior en busca de la guía del espíritu a través del maestro interior. Al no ser ya seres de estímulo-respuesta (reactivos) se reflejan en sí mismos para descubrir y revelar su poder personal.

CONFRONTACIÓN CON EL EGO

Los *coaches* energéticos debemos saber gestionar nuestro propio ego. Por medio de nuestra propia disciplina y práctica obtenemos experiencia para ayudar a nuestros clientes de *coaching* a manejar los suyos.

John: «*Soy consciente de como mi ego está presente en casi todos los aspectos de mis relaciones. Como ejemplo reciente, he estado participando en el proceso de acreditación como coach personal a través de la International Coach Federation (Federación Internacional de Coaching ICF). Otro Master Certified Coach y yo trabajamos juntos para certificar a un tercer coach. Nos enfrentamos a algunos retos durante el proceso. Me di cuenta de que teníamos que tener en cuenta muchas variables: el impacto cultural, el idioma y la forma de percibir... El solicitante era de otro país y encontrábamos diferencias en la percepción de los requisitos competenciales de la ICF entre el otro evaluador y yo. Además, la ICF nos pidió que aceleráramos el proceso de acreditación. Yo dudaba de que pudiésemos cumplir el plazo. Ante la respuesta de la ICF, mi ego saltó: 'Bueno, mira qué puedes hacer' (me dijeron). Una vez reconocí mi indignación y estrés, recurrí al espíritu para que me ayudase a volver a controlar mi ego. Como resultado, apelé a que mi buena intención pudiera prevalecer y acepté que el otro coach completara el proceso de certificación dentro del plazo solicitado*».

Los *coaches* energéticos hacemos de espejos para los clientes sobre cómo reflexionar acerca de los resultados que produce la inclinación del ego a la autoprotección y la autopromoción. Los animamos a que identifiquen lo que les está funcionando y lo que no. Cuando responden al mundo desde un ego no gestionado, nosotros tenemos la delicada tarea de servirles como testigos compasivos. Los signos externos de éxito no influyen en los *coaches* energéticos. Algunos clientes pueden descubrir que lo que se refleja en ese espejo es una visión clara de lo que necesitan ver para ser más conscientes de las partes de sí mismos que han estado rechazando o reprimiendo. A menudo, aquellos con egos no gestionados tienen relaciones contrapuestas con otras personas que también mantienen una orientación externa, desconectada y de juez. Otras veces se rodean de gente que no se atreve a confrontarlos por miedo a su rechazo o recriminación. El *coaching* energético podría ser la única relación que proporciona a estas personas un espacio de «no juicio» para que puedan mirar hacia su interior, libres de las temidas consecuencias que hayan podido causar en otros.

Los *coaches* energéticos necesitamos reconocer los mecanismos de defensa del ego y trabajar con ellos. El grado de gestión del ego de los clientes predice cuánta oposición pueden presentar durante las fases iniciales del *coaching*. Debemos tener un fuerte sentido de nuestro yo, hasta el punto de que los clientes puedan retarnos y abandonar el proceso de *coaching*, incluso culpando al *coach*. Debemos estar dispuestos a arriesgarnos y dejar ir clientes e ingresos para permanecer fieles a nuestro yo interno. Nos acercamos con extrema solicitud a los que no han experimentado los límites del ego. La relación debe permanecer asentada en la creación de un espacio seguro y de aceptación para que el cliente pueda mirarse atentamente en el espejo.

Los *coaches* energéticos nos comprometemos con una continua auto-evaluación para equilibrar el ego y la sabiduría interior. Conocerse a sí mismas con aceptación y aprecio ayuda a las personas a dejar de desperdiciar energía en pensamientos y conductas defensivas y represalias. Aquellos que poseen un fuerte sentido de su propia valía se liberan de supuestos sin fundamento que otros podrían haberles proyectado debido a su propio conflicto e ignorancia interiores. Por medio de una confrontación objetiva y compasiva, el ego del cliente permanece limitado y equilibrado, liberando energía atrapada por la continua necesidad de justificarse, defenderse, dominar o someter (algunas personas invierten en parecer inferiores a otros como una forma de control). Aprendiendo a explorarse y enfrentarse a sí mismos, los clientes empiezan a contener sus egos, a medida que aprenden a gestionar sus pensamientos, sentimientos y emociones. La autodisciplina y el empoderamiento resultantes cambia el yo en minúsculas del ego no gestionado en el YO en mayúsculas de la persona completa. A medida que los individuos llegan a conocer y apreciar quiénes son como personas amadas y amantes, integran su ego con el espíritu. Disipan la resistencia y oposición de la intención centrada en sí mismos y del pensamiento indisciplinado para liberar energía de formas positivas que validan su relación consigo mismos y con otros.

El ego sano es amigo y protector. No es un controlador tiránico ni un guardián a la defensiva y batallador contra otras personas y situaciones externas. Con el ego intacto y completo desde el interior por medio de la intención positiva, la gente no tiene necesidad de expandir sus territorios o aprovecharse de otros. El ego integrado no necesita reconocimiento, refuerzo o ganancia material externos para su propia gratificación. La plenitud del mundo interior le satisface.

Trabajar con egos expuestos requiere delicadeza y habilidad. Los *coaches* energéticos sabemos que el equilibrio construye la congruencia personal. Los clientes con ego no gestionado pueden intentar acaparar a sus *coaches* de la misma forma que lo hacen con otras personas. En el momento que los *coaches* se dan cuenta de que los clientes buscan control o dependencia, su maestro interior pone fin al juego. Como testigos compasivos, mantendremos el espacio seguro para que los clientes puedan mirar hacia el interior para retar y enfrentarse a sus propios egos. Ese ejercicio les permite aprender cómo equilibrarlos desde el interior, lo que les lleva al empoderamiento y auto-conocimiento propio.

Cuando están libres de los miedos y demandas incesantes del ego no gestionado, los clientes encuentran paz interna. Los *coaches* energéticos servimos a otros en la confrontación y gestión de sus egos, porque nosotros mismos no deseamos interpretar el papel de expertos externos con poder sobre otros. A través de nuestro maestro interior reconocemos cuándo está interfiriendo nuestro propio ego. Sabemos que merecemos la pena sin tener que probar nuestra propia identidad por medio de otros o de circunstancias externas. Si los clientes desean respuestas desde el exterior, los *coaches* energéticos los volvemos hacia dentro, para que escuchen a su propio maestro interior.

Los *coaches* experimentamos libertad personal al liberar la constante demanda de las exigencias del ego. No mantenemos la necesidad de actuar en exceso a causa de la inseguridad. Lo que otros piensen de nosotros no nos captura. Nuestra confianza y compostura reflejan autenticidad hacia nuestros clientes y les motiva a encontrar la suya. Los *coaches* energéticos mantenemos el equilibrio y la congruencia para que los clientes puedan conocer el valor del crecimiento y la gratificación que pueden conseguir con un ego gestionado. Como ya hemos gestionado nuestro ego, no necesitamos ni esperamos alabanzas o apreciación por nuestro trabajo. Podemos mantener independencia de aquellos que busquen muletas externas para sostener sus egos inseguros o inflados.

El coach energético congruente

Los *coaches* energéticos no actuamos como expertos externos para responder a las preguntas de los clientes. En su lugar, preferimos sostener el no saber mental y las emociones en conflicto en un espacio abierto. Utilizamos la falta de claridad y dirección de los clientes como una oportunidad para preguntar y escuchar. Libres de agenda egocéntrica, creamos espacio y apertura.

Finalmente el argumento se desplegará y las piezas encajarán en su sitio (el trabajo del espíritu ha estado funcionando todo ese tiempo).

Los *coaches* energéticos encontramos coherencia en el hecho de desprendernos de conjugaciones y proyecciones intelectuales para enfocarnos en lo que estamos experimentando en el momento presente. Nuestra capacidad de mantener un diálogo abierto es tan importante como el contenido y los resultados. Cuando los clientes permiten que afloren información y emociones bloqueadas o escondidas, el proceso de *coaching* se resuelve de manera segura y relajada. Los clientes obtienen un profundo sentido de auto-conocimiento al contestar a sus propias preguntas. Nosotros podemos modelar cómo sostener el incómodo espacio de las preguntas, cómo soltar las expectativas y cómo esperar en el exterior de la zona de confort. Aspiramos a encontrar, retar y cuestionar con la tranquila seguridad de que todas las cosas funcionan juntas para un bien mayor.

Los *coaches* energéticos funcionamos simultáneamente en el nivel interno de la relación con el yo y el nivel externo de relación con los clientes. Mantenemos la congruencia en lenguaje y acciones. Nuestra habilidad para reconocer e integrar las fuerzas contrapuestas y estar en el momento sin juzgar y con intención positiva configura el testigo compasivo. El testigo compasivo proporciona un espejo seguro para la reflexión y la introspección de los clientes. Sabemos que el mundo exterior es un reflejo del mundo interior y que, consciente o inconscientemente, los individuos deciden su propia frecuencia de interacción. Captamos múltiples frecuencias contradictorias dentro de los otros y de nosotros mismos, seleccionando la frecuencia deseada y enviando la señal para que el cliente la ajuste en congruencia. La congruencia del interior crea una espiral expansiva que transmite energía de inclusividad y totalidad; en ella, el interior y exterior, ego y espíritu, oscuridad y luz, el yo y el otro, se transforman en uno.

Aquellos que están en una relación congruente (uno mismo con uno mismo, uno mismo con otro y uno mismo con la comunidad) experimentan cómo la energía del espíritu nos lleva a trascender a niveles más elevados del ser. La construcción de relaciones congruentes no es una senda fácil, pero es la senda del espíritu. La persona completa percibe la dificultad o la oposición como una oportunidad beneficiosa para crecer, conocerse a sí misma y aceptar. Para llevar a cabo el propio empoderamiento individual es preciso que las personas busquen congruencia e inclusividad. Con el tiempo, a medida que resuelven sus conflictos internos los individuos eligen la congruencia de forma automática. Se liberan de lazos y aversiones, llegando a la plenitud interna que incluso el insaciable ego reconoce como completa.

La obsesión compasiva del coach energético

Para ser testigos compasivos, los *coaches* energéticos se fusionan con el maestro interior hasta la unidad. Por medio del conocimiento propio y de la gestión del ego alineamos nuestras acciones con nuestras intenciones. Conseguir congruencia interior y exterior es un viaje espiritual que precisa de receptividad, aprendizaje, práctica y acción. Estos son los hitos de la senda de la espiritualidad para confirmar la dirección, pero nunca hay un destino definitivo. Siempre hay aprendizaje, crecimiento, consciencia, esfuerzo y recompensa interior a lo largo del recorrido.

Por medio de la intención atraemos a nuestro maestro interior como continua fuente de sabiduría. Como testigos compasivos, evocamos al maestro interior de los clientes. Cuando los clientes encuentran coherencia con su maestro interior, se conectan con el espíritu.

El proceso de obtener la conexión espiritual no es una senda lineal predecible sino una elección de cada momento a invitar, abrirse y soltar. Existen señales en el camino hacia la plenitud que proporcionan refuerzo. Las personas que buscan una conexión espiritual se abren a identificar el motivo primordial en la dinámica constante de empuje/atracción de las intenciones egocéntricas y de aquellas centradas en el espíritu. Antes de elegir actuar, sopesan las opciones con su maestro interior para crear pensamientos, palabras y acciones congruentes. Desarrollan una relación consigo mismas basada en la integridad personal, el respeto y el amor.

Signos de crecimiento espiritual

A través del maestro interior, los individuos expresan de forma única la coherencia que nace desde el interior y la conexión con el espíritu. Las relaciones positivas, respetuosas, que empoderan a uno y a los otros demuestran un sentimiento de bienestar interno.

Algunas personas han desarrollado instrumentos psicométricos para documentar cómo la espiritualidad contribuye a destacados resultados vitales. Un ejemplo es la Escala de Transcendencia Espiritual (Spiritual Transcendense Scale, STS), desarrollada por R.L. Piedmont. Apareció en 1999, en el artículo del *Journal of Personality* «*Does spirituality represent the sixth factor of personality?*» (¿Representa la espiritualidad el sexto factor de la personalidad?). La escala consiste en tres categorías: (1) Universalidad, o creencia en la unidad y finalidad de la vida; (2) Realización, a través de la oración y experiencia espiritual a través de la oración, meditación, etc.; (3) Conexión, representada por el sentido de responsabilidad personal y relación cercana con otros y con el mundo. Los principios del *coaching* energético incluyen estas tres categorías. A medida que los clientes se esfuerzan en conseguir conexión y significado y asumen responsabilidad por sus elecciones experimentan la universalidad, la realización a través de la oración y la conexión.

En su libro *The Different Drum* (*El tambor diferente*), M. Scott Peck habla de cuatro etapas en el crecimiento espiritual. Las personas pueden ir de una etapa a otra a lo largo de sus vidas. La primera etapa de crecimiento espiritual de acuerdo con Peck es caótica y antisocial, y representa a personas movidas por el ego, de pensamiento, sentimientos y percepciones indisciplinadas. La etapa dos es la etapa formal, institucional, que representa a las personas que juzgan, atadas por dogmas y legalidad, y que buscan respuestas en el exterior. La tercera etapa es escéptica. Como consecuencia de su resistencia a las instituciones y los sistemas de creencias externas, en la etapa tres las personas pueden convertirse en agnósticas e individualistas. Si la desconexión resultante produce demasiada insatisfacción, las personas podrían solicitar la ayuda de *coaches* energéticos para obtener cierto grado de apoyo y validación externos mientras buscan respuestas en su interior. Las personas que están en la tercera etapa buscan la verdad y la sabiduría internas. Cualquier experto o gurú que tenga y conceda respuestas desde el exterior no va a empoderar y satisfacer a los que quieren continuar a la siguiente etapa. La cuarta etapa es mística, en la que las personas obtienen una relación congruente consigo mismas y con otros, así como la transcendencia espiritual. Aquellos que están en la cuarta etapa pueden aceptar el misterio, desprenderse de los detalles y sumergirse en la plenitud, manteniendo al mismo tiempo la identidad intacta. Lo interno y lo externo se convierten en uno.

Con apertura e intención, la persona reconocerá los signos de la conexión, el crecimiento y el aprendizaje espirituales. Los *coaches* energéticos facilitamos y empoderamos a los clientes para que adopten pensamientos, sentimientos y percepciones que apoyen su búsqueda. En nuestro papel de «otro externo», los *coaches* energéticos servimos de ejemplo y validación a las personas que están en la misma senda y buscan respuestas desde el interior. Aunque en el fondo la validación externa no es necesaria, los clientes podrán pedir refuerzo durante el camino, especialmente cuando su viaje sea arduo. Algunos pueden encontrar ayuda en su *coach* que los anima a salir de su zona de confort a medida que revisan sus cometidos y relaciones. Los clientes podrían también acudir a su *coach* para mantener sus recién encontradas independencia y congruencia, cuando los demás se resisten a reconocer las elecciones que hacen para seguir a su maestro interior.

Los siguientes ejemplos de señales a lo largo de la senda espiritual son útiles para reforzar al cliente a que siga enfocado y continúe aprendiendo y creciendo desde dentro. Describen experiencias externas de congruencia, alta consciencia, conexión, equilibrio, empoderamiento propio y conocimiento interno, que surgen desde el interior y se reflejan en el exterior. Los siete hitos a lo largo de la senda espiritual conforman el acrónimo CHERISH (apreciar) una excelente palabra para describir las características de la conexión espiritual por medio del conocimiento, valores y visión internos. En el *coaching* energético, el verbo «*cherish*» significa que damos un alto valor a la relación que las personas tienen consigo mismas, con otros y con la comunidad. «*Cherising*» combina las dos poderosas fuerzas del amor y la gratitud. Los *coaches* energéticos apoyamos a los clientes en su aprecio (*cherising*) a sí mismos y a los otros:

1. **C**ongruencia: refleja el ser interno en la acción externa.
2. (**H**igher) Mayor consciencia: conocimiento aumentado de la naturaleza divina de la vida.
3. **E**xperiencia: suministra aprendizaje y validación de la conexión espiritual.
4. Conexiones **R**elacionadas: conecta todo en la vida con un sentimiento de pertenencia.
5. Maestro **I**nterior: se conecta con el espíritu y guía desde el interior para ponerse al servicio del mayor bien.
6. Elecciones **S**electivas: elige intencionadamente valores y visiones con libre albedrío y buena voluntad.
7. (**H**oliness) Santidad (Totalidad): transciende desde la dualidad a la unidad con equilibrio y libertad.

ANEXO AL CAPÍTULO

SIGNOS DE CRECIMIENTO ESPIRITUAL INDIVIDUAL

Más abajo aparecen ejemplos de resultados externos que las personas pueden experimentar a medida que se conectan con el espíritu por medio de la sabiduría interna. Las descripciones que damos pueden servir como ejemplos tangibles de la conexión interna, o las personas pueden utilizar la escala antes y después del *coaching* energético para medir su crecimiento espiritual.

Escala: 4 = Experimentado a menudo
               3 = Experimentado periódicamente
               2 = Rara vez experimentado
               1 = Nunca experimentado

CONGRUENCIA

1. Habilidad para responder adecuada y espontáneamente desde el interior a acontecimientos externos.
2. Integridad personal.
3. Actos externos que reflejan consistentemente los valores y visiones externos.
4. Enfoque interno en la mejora, sabiendo que la situación externa vendrá a continuación.
5. Deseo ardiente de cumplir los compromisos y esperar que otros hagan lo mismo.
6. Desapego hacia los resultados y disfrute del proceso de aprendizaje, con énfasis en el ser interno antes que en la acción externa.
7. Manejo de situaciones difíciles con facilidad y confianza gracias a la fe en uno mismo y en el universo.
8. Habilidad para ver, a través de halagos recibidos, el ego de otros, sin celos o envidia.
9. Comodidad en situaciones incómodas, sin necesidad de complacer o impresionar a otros.
10. Confianza en uno mismo obtenido por medio del conocimiento propio y la aceptación.
11. Habilidad para relacionarse con otros de forma consistente y auténtica.
12. Paz interior y equilibrio libre del empuje/atracción de bipolaridad y turbulencias internas.

Alta consciencia

1. Energía y vitalidad aumentadas al haber liberado la preocupación y la duda.
2. Desapego del aparente caos, sabiendo que todo funciona unido para bien.
3. Claridad y razonamiento para cambiar el enfoque mental; asumir la responsabilidad de elegir percepciones, actitudes y sentimientos para el yo interno.
4. Consciencia de energía negativa y desapego de esta sin resistencia.
5. Reemplazar la duda por confianza y el miedo por fe para que la expectativa de futuro sea positiva.
6. Conocimiento innato de los límites entre lo que es personal y lo que es del otro. Sabiduría con respecto a la esfera de influencia y acción adecuadas que llevar a cabo o abstenerse en cada momento.
7. Aversión y distanciamiento de la explotación sexual y la violencia, así como ante la programación negativa de los medios de comunicación, incluyendo noticias sensacionalistas y basadas en el temor que banalizan la condición humana.
8. Desapego de los que quieren agravar o exagerar una situación. No sentir atracción por la tragedia, el temor y la preocupación proyectados.
9. Consciencia de las sutiles interacciones y la calidad de los intercambios de energía en el momento.
10. Habilidad para sustituir la energía descendente por pensamientos, percepciones e intenciones satisfactorios.
11. Saber que lo pequeño puede ser tan importante como lo grande; consciencia de que, en el holograma del Universo, cada uno es un reflejo del otro.
12. Enfatizar el estado interior para equilibrar las acciones y los logros externos.

Experiencia

1. Ver lo bueno en otros y sacar lo mejor de ellos.
2. Autoestima, ser el mejor amigo de uno mismo como consecuencia del deseo de cuidar bien de uno.
3. Comportamiento directo, congruente, automático, desinhibido. Habilidad para cambiar y adaptarse en el momento, manteniendo sin embargo estable la identidad interna.
4. Habilidad para ver las circunstancias externas como reflejos del interior y para actuar y cambiar lo que no se desea, empezando desde el interior.
5. Sustituir el pensamiento de víctima impotente y la culpabilidad por responsabilidad personal, auto responsabilidad y auto-motivación.
6. Dar respuesta a llamadas para servir individual y colectivamente, de formas grandes y pequeñas, para lograr una diferencia positiva en el mundo.
7. Contribuir sin desear recompensa o reconocimiento o sin apego a los resultados y recompensas.
8. Ver a otros como iguales, sin juzgarlos o evaluarlos y deseando imparcialidad y justicia en el mundo, sin una postura legalista.
9. Dar y compartir con otros, reflejando la creencia en la abundancia universal.
10. Reír de corazón y espontáneamente, incluso en soledad, y especialmente de uno mismo.
11. Emplear buenos modales y cortesía por respeto a otros, a pesar de la forma en que puedan comportarse.
12. Actuar basándose en la escucha interior consciente, soltando en vez de reaccionar y controlar externamente.

Conexiones relacionadas

1. Profundo cuidado, respeto y aprecio por uno mismo y por otros. No juicio y compasión por aquellos que se enfrentan a luchas y retos.
2. Sentimientos de paz y unidad con el mundo.
3. Convencimiento de que hay una conectividad divina, por lo que lo exterior no está separado ni es imperfecto, ni tiene necesidad de ser cambiado y controlado.
4. Motivación por añadir energía positiva al mundo y lograr el cambio que se desea.
5. Sentimiento de pertenencia, viendo, sintiendo, siendo y haciendo desde una perspectiva relacional.
6. Creación consciente en conexión con el Universo a través de la intención y de acciones positivas.
7. Habilidad para recibir con aprecio, así como para dar sin apego o expectativa de retorno.
8. Relaciones positivas con aquellos que parecen ser diferentes y energía sin juicio o separación.
9. Habilidad para desprenderse de las relaciones que crean y propagan energía negativa.
10. Liberarse de escuchar o difundir chismes o negatividad, habilidad para estar con gente negativa sin imitar su actitud.
11. Apreciación y reconocimiento de que las creencias y experiencias de otros son tan legítimas, importantes y significativas como las nuestras propias.
12. Habilidad de ver el espejo de uno mismo en otros, y evitar proyecciones y percepciones que crean falsas separaciones y la ilusión de superioridad o inferioridad.

El Maestro interior

1. Auto-control y disciplina con facilidad.
2. Consciencia del subyacente orden divino de la vida.
3. No necesitar la aprobación de otros porque la guía y validación se reciben desde dentro.
4. Un sentimiento de infinito poder personal que construye la fe y reduce el miedo.
5. Pérdida de la necesidad de venganza o la apología de otros.
6. Comprender la impotencia que se oculta tras el pensamiento negativo y la conducta negativa.
7. Intuición, percepciones verídicas, dirección positiva desde adentro y sentido de ir con el fluir. La armonía prevalece, la serendipia abunda.
8. Confianza en uno mismo; no desear influir, controlar o justificarse ante otros.
9. La habilidad de confiar y dar a otros el beneficio de la duda sin basarse en que el otro sea fiable, sino por la confianza en uno mismo.
10. Conocerse y amarse a uno mismo de forma innata, con verrugas y todo.
11. Capacidad de mantener relaciones próximas sin perder el propio yo.
12. La habilidad de abrirse al momento presente sin preguntas ni agendas.

Elecciones selectivas

1. Desapego de pensamientos, experiencias del pasado, relaciones, bienes materiales y emociones que no nos hacen bien.

2. Relaciones positivas y diversas que sean mutuamente beneficiosas y complementarias.

3. Habilidad para decidir los pensamientos, los sentimientos y las emociones en el momento sin necesidad de reaccionar en forma estímulo-respuesta (reactiva).

4. Un enfoque de desarrollo, optimismo, que proporcione energía renovadora y sustentadora desde dentro, a pesar de las circunstancias externas.

5. Asignar prioridades de acuerdo con una visión de intención positiva para crear lo que se desea.

6. Toma de decisiones basada en valores internos.

7. Dominio de los hábitos, con capacidad de cambiar y moderar.

8. Satisfacción por haberse liberado de cosas materiales superfluas, apegos y adicciones.

9. La habilidad de transformar el dolor en alegría, al darse cuenta de que la apreciación, la fuerza, el carácter y el respeto por uno mismo llegan al afrontar los retos y las dificultades.

10. Rechazar el lenguaje grosero, los motes humillantes, la humillación personal, el sarcasmo o los chistes verdes.

11. Mantener la paciencia y la serenidad en el momento presente sin necesitar reaccionar, tomar represalias o forzar a que ocurran cosas.

12. Ver fuerza en la humildad, debilidad en la arrogancia y dolor en la ira, iniciar respuestas positivas frente a experiencias negativas.

SANTIDAD (INTEGRIDAD)

1. Ver que lo externo es un reflejo de lo interno, actuando para convertir a los dos en uno, un espejo y reflejo congruentes.

2. Facilidad para vivir, basada en la fe y la libertad.
3. Liberación de la necesidad de controlar, resistir o rechazar la manera en la que son las cosas, con capacidad de ver lo bueno en todas las cosas.
4. Difundir las diferencias y límites a medida que desaparecen los juicios y los apegos.
5. Apertura a los retos con apetito por aprender.
6. Sentir el misterio, el asombro y la maravilla infantil del mundo.
7. Sentir aprecio por toda la vida.
8. Consciencia de la inter-conexión de la vida y el conocimiento de que «lo que circula, vuelve».
9. Saber que la separación y la desigualdad son ilusiones egocéntricas.
10. Apreciar la naturaleza, la belleza, la poesía, la música y el arte.
11. Experimentar de manera abrumadora e inesperada alegría, abundancia, amor y bienestar.
12. La habilidad de incluir toda la experiencia sin resistencia o rechazo, incluyendo y aceptando lo que es, con la habilidad de visionar algo mejor si se desea.

ANEXO AL CAPITULO

PRÁCTICA PERSONAL

¿Cómo podemos los *coaches* energéticos ayudar a otros a aprovechar la energía del espíritu a menos que lo hagamos nosotros mismos? A medida que equilibremos lo externo y lo interno en unidad, tal vez podamos observar signos tangibles de transcendencia. La descripción del acrónimo CHERISH es una de las formas en que las personas determinan dónde están en el *continuum* del proceso de vibración de energía (de baja a elevada). El crecimiento espiritual interno produce indicadores externos. ¿Ofrecen los indicadores CHERISH una guía para el desarrollo personal? Observa qué elementos señala tu maestro interior como oportunidades para ganar congruencia y conexión espiritual.

REFLEXIÓN

- ¿Qué es lo que me gusta y me disgusta (apego o resistencia) de mí mismo? (Pista: ¿Qué te atrae o repele en otros?)
- ¿Cómo puedo integrar lo que me desagrada (rechazo o resistencia) o soltarlo?
- ¿Cómo puedo nutrir lo que me gusta de mí sin apego?
- ¿Cuáles son algunas de las fuerzas polares en conflicto que operan en mi vida?
- ¿Cómo puedo centrarme en mi maestro interior?
- ¿Cómo me conecto y desconecto con el espíritu oyendo o desoyendo a mi maestro interior?
- ¿Qué necesito hacer para conseguir congruencia entre mi ser interno y la acción externa?

HUELLA INTENCIONAL

«Cada uno de nuestros actos es una declaración de nuestro propósito».
LEO BUSCAGLIA

Cada persona deja una huella invisible, y sin embargo indeleble, en el mundo. Las personas son recordadas por quienes son y qué hacen por sus relaciones con los otros. Incluso los pensamientos dejan huellas en la consciencia colectiva y cada individuo es responsable de añadir o restar a todo colectivo. La clase de huella que se deja en el mundo es una elección y un legado duradero de uno mismo.

Escribe el panegírico que te gustaría que se leyera en tu funeral. Léelo para ti mismo. Reconoce cualquier incongruencia con lo que te habría gustado que se dijera de ti y lo que estás siendo o haciendo ahora.

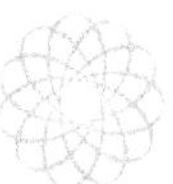

5. EL INDIVIDUO EN RELACIÓN CON EL OTRO

«Solo en la relación puedes conocerte a ti mismo, no en la abstracción y ciertamente no en el aislamiento».
Jiddu Krishnamurti

El espejo de las relaciones

Las relaciones hacen de espejo del ser interior y proporcionan evidencias externas, tangibles, de cómo las personas se ven a sí mismas. Los *coaches* energéticos animan a los clientes a utilizar el espejo de las relaciones para el auto-descubrimiento y el crecimiento, y nosotros reflexionamos sobre nuestras propias relaciones para desarrollar auto-conocimiento. Sabemos que las relaciones con los demás reflejan la coherencia de la relación con nuestro ser interior y proporcionan lecciones y perspectivas necesarias. Aquellos que se relacionan con nosotros buscan que seamos seres auténticos e íntegros. Ser coherente con uno mismo y construir relaciones coherentes con los demás nos permite demostrar integridad y confiabilidad. Las relaciones coherentes positivas facilitan que el maestro interior de los clientes hable y sea escuchado, abriendo canales para la energía espiritual.

Los *coaches* energéticos usan el principio de libre albedrío para elegir pensamientos, sentimientos y percepciones coherentes con nuestro ser interior de más elevado nivel. Las relaciones interpersonales reflejan cómo ponemos nuestros ideales en acción. Sabiendo que nuestras relaciones de *coaching* nos muestran el reflejo de nosotros mismos en los demás, continuamente nos conectamos con nuestro maestro interior para crear un proceso de *coaching* auténtico. Mantener estándares y valores elevados en la relación con nosotros mismos nos permite mantener los mismos estándares y valores en relación con otros.

En las relaciones el espejo siempre está reflejando. Algunos pueden pensar que son coherentes en el ser y el hacer que nace de dentro; sin embargo, las relaciones con los demás pueden revelar lagunas e inconsistencias. Los *coaches* energéticos utilizan el espejo de las relaciones para reflejar a los clientes lo que necesitan ver y así lograr que puedan mostrar su plenitud interior. Los estados físicos, mentales y emocionales de los *coaches* y clientes son todos ellos aspectos de ese espejo. Por ejemplo, observamos la coherencia entre las palabras y el lenguaje corporal para ayudar a los clientes a ampliar su conocimiento de sí mismos. Reflejamos lo que observamos y permitimos que los clientes noten las incongruencias y la desconexión en el espacio seguro que creamos como testigos compasivos.

Lea: *«Mi cliente de coaching dijo que quería conectarse con su corazón. Betty se comportaba como una persona racional, razonable, que se apoyaba mucho en su intelecto como guía. A través del coaching se dio cuenta de que desconfiaba de su intuición y a menudo perdía oportunidades para expresar su verdad. A veces ella les daba a otros más beneficio de duda que a sí misma. Compartí con ella una observación con respecto a una desconexión entre su risa y sus declaraciones. Me preguntaba por qué Betty descartaba un tema difícil con una carcajada. Se dio cuenta de que era una manera de evitar que los demás la tomaran en serio. Espontáneamente entendió que no se estaba comportando de la mejor manera para conseguir lo que quería en su relación con los demás».*

La relación de *coaching* ofrece a los clientes una valiosa reflexión. Pueden utilizar el *coaching* para lograr resultados y satisfacción interior. A través de su esfuerzo por materializar sus valores y visiones, con nuestro acompañamiento sosteniendo el ideal de equilibrio y coherencia entre lo interno y lo externo los clientes pueden reflexionar sobre lo que están atrayendo. Entonces pueden empezar a reconocer vacíos entre su ser y su hacer que habían estado pasando por alto o negado. Cuando dicen una cosa y hacen otra podemos hacer preguntas para aumentar su conciencia acerca de las desconexiones con ellos mismos. Cuando se esfuerzan por conseguir coherencia en un espacio seguro, pueden auto-reflexionar y elegir palabras y acciones que expresen su verdadero yo. Los *coaches* energéticos pretenden mostrar a los clientes cómo ser auténticos en las relaciones. Experimentar la coherencia en una relación es uno de los beneficios más valiosos del *coaching* energético para los clientes.

COACHING ENERGÉTICO PARA LA CONEXIÓN ESPIRITUAL

«Es la preocupación por la posesión más que nada lo que impide al hombre vivir de forma libre y noble».
BERTRAND RUSSELL

De niños las personas aprenden a participar en su sociedad y su cultura, a menudo a expensas de su libre auto-expresión y aceptación. Ya sean criados en la riqueza o en la pobreza, las personas tienden a relacionar su valor interior con el valor monetario. Sin reconocimiento y aprecio de los demás de su ser interior y orientados hacia lo externo y la adquisición de bienes, la gente desconecta de su verdadero yo. Se sienten inadecuados porque nunca consiguen suficientes cosas como para compensar su carencia interior. Pierden la confianza y la conexión con su verdadera naturaleza de seres buenos y dignos. Cuando ponen su atención en el dominio externo para obtener respuestas, validación e identidad, las personas pierden la conexión consigo mismas y con el espíritu. Los medios de comunicación, la publicidad, la socialización, los gobiernos y la educación enfatizan la orientación hacia lo externo, por lo que es fácil desconectarse de uno mismo y por tanto del espíritu. Los logros externos y el consumo como señales de dignidad seducen a mucha gente. Algunos niños reciben objetos materiales, halagos inmerecidos y privilegios en lugar de otras cosas más fundamentales: tiempo, atención y el amor que necesitan. A otros, que carecen de posesiones, la sociedad los etiqueta de «necesitados» o «menos que». Adultos que se sienten como niños heridos e indignos tienen miedo de dirigirse hacia dentro; un miedo que les impide conocer la verdad de su ser interior, que es bueno, sabio, digno y poderoso.

Otra de las razones por las que es difícil concentrarse en mirar hacia el interior es el bombardeo constante de estímulos externos. Los medios compiten por una fugaz atención para atraer a las personas a hacer algo, comprar algo, consumir algo. Debido a su educación, socialización y temperamento, muchos buscan la validación y la aceptación externas. Como resultado, sucumben a la necesidad persistente de consumir y mantener las apariencias para satisfacer el pequeño ego. Gran parte de la sociedad parece valorar la belleza exterior más que el desarrollo interior, el vigor juvenil más que la sabiduría veterana y «los líos fugaces» más que una amistad duradera. Con tales seducciones, las personas corren el riesgo de perder el aprecio y el sentido de la importancia de la vida. El deseo de gratificación inmediata sustituye al desarrollo del carácter y los valores duraderos. Sin darse cuenta, la gente desconecta de su verdadero yo. Las personas desconectadas tienden a acumular bienes, a aislarse y hacerse su propio mundo, distanciándose aún más de sí mismos y de los demás.

Como resultado, los *coaches* energéticos revelan poco a poco la ilusión y las seducciones del mundo material en favor del conocimiento interior. El espíritu está llamando constantemente a la conciencia y la conexión. La orientación externa puede distorsionar o bloquear los mensajes del maestro interior. Algunas personas nos llaman para ayudarles a abrir sus canales internos de comunicación consigo mismos y con los demás. A veces un cambio repentino en la vida hace que se cuestionen supuestos anteriores. Algunos tienen una creciente conciencia de que les falta algo, un sentimiento que «esto» no funciona o la sensación de que debe haber algo más en la vida que lo que tienen. Algunos buscan la espiritualidad después de un evento vital importante o una crisis existencial que hace que se vuelvan hacia el interior. Debido a que no encuentran las respuestas a las grandes preguntas de la vida en el exterior, las personas buscan otra cosa para encontrar respuestas, significado, conexión y plenitud.

Cuando lo que solía funcionar ya no sirve, algunos empiezan a cuestionarse lo que han aprendido a través de los años. Observan una fisura en su visión del mundo y una luz desconocida haciendo señas. Para ellos, las garantías externas han dado paso a preguntas profundas y a no saber. El camino conocido parece conducir a ninguna parte. Para ir más lejos tienen que adentrarse en un viaje solitario hacia lo desconocido. Muchos se atascan en el camino conocido o regresan a su zona de confort, sin importar la incomodidad que conlleva. Quienes se atreven a aprender miran fijamente hacia un abismo que de primeras parece vacío y premonitorio, el mundo interior de su ser. Pocos quieren aventurarse allí solos. Mirar hacia el interior significa percibir de forma diferente, aceptar el todo de cómo son las cosas, ver ambos lados de la moneda tomando lo «malo» igual que lo «bueno». Pocos quieren ver lo «malo» o mostrárselo a cualquier persona, así que viven de forma unilateral y sin equilibrio. Ayuda mucho tener un compañero de viaje sin juicios previos. Como resultado, algunas personas buscan *coaches* energéticos que ven a los clientes como personas preparadas y capaces de emprender el viaje interior para obtener auto-realización y auto-aceptación.

Lea: «*Cuando empecé a hacer coaching a mi cliente, Ruth, me di cuenta de su insatisfactoria orientación al exterior. Ruth llegó al coaching porque quería obtener más de su carrera. No tardamos mucho en aprender que Ruth quería más de la vida. Ella se había dedicado a sus hijos, pero al crecer ya no la necesitaban tanto como en el pasado. Cuando miró hacia el futuro, no encontró nada para ella que le hiciera alegrarse. Como madre soltera, se encontró a sí misma celosa de quienes tenían relaciones, y fuera de los círculos sociales formados por parejas. Por otra parte, temía perderse a sí misma en una relación y resultar herida*».

Ruth se unió a una iglesia y empezó terapia y *coaching*. A lo largo de su proceso se enfrentó a muchos desafíos. Quiso tomarse un descanso en el proceso de *coaching*, diciendo que lo sentía atascado, pero luego continuó. Con el *coaching* se dio cuenta de que necesitaba algo diferente. Comenzó a cuestionarse sus creencias anteriores y a hacer cambios. Buscaba conexión y sentido en la vida. El *coaching* la ayudó a tener en cuenta opciones que por sí sola no habría considerado. Ruth hizo frente a su miedo al compromiso, compró una casa y empezó a salir de su situación. Al abordar otros aspectos de su vida que necesitaban atención se encontró más satisfecha en su trabajo.

El viaje del héroe de Joseph Campbell ofrece una metáfora adecuada de lo que sucede cuando los individuos afrontan ciertas preguntas sobre su vida. Se separan del mundo conocido para hacer frente a su miedo a lo desconocido. Cuando se dan cuenta de que el mundo exterior no es suficiente sustento para el ser se centran en el mundo interior que de primeras puede parecer extraño y vacío. Cuando se enfrentan a su frágil ego, se encuentran con lo que no quieren y no pueden soportar ver: ¿qué pasa si allí no hay nada?, o peor aún, ¿qué pasa si lo que hay no es bueno?

Desde la primera infancia, la mayoría de la gente escucha más noes que síes en la vida. Como las personas se juzgan y condenan a sí mismas (y a otros), desconectan de su ser, del espíritu y de la plenitud. Tratan de protegerse cada vez más de los demás con su farsa exterior (a veces llamado el falso yo) en un intento de esconder lo que no han integrado. La máscara exterior que presentan los separa aún más de su maestro interior, aumentando así su alienación y su separación del ser y del espíritu. La separación crea una sensación de soledad interior que da miedo y causa más separación. La gente con fachada falsa invierte su energía en evitar verse a sí mismas y en ocultar a los demás una carencia interior percibida y un vacío. Rechazan el impulso natural hacia la conexión y la integración porque temen ser seres necesitados sin saber su maravillosa valía interior.

En tal dilema algunos buscan a *coaches* energéticos para que los acompañen en su camino a la autenticidad. A pesar de que pueden sentir un fuerte impulso de pedir ayuda para el viaje interior, *coaches* y clientes saben que nadie puede hacerlo por ellos. Querer o esperar que otros hagan su trabajo interior aumentaría aún más su orientación exterior y la separación interior. Todavía con miedo a estar solos en el viaje, pueden aferrarse a creencias obsoletas, malos hábitos y relaciones perjudiciales en lugar de enfrentar su percibido vacío interior. Al estar separados de su interior y en las relaciones con otros pueden recurrir a adicciones y a una actividad incesante para cubrir el vacío interior percibido. Pueden tener miedo a la humillación de ser vistas como personas necesitadas y de poco valor; entonces el ego toma el control para protegerlas. El maestro interior está desconectado dentro; todos los circuitos parecen estar ocupados (en actividad constante) o muertos (darse por vencidos). Habiendo hecho frente a estos miedos en la vida, muchas veces los *coaches* energéticos saben que los clientes tienen las respuestas y la capacidad de alcanzar el auto-conocimiento, la auto-aceptación y el amor propio.

Lea: «*Ruth admitió que tenía miedo de estar sola y no quería dirigirse hacia su interior. Yo admiraba su coraje y honestidad cuando buscó el coaching sin la máscara de la autosuficiencia. Estaba lista para emprender su camino espiritual. Incluso su terapeuta le dijo que estaba buscando 'conexión espiritual'. Aunque el coaching estaba llegando a su fin, Ruth negoció conmigo para que continuara viéndome con ella una vez al mes para que pudiera 'ver su progreso'. A mí me gustó esa idea, pero quería asegurarme de que podría ser un testigo compasivo de su crecimiento y no una muleta o salvadora externa que obstaculizara su viaje. Confié en que Ruth tenía todo lo necesario dentro de sí para convertirse en la máxima expresión de su ser auténtico. Mi confianza en ella la ayudó a confiar en sí misma*».

El *coaching* energético trabaja en el punto donde el ser interno confluye con el dominio externo. Cuando las personas se encuentran en un cruce de caminos se dan cuenta de que su ser interno dirige su hacer externo. A pesar de tener éxito en el mundo exterior, pueden sentirse insatisfechos por estar desconectados de su ser interior. La búsqueda de la plenitud llama a las personas a integrar lo interno y hacer que el exterior refleje lo interior, en lugar de al revés. La relación con otra persona proporciona un espejo claro de conocimiento y la aceptación que puede ayudar a los clientes a mantenerse en el misterioso y a veces temible camino a la autenticidad, la coherencia y la integridad.

La todavía pequeña voz interior quiere ser oída. El espíritu busca al buscador. Individuos autónomos, valientes, van hacia su interior en busca de sabiduría y verdad personal. Al mismo tiempo, para evitar ser absorbido por la unidad, el ego se resiste. A veces, cuando las personas conectan con otros, los mecanismos de defensa del ego crean temores de abandono o vulnerabilidad. Los egotistas, que están separados de sí mismos, pueden cuestionar y poner a prueba el amor de aquellos que ven más en ellos de lo que ellos mismos ven en sí mismos. Algunos de los que una vez fueron impulsados por el ego a satisfacer sus deseos externos pueden experimentar una falta de motivación. Aquellos que mantienen relaciones con ellos pueden verse afectados porque hayan perdido foco y energía cuando deciden iniciar el viaje interior. El *coaching* energético proporciona apoyo, refuerzo y validación del conocimiento interior del cliente para guiar en el camino a la plenitud a través de los desafíos externos.

Lea: «*Ruth se quejaba de rigidez muscular en hombros y cuello y una sensación de ardor en la garganta cuando quería hablar en grupos. Ella reconocía la conexión entre las señales de su cuerpo y lo que ella temía. Comenzó a prestar atención a su guía interior, soltando esa necesidad de hablar en grupos. Cada vez más, dejó de invertir energía en las relaciones que no le servían. También comenzó a recordar sus sueños, que a veces la confundían e incluso asustaban. La invité a hacer un diario sobre sus sueños y a conectarlos relatando sus emociones. Creó un collage que representaba quién era y qué quería. En el camino de conocerse a sí misma, Ruth soltó la necesidad de aprobación externa acerca de su importancia y valía, y se preocupó menos por los juicios de los demás*».

Las personas activan una espiral de energía espiritual cuando sueltan la necesidad de refuerzo externo e invitan al espíritu a proporcionar orientación y dirección interior. De naturaleza holográfica, el individuo vive en el mundo, y la vida y el mundo viven dentro el individuo. Las personas hacen conexiones para que ellos mismos y el mundo se conviertan en uno. Entonces, conectados y separados dentro de sí mismos y con los demás, experimentan el espíritu de forma innata y penetrante.

Lea: *«Ruth pasó un momento difícil al tratar de conciliar su idea de Dios con el hecho de que ella estuviera conectada a la Fuente internamente a través del espíritu. Cuando le pregunté si sentía lo mismo por su 'padre' Dios que por su padre físico hizo una pausa para considerarlo. Aunque la idea era nueva para ella, percibí una conexión con su maestro interior que admitió nueva información. Con un padre distante e inaccesible, Ruth se imaginó a Dios del mismo modo, pero sintió que había más sobre la Fuente de lo que ella había querido saber hasta ahora o le habían contado. A través del proceso de coaching pude ver lo que representaba para Ruth desprenderse de sistemas de creencias que ya no funcionaban y crear otros nuevos para servir a su mayor propósito. A través del proceso de hacer preguntas valientes, de soltar y recrear, Ruth fue capaz de revisar sus creencias para servirse a sí misma mejor».*

La soledad

«La mejor cura para la soledad es estar solo».
Mariane Williamson

Los sentimientos de pérdida y de soledad significan una desconexión con el interior. No es la presencia de otros lo que evita la soledad. Algunos de los momentos más solitarios pueden ser entre una multitud o con alguien distante e inaccesible. A pesar de que la soledad viene de dentro, algunos buscan su antídoto en el exterior. Al temer estar solos pueden aferrarse a relaciones que no les sirven, a menudo terminando aún más aislados y alienados de su ser y de los otros.

Lea: «*Durante una reunión de coaching en la que cuestioné a Ruth acerca de por qué no quería pasar por ello sola, se la veía confundida. 'Nadie quiere ir solo' afirmó.*

'Pero ¿qué pasaría si todos tuviéramos que ir solos pero no estuviéramos solos realmente en ningún momento?' le pregunté.

Ruth admitió; 'puede ser cierto, pero es difícil. No me gusta. Necesito tu ayuda'.

Le dije a Ruth que, aunque estaba dispuesta a ayudarla, yo no podía ir a su interior en su lugar. Tendría que hacer su propio trabajo interior. Le aseguré que al final encontraría respuestas y se apreciaría a sí misma. Le dije que se conocería mejor y confiaría más en sí misma. Aunque estuve de acuerdo en actuar como guía en ese viaje durante un tiempo, le comenté que ella tendría que ser su propia guía en su desconocido mundo interior, y tal vez incluso guiar a otros a que se adaptaran a su nuevo enfoque.

Un cambio en la relación que tienen las personas consigo mismas cambia sus relaciones con los demás. Sabía que una vez que Ruth estableciera una relación amorosa de conocimiento y aceptación con ella misma, su conexión interna le revelaría que nunca estaba sola. Cuando la persona se encuentra en plenitud, puede estar sola pero no se siente sola debido a su conexión con su ser y con el espíritu».

A menudo las personas se sienten solas hasta que establecen una conexión interior y alcanzan la plenitud. Por un tiempo pueden intentar evitar la soledad haciendo cosas de forma incesante, involucrándose en innumerables relaciones y actividades, pero no pueden lograr la realización duradera hasta que no se llenen desde dentro. Las relaciones, que son como espejos, harán que las personas que buscan solo la realización exterior creen codependencia en sus relaciones interpersonales. El maestro interior percibe cuando alguien está tratando de completar su ser por medio de una relación y se resiste a la presión de rellenarle las lagunas a otro. Aquellos que están completos interiormente pueden estar en relaciones con otros sin predisponerse a la decepción que conlleva el esperar que otros compensen sus carencias internas. Las personas completas, conectadas, pueden soltar relaciones que no sirvan a sus mejores intereses, sabiendo que pueden estar solas pero nunca sentirse solas. No permitirán que otros vivan vicariamente a través suyo en lugar de perseguir su propio crecimiento y auto-expresión coherente. Irónicamente, cuando una persona se siente completa y ya no busca que otros la llenen, atrae a los demás fácilmente.

LA CONEXIÓN ESPIRITUAL ES EXPERIENCIAL

«Espíritu es la conciencia cósmica. Es omnipresente, omnipotente y omnisciente. Todo lo visible y lo invisible es la expresión del mismo espíritu... Experimentar esta verdad es el propósito de la vida».
SRI SWAMI SATCHIDANADA

Los *coaches* energéticos reflejan una relación con el espíritu. Modelando la autenticidad y la plenitud, proporcionamos un ejemplo a los demás para lograr la conexión y la coherencia desde dentro. Los encuentros cercanos con el espíritu ocurren con mayor frecuencia cuando las personas suplantan su pequeño ego con la verdadera identidad de su maestro interior. Consciente de la ilusión de la separación, el maestro interior contrarresta el juicio y condena al pequeño yo del ego subdesarrollado con la verdad de la plenitud y la unicidad de la vida.

La observación compasiva de los *coaches* energéticos anima a los clientes a escuchar a su maestro interior. Mientras exploran las partes de luz y la sombra de su ser en un ambiente de apertura y confianza pueden salir a la luz temas cruciales. Sostenemos el espacio para que los clientes puedan explorar hacia el interior y alinearse con su maestro interior para experimentar la presencia del espíritu en forma personal e impersonal.

Lea: «*En los dos años que John y yo hemos trabajado en este libro hemos seguido la visión general del espíritu en estrecha relación, empezando por las relaciones de las personas con ellas mismas. Observamos al espíritu operar en el espejo de nuestras relaciones uno-a-uno. Notamos cómo el espíritu se movía en la comunidad, el medio ambiente y los procesos y organizaciones sociales y culturales. Individualmente, John y yo experimentábamos la reconciliación de nuestro ser interior y exterior a medida que nos íbamos volviendo coherentes en pensamientos, palabras y obras, de acuerdo con lo que estábamos escribiendo y con lo que deseábamos en nuestras vidas separadas pero conectadas.*

Al tener que practicar lo que predicábamos como consecuencia de estar escribiendo sobre el espíritu nos conectamos con el otro y con el espíritu. John y yo experimentamos señales y experiencias sincrónicas que indicaron la presencia tangible del espíritu. Incluso aunque crecía mucho con esas experiencias, yo sabía que no podía apegarme a ellas. El espíritu vino con la intención de ser bondad y amor y creó aún más bondad y amor en la relación.

Los miedos y las aprensiones consumen energía; por medio de la sabiduría interior experimenté que el miedo es una expectativa falsa que parece real. Al conectar con el mundo externo a través de mi conexión interna con el es-

píritu vi que si he experimentado negatividad en el mundo exterior ha sido porque cargué mi experiencia con mi propia negatividad. El miedo, la duda, la preocupación y el juicio perdieron poder a medida que intencionalmente concedí energía a creer, a la fe, a conocer y a aceptar. El espíritu se manifestó cerrando las brechas entre lo que pensaba y lo que decía y hacía. Con mi capacidad creciente para confiar en mí misma, la separación entre el otro y yo disminuyó mientras mi capacidad de confiar en otros aumentó. A medida que iba creciendo empecé a conocer y apreciar a los demás como seres únicos y a la vez muy similares, más conocía y apreciaba el espíritu. Mi relación con John fue mi radar y brújula espiritual durante este trabajo. A través de la relación hemos sido capaces de detectar y seguir nuestro conocimiento interior. Nos hemos ido acercando mientras nos aferrábamos a nuestro ser auténtico e individual para mantener la conexión espiritual y la energía fluyendo».

La experiencia del crecimiento y la conexión espiritual es individual, siempre cambiante, siempre fugaz, infinitamente indescriptible, singularmente personal y misteriosamente impersonal. No hay representaciones o modelos externos, universales del espíritu; aun así, opera por principios que rigen las relaciones. Las personas creen que la energía espiritual existe y la reconocen fácilmente cuando se conectan con el espíritu a través de experiencias como...

- Tener sentimientos cálidos que nacen del corazón
- Recibir miradas de amor del otro
- Apreciar la belleza de una puesta de sol
- Experimentar auto-satisfacción por el trabajo bien hecho
- Cuando un vecino te echa una mano
- Ver la sonrisa de un extraño al pasar
- Pertenecer a un equipo ganador
- Reírse a carcajada limpia

- Dejar caer lágrimas de dolor
- Mirar a un bebé
- Llorar en un hombro reconfortante
- Escuchar a una orquesta tocar música al unísono
- Lograr una meta
- Ir más allá de los límites de las limitaciones percibidas
- Experimentar la inmensidad del momento presente
- Sentir la conexión y la pertenencia al mundo

Las personas experimentan el espíritu cuando miran más allá de las ilusiones externas llegando a ver al significado interior y conectan con otros a través de la expresión de su ser auténtico. Por medio de relaciones conectadas con su ser y el de otros, las personas desarrollan su relación con el espíritu como una parte integral e importante de su vida.

Yendo al interior

«Toda búsqueda es inútil hasta que comenzamos a percibir que la sabiduría está dentro de nosotros mismos... Entonces quizá sepamos que el sol está saliendo, que está amaneciendo, para nosotros».
Vivekananda

La conexión con el espíritu no borra los desafíos del mundo exterior ni garantiza la dicha continua. Como seres espirituales en un mundo material, la gente tiene que funcionar en ambas esferas a la vez. A medida que la conexión interior florece con uno mismo, la validación viene más del maestro interior que de la validación externa, por lo que las muestras de éxito exteriores ya no son tan necesarias. Como subproductos del trabajo interno, el auto-conocimiento y la auto-aceptación demuestran ser más valiosos que el oro. Las personas que desean expresar su ser interior en lugar de compensarlo mediante el consumo y las apariencias externas disfrutan de una mayor libertad y poder.

El mundo surge como una dualidad con aparentes opuestos como la oscuridad y la luz. Muchos equiparan el espíritu con la luz, pero el espíritu también vive en la oscuridad. Los *coaches* energéticos saben que no todo es como parece. Nos abstenemos de hacer juicios de bueno o malo, deseable o indeseable, claro u oscuro. Sabemos que las personas hacen a menudo los mayores avances en la conexión con el espíritu al encontrar y experimentar lo que ellos llaman «malo» en la vida. Las lecciones más duras de aprendizaje pueden conducir a las mayores fortalezas. Dificultades y retos que son innatos en la polaridad de avance/retroceso de la vida pueden llevar a algunos a cuestionarse su naturaleza espiritual y su conexión con la Fuente. Es en estos momentos cuando los *coaches* energéticos puede proporcionar apoyo en el viaje espiritual, demostrando fe y confianza en que el espíritu está presente incluso cuando las personas experimentan la separación en «la noche oscura del alma». A través de tal saber, somos espejo de fe y conexión frente a la duda y la separación, integrando la luz en la oscuridad.

Lea: «*Al escribir este libro, a veces sentía que me adentraba en el desierto. Bloqueada o desconectada, me sentía abrumada e inadecuada para la tarea. Pensaba, '¿quién soy yo para estar escribiendo sobre el espíritu?'. Mi pequeño ego me desafió a mí misma con la autocrítica y el juicio. Cuanto más me cuestionaba más se retiraba la energía del espíritu. Tarde o temprano, como me forcé a escribir de todos modos, en cada ocasión invitando al espíritu a unirse al proceso con fe, mi energía volvió. Las palabras fluyeron una vez más, y sentí que yo estaba sirviendo a algo mayor que también era una parte de mí. Si hubiera dejado de es-*

cribir no habría conocido la conexión reconfortante que me estaba esperando al otro lado del desierto desconocido. Cada vez que conseguí atravesar los momentos difíciles experimenté auto-conocimiento, validación interior y coraje para continuar».

Los *coaches* energéticos reconocen el cuestionamiento profundo, la desconexión y el desconcierto de los clientes como avances en el proceso de *coaching*. Sabiendo que los clientes encontrarán sus propias respuestas, sostenemos el espacio para que sondeen su pensamiento. Muchas veces nuestra presencia les ayuda a sentarse con la soledad y la confusión para que puedan estarse quietos y escuchar a su propio guía interior. Al aceptar lo incómodo y difícil, los clientes pueden experimentar el ser simplemente sin tener que hacer nada.

ASOCIARSE

«Ningún hombre que se mire solo a sí mismo, o que lo convierte todo a su propio beneficio, puede ser feliz. Debes vivir para otros si quieres vivir para ti».
SÉNECA

El proceso de asociarse con el *coach* invita a la presencia del espíritu a través de la igualdad y el respeto en la relación. La asociación ocurre cuando cada persona se comporta de forma coherente y plena hacia adentro y hacia afuera. Cuando dos personas buscan el mejor resultado de su relación sin deseos egocéntricos, sus intenciones fomentan la comunicación yo-uno y la obtención de resultados de ganar-ganar. La asociación exige un cambio de consciencia, pasar del individualismo a la conectividad en todos los niveles en una ecuación dinámica de dar y tomar. Al soltar las necesidades de conseguir algo del otro basadas en el ego, la gente puede entregarse totalmente a la expresión auténtica de su ser.

El *coaching* energético es una asociación. A nivel emocional, físico y mental, clientes y *coaches* se coordinan con fluidez. Extendemos todo nuestro ser a través de límites permeables creados por la confianza, la reciprocidad, el humor y la facilidad. Como los movimientos agraciados de dos bailarines, cocreamos energía positiva en la danza de la libre expresión del ser. Los *coaches* energéticos sienten el ritmo presente de una reunión de *coaching* y se sincronizan con los clientes para producir equilibrio y flujo.

Lea: «*Mi esposo Steve y yo hemos experimentado una relación creciente en la que aceptamos y apreciamos la expresión de nuestro ser individual. A menudo he dicho que estar con Steve es como estar yo sola. En otras palabras, su ser interior complementa más que compite con quien yo soy. Nos hacemos felices y compartimos con el otro sin esperar ser compensados o correspondidos para dar. Nuestro foco está en la calidad de la relación y no en nuestros planes individuales*».

A veces los *coaches* energéticos toman la iniciativa para crear con los clientes una relación de compenetración de elevado nivel al aceptar sus ofertas y permitiendo la conversación profunda mediante preguntas poderosas. Cuando hacemos preguntas en un ambiente de reconocimiento y aceptación, los clientes pueden pasar a un nivel creativo. A través del intercambio de energía positiva dentro de la relación escuchamos de manera abierta y receptiva, lo que alienta a los clientes a descubrir fortalezas internas e ideas. Nos permitimos la confusión y el cuestionamiento cuando estamos con ellos, demostramos fe en el proceso y en los resultados. Modelamos una relación uno a uno basada en la igualdad, el respeto y la reciprocidad.

El *coaching* energético abarca la emoción, así como los pensamientos y las percepciones. Las emociones juegan un papel importante en la asociación, aun cuando las personas a menudo les resten importancia, las descarten o las desechen. Como se mencionó anteriormente, las emociones son energía en movimiento. Para aprovechar y dirigir la energía personal, los socios deben conectar con lo que quieren transmitir y lo que quieren recibir. Así como el movimiento físico de los bailarines parecen movimientos mecánicos y confinados sin la emoción, los socios necesitan enlazar la emoción con el espíritu para crear energía dentro de una relación. Es la emoción que los bailarines ponen en los movimientos físicos lo que alimenta la pasión de la danza. Cómodos con sus emociones de bondad y amor que los conectan con el espíritu, los *coaches* energéticos experimentan compasión, aprecio y amor al asociarse con los clientes. Los clientes perciben el poder de las emociones con o sin palabras o acciones externas de los *coaches*. Retener los sentimientos en una relación de *coaching* lleva a sacar el corazón de la relación y bloquea la energía espiritual. Nos presentamos a los clientes como totalmente presentes en la emoción de la danza.

A través de la conexión con el ser interior, las personas son más capaces de conectar con el ser interior de los demás. Cada socio combina la experiencia de su ser y la del otro en la experiencia de conectividad. El espejo y el reflejo se convierten en uno. La buena intención y la práctica preparan a los socios a integrarse en algo nuevo y expansivo. Los *coaches* energéticos sienten cuando los clientes cambian en el hacer y el ser por su trabajo juntos, y responden en consecuencia. Nos damos cuenta de que limitar los sistemas de creencias y los patrones de pensamientos negativos impiden a las alianzas progresar hacia lo que los clientes han dicho que querían para sí mismos. El *coaching* aplicado con claridad y coherencia proporciona un espacio seguro para redirigir creencias auto-limitantes hacia nuevas formas de pensar y ser.

John: «*Para producir un CD, Tom, un joven talentoso con carrera como cantante, se ha asociado con Shelia. Ella era una pianista prometedora que ampliaba sus ingresos acompañando a cantantes en conciertos y en estudios de grabación. Tom creaba la mayoría de las letras y de la música del CD que estaban haciendo juntos. Él y Sheila estaban tardando mucho más tiempo del que Tom esperaba en hacer el trabajo, lo que le tenía preocupado por los costes que, además, incluían la retribución de Shelia. Cuando Tom me contrató como coach personal para lanzar su carrera como cantante expresó su preocupación por el hecho de que Shelia no parecía tan comprometida como él con el proyecto.*

Tom quería aclarar las cosas con Sheila. Después de haber tenido problemas con otros acompañantes, admitió ser un perfeccionista en todos los aspectos de su trabajo musical. Invité a Tom en explorar lo que quería en su asociación con Shelia y lo interrogué acerca de sus expectativas sobre ella. Comenzó a apreciar el proceso con Shelia porque su asociación podía producir resultados más vibrantes que lo que cada uno había estado haciendo individualmente. El espíritu, a través de la igualdad y la buena intención, reemplazó al ego en la relación. Con visión y conexión con una meta común, transformaron su asociación en música energéticamente hermosa».

Sinergia

Sustantivo f. «La interacción de elementos que, cuando se combinan, producen un efecto total mayor que la suma de los elementos individuales, las aportaciones, etc.».

–dictionary.com

Las personas crean sinergias cuando lo que producen juntos es un resultado mayor que lo que podrían haber creado independientemente. El *coaching* energético promueve sinergias a través de la energía del espíritu. La relación existente entre *coaches* y clientes trasciende el conocimiento y las habilidades mostrados por cualquiera de los dos. Juntos elevan la conciencia individual, permiten la expresión auténtica y aumentan la conciencia de la conexión espiritual.

Para promover el flujo de energía espiritual sin esfuerzo y libre, el *coaching* energético construye una relación de confianza y abierta con los clientes. Cuando disminuye la energía, a menudo existe un bloqueo relativo al auto-conocimiento o la aceptación. La exploración de los bloqueos de energía espiritual puede ser difícil y temible para algunos clientes. Los *coaches* energéticos, que continuamente aclaran su propio espacio interior, ayudan a los clientes a afrontar con confianza la nueva información y las emociones repentinas.

Cuando *coaches* y clientes se abren al otro y a la situación presente se conectan sinérgicamente. Si los *coaches* se centran en lo que podría funcionar de su caja de herramientas, en «todas las cosas que sé sobre *coaching*,» no pueden centrarse en los clientes y estar con ellos. Si los *coaches* o los clientes operan en el pasado, no están presentes en el momento. Si cualquiera de las partes se desconecta de su ser abre una brecha en la relación cliente-*coach*. La desconexión interna y el apego a las apariencias externas y los resultados bloquean la energía del espíritu.

John: «*Brian estaba experimentando un conflicto entre su trayectoria en ventas y su amor por la pintura. Mientras que su educación había desarrollado sus cualidades artísticas, era incapaz de conseguir ingresos para mantener a su familia. Cuando la situación financiera se convirtió en demasiado estresante para poder perseguir una carrera artística, aceptó un trabajo como distribuidor de suministros de arte para un gran fabricante. Sus principales clientes eran empresas que vendían a cadenas de tiendas. A los clientes de Brian les gustaban sus ideas creativas para expandir sus mercados de material de arte, así que le pedían su opinión a menudo. Brian transmitía sus ideas al fabricante para hacer nuevos productos y satisfacer las necesidades especiales de sus clientes. Sin embargo, su director de ventas le presionaba para que impulsara la línea de productos existentes y aumentara las ventas solo con la base de datos de clientes asignados*».

Bajo la presión de ser productivo para su familia y su pasión por crear, Brian solicitó mis servicios. Lo guié para aclarar sus valores clave, que eran expresar creatividad, conseguir ingresos para su familia y participar como parte de un equipo. Añadiendo su capacidad artística y excelentes habilidades comunicativas a sus valores, Brian y yo comenzamos a explorar otras opciones de carrera.

Brian encontró que la parte más útil del *coaching* –tener a alguien completamente presente para sus necesidades sin juicio– producía resultados más allá de sus expectativas. La confianza que él y yo desarrollamos le permitió libertad para visualizar nuevas oportunidades que produjeron el encuentro entre necesidades y deseos. Ninguno de nosotros esperaba que yo resolviera la búsqueda de Brian, pero juntos conseguimos «enrolar» a su maestro interior para que le orientase en la situación. Nuestra asociación de *coaching* produjo resultados que superan lo que Brian podría haber conseguido por su cuenta. Ahora Brian usa su habilidad artística para expresar su yo más completo y se gana la vida con ello.

LA NATURALEZA RECÍPROCA DE LA RELACIÓN DE COACHING

«El que no puede perdonar a los demás destruye el puente sobre el que él mismo debe pasar».
GEORGE HERBERT

No podemos resaltar lo suficiente la importancia de una relación coherente con uno mismo y con el otro en el *coaching* energético. Si bien no negamos la presencia de inconvenientes y desconexión, los *coaches* energéticos no se entretienen juzgando el miedo o el malestar. Estamos alerta a cualquier sesgo que se presente en la relación de *coaching*. Podemos no ser conscientes de ello en sus comienzos y puede que no nos demos cuenta inmediatamente de su efecto en el proceso de *coaching*. Los clientes pueden habernos tocado un nervio de forma inocente con algo que se dijo o se supuso. Si experimentamos cualquier tipo de prejuicio o aversión, trabajamos con nuestro maestro interior para entender el propósito que se esconde detrás de lo que el cliente presenta, que en última instancia es para el bien mayor. Conscientes de nuestras proyecciones o sesgos y de los de nuestros clientes, decidimos permanecer presentes y compasivos. Nos hacemos dueños de nuestras propias emociones y esperamos que los clientes se hagan dueños de las suyas. *Coaches* y clientes se proporcionan un importante espejo el uno al otro, mostrando la naturaleza recíproca de las relaciones. Aceptándonos unos a otros como somos nos aceptamos a nosotros mismos.

Como testigos compasivos, los *coaches* energéticos sostienen un lugar sagrado para los clientes que pueden estar batallando con problemas. A través de la escucha activa y las preguntas en el momento animamos a los clientes a cambiar la culpa externa por la reflexión interna y el aprendizaje. La naturaleza recíproca del intercambio manifiesta la colaboración, libre de juicio o culpa, abierta a la presencia del espíritu.

John: «*En mi experiencia en el mundo de los negocios me encontré a un miembro de un equipo formado por cuatro personas pertenecientes al departamento de Administración Personal y Formación de una corporación, que estaba encargada de elaborar una propuesta para presentar al director de Marketing y Ventas y al resto del personal corporativo de la compañía. Quería realizar una serie de sesiones de equipo en sus oficinas de ventas regionales. Cada uno en nuestro departamento era responsable de proveer servicios de desarrollo organizacional a diferentes clientes internos. Debido al gran número de personas que querían asistir a las sesiones de trabajo en equipo, nuestro director nos pidió que generáramos ideas para el proyecto.*

Uno de nuestros miembros del equipo, Bill, había sido responsable de Marketing y Ventas. Aunque nuestro director estaba supervisando nuestro trabajo, se perdió muchas de nuestras reuniones de planificación. Después de un par de reuniones Bill nos pidió a cada uno recomendaciones sobre qué incluir en la propuesta al VP. Tenía experiencia en preparar este tipo de propuestas y le envié las mías. En la siguiente reunión nos entregó una copia de la propuesta diciendo que teníamos todo lo que necesitábamos para llevarla a cabo. Inicialmente me enfadé al no encontrar ningún comentario sobre mis aportaciones. Me enteré más tarde, por uno de los otros miembros del equipo, que a Bill le había sorprendido mi reacción y no entendía por qué estaba molesto. Esta experiencia me resultó valiosa para comprender que soy dueño de mis emociones y me llevó a buscar dentro de mí la fuente del dolor y el resentimiento que tenía.

Una parte de mí no esperaba ser escuchada, lo que acabó con mis cavilaciones. En lugar de proyectar ira, podría haberme abierto a explicar a Bill lo que yo consideraba una afrenta personal».

Los *coaches* energéticos pretenden mirar los agravios por lo que son y lidiar con el trabajo interior que requieren. Reconocemos y percibimos el ataque como una oportunidad para trabajar con nuestro maestro interior. En lugar de tomarnos el tema de forma personal, nuestro objetivo es recoger datos y aprender. Gracias a nuestro propio conocimiento interior, los *coaches* pueden ayudar a los clientes a conocer sus proyecciones y buscar dentro de sí las causas y soluciones para afrontar las reacciones y momentos negativos de las relaciones. Nos convertimos en el observador objetivo y en el testigo compasivo de nuestros propios procesos.

LA «BRECHA» DE LAS RELACIONES

«Llevamos en nosotros las maravillas que buscamos fuera de nosotros».
Sir Thomas Browne

El espíritu vive en la conexión que se produce en las relaciones. En la medida en que se mantienen relaciones positivas, las personas experimentan el espíritu. Cuando luchan dentro de sí y con los demás, crean brechas en la conexión espiritual. Entonces se sienten separados, alienados y solos. A pesar de que el espíritu mora en todo siempre, la alienación personal bloquea su energía. El *coaching* energético busca utilizar el espejo de las relaciones para resolver las incongruencias y cerrar las brechas entre el ser y el espíritu.

Las relaciones externas reflejan la relación con el interior de uno mismo. Las personas no pueden confiar en otros a menos que primero confíen en sí mismas. El amor propio es la base del amor a otros. El respeto propio es la base del respeto mutuo. Los *coaches* energéticos proporcionan el espejo para reflejar el más alto ser interior de los clientes. También reflejamos las brechas o incongruencias entre lo que los clientes hacen y lo que dicen que quieren. A medida que los clientes cierran las brechas entre el ser y el hacer, y logran coherencia desde el interior, consiguen escuchar a su maestro interior y experimentar conexión espiritual. En la relación de *coaching* energético, los clientes viven la experiencia de crear una energía más elevada a través de una relación coherente.

Lea: «*Varios coaches experimentados se reunieron en una conferencia telefónica para aprender unos de otros. Una de ellas, Donna, presentó una situación difícil de coaching. Aunque inicialmente ella había hablado con su clientes sobre las bondades de un proceso de coaching, su clienta parecía estar buscando una amiga en lugar de una coach. La coach como espejo reflejó la dinámica subyacente de una relación que podría impedir a su cliente ver sus planes ocultos. Señaló que ella pensaba que la relación de coaching se había estancado. Cuando los coaches allí presentes le preguntaron cómo le había transmitido ella la situación a su cliente, ella respondió, 'con amor'*».

Aunque no hubo mayor cuestionamiento por parte del grupo, yo quería una respuesta mejor. Detecté una desviación de la verdadera cuestión. Crear amistades y conectar con otros intencionalmente es vital para el crecimiento personal. Pensé que la situación representaba una importante oportunidad de *coaching*. Me preguntaba si Donna había sido clara en sus intenciones para poder entender a su cliente sin proyección o defensa. Me pregunté si este cliente en particular podría haberse beneficiado con el *coaching* sobre cómo crear y mantener amistades. Una situación que parece estancada o paralizada puede contener una maravillosa oportunidad para explorar diferentes direcciones.

Tanto *coaches* como clientes deben conocer sus intenciones en el proceso de *coaching* y sus resortes personales. Aclarar la relación significa que hay apertura y cuestionamiento, permitiendo que los propósitos salgan a la superficie para su análisis y aceptación. Los *coaches* tienen que abrirse a los deseos de los clientes y después reflejarlos de vuelta para su bien mayor, partiendo de la relación que los clientes tienen con su ser interior. El *coach* se convierte en un espejo de posibilidades positivas.

El ego, cuando se usa para deseos e intenciones egoístas, desconecta la relación. El ego se despierta pronto en la vida para generar un sentido del ser inconfundible con el que lograr identidad individual y objetivos. Pero las personas pueden dejar que su ego eclipse su ser interior con mecanismos de defensa. Cuando aprenden a conectar con su maestro interior, las personas maduras comienzan a liberar tácticas de protección del ser y servicio al ser. El ego sirve para separarse y diferenciarse de los demás para ser superiores o especiales. Las personas llenan sus agendas egocéntricas con la adquisición de bienes y manipulando y controlando a otros como objetos. Para crear abundancia material pueden quebrar su valía interior al utilizar a otros para perseguir sus objetivos egocéntricos.

Una estrecha relación con el espíritu a través del maestro interior permite apreciar el ser como único e igual sin que dependa de apariencias externas que indiquen lo contrario. Una relación coherente entre el ser interior y el hacer exterior sienta las bases para relaciones coherentes con los demás. Las personas plenas y completas por dentro no necesitan poseer, manipular o explotar a otros para su beneficio personal. No necesitan incorporar a otros que apoyen su identidad porque dependen de su guía interno, en lugar de de la validación externa. Confían menos en lo que otros piensan que en lo que ellos mismos piensan. Tienden a atraer a quienes también reflejan una identidad coherente. Aquellos que conocen y aceptan su ser reconocen y sueltan las relaciones con otras personas a las que necesitan utilizar o seducir para alimentar su propio ego.

Los *coaches* energéticos proporcionan buenos ejemplos de gestión del ego. No buscamos impresionar ni somos impresionados por las posesiones externas o la apariencia de otros. Sabemos cómo relacionarnos sin intentar impresionar. Nuestro estado de equilibrio interno crea espacio para conectar de forma significativa porque no necesitamos defensas o proyecciones. Los *coaches* energéticos poseen atributos de transparencia, permitir y soltar para invitar al espíritu a la relación. En presencia de los clientes que están en conflicto y enganchados a los deseos y propósitos del ego podemos observar y permanecer neutrales, sabiendo que lo que los clientes sobre-compensan externamente, probablemente refleja lo que les falta internamente. Al ver al cliente en su esencia sin dar energía al ego, invitamos al espíritu a participar en la relación. Por supuesto, el hecho de tener que ser conscientes de nuestro propio ego asegura que continuamente aceptemos a los clientes como son. Los *coaches* energéticos modelamos para nuestros clientes el cómo funcionar en el aquí y en ahora sin necesidad de juicio o expectativa. Al relegar al ego a su sitio, los clientes pueden elegir ir en la dirección más beneficiosa, hacia dentro.

El ego en la relación

«Necesitamos amor para practicar solo esto: dejarnos llevar el uno al otro. Porque mantenerlo es fácil, no necesitamos aprenderlo».
RAINER MARIA RILKE

No es extraño que se haya utilizado el «EGO» como acrónimo para «comerse a Dios» (*Eating God Out*). El hecho de vivir hacia fuera y permitir que el ego domine hace que las personas silencien su maestro interior y pierdan su centro de equilibrio. La conexión con el espíritu completa la identidad. Cuando a la persona le falta conexión consigo misma y con los otros trata de compensarlo con el ego. A falta de relaciones beneficiosas que sirvan como espejos, utilizan el ego para justificar sus acciones, culpar a otros por fallos propios y sentirse superiores o inferiores. Se necesita una gran cantidad de energía para mantener lo que uno pretende. Sin la conexión con el maestro interior, las personas tienden a percibirse a ellas mismas y a los demás de forma diferente a como son. Las personas que carecen de auto-conocimiento incluso cuestionan las relaciones positivas. Abundan las proyecciones y las relaciones se convierten en difíciles y distantes mientras el pequeño ser del pequeño yo trata de llenar el espacio que de lo contrario permitiría dejar entrar al espíritu.

Cuando las personas no se dan cuenta de las orquestaciones de su ego no gestionado desconectan de su maestro interior. Un proceso de *coaching* uno a uno puede ser beneficioso para cerrar esa brecha. Las relaciones proporcionan información a las personas sobre lo que se están perdiendo de sí mismas. Debido a la orientación externa del yo pequeño, las personas egocéntricas pueden recopilar información desde una perspectiva sesgada. El maestro interior del otro se resiste a tales proyecciones. El auto-conocimiento proporciona un haz de luz para que el «otro» egocéntrico reconozca cómo el ego separa y trata de dominar y controlar.

Se necesita práctica para enfrentarse al propio ego. La práctica interna conduce a resultados externos. Los *coaches* energéticos monitorizamos nuestro propio ego y sus justificaciones, juicios y generalizaciones, gracias a lo cual podemos responder aquí y ahora a lo que muestran los clientes. Sabemos cuándo alguien acaricia nuestro ego. Al mismo tiempo aceptamos que el ego es un rasgo humano. Generalmente hay un componente humorístico en el ego no gestionado, por lo que a menudo encontramos razones para reírnos de nosotros mismos. Puesto que podemos examinar nuestros propios motivos egoístas y manipulaciones con aceptación interna, humildad y humor, podemos mostrar a los demás cómo hacer lo mismo.

Las personas con egos sanos, bien gestionados, evitan las agendas ocultas de los demás. Las personas egocéntricas perciben los desafíos y las preguntas como amenazas. Evitan el cuestionamiento interno porque temen dejar salir su verdadero yo. Al ser dominados por el ego, desconfían de ellos mismos y de su capacidad para cocrear. Llenan el espacio donde puede morar el espíritu con el ego. Puede ser difícil llegar a conocer a los egotistas, que se mantienen en guardia constante ante el cuestionamiento de los otros y de sí mismos.

A través de su maestro interior los *coaches* energéticos pueden calmar al otro egocéntrico, ya que saben que el ego está compensando una falta interior. Nos abrimos al espíritu haciendo hincapié en los valores de los clientes y aceptándolos como son. Fortalecidos por el poder de aceptarnos a nosotros mismos, podemos hacerlo con los otros. Tanto *coaches* como clientes debemos saber gestionar nuestro ego para que la energía espiritual pueda fluir. Los *coaches* energéticos buscan ofrecer toques del espíritu y no toques del ego. Los toques del ego se basan en logros externos y apariencias; los toques del espíritu se basan en valores internos y fortalezas de carácter.

Los *coaches* energéticos ponen el foco en lo positivo mientras hacen seguimiento de lo negativo que se produce en las relaciones. Después de todo, los clientes nos contratan para trabajar con lo que no les funciona. Puede parecer arriesgado exponer sus defectos. Hay una tendencia natural en las relaciones interpersonales a conspirar para evitar lo que cada uno no acepta de sí mismo. A menudo las personas se resisten a cambiar sus formas de relacionarse porque temen que el cambio hará que pierdan sus relaciones. ¿Qué pasa si la pareja se niega a dar cabida a peticiones razonables? El miedo y la negación inhiben el cambio y el crecimiento hacia el espíritu. El riesgo parece inmenso hasta que los clientes se dan cuenta de que finalmente tendrán que enfrentarse a lo que están evitando y que los demás verán lo que están negando incluso si ellos no lo reconocen. La gente deja relaciones basadas en el miedo y la negación porque el otro egocéntrico rehuye el crecimiento y corta las conexiones con los demás. Para florecer y crecer, las relaciones necesitan intención, buena voluntad basada en el ejercicio del libre albedrío, y verdad y reconocimiento del ser auténtico.

Unirse y separarse, comprimir y expandir, empujar y retirar son las dos caras de la moneda de una relación. En lugar de negarse a examinar una cuestión por miedo a perder una relación, los *coaches* energéticos ven la fuerza de unión en comprometer a la otra persona desde el núcleo interno. Siendo testigos compasivos, apoyamos a los clientes para mirar dentro de sí mismos y compartir lo que encuentran. Los animamos a utilizar el espejo de la relación de *coaching* para encontrar respuestas dentro de sí mismos. Los clientes obtienen sentido desde su esencia y su maestro interior a través de la relación aprendiendo a ser auténticos y abiertos con la otra persona, y por lo tanto con ellos mismos.

El *coaching* energético requiere gestionar el ego para que tanto los *coaches* como los clientes estén abiertos a su maestro interior. La gestión del ego en relación con el yo y el otro requiere un proceso de auto-reflexión, auto-realización y dignidad hacia uno mismo. Los *coaches* energéticos proporcionan el apoyo y el espejo para reflejar la bondad de su ser, a pesar de lo malo que esto pueda aparecer. Acometemos juegos, falsas proyecciones y percepciones erróneas con la certeza de que si los clientes están dispuestos a crecer el proceso es bueno.

Hay *coaches* y clientes que quieren manifestaciones del ego y no gestionar el ego. Se atraen el uno al otro en relaciones satisfactorias en un nivel externo. Una parte del maestro interior de cada uno reconoce la confabulación y la manipulación del otro. Cada uno puede sentirse como un objeto y tratar al otro como un objeto. Algunos podrán encontrar las manifestaciones que les satisfacen durante un corto tiempo, pero la energía de la conexión no es sostenible porque está basada en lo externo en lugar de en el espíritu internamente creado.

Gestionar el ego requiere práctica. El ego de los clientes puede activar el ego del *coach*. Tenemos que superar conscientemente el impulso natural, automático, interior de separarnos por medio de juicios o autoprotección. En su lugar, elegimos la apertura y la conexión como forma de vida, sabiendo que en algún nivel los clientes tienen las respuestas que les permitirán dejar atrás las falsas proyecciones y las medidas de autoprotección. Reconociendo los desencadenantes del ego, como pueden ser el miedo a no encajar, no valer, la confusión y la exposición, podemos separar nuestro ego y nuestros problemas de los de nuestros clientes. Tal reconocimiento y eliminación es una constante en la práctica del *coaching* energético. Aunque pueda parecer que los resultados internos y los cambios positivos requieren tiempo y esfuerzo, la gente puede sostener a largo plazo lo que sale de dentro cuando es una expresión auténtica de quienes son.

Al conocernos a nosotros mismos, los *coaches* energéticos honramos el ego de los clientes y lo traemos al frente para su análisis. Al principio los clientes pueden sentir la necesidad de negar, justificar o ignorar su egocentrismo. Nosotros dejamos ir la negación y sostenemos el espacio para que puedan afrontar con seguridad todos los aspectos de sí mismos.

Les hacemos preguntas desde la curiosidad, sin insinuaciones, sugerencias o juicios, en un puro intento de ayudarles a lograr coherencia. Nuestro testigo compasivo fomenta una relación yo-uno que permite un espacio seguro para que los clientes examinen sus planes, intenciones y puntos ciegos.

A pesar de ser un trabajo difícil y exigente, el examen del ego para su integración conduce a la plenitud. A medida que las personas gestionan su ego son capaces de aligerar y reírse de sí mismas, permiten a otros ser diferentes e iguales, se liberan de la auto-justificación y la culpa, sueltan relaciones agotadoras y viven sin la necesidad de la eterna juventud y el continuo consumo de bienes externos. Los *coaches* energéticos proporcionan un espacio seguro para soltar los mecanismos de defensa para que los clientes puedan escuchar a su maestro interior y conectar con el espíritu. En lugar de hacer esfuerzos para alcanzar la superioridad u ocultar inferioridad e inseguridad, los clientes aprenden que ya no necesitan llenar el vacío porque el espíritu fluye y lo llena.

Cuando los *coaches* energéticos tenemos miedo a confrontar el ego no gestionado de los clientes recibimos un mensaje del maestro interior animándonos a soltar las inseguridades de nuestro ego para poder actuar como testigos compasivos para ellos. Al hacer esto, soltamos los mecanismos de defensa de nuestro propio ego.

Los *coaches* energéticos saben que evitar el trabajo con el ego puede minar la relación de *coaching*. Puede ser tentador evitar el examen del ego, pero esto solo permite a los clientes continuar en la separación, la incongruencia y la superficialidad. Les servimos cuando llamamos la atención sobre los resultados de un ego desenfrenado. El maestro interior de los clientes entonces no puede evitar reconocer que los auténticos *coaches* se preocupan como para aventurarse a donde a los clientes les ha parecido demasiado difícil y arriesgado ir solos. A pesar de que el examen del ego puede evocar sentimientos incómodos, sabemos que los clientes tienen en ello una oportunidad rica para crecer. Cuando se presenta la oportunidad de exponer su ego a preguntas, podemos responder con apertura objetiva como testigos compasivos. Cada vez que los clientes hacen esto y sueltan sus miedos y pretensiones encuentran mayor auto-conocimiento y auto-aceptación. Empiezan a ver los frutos de su esfuerzo. Las personas con las que se relacionan comienzan a percibirlos como menos superficiales y más reales.

LOS LÍMITES EN LA RELACIÓN

«Nadie fuera de nosotros mismos puede gobernarnos interiormente. Saber esto nos hace libres».
BUDA

Los límites son esenciales en las relaciones. Las personas necesitan límites para un auto-conocimiento único y para la expresión. A pesar de que la sensación que nos sobreviene en estados de límites disueltos es maravillosa, como en la meditación o al enamorarnos, las personas al final tienen que regresar al mundo como individuos separados pero conectados. Si pueden formar y definir límites de forma orgánica pueden permitir que otros compartan el mismo espacio sin amenaza o seducción, es decir, con respeto y aceptación. Las personas deben gestionar su ego para mantener relaciones saludables con los demás. Cuando practican la Regla de Oro como valor interno, la relación yo-uno conectada crea energía positiva recíproca que honra a los individuos presentes en esa relación como iguales y separados, y al tiempo también conectados.

Cuando sienten química entre ellos, las dos personas prosperan en la sacudida repentina del reconocimiento y la caída de los límites. Muchos confunden tal atracción con la unidad y el amor, pero tarde o temprano debe haber un salto atrás donde restablecer los límites. La caída de los límites del ego produce la euforia del amor erótico. Paradójicamente, para que una relación crezca hacia la unidad, tarde o temprano los amantes querrán volver a su propia persona. A pesar de correr el riesgo de sentirse solos una vez más, solo disipando la ilusión de la unidad sin límites pueden lograr la unidad duradera y dinámica. Solo los individuos amados y amorosos con el otro por sus aspectos únicos logran la mayor forma de amor reconociendo y valorando al otro siendo ellos mismos en su plena esencia.

En lugar de percibir la energía positiva de la restauración de los límites, los «adictos al amor» experimentan una gran pérdida. Algunas personas traducen su pérdida como una carencia en el otro en lugar de ver el reflejo de su propia desconexión interior. Una relación saludable sirve como espejo claro para que la gente observe su relación interior. Aquellos en el camino del crecimiento espiritual buscan dentro de sí mismos para trabajar lo que les falta en lugar de esperar que otros lo compensan o culpar a otros por lo que quieren pero no tienen. Cuando las personas se vuelven completas internamente, ellas mismas se liberan para encontrar el amor con otro ser único sin necesidad de cambiar, manipular, hacer juegos o probar al otro.

John: «*El coaching energético es una relación de amor. No he experimentado muchas relaciones de coaching en las que no haya algún salto atrás por parte del otro en algún momento del proceso. A menudo los clientes se desencantan con el coach porque no han aprendido que lo que están buscando fuera solo lo pueden encontrar dentro de sí mismos. Por un tiempo proyectan su decepción en el coach, al que pueden ver como inferior, sobre todo si originalmente habían proyectado una ilusión de superioridad. Cuando me ocurre este tipo de confrontación, siempre me alegro de no haberme presentado como un experto externo. A pesar de que los clientes pueden pensar que quieren que yo llene sus lagunas, yo sostengo el espacio para empoderarlos y que lo hagan por sí mismos. Yo puedo ayudar a la gente a aprender a pescar, pero no pescaré por ellos.*

Los clientes pueden expresar o exteriorizar su resistencia y decepción, pero cuando se vuelven los amos del trabajo interior que quieren hacer, a menudo regresan al proceso de coaching con una perspectiva de mayor nivel, ansiosos por aprender. Con motivación interna pueden alcanzar la plenitud. Sabiendo que esto forma parte de la dinámica de coaching me resulta fácil sostener el espacio para que los clientes regresen sin proyectar mi propio ego y auto-juicio de inferioridad. Aceptándome a mí, acepto a mis clientes como son.

Aquellos con los límites intactos pueden mantener relaciones cercanas sin miedo a perderse a sí mismos por otra persona. Los individuos pueden acomodar la intimidad y permitir la vulnerabilidad en un espacio de aceptación y aprecio por como son las cosas en el presente. Debido a la seguridad en la aceptación, las personas pueden mirarse a sí mismas directamente en el espejo de la relación para encontrar verdades que habían evitado en el pasado. El miedo a la pérdida o al juicio del otro disminuyen a medida que las personas desarrollan una relación más cercana consigo mismas.

Las personas necesitan límites para conocerse en las relaciones, pero deben ser permeables para permitir a otras personas y al espíritu conectar. Cuando se conocen los límites, las personas pueden separar y conectar con igualdad en las relaciones. Están haciendo el trabajo sagrado de mantener una relación cercana de uno a uno con el espíritu en el interior y manifestarlo en el exterior a través de relaciones positivas y completas de dos enteros que se unen en uno».

LA PROYECCIÓN

Todas las relaciones existen para validar el ser perfecto que es el otro. Entonces ¿por qué no todas las relaciones funcionan? Las personas tienden a proyectar su falta de completitud en el otro. Si uno reacciona como respuesta al estímulo, el otro puede interiorizar la reacción del primero. Es importante saber lo que le corresponde resolver a uno mismo y lo que le corresponde resolver al otro. Conocerse a uno mismo es esencial para mantener relaciones saludables y cultivar la espiritualidad.

A veces los clientes proyectan en los *coaches* algo que quieren o no quieren de sí mismos. Sin darse cuenta, recurren a una forma de ser que evita el auto-análisis. Conscientes de esta dinámica, los *coaches* energéticos pueden desviar lo que los clientes proyectan. Nuestro espejo en una relación refleja a nuestro maestro interior; por tanto, los clientes ven algo diferente de lo que ellos han proyectado. Nuestro límite, intacto gracias al auto-conocimiento, les ayuda a mirarse a sí mismos en vez de proyectar falsamente sobre otro. Si los clientes no se miran a sí mismos o siguen actuando bajo suposiciones erróneas pueden necesitar ayuda terapéutica. Está fuera del alcance del *coaching* ayudar a aquellos que niegan o se desconectan de la realidad a través de la proyección o la transferencia.

El *coaching* tiene como objetivo establecer una relación de iguales que saque lo mejor de cada uno. Si los clientes no quieren verse claramente en relación con los *coaches* tenemos que terminar la relación. Los *coaches* facilitan el proceso para que los clientes pueden obtener lo que quieren y soltar lo que no quieren en la vida. Les ayudamos a entender que la energía y el saber vienen de dentro. Podemos hacer de mentores y guiarlos, pero no podemos y no haremos el trabajo que deben hacer por sí mismos. Sabiendo que los clientes tienen sus propias respuestas dentro de sí, los *coaches* energéticos permanecen dentro de los límites de ayudar a los clientes a ayudarse a sí mismos. Es importante distinguir cuándo estamos haciendo el trabajo de *coaching* y cuándo me paso y entro en el trabajo del cliente. Aunque puede ser seductor para nuestro ego actuar como expertos externos, aconsejar, sugerir acciones a tomar e imponer modelos preconcebidos, eso debilita en lugar de fortalecer a los clientes en el proceso de conocerse a sí mismos y volverse completos.

Los *coaches* energéticos buscan sacar el maestro interior de los clientes. El programa de *coaching* y los resultados deseados sirven a ese proceso. Actuando como espejos objetivos en la relación, operamos en los niveles micro y macro simultáneamente, manteniendo los intereses del cliente en primer plano y salvaguardando los límites de nuestra relación *coaching*-cliente. Operando principalmente desde dentro en conexión con el espíritu, ofrecemos un reflejo claro para los clientes gracias a que nosotros mismos no distorsionamos el reflejo. En su lugar desviamos la proyección o transferencia de vuelta a los clientes para que puedan realizar un análisis seguro. La naturaleza abierta, objetiva, sin prejuicios de testigos compasivos nos permite permanecer conectados y separados en relación con los demás.

LA POLARIDAD

«He aprendido el silencio del hablador, la tolerancia de los intolerantes y la bondad de los crueles. No debo ser desagradecido con estos maestros».

KAHLIL GIBRAN

La energía de atracción de la polaridad puede unir a personas en una relación a menudo porque buscan en el otro lo que necesitan aprender o desean para sí mismos. Mientras los clientes utilicen la relación con los *coaches* y con otros para aprender lo que necesitan para realizarse desde dentro, pueden utilizar la polaridad para contribuir al equilibrio y la plenitud. Sin embargo, la polaridad puede hacer que se pierda el equilibrio en una relación. Compensar la polaridad separa; equilibrar la polaridad conecta.

A las relaciones basadas en compensar los opuestos las llamamos «codependientes». Romper límites y negar la identidad sagrada del individuo resulta en codependencia. Confiar en «el otro externo» bloquea la conexión de las personas con su maestro interior y con el espíritu. Depender de otra persona puede dar la impresión de que proporciona lo que falta en el interior, pero tales relaciones decepcionan seguro. Las parejas dependientes operan desde visiones del mundo frágiles como «somos tú y yo contra el mundo» o «necesito seguir con esta persona porque nadie más me aguantaría». Tales relaciones están basadas en la debilidad en lugar de en la fuerza.

Los *coaches* energéticos se mantienen alerta cuando los clientes pretenden apropiarse de nosotros para servir de muleta externa en lugar de conectar con su propio maestro interior para encontrar sus propias respuestas. Nosotros dirigimos la mirada hacia el interior una y otra vez. Los empoderamos continuamente, que es por lo que ellos buscan el *coaching* y por lo que este les puede servir profundamente.

Las relaciones proporcionan pistas acerca del mundo interior de las personas. Lo que les gusta o disgusta de otros se refleja en lo que les gusta o disgusta de sí mismos. Lo que las personas rechazan o abrazan puede revelar una polaridad, mostrando aquello de lo que ellos mismos carecen y desean. Los seres humanos valoran las diferencias individuales porque esta diversidad puede engendrar inclusión plena. También pueden aprender a través del ejemplo en una relación con otra persona que posee las cualidades deseadas. Las cualidades que las personas rechazan pueden servir de buenos ejemplos sobre lo que tienen que trabajar dentro de sí. Las relaciones son vitales para tomar conciencia de uno mismo como persona mientras no se utilicen para compensar las propias incongruencias.

Cuando los *coaches* energéticos reconocemos la polaridad en la relación de *coaching* con los clientes, nos adentramos más en el tema en cuestión y se lo presentamos al cliente para que pueda aprender de sí mismo. Juntos exploramos los motivos para la resistencia o la atracción. El cliente puede sentirse decepcionado de primeras porque no le proporcionamos el antídoto o la píldora mágica para solucionar sus problemas. Pero nuestra redirección hacia lo que tienen dentro, en lugar de adoptar la actitud de expertos externos, les ayuda a encontrar sus propias respuestas a través de su maestro interior. Desde nuestro no saber empoderamos a los clientes a buscar, descubrir y conocer por sí mismos.

LA RELACIÓN CONECTADA, UNA METÁFORA

«Toda la felicidad proviene del deseo de que otros sean felices. Toda la miseria proviene del deseo de ser feliz».
SHANTIDEVA

Hay una energía enorme al dividir el núcleo de un átomo que se mantiene unido con la energía de unión de la polaridad. La fisión genera energía nuclear. Se libera más energía incluso por medio de la fusión, la energía del sol. La fusión es el proceso de combinar los núcleos de los átomos de elementos ligeros como el hidrógeno. Las relaciones contienen una energía inmensa derivada, ya sea de partirse y dividirse o de unirse. Hay una energía tremenda tanto en la fisión como en la fusión, pero mayor cuando se unen. Partir y separarse es lo que ocurre cuando la gente utiliza un enemigo común para unirse contra él en lugar de tener una visión común y unirse. La resistencia ante un enemigo común hace que las personas se unan en la culpa, el victimismo, el miedo o en crear chivos expiatorios. Disminuyen su energía y generan consecuencias destructivas. Compartir una visión común significa que la gente se pone de acuerdo en querer algo. Aunque quienes dividen erradiquen a un enemigo, otro tomará su lugar. Sin una visión común, la gente perece.

El sol proporciona una metáfora para explicar la energía del espíritu. Igual que produce enorme energía dadora de vida a través de la fusión, la luz interior del espíritu nutre, crece e ilumina al maestro interior. Del mismo modo que el sol brilla igual para todos proporcionando luz y dando vida, el espíritu nutre a aquellos que deciden conectarse con su energía. A pesar de que las religiones y las filosofías marcan generalizaciones amplias y distinciones artificiales entre personas de diferentes creencias, la energía del espíritu proviene de una única Fuente. En la ilusión del mundo externo de los cinco sentidos, las personas experimentan el yo como algo separado, pero la luz de la vida interior se conecta a la luz de la vida de la Fuente con todo el mundo por igual. Cada uno es como una lente que se cierra o se abre para permitir el flujo en la luz. Cada persona decide cuánto se abre al espíritu eliminando sus barreras para recibir su energía.

Diferentes pero iguales

«Cuanto más dejamos que cada voz cante con su propio tono verdadero, más rica será la diversidad del canto al unísono».
Angelus Silesius

«Tratar a todos los hombres por igual. Dadles las mismas leyes. Dadles a todos la oportunidad de vivir y crecer».
Chief Joseph

Hay energía en la separación y en la polaridad, pero no tan grande como la energía de la conexión y la integración. La energía del «no» no es tan grande y sostenible como la energía de «sí». Cuando las personas se unen como consecuencia de identificar o crear un enemigo común se entregan al miedo y la separación. Es mucho mejor, aunque quizás no tan inmediatamente convincente, crear energía a través de la identificación con una visión común. No produce el efecto agotador de energía que generan el rechazo, la resistencia y la oposición a los demás. Para unirse, las personas deben ocuparse de lo que las separa y las aleja o perderán energía continuamente gastando recursos para resistir, negar o reprimir.

El enfoque de enemigo común que agranda las diferencias en lugar de las similitudes crea miedo y separación. Al elegir centrarse en pequeñas separaciones en lugar de las grandes conexiones, las personas se diferencian y separan unas de otras.

La conciencia colectiva, que refleja las conciencias individuales, revela el estado del mundo en general. A medida que las personas se vuelven internamente coherentes, de forma natural se vuelven congruentes en sus relaciones con los demás. Su coherencia se expande por el mundo. Las relaciones de uno a uno proporcionan la experiencia directa del yo interior. Las relaciones desafiantes y difíciles ofrecen oportunidades para definir límites y soltar. Al construir y mantener relaciones positivas, las personas se hacen responsables de su contribución a la energía de la conciencia colectiva. En lugar de centrarse en la negatividad y en la separación, invierten su energía en construir visiones comunes. Los *coaches* energéticos facilitamos, con nuestras relaciones uno a uno, la transformación de las relaciones, una oportunidad importante para la mejora individual y del mundo.

Es fácil para las personas mantener relaciones con aquellos que les gustan. No es tan fácil con aquellos con los que divergen. Cuando los clientes se diferencian, juzgan o deciden rechazar a otros, los *coaches* energéticos trabajan para disipar la ilusión de la separación. El *coaching* energético contribuye a mejorar el mundo mediante la canalización de energía positiva y visionaria en lugar de permitir juicios devastadores y separadores. Al ver la unidad que hay tras una desconexión superficial y la dualidad, las personas conectan. Practican de forma natural la Regla de Oro, que reconoce la naturaleza recíproca de las relaciones con los demás. A veces las personas necesitan dejar las relaciones sin hacer juicios. Ayudamos a facilitar todo lo necesario para lograr la coherencia personal y crear relaciones positivas.

El *coaching* energético busca la energía de la unión de visión y valores comunes, manteniendo la igualdad en las relaciones exentas de juicios. Ver las diferencias como bloques de construcción para alcanzar una mayor comprensión en lugar de las separaciones superficiales de «esto no» trae la aceptación que de otra manera no se produciría. Las relaciones que son diferentes y desafiantes presentan oportunidades de crecimiento individual y colectivo.

ÚNICO, NO «MEJOR QUE» O «MENOS QUE»

«Tu amor a Dios es solo tan grande como el amor que le tienes a la persona que menos amas».
DOROTHY DAY

«El amor es la única fuerza capaz de convertir a un enemigo en un amigo».
MARTIN LUTHER KING JR.

Como ocurre con los copos de nieve, no hay dos personas iguales. El mundo natural manifiesta una diversidad maravillosa. Las especies están conectadas a través de la red de la vida en un equilibrio dinámico. En las relaciones de unos con otros, las personas pueden ser diferentes e iguales. Las diferencias entre las personas son superficiales; la similitud es la base. Al soltar los juicios sobre los demás, las personas pueden permitir y apreciar las diferencias superficiales para ver una unión mucho mayor.

Como seres relacionados en el mundo de la dualidad, las personas se comparan naturalmente unos con otros. A través de la conexión espiritual pueden apreciar las cualidades únicas que hacen de cada persona un tesoro insustituible. Los individuos experimentan el espíritu al ser, como el espíritu, inclusivos y apreciar la diversidad. Los *coaches* energéticos trabajan con los clientes para valorar la singularidad de cada uno. El espejo de la relación de uno a uno les ayuda a descubrir y apreciar las diferentes cualidades en sí mismos y en otros. A menudo experimentan que la energía y la conexión con el espíritu crean sentimientos de amor y bondad hacia adentro y hacia fuera. A través de la práctica intencionada en las relaciones, usando metáforas y principios como en el *coaching* energético las personas pueden aprender a aceptar y apreciarse más a sí mismas y a los demás. El espejo de la relación con otro revela la congruencia entre el libre albedrío interno de buena voluntad para reflejar lo mismo hacia otros.

Anexo al capítulo

Reflexión

- ¿En qué relaciones con los demás experimento una relación de igualdad y reciprocidad yo-uno?
- ¿Qué puedo incluir, en mi ser y hacer para lograr la plenitud, las dificultades y la diversidad que veo en otros?
- ¿Qué puedo ser y hacer yo para lograrlo?
- ¿Qué relaciones me desafían para mostrarme en el espejo lo que quizás no quiero ver en mí?
- ¿Cómo experimento las señales, la sincronicidad y la serendipia con otros que me conectan con mi yo espiritual?
- ¿Cómo puedo ser vulnerable y estar abierto a una mayor conexión con los otros?
- ¿Qué es lo que más quiero de otros que refleja lo que estoy buscando en mí?
- ¿Qué relación tengo con los demás que me ha desconectado con juicios y negatividad?
- ¿Qué perspectivas me ofrecen mis juicios y mi negatividad sobre la(s) parte(s) de mí mismo que tengo que integrar para lograr plenitud?
- ¿Cómo puedo incluir las dificultades y la diversidad que veo en otros en mi ser y hacer para lograr la plenitud?
- ¿Qué necesito soltar para tener una buena relación con los demás y conmigo mismo?

CONTEMPLA LO SIGUIENTE

«Cuando tienes resentimiento hacia otro, estás ligado a esa persona o condición por un vínculo emocional más fuerte que el acero. El perdón es la única forma de disolver ese vínculo y liberarte».
CATHERING PONDER

«Hoy mira si puedes estirar tu corazón y expandir tu amor para que toque, no solo a aquellos a quien se lo puedes dar fácilmente, sino también a aquellos que lo necesitan tanto».
DAPHANE ROSE KINGMAN

IMPRONTA INTENCIONAL

- ¿Qué recordarán y valorarán de mí aquellos con los que me relaciono uno a uno?
- ¿Qué puedo hacer ahora para crear el recuerdo de mí que quiero que otros tengan?

6. EL INDIVIDUO EN RELACIÓN CON LA COMUNIDAD

«Os digo una vez más, ante el regreso de Lord Voldemort, que seremos más fuertes cuanto más unidos, y más débiles cuanto más divididos».
Harry Potter y la orden del Phoenix

«Cuanto más alto vayas, más verás la perfección; consecuentemente, menos problemas. Cuantos más problemas ve uno, más abajo está».
Felicidad es libertad, LESTER LEVENSON

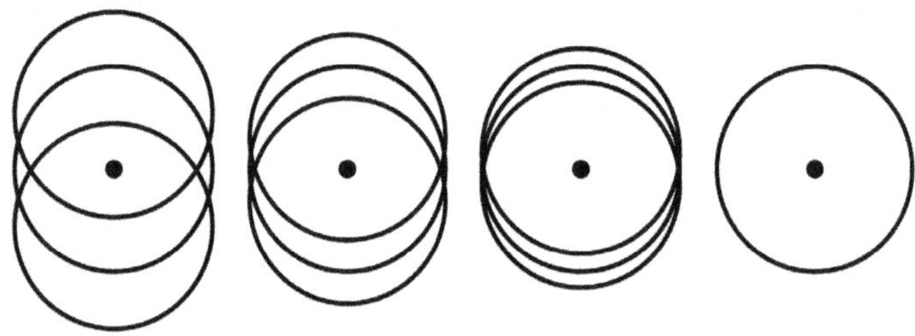

La ilustración de arriba nos proporciona un marco de pensamiento sobre cómo alcanzar la unidad a través de las interrelaciones. Los individuos primero son coherentes con ellos mismos y es entonces cuando conectan con otros en relaciones de a uno. Cuando las relaciones crecen surge el solapamiento con la esfera de la comunidad en torno a un punto central. Este punto es el lugar donde los vínculos comunes se alinean. Estos se representan a través de una visión y unos valores comunes. El espíritu proporciona la energía de conexión y alineamiento en torno a ese punto central; es entonces cuando las personas elijen relaciones basadas en el amor y el aprecio.

Las relaciones son coherentes según la calidad de las relaciones internas y externas que cada persona tiene consigo misma y con los otros. Los *coaches* energéticos trabajan para construir la comunidad desde dentro, uno a uno, empezando por ellos mismos. Cuando crece la energía del alineamiento en torno al punto central, las acciones externas conectadas de la comunidad producen más beneficios y resultados más significativos de lo que se podría conseguir de manera individual.

LA TRANSFORMACIÓN DEL INDIVIDUO A TRAVÉS DE LA COMUNIDAD

La transformación del ser no ocurre aisladamente. El contexto de la comunidad proporciona a la gente un gran espejo donde se reflejan sus valores y su visión. La fuerza colectiva de la comunidad afecta a la experiencia individual e influye en cada persona de una manera positiva o negativa. La fuerza colectiva se convierte en una espiral de energía de manera que los individuos que están relacionados con ella producen un efecto en la comunidad. Cada intención individual y la expresión visible de esta, influyen en la comunidad. La gente puede quejarse de los impuestos, por ejemplo, y sentirse víctima del sistema, pero siempre hay algo que puede hacer, individual o colectivamente, para influir en la comunidad, ya sea para bien o para mal.

La gente se conecta y genera influencias de unos a otros a través de la comunidad; sin embargo, tienden a desconectarse de esta cuando no encaja con sus valores. La ilusión de la separación permite a algunos negar la responsabilidad de crear una experiencia externa. Cuanto más grande sea la comunidad, más grande será la oportunidad de que las personas desconecten sin reflexión y sin responsabilidad.

En general los individuos ejercen gran poder cuando como miembros conectan y se responsabilizan de sus relaciones en la comunidad. Una comunidad de individuos responsables, alineados con un objetivo común tiene un gran impacto. Las iniciativas para mejorar casi siempre necesitan empezar a nivel comunitario, ya que aquellos que están en la cúspide han apostado por mantener el *statu quo* y están aislados de los efectos que sus acciones tienen sobre los que están en niveles inferiores.

Estudios médicos muestran que el tener un sistema positivo de apoyo aumenta el bienestar personal. Aquellos que han participado en grupos de apoyo sienten la energía del grupo cuando comparten sus historias personales. Como si algo dentro despertara a una consciencia superior, conectan más allá de lo que pueden hacerlo en solitario. Cuando la gente se abre a las posibilidades que le ofrece la comunidad, su aislamiento auto-impuesto trasciende mucho más allá y aparece una identidad fuerte de pertenencia y conexión. En el *coaching* energético el cliente examina y se hace responsable de la calidad de su comunidad. Cuando la gente sustituye las diferencias (separaciones artificiales) por valores espirituales y visión, se une a la comunidad por el bien común. Lo que es sostenido en común es mucho más grande que las diferencias superficiales. Cuanto más se une la gente, menos se necesita ser el héroe solitario de su historia aislada. Cuando se alcanza el punto central, con un equilibrio coherente entre lo interno y lo externo, la gente se da cuenta de qué terreno (espacio) común es impulsado por el bien común.

John: «*Recuerdo asistir a una conferencia patrocinada por el centro de Robert K. Greeenleaf sobre liderazgo de servicio y una asociación de líderes en representación de varios programas de desarrollo para la comunidad. Los dos grupos se reunieron primero para compartir ideas. Escuché a los apasionados representantes de cada grupo y quedé impactado con las semejanzas en cuanto a su propósito y filosofía. Sus palabras diferían, sin embargo ambos hablaban de compasión y servicio a sus semejantes. Según hablaba con diferentes personas iba encontrando más difícil decir a qué grupo pertenecían. Ellos compartían un terreno común que ningún grupo mencionó específicamente. ¿Cuál era la cualidad tácita? Lo interpreté como la mezcla de intenciones individuales dentro de un propósito de unidad que era la expresión de la bondad y el amor a través del servicio. Yo deseaba que pudieran ver el poder de sus intenciones unidas y crear así una comunidad más extensa y poderosa*».

Cada persona opera como una parte importante de un todo, y ninguna parte puede perderse o cambiarse sin alterar el todo. La comunidad proporciona la más grande oportunidad de transformación porque llama a los individuos a servir a un bien mayor, el bien de todos.

En tiempos de desastre o desesperanza la gente muestra su tendencia innata a ayudar a otros. Ellos saben que «lo hacen por la gracia de Dios». La compasión conecta a la gente cada vez que hay una petición de ayuda para aquellos que sufren. Una vez que se han ocupado de la desgracia, la gente normalmente vuelve a su situación ordinaria. Con el descenso de la empatía y la compasión, muchos regresan a sus separaciones artificiales y a su aislamiento auto-impuesto.

Los *coaches* energéticos buscan construir comunidad en torno a una humanidad compartida sin necesidad de tragedias. En *coaching* energético los clientes reflexionan sobre el ser y el hacer. La comunidad abarca familia, amigos, compañeros de trabajo, país y otros grupos de pertenencia. En cada grupo animamos a los clientes a contribuir cuidando las relaciones. Como norma, si ellos sirven a la comunidad, la comunidad les servirá a ellos. Si la comunidad no acompaña a los clientes, nosotros les ayudamos a influir en la comunidad para que así sea o para encontrar otra que les provea de oportunidades para poder ser ellos mismos y generar relaciones positivas.

John: «*Como miembro de un grupo llamado Centro de Transformación (Center of Transformation), algunas veces me pregunto qué es único en ese centro según mi experiencia, si la comparo con otros a los que pertenezco. Sé que siento una vibrante y vital conexión entre los miembros de ese grupo.*

La misión del grupo es 'Nosotros somos una comunidad sanadora, formadora y aprendiz, dedicada a crear un espacio sagrado para prácticas transformadoras que equilibran y alinean la mente, el cuerpo y el espíritu para alcanzar paz, armonía y una evolución ilustrada'. Cuando les cuento a mis amigos y a mi familia las experiencias del grupo, me siento emocionado al respetar y demostrar alineamiento con nuestros valores. El grupo me llama a estar en armonía con mi espíritu y con el de otros. La energía común se traslada al coaching porque la misma energía que me conecta con la sociedad está presente en mis relaciones individuales momento a momento».

La sociedad refleja el estado de consciencia de cada miembro. Cuando las personas no se hacen responsables de contribuir necesitan examinar su conexión con el grupo para asegurarse de que participan de manera que puedan expresarse. Si no tienen que trabajar para que así sea o dejarlo ir. De la misma manera que el poder más grande para el cambio y el crecimiento se genera dentro del individuo, la mejora de la comunidad desde dentro proporciona un enorme potencial de transformación. Ningún experto o agente de cambio externo puede proporcionar introspección y contribución duraderas para mejorar, algo que sí es posible con el compromiso de los miembros de la comunidad.

Si los miembros no pueden generar una transformación positiva necesitan elegir la opción que mejor satisfaga sus propios intereses y los de la comunidad. Algunas veces lo mejor que pueden hacer es contactar con otra comunidad. Los *coaches* energéticos ayudan a los clientes a examinar situaciones donde pueden obtener mejores resultados. Animamos a examinar las relaciones con la comunidad para que se aseguren de que se relacionan con grupos que apoyan la mejora y el crecimiento individual. Escuchamos las palabras de las historias de nuestros clientes que cuentan cómo encuentran sentido en las experiencias comunitarias. La comunidad sirve como potente catalizador del auto-conocimiento y el verdadero poder. La participación reta a la gente a ser y hacer más de lo que podrían individualmente. Pueden usar las relaciones con la comunidad para desafiar y difundir la visión del mundo que han creado de forma individual.

Por supuesto, están esos que se sienten desconectados o ajenos a su comunidad. Puede que se sientan aislados o separados de otros miembros del grupo o de su programa. Más que culpar al grupo, una pregunta útil que podrían hacerse es: «¿Qué parte de mí elige tener esta experiencia de vida y por qué razón?».

En lugar de jugar el rol de víctima en el grupo, podrían usar la experiencia negativa como reflexión. Sus sabios interiores podrían entonces revelar el papel que ellos y otros pueden jugar para contribuir al éxito del grupo. Haciendo la pregunta apropiada y encontrando la respuesta adecuada, las relaciones del grupo pueden transformarse en experiencias de aprendizaje.

Lea: «*Durante dos años pertenecí a una organización de voluntarios en la que invertí gran cantidad de tiempo y energía. A través del coaching me di cuenta de que no estaba obteniendo la satisfacción que había buscado cuando me uní a ella y por ello no estaba consiguiendo los resultados que esperaba. Empecé a focalizarme en mi misión personal y a buscar miembros que pudieran proporcionarme lo que buscaba. Me di cuenta de que no estaba dejando ir lo que no me servía por mi imposibilidad de tener una influencia positiva en el grupo. El grupo me había etiquetado y marginado porque no estaba de acuerdo con el programa vigente (que era diferente del programa expresado). Me di cuenta de que incluso las organizaciones de voluntarios tienen problemas sistémicos más allá de la habilidad de una persona para influir. Dado que tengo poco tiempo para ofrecerme como voluntaria y hay muchas oportunidades, ahora elijo cuidadosamente las comunidades a las que les dedico tiempo, dinero y energía*».

Algunas veces la gente encuentra difícil cambiar o dejar ir una comunidad como la familia o un trabajo que proporciona ingresos. Puede suponer un cambio de trabajo o un cambio de actitud, pero tiene que pasar para mantener la integridad personal y la coherencia.

John: «*En un momento de mi carrera profesional mi puesto cambió porque la organización fusionó áreas diferentes y creó nuevos departamentos. El objetivo anunciado de recortes, comúnmente llamado 'reorganización', era mejorar la eficacia y la eficiencia con menor coste. Como vi mi nuevo departamento como una excepción, me sentí excluido de las actividades de los miembros de otros grupos. Sabía que tenía que fijarme un objetivo para quedarme o irme definitivamente. Mis esfuerzos para que mi jefe clarificara mi nuevo rol y mis nuevas responsabilidades cayeron en saco roto. Llegué a pensar que se estaban produciendo movimientos para echarme de la empresa.*

Cuando busqué consejo en un compañero de otro departamento participé en una serie de diálogos con él y con una tercera persona sobre cómo manejar mejor mi situación. Decidimos ofrecer un programa formativo de comunicación tanto dentro del departamento como interdepartamental. Empezamos ofreciendo el programa de forma voluntaria, fuera de horas de trabajo. La financiación vino de la jefa de un departamento donde había habido problemas de reorganización. En dos años el programa creció con voluntarios de todos los niveles de la organización. El espíritu de equipo funcionó conmigo y con otros, y consiguió transformar una situación negativa en una situación beneficiosa para toda la comunidad».

EL INDIVIDUO CONECTADO

Las sociedades crean energía espiritual a través de las personas: 1) confiando en su sabiduría interior para escuchar y trabajar con espíritu; 2) acercándose a los otros a través del espíritu, influyendo en otros o dejándose influir por un bien común; y 3) combinando talentos, habilidades e intereses con la guía del espíritu para hacer ese trabajo comunitario que tendrá resultados positivos para todos los implicados. Ser parte de una comunidad proporciona oportunidades personales de transformación. Puede que no sea fácil asumir responsabilidades, pero el esfuerzo para expresar, participar y crecer dentro de un grupo satisface la necesidad humana de conectar con el mundo y contribuir a él.

Cuando la energía de la esencia se manifiesta en el hacer externo, la gente alcanza más y mejores resultados a través de la comunidad que individualmente. La comunidad proporciona la oportunidad de experimentar personalmente, no solo la energía del espíritu, sino también la de alcanzar mejores resultados grupales. El alineamiento del grupo con una visión positiva común compromete y mejora la energía del espíritu. Incluso si los resultados no son obvios a primera vista, los integrantes de la comunidad obtienen una mejora individual y empoderamiento conectándose, perteneciendo y abogando unos por otros.

Abraham Maslow, en su libro *Hombre auto-realizado: la psicología del ser* estudió la jerarquía de las necesidades humanas que culminan en las necesidades de realización personal o auto-realización. El *coaching* energético equipara la realización personal con la unidad individual. Maslow identificó la necesidad de conectar como una necesidad básica para el crecimiento humano. Según él, cubrir las necesidades sociales es un paso vital para alcanzar el último escalón, el de la realización personal. Una sociedad cohesionada y coherente satisface las necesidades de afecto, pertenencia y conectividad de sus integrantes.

Los *coaches* energéticos prestan atención a las palabras y a las formas de ver el mundo de los clientes, relacionándolas con su experiencia dentro de la comunidad. Mantenemos que la comunidad sirve como un potente catalizador para aumentar el auto-conocimiento y el poder auténtico. A través de la participación en la comunidad, los clientes pueden bajar sus defensas a la hora de interactuar y relacionarse. Pueden usar la experiencia del grupo como un espejo en el que mirarse más allá de las miradas individuales.

A lo largo de la historia de la humanidad, el delicado equilibrio entre el individualismo y la colectividad ha movido el péndulo de acá para allá. Para encontrar el punto de equilibrio entre fuerzas aparentemente opuestas como son los intereses individuales y los colectivos, los *coaches* energéticos adoptan una perspectiva global. Siendo conscientes de que todos estamos interconectados, retamos a los clientes a dar y recibir dentro de la comunidad como una inversión personal positiva. Aunque las personas se pueden sentir abrumadas e insignificantes en relación con el todo, a través del *coaching* pueden valorar su contribución. Los pensamientos, atribuciones, proyecciones, racionalizaciones y actitudes personales crean el conjunto. La esencia o cultura de la comunidad refleja la esencia de cada uno de sus miembros.

En un organismo dinámico como es la comunidad, los individuos son como las células del cuerpo. Un virus que ataca una célula se puede extender a muchas otras. El sistema inmunitario, sin embargo, sabe cómo identificar e inmovilizar a un virus para evitar una enfermedad seria. Debido a la conectividad de aquellos que están en la comunidad, el impacto que cada persona ejerce sobre otra tiene un efecto acumulado sobre la comunidad. Cada miembro es responsable de su salud, tanto si quiere como si no. Nadie puede estar fuera de la comunidad a la que pertenece. Cada persona, o bien es parte del problema o es parte de la solución.

Para alcanzar el sentido personal de totalidad e integridad los individuos tenemos que asumir la responsabilidad del rol que jugamos. El maestro interno percibe la incoherencia en aquellos que renuncian a la responsabilidad de ser y hacer en su comunidad. Los pecados de omisión son tan negativos como los pecados de acción para el maestro interno. Para alcanzar coherencia entre el ser interno y externo la gente debería mirar lo que la sociedad les proyecta. Si encuentran el reflejo aceptable, pueden mejorar sus cualidades (y siempre hay algo que mejorar). Si el reflejo es inaceptable, corren el riesgo de perder coherencia consigo mismos y con la comunidad a menos que hagan algo al respecto.

Lea: «*Lo siguiente que os cuento, incluso habiendo ocurrido hace casi 30 años, todavía me hace pensar en ello. Estaba hablando con alguien de la Liga de Mujeres Electoras.*

Me contó su trabajo en la organización, pero yo no estaba interesada. Desde mi ignorancia declaré que no confiaba en los políticos y que no votaba porque no consideraba que hubiera nadie por quien debiera hacerlo y no quería arriesgarme a hacerlo por la persona incorrecta. Esta persona mostró asombro y consternación. Me dijo que no estaba cumpliendo con mi obligación como ciudadana de los Estados Unidos y que si no fuera tan egocéntrica y vaga profundizaría en los temas y encontraría candidatos a los que apoyar. Aunque sufrí un duro escarmiento, una parte de mí entendió y aceptó lo que dijo. Vivía en un país libre y era mi deber ejercer mi libertad y mis derechos en vez de darlos por hecho. No podía salir ahí fuera y criticar sin hacer algo positivo para mantener mi integridad personal».

No hay comunidad intachable porque las personas somos imperfectas. El reflejo de la comunidad aumenta los errores y las debilidades humanas. Esto lleva a muchos individuos a trabajar de manera coherente para hacer del mundo un lugar mejor. Las comunidades dependen del dinero y de la política para influir en los individuos y construir alianzas sólidas. Garantizar el derecho al voto otorga a los ciudadanos sin dinero y sin peso político el mismo poder que a una persona rica y con influencia. Incluso si hubiera un sistema burocrático, engorroso, lento y corrupto en la comunidad, si los individuos rehusaran participar evitarían contribuir a la mejora. A menos que todos tomen parte, los cambios requeridos en cuanto a la sensibilidad social y la responsabilidad continuarán disminuyendo. Las personas se convierten en meros críticos que acusan y juegan el papel de víctimas. Es fácil quejarse, culpar y permanecer el margen. Los individuos con poder construyen comunidades de impacto. Aquellos que más recursos tienen deberían tener mayor influencia, pero muchos no la ejercitan para equilibrar el poder externo, basado en recursos externos, con el poder interno, basado en valores. Cuando las personas conectan con una razón de peso promueven el cambio progresivo hacia una visión compartida. Incluso si algunos se sienten desvalidos, la comunidad estima colectivamente a aquellos que se sobreponen a la adversidad. A la gente le gusta alentar a los desamparados.

John: «*Yo nadé en las Olimpiadas de Mayores. Estaba participando en una competición regional de 200 metros mariposa y necesité un par de segundos para descansar a los 150 metros. Mientras me aferraba al bordillo, el controlador del tiempo me hizo señas para que avanzara. Cuando los espectadores vieron que empezaba a nadar otra vez y que iba el último, en solitario, se pusieron en pie y comenzaron a animarme. Honestamente, fue el empuje de la multitud lo que me hizo continuar nadando aquellos 50 metros. Acabé el último, pero la multitud me ovacionó más a mí que al que había llegado el primero*».

Aquellos que se sienten abrumados o ineficaces deberían tomar fuerza de lo que ha ocurrido en los últimos cien años. Ha habido un gran avance en la conquista de derechos humanos gracias a personas valientes dispuestas a asumir su deber, como las mujeres que consiguieron el derecho al voto y la gente a cargo de los derechos civiles en los Estados Unidos. La caída del Muro de Berlín. Gandhi inició la Marcha de la Sal y revocó la ley británica con una resistencia pacífica. La gente que se une para apoyar lo que sabe de corazón que es lo correcto planta las semillas de grandes cambios. Cada uno, siendo coherente consigo mismo y con la comunidad, trabaja para hacer que la sociedad sea coherente con el ser gracias a una visión y unos valores comunes.

Aquellos que no conectan con la comunidad tienden a culpar, a cuestionar y a criticar en vez de trabajar para aportar mejoras. Si las personas juzgan y critican a su comunidad sin convertirse en el agente del cambio que ellos quieren ver, no se responsabilizarán de mejorar la situación. Las personas que juzgan y critican al margen de la comunidad se aíslan y enajenan. Los *coaches* energéticos ayudan a los clientes a impactar positivamente en su comunidad o elegir otra donde puedan hacerlo.

Lea: *«Joel trabaja en una prisión federal. Lleva allí veinte años y cuenta los días para jubilarse. Cada vez que hablo con él se queja de su trabajo. Le recuerdo como un joven que quería hacer cambios positivos allá donde fuera. Trabajó duro para lograrlo. Ahora se siente abatido con su trabajo. A pesar de que ha desarrollado un cinismo generalizado hacia sí mismo y hacia los demás, todavía quiere algo de la vida. Duda de si dejar su empleo porque quiere garantizarse la jubilación. A gran escala, valora los beneficios de tener seguridad, pero a pequeña escala rechaza a su jefe, a sus compañeros y a todo el sistema. Ha intentado hacer cambios a gran escala, a nivel individual, pero sin realizar alianzas. A escala inferior, Joel podría cambiar su actitud hacia su trabajo y eliminar el impacto negativo que este tiene en su vida. Pierde fuerza personal cuando se desconecta psíquicamente de su entorno de trabajo pero sigue conectado físicamente a él. Esta desconexión entre su ser interno y sus actos le genera un conflicto que erosiona su energía y su pasión por la vida».*

Para conectar con el espíritu y obtener fuerza interna, las personas necesitan desarrollar un impulso, una misión, una pasión, un propósito de vida. Los *coaches* energéticos juegan un papel importante para aquellos que actúan en automático, arrastrados por una fuerza externa, que se desconectan por la culpa y la crítica. Retamos al cliente a encontrar formas positivas de acceder a su maestro interno y empoderarse. Algunos se empoderan a sí mismos y crean su propósito a través de la expresión personal, tanto en el trabajo como en la comunidad. Ayudamos a los clientes a traducir esa fuerza interior que les mueve y revertirla en la sociedad a través de acciones. Cuanto más disfuncional parece la comunidad, más oportunidades de mejora se dan.

Lea: *«Incluso cuando había abandonado la organización de voluntarios de la que he hablado anteriormente, no podía soltar la experiencia ni el papel desempeñado para que al menos el resultado fuese satisfactorio. Sabiendo que había que hacer cambios en el sistema, actué al margen de la organización dentro de una comunidad mayor para conseguir mejoras. Ayudé a construir alianzas y trabajé de manera metódica una visión más general para conectar. Ahora la organización ha desarrollado una encuesta para recoger la opinión sobre el proyecto como primer paso para ayudar a las agencias a comunicar y cooperar unas con otras. Tener una misión ayuda a sostener la energía enfocada en incrementar las mejoras. Tuve que soltar, pero no me rendí».*

Incluso actuando de manera auténtica, mucha gente encuentra limitaciones que hacen que sus elecciones, sus intenciones y sus objetivos sean difíciles de alcanzar. La diferencia entre aquellos que apuestan y los que no es cuestión de la actitud elegida, donde reside la mayor fuerza personal. Por el motivo que sea algunos eligen no perseguir lo que desean en la vida, mientras otros encaran situaciones complicadas y persiguen lo que desean a pesar de las adversidades. El éxito depende de en dónde ponemos en foco. Deben visualizar su lugar de control (*locus of control*[6]) en el aparentemente grande mundo exterior o en el aparentemente pequeño mundo interior. El mundo exterior tiene la habilidad de abrumar y debilitar si la visión de la gente es amplia. Una persona coherente busca dentro de sí la fuerza

------

6   Nota de la correctora de traducción: «*Locus of control*», término psicológico que indica el grado en que un sujeto percibe que el origen de eventos, conductas y su propio comportamiento es interno o externo a él.

para equilibrar y compensar las circunstancias externas. Las personas tienen el poder de elegir su estado interno, para alinear sus pensamientos, sentimientos y percepciones con su espíritu. El espíritu ayuda a poner el empeño en lo más alto que una persona alienada no podría.

Los *coaches* energéticos crean conexiones con la comunidad, trabajando con las personas para expandir su esfera interna de influencia y encontrar formas de actuar y comportarse que son coherentes desde su interior. Sabemos que dondequiera que hay algo que puede ser criticado y rechazado, hay algo que puede ser apoyado y sostenido. Nosotros ayudamos a los individuos que están enfocados en lo externo, que culpan o están desconectados del grupo, a encontrar qué pueden hacer para mejorar su situación y hacer sus propias elecciones. Los *coaches* energéticos responsabilizan y retan a las personas cuando su actitud de servicio se centra en lo que está mal y no en las oportunidades de mejora. Incluso en situaciones muy negativas, ayudamos a las personas a encontrar retos y oportunidades dentro de ellas mismas que trasciendan dilemas externos obvios. Los *coaches* energéticos saben que superar situaciones complicadas genera autoestima, coraje y energía para el futuro. Las personas se benefician cuando conectan como miembros responsables de la sociedad a pesar de las dificultades y los retos que presente el grupo.

Trascender las situaciones adversas con una actitud positiva y de auto-empoderamiento proporciona una conexión directa con el espíritu, individual y colectivamente. No son aquellos que obtienen más sino los que se superan quienes ganan las recompensas de paz interior, satisfacción y fuerza. Gracias a la integridad personal y la conexión espiritual, los individuos y sus comunidades se benefician del resultado del compromiso con una visión y unos valores comunes.

A menudo ocurre que quienes buscan reconocimiento no lo obtienen. La comunidad sabe cuándo alguien está haciendo algo buscando más el reconocimiento individual que el bien común. Algunas personas buscan reconocimiento, recompensa y responsabilidad para llenar las necesidades de su ego. Otros, practicando un liderazgo de servicio, trabajan más por el bien de la comunidad que por sus intereses individuales. Estas personas saben que lo que hacen por otros les beneficia a ellos, dada su conexión con la comunidad. Experimentan el espíritu y una energía interior sostenible en contraste con aquellos que solo actúan para satisfacer las necesidades de su ego por el poder y el reconocimiento externo.

EL ASPECTO DEL HÉROE EN LA COMUNIDAD

«No es el crítico quien cuenta, no es quien señala al fuerte que tropieza o al realizador de proezas que podría haberlo hecho mejor. El crédito pertenece al hombre que de verdad está en la arena, que tiene la cara llena de polvo, sudor y sangre, aquel que lucha de forma valiente, aquel que yerra y se levanta una y otra vez, aquel que genera entusiasmo, que es devoto y se emplea en causas que merecen la pena; quien, en el mejor de los casos, conoce el triunfo de sus hazañas o quien, en el peor de los casos, si fracasa, fracasa mientras da lo mejor, así que su lugar nunca estará con aquellos de frías y tímidas almas, que no conocen ni la victoria ni la derrota».

THEODORE ROOSEVELT

Cada persona lleva dentro de sí un héroe. En tiempos de tragedia, peligro o amenaza, el héroe genera el cambio. A diario, los aspectos mundanos de la vida ocultan la apariencia del héroe. Incluso cuando la gente pudiera detectar que son poderosos creadores de realidad, puede que no tengan idea de cómo expresar su naturaleza de héroes. El mundo externo retrata al héroe como un individuo especial que realiza hazañas de superhéroe en situaciones imposibles. En realidad, el héroe es de quien la gente se aprovecha cuando elige actuar de forma auténtica, expresando coherencia y conexión. Una vez que la gente no necesita impresionar a otros, su héroe puede emerger. Los pequeños actos de amabilidad son heroicos, aunque puedan ser inapreciables. Los actos heroicos ocurren a diario. La verdad sea dicha, aceptar a la multitud es ya un acto de heroísmo. Puede que no haya reconocimiento externo o recompensa, pero el maestro interno lo reconoce.

Actuando cuando y como se requiere, los individuos se convierten en héroes para sí mismos. Cuidando y actuando en nombre de otros sin buscar reconocimiento individual o recompensa, se demuestran a ellos mismos y a la sociedad lo que significa ser íntegros y plenos. Cuando uno encuentra al héroe que lleva dentro descubre un aspecto único de su ser que le conecta significativamente con el mundo.

Los *coaches* energéticos ayudan a los clientes a reconocer su héroe interior a pesar de la falta de reconocimiento (o incluso resistencia activa) por parte de la comunidad. Un héroe externo no es necesario, porque nada externo puede igualarse con el poder de un héroe interno. Aquellos que actúan por reconocimiento externo nunca se sentirán completamente bien y los maestros internos de otros descubrirán que actúan por adoración al héroe. No generan confianza. Como impostores tratando de ser vistos y tomados como especiales, los presumidos rivalizan con otros y drenan los recursos del grupo.

Los *coaches* energéticos se focalizan en el interior, así los clientes pueden desarrollar las cualidades que admiran en otros. Ayudamos a otros a cultivar un sentido interno de grandeza y a encontrar formas de expresarla sin depender del reconocimiento ni del refuerzo externo. Celebramos la satisfacción interna en lugar del culto al héroe, basado en atributos superficiales y temporales tales como la fama, el dinero y la proeza física. Los *coaches* energéticos persiguen el auto-conocimiento y la auto-valoración para que así los clientes puedan abandonar cualquier necesidad de mostrar a ellos mismos y a otros lo valiosos, amables, perfectos y maravillosos que son. Los clientes empiezan a apreciar a su héroe interno, sustituyendo las riquezas, los reconocimientos y las recompensas por los valores heroicos internos.

Sabiendo que hay un héroe dentro de cada persona, la comunidad puede dejar de intentar crear héroes externos que la salven. En su lugar puede buscar relaciones basadas en una visión y valores comunes. Los miembros pueden compartir contribuciones y responsabilidad para que no sea uno solo el que se lleve toda la responsabilidad o el mérito de los resultados del esfuerzo del grupo. Gracias a que el esfuerzo del grupo es el bien común, sus miembros pueden trabajar eficazmente sin un líder, ya sea carismático o represivo, y sin un salvador.

Todos son iguales, y a la vez cada persona es especial y única. Cada individuo tiene un papel importante dentro de la comunidad. Incluso la existencia de una jerarquía no significa que una persona sea más importante que otra. Una vez que la persona dentro de la comunidad reconoce la igualdad individual, puede valorar sus contribuciones y las de otros. Aquellos con un don o talento especial en un área se complementan con otros de talentos y dones diferentes. La energía y el impacto de la sociedad son exponencialmente mayores que la suma de las partes.

Las comunidades reflejan el estado de consciencia de sus individuos. Si una comunidad permite al grupo pensar y actuar basándose en juicios externos se aísla, en tanto que los egos individuales juzgan y se separan de otros que perciben como inferiores. Las comunidades que se focalizan en la apariencia y el estatus externo reflejan la necesidad de juzgar y ser superiores o inferiores a otros. Estos grupos buscan desalojar o marginar a los que son diferentes. Uno de esos grupos podría ser el de los adolescentes modélicos. Las sociedades aisladas están formadas por individuos aislados con vínculos superficiales basados en «si tú me cubres la espalda, yo cubro la tuya».

La pertenencia a una comunidad que solo valora formas de distanciamiento y superioridad tales como el bienestar, el elitismo, la exaltación religiosa o la belleza física, fracasa en satisfacer a sus miembros. Centrada en la apariencia externa transitoria, este tipo de comunidad está falta de valores internos y de visión. El héroe que cada persona lleva dentro puede aflorar en aquellas comunidades en las que los resultados y los premios vienen del resultado de la contribución de cada individuo.

La sociedad conectada

«Solo aquel que está por debajo de mí puede envidiarme u odiarme. Nunca he sido envidiado ni odiado. No estoy por encima de nadie. Solo aquellos que están por encima de mí pueden apreciarme o menospreciarme. Nunca he sido apreciado o menospreciado, no estoy por debajo de nadie».
Kahil Gibran

Los miembros que valoran la singularidad de cada individuo generan el organismo vivo y dinámico de una comunidad conectada. Cada uno respeta el papel del otro y su contribución. La gente en una comunidad conectada equilibra los valores internos con los objetivos externos. Su misión de grupo o el enunciado de su visión les mantiene alineados. Emparejar una visión activa (el hacer) con los valores internos (el ser) conecta con el espíritu de grupo para formar una comunidad cohesionada.

Lea: «*Le pregunté a un catedrático en una de mis clases de Desarrollo Organizacional lo que podría funcionar para unir a las personas; me cuestionaba cómo aunar los intereses individuales con el bien común. Su respuesta me decepcionó: 'Crea un enemigo común', me dijo. Sin duda, su enfoque funciona, pero ¿se puede mantener? Pensé que había suficientes enemigos, así que no había necesidad de crear más. Buscaba formas de usar enfoques creativos, proactivos y visionarios para construir organizaciones saludables y sostenibles. La parte positiva del coaching me atrajo. El coaching apoya el crear lo externo desde lo positivo, la visión interna de lo que la gente quiere. Las organizaciones pueden hacer lo mismo enfocándose en lo que quieren más que en reaccionar ante amenazas externas*».

Los *coaches* energéticos saben que trabajar contra algo no es tan poderoso y sostenible como trabajar por y para algo. Queremos ayudar a las personas a unirse para abordar los grandes problemas de la humanidad. La necesidad de agua y energía renovable, la salud y los problemas sociales, la creciente población mundial y la desigualdad económica entre los que tienen y los que no puede originar bien un gran desastre o la más grande oportunidad de la Historia para que las personas trabajen unidas. El *coaching* energético tiene el papel de unir a personas con diferentes necesidades y procedencias para alcanzar un bien común. Si visionamos y diseñamos soluciones de forma colectiva podremos abordar y superar los grandes problemas de hoy.

La comunidad yo-uno de gente conectada está formada por individuos comprometidos de dentro hacia afuera para crear relaciones basadas en el respeto mutuo, la igualdad y la buena voluntad. Participa todo el mundo; ningún extranjero se queda atrás. Nadie tiene más valor que nadie. Todos están invitados a contribuir. La energía espiritual combinada crea una fuerza irresistible que trabaja para superar los retos que la comunidad afronta.

Una comunidad está formada por individuos en relación. Si la gente responde a aquello que les pide coherencia, entonces sus relaciones externas reflejan igualdad e integridad. Visualiza cómo sería un mundo en el que nos tratásemos con respeto gracias al que nos tenemos a nosotros mismos. Piensa en lo que sería si los clientes y los integrantes de una organización se trataran como partes valiosas de un todo. ¿Cómo se sentirían si todos los miembros de una familia buscaran lo mejor para el otro? ¿Cómo sería si los amigos y los conocidos fueran capaces de estar en el momento presente con autenticidad y aceptación los unos para con los otros, sin importar el pasado o los prejuicios? Comienza con el ser de los individuos, siendo lo que ellos quieren ser respecto a ellos mismos y en la relación con otros; es la Regla de Oro.

Los *coaches* energéticos examinamos a la comunidad y el sistema de apoyos de nuestros clientes para ver si sus relaciones muestran la energía del espíritu para el bien común. Entonces les ayudamos a visionar y crear la comunidad que ellos quieren. Enfocándose en su propósito de vida, participan en la comunidad de manera que esta les conduzca hacia la integración personal. La comunidad actúa como espejo de la visión y los valores individuales. Igual que los individuos en la comunidad yo-uno contribuyen a hacer su mundo externo un reflejo de sí mismos, los clientes coherentes sirven de catalizador para la mejora de las relaciones en la comunidad. Equilibrados y conectados con el espíritu a través de la intención positiva, la libre y buena voluntad y, por supuesto, el amor, crean relaciones sociales que son un reflejo de lo que ellos son.

La comunidad en el lugar de trabajo: el coach energético, la organización energética, el ejecutivo valiente

«Maslow dijo que la introspección a tiempo completo en una cueva con uno mismo era un acercamiento a la auto-realización que nunca había visto que funcionara para nadie; la calidad de todos los asuntos relacionados con la auto-realización genera que son motivados por algún trabajo importante».
Communication, Language and Meaning, George A. Miller

Según la importancia del trabajo y el impacto de las organizaciones en el individuo y en la sociedad, la comunidad como entidad conectada tiene un gran potencial energético. La sociedad crea espejos del reflejo de cada individuo. Cómo conecta cada uno con el trabajo de la comunidad y el trabajo de cada uno con el de los otros es lo que crea el espíritu de la organización. Cuando las personas crean comunidades de trabajo que surgen por iniciativa propia, nos referimos a ellos como «miembros» en vez de como «empleadores» y «empleados». Como observa Jane Galloway Seiling en su libro *The Membership Organization*, para alcanzar empoderamiento individual e identificación organizacional, los empleados deben ver su lugar de trabajo como una comunidad.

El método y el *management* «científico» han cumplido su propósito; sin embargo, nos hemos quedado en un enquistado paradigma que nos resta potencial. El *coaching* energético contiene algo intrínseco y de calidad, difícil de medir, que es tan importante como lo extrínseco y medible. El valorar la objetividad sobre la subjetividad nos ha llevado a una manera de ver el mundo sesgada. Especialmente en las organizaciones, la calidad de las relaciones y el ser coherentes debería valorarse en los objetivos tangibles a corto plazo.

Algunas organizaciones manifiestan que las personas son un activo importante, pero las ven como un pasivo en su cuenta de resultados. Cuando las empresas reducen salarios como método a corto plazo para incrementar beneficios se pierde confianza y se deterioran las relaciones.

Esto no significa que todos los trabajadores tengan que tener garantizado el empleo de por vida. En una organización cada persona es responsable de hacer su trabajo. Desafortunadamente, algunas personas solo piensan en promocionar. Estos son algunos de los que no hacen su trabajo, y/o dificultan el trabajo de otros. Los detractores perjudican a la organización, generando trabajo y dificultad en el de otros. Tan pronto como las personas de la organización comparen sus valores con sus resultados verán la brecha. Los miembros deben ocuparse de esa brecha para solventar la incoherencia de cómo hablan, actúan y se tratan los unos a los otros dentro de la organización. Los miembros que no encajen o rechacen contribuir deberán ser recolocados o habrá que dejarles ir por el bien del conjunto.

Lea: «*Judy constituía un desafío especialmente en el trabajo porque se comportaba de forma errónea. Dependiendo de su humor, podía ser encantadora y comunicativa o arisca y cerrada. Algunas veces, cuando pasaba por el pasillo de la oficina saludaba a la gente muy amablemente; otras veces, estampaba la puerta en las narices de la persona que iba detrás de ella. Había días que parecía realmente interesada por sus compañeros, mientras que otros permanecía en su mesa y evitaba cualquier contacto; si la gente la interrumpía, les echaba una mirada asesina según salían. Algunas veces se ofrecía a ayudar a otros, mientras que otras veces rechazaba el trabajo extra. Judy escuchó un cotilleo y lo difundió. Su comportamiento incoherente e inconsistente sacaba de quicio a sus compañeros y esa era la forma en que ejercía su poder sobre ellos. Por alguna razón, su supervisora permitió tal comportamiento en detrimento de la moralidad y la productividad».*

Las situaciones en las que la gente tiene que trabajar con compañeros volubles, impredecibles, dificultan la productividad y la satisfacción en el trabajo. A pesar de ello, la mayoría de las organizaciones sufren a muchas Judys y pocas atajan ese comportamiento. No existen normas escritas para tales actos irregulares y la persona se mantiene al margen de cualquier reproche haciendo su trabajo. Este tipo de gente como Judy probablemente lleva mucho tiempo en la organización porque si fueran nuevos no habrían durado.

Las organizaciones deben abordar ciertos comportamientos, no solo por productividad sino por una cuestión de valores y de relación. Solo definiendo claramente los parámetros de cómo ha de tratarse a las personas en la organización, esta puede manejar un comportamiento negativo de forma positiva. Los *coaches* energéticos pueden contribuir a detectar las razones de la desconexión con el individuo, con los compañeros y con los valores de la organización. No todo el mundo necesita ser feliz en la organización; sin embargo, trabajamos para destapar y resolver las causas que originan un mal comportamiento con el objetivo de reducir el impacto de una continua negatividad. Nuestro objetivo es promover libremente la buena voluntad y la conexión de cada persona, de la organización y de la comunidad.

RETO Y OPORTUNIDAD EN EL LUGAR DE TRABAJO

El trabajo de una organización no es solo realizar un producto y emplear a gente; es crear pertenencia, significado y oportunidades para el crecimiento personal. Dada la gran diversidad de relaciones entre sus miembros, alcanzar la integridad, equilibrar los valores internos y las acciones, se convierte en algo exponencialmente complejo en comunidad. Las cualidades únicas de cada relación hacen que lograr el equilibrio de objetivos que están en conflicto con escasos recursos sea un desafío. Entre el estímulo y la respuesta está el punto medio donde los valores organizacionales guían a sus miembros en ese momento. Cuando se requieran distintas personas para trabajar juntas en objetivos comunes, las organizaciones promueven conexiones para alcanzar mayores resultados. Las oportunidades para la conectividad, los objetivos comunes, el reconocimiento por el esfuerzo, la satisfacción y la auto-realización invitan al espíritu dentro de la organización.

Algunos encuentran difícil trabajar con quienes son diferentes. Las organizaciones ofrecen una excelente oportunidad para hacerlo. Producir algo que no es necesariamente relevante en sí mismo (como hacer aparatos en una cadena de montaje) puede requerir creatividad y determinación. Los *coaches* energéticos ven que la organización es a menudo un reto que bien acometido puede proporcionar gran conexión con uno mismo, con los otros y con el espíritu. El *coaching* energético proporciona una perspectiva que conecta a los individuos entre ellos y con objetivos comunes. Cada empleado individualmente es un ejemplo para fomentar la igualdad y la totalidad, principalmente en aquellos en puestos altos que tienen mayor poder y visibilidad con sus palabras y acciones.

Cuando se trabaja como un organismo vivo con coherencia interna y externa, la organización transmite cualidades espirituales. Los miembros se benefician, no importa cuál sea su trabajo o estatus. ¿Suena idealista esta visión de las organizaciones como un todo unificado e igualitario? Aunque es relativamente raro, las organizaciones buscan coherencia, integridad e igualdad. Las personas pueden cambiar en un instante y alinearse con valores comunes si se les invita a hacerlo de forma síncera. Con enfoque y esfuerzo, la organización alcanza un punto de inflexión como si acumulara energía en torno a una visión que genera relaciones coherentes desde dentro y desde fuera. La visión de un lugar de trabajo energético y con espíritu se convierte en una realidad.

¿CÓMO SERÍA UNA ORGANIZACIÓN ENERGÉTICA?

Visualiza esto. Antes de que una organización energética contrate a alguien, el empleador revisa el manual con el posible miembro para describir los valores y la visión de la organización. En el manual están las pautas habituales de conducta −el hacer como parte del trabajo; hay igual énfasis en los valores de la organización respecto a cómo se tratan las personas y cómo cuidan su trabajo−, el formar parte del trabajo. Dicho manual debería utilizar este lenguaje:

Los empleados de la compañía X son conocidos por la amabilidad, el respeto y el aprecio de los unos hacia los otros. El cotilleo, la difamación y la negatividad no forman parte de la cultura de la empresa. Tratamos los temas directamente, uno a uno, con respeto por las diferencias.

La compañía X da la bienvenida a las sugerencias de mejora de sus miembros. En vez de hablar de problemas, hablan de soluciones y se hacen responsables de los resultados.

Los empleados confían en la empresa, en sus supervisores, en sus compañeros y en el departamento de Recursos Humanos para expresar sus preocupaciones y sugerencias sobre cómo ser tratados dentro de la compañía. La Dirección seguirá a fondo la resolución de cada preocupación y sugerencia proporcionando orientación en el proceso.

Los miembros de la compañía X están orgullosos de su trabajo y asumen la responsabilidad de sus aportaciones. Acusar a otros o cuestionar sus decisiones no forma parte de nuestra cultura empresarial. Por el contrario, antes de tomar una decisión, animamos a que las personas se expresen. Abordaremos cualquier inquietud. Aquellos que se vean afectados por las decisiones tendrán la oportunidad de expresarse antes de acometerlas y dar forma a las políticas a implantar. Los miembros harán preguntas y proporcionarán justificación para que podemos lograr la comprensión y la responsabilidad colectiva sobre los resultados.

Incluso estando la compañía X en proceso de mejora continua, los miembros cometerán errores. Vemos los errores como oportunidades de mejora. Promovemos la investigación y los diálogos abiertos para hacer las correcciones oportunas, incorporar novedades o cambios en los procedimientos operativos estándares; así podemos reducir errores que son evitables. Los miembros de la compañía X se hacen responsables de sus aportaciones, incluyendo las lecciones aprendidas de los errores.

En la compañía X las personas son reconocidas de acuerdo con sus contribuciones. Equipos, departamentos y la organización en su conjunto serán reconocidos conforme a su rentabilidad y actuación. Muchos factores influyen en el reconocimiento, incluyendo el valor de mercado de un determinado puesto y el salario de ese puesto en la industria y en el área. Para mantener una compañía rentable y saneada, distribuimos los reconocimientos equitativamente y los revisamos continuamente. No damos recompensas o reconocimientos de forma automática.

Reconocemos las aportaciones meritorias. Subimos los salarios conforme aumenta la aportación a la organización y al beneficio de todos. Los empleados podrán sugerir una revisión del salario y justificar dicha petición de aumento en cualquier momento. La organización provee posibilidades de mejora para aquellos que invierten en su progreso y aprendizaje.

Las personas hablan con honestidad entre sí, con los clientes y con los conciudadanos. Gracias a una comunicación abierta y honesta, los miembros trabajan cooperativamente para encontrar las mejores soluciones, dialogan los temas abiertamente sin juzgar a las personas, sus ideas, opiniones o perspectivas. Contribuyendo con esfuerzo continuo a la mejora, los miembros generan puentes que cubren las lagunas que puedan existir en las perspectivas individuales. La confianza se fomenta intencionadamente y las lagunas relacionadas con la credibilidad son tratadas. La organización se basa en una acción auténtica; hacemos lo que predicamos.

La compañía X anima a sus miembros a preguntarse por qué trabajan aquí. La empresa dedica energía y visión a alcanzar altos estándares, crecimiento y mejora continua a través de todos sus miembros, asumiendo responsabilidad individual por los valores vivos que contribuyen al bien común».

La declaración de valores expresada coherentemente por la organización al inicio del proceso de incorporación comunica las expectativas de una manera realista. Una «organización energética» apoya a sus miembros para que cada uno se haga responsable de expresar esos valores de forma individual en toda la organización. Por supuesto, habrá días malos para todo el mundo, pero no se acepta que una persona use el «tener un mal día» como excusa para un comportamiento inadecuado. Debe haber consenso sobre cómo se debe tratar a la gente en el trabajo, de manera que se rechacen los comportamientos negativos y se celebren y reconozcan los positivos. Dado de que hay muchas personas diferentes y diferentes situaciones en la organización, todas las personas –especialmente aquellas en puestos de dirección– necesitan practicar valores como la equidad, la amabilidad, el agradecimiento, el respeto, la verdad, la autenticidad y la confianza.

El espíritu de una organización expresado a través de un sistema de valores llena de energía las relaciones humanas en el trabajo, generando resultados extraordinarios.

Lea: «*Como presidente, Mark a menudo insistía a sus colaboradores en que él podía proporcionar a la compañía un plan estratégico y no marcar ninguna diferencia. Es la valía de la gente la que marca la diferencia y no el plan en sí mismo*».

EL PODER DE LAS EMOCIONES

Lea: «*Brad era infeliz en su trabajo en el departamento de contabilidad. Su jefe le daba cada vez más trabajo porque era bueno. Cuando había un asunto especial, lo dejaba caer en el escritorio de Brad porque sabía que él lo completaría con diligencia y precisión. El resentimiento y el malhumor de Brad crecieron. Naturalmente su comportamiento quedó reflejado en su trabajo. Cuando su jefe le preguntó qué le preocupaba, Brad dio salida a su frustración y a su enfado. El jefe de Brad le escuchó mientras se desahogaba. Cuando se calmó, su jefe le pidió sugerencias para mejorar su situación en el trabajo. Juntos trazaron algunas líneas de actuación en relación a asignaciones específicas. Su jefe acordó delegar algunos trabajos en otros departamentos, así Brad podría estar disponible para hacer trabajo extra cuando se requiriera. En compensación, el jefe de Brad le pidió que fuera más cooperativo y amable con el resto*».

El jefe de Brad actuó como un *coach* energético, escuchándolo y permitiendo que expresara su frustración sin consecuencias negativas. En vez de sentirse intimidado por la explosión de Brad, confió en su conocimiento interior que le decía que era un empleado competente y atento. De hecho, si a Brad no le hubiera importado su trabajo, no hubiera reaccionado de modo tan emocional. Gracias a la receptividad y la acogida demostrada por su supervisor, Brad descubrió que a su jefe le importaba como persona. Gracias a que se sintió empoderado por su superior, le propuso soluciones y adquirió responsabilidad en su implantación. Su jefe le animó a cuidar su trabajo y fortalecer sus conexiones emocionales con la comunidad.

Cuando los miembros de una organización sienten que esta se preocupa y cuida de ellos es más probable que respondan. Las emociones son un poderoso vínculo entre las personas y la comunidad a la que pertenecen. Nadie trabaja diligente ni productivamente sin ese vínculo emocional. A menudo los miembros que más cuidan la organización son quienes se sienten más frustrados. El *coaching* energético ayuda a las personas a encontrar formas de vincularse emocional y positivamente con su trabajo o les ayuda a encontrar otro trabajo donde encajen mejor.

La organización estímulo-respuesta

«La falta de planificación por tu parte no constituye una emergencia para la mía».
(Cartel colgado en muchas organizaciones)

Muchos lugares de trabajo no se rigen por valores, incluso cuando han formulado una misión que, se supone, todos sus miembros deben recordar. Sin relaciones internas que reflejen la declaración de valores, las organizaciones son incongruentes; operan en base a la dinámica «estímulo-respuesta» de sus integrantes. Sin la conexión ni la integración de una visión y un sistema de valores vivos, las personas no tienen una dirección que guíe su comportamiento, ni estándares, ni resultados.

En una organización del tipo «estímulo-respuesta» y con baja autoestima, los miembros practican tácticas de evasión y se comportan como marionetas, respondiendo automáticamente a los acontecimientos externos. Esto genera gran actividad pero poco avance. Cada crisis –igual que la del día anterior– se enfoca con una energía insostenible. Sin fuego contra el que luchar, sus miembros esperan en sus mesas frente a un montón de trabajo que evitan hacer debido a la carencia de energía, propósito y compromiso. Es la emergencia lo que lleva a actuar y los problemas se abordan únicamente cuando no pueden ser ignorados por más tiempo. Lo que podría haber sido un problema menor si se hubiera tratado proactivamente se convierte en un foco de atención. La gente tiende a posponer su trabajo hasta la fecha límite y lo hacen por miedo a exponerse. Incluso si alguien intenta guiarles, la mayoría lo ignora. El plan estratégico suele ir a la basura y la gente espera sentada a que las iniciativas desaparezcan como desaparecen las modas. Los empleados esperan a ser reconocidos o castigados. Los buenos empleados se marchan y nadie sabe, ni le importa, por qué. A la organización le falta espíritu porque hay falta de trabajo en equipo, de respeto y de autenticidad. Sin la energía espiritual que conecta y abraza a una comunidad coherente con valores declarados, los miembros a la larga son tratados como sirvientes contratados. Se sienten intimidados, lo que los lleva a ejercer prácticas de mando y control para asegurar que el trabajo se hace.

Muchas organizaciones juegan en este tipo de escenario en mayor o menor medida. ¿Cómo se puede cambiar dicha situación? Lo primero, han de vivir los valores en los que se basa su visión. Los que están en puestos directivos deben emular los valores clave, especialmente en sus acciones (el hacer) y en su personalidad (el ser). Pueden transformar una organización «estímulo-respuesta» en una organización con visión y liderada por valores. El cambio es difícil; los líderes deben ser y actuar de manera diferente si quieren atraer y retener a aquellos miembros con los valores y la visión deseada.

Lea: «*Mi marido, Steve, fue el sexto supervisor en una empresa de laminados. Cuando fue ascendido a un puesto de investigación sabía que tenía que aceptar a pesar de que el trabajo era muy inestable. El molino era el cuello de botella de la parte siderúrgica. Steve sabía que sería recolocado si no lograba aumentar la eficiencia.*

Hizo saber a todos que no podría conseguirlo solo. Confió en su integridad e inteligencia más que en su puesto a la hora de trabajar para la mejora. Estudió la operativa, echando muchas horas para adquirir un completo conocimiento de los hechos. Sabía quién era (lo interno) y lo que estaba ocurriendo (lo externo). Los cambios que hizo no dieron resultados inmediatamente; al principio las cosas incluso fueron a peor en la laminadora, pero el supervisor de Steve continuó apoyándole.

Se arriesgó al juicio y al rechazo, haciendo a cada persona responsable de su trabajo. Se preocupó de aquellos que no hacían el trabajo y dejó marchar a quienes obstaculizaban la mejora. Incluso así, al principio era impopular, pero dijo la verdad y esperó lo mismo del resto. Pidiendo el apoyo de aquellos a los que les importaba la laminadora comenzó a cogerle el pulso a la operativa, escuchando a la gente que hacía el trabajo y pidiéndoles sugerencias.

Al año y medio, después de algunas crisis, la laminadora dio un giro. Steve triunfó donde los cinco supervisores anteriores no habían podido. Muchos se resistieron a sus esfuerzos iniciales de mejora poniendo a prueba su integridad. Sin embargo, al cabo de un tiempo Steve se ganó el respeto de sus más ardientes detractores. Compartió el mérito del cambio con sus colaboradores, que se habían implicado al ver el beneficio de trabajar juntos y seguir el ejemplo de Steve por una causa auténtica».

La mayoría de las personas quieren transformar las empresas del tipo «apagafuegos», «estímulo-respuesta» y «padres-hijos» en empresas maduras, eficaces y proactivas. Al principio algunos se pueden resistir en el camino hacia la excelencia. Esperan a decidir si quieren conectar con la totalidad. En cuanto la organización comienza a ser coherente gracias a las acciones individuales coherentes con la visión y los valores (que comienza con los que ostentan cargos superiores) la energía del espíritu es palpable en una organización excelente. El espíritu aporta energía ayudando a aquellos que están alineados con mantenerse en el camino. Acoge a individuos valientes que asumen riesgos, que se conocen a sí mismos, para que poco a poco vayan situando el barco a favor del viento del espíritu, incluso cuando parece estar adentrándose en territorio desconocido.

La cultura del desconocimiento

«Aquellos que ocupan puestos de mayor responsabilidad deben ser los primeros en empezar a moldear una nueva realidad, más cerca del corazón».
CANCIÓN DE RUSH

Así como los individuos nos convertimos en personas incoherentes cuando ignoramos a nuestro maestro interno, también lo hacen las organizaciones. Muchas ignoran la verdad que sostiene la semilla de la excelencia. Para alcanzar coherencia y equilibrio los maestros interiores de cada uno deben conectarse con el maestro interno de la organización. Hay organizaciones cuyos miembros, implícitamente, acuerdan ignorar la verdad y alimentar vacas sagradas.

El libro *Driving Fear out of the Workplace* de Kathleen Ryan and Daniel Oestreich revela cómo la incoherencia individual y sistémica crea situaciones y temas catalogados como «indiscutibles». Aunque algunas veces se hace creer que los temas tabú son insignificantes o inútiles, evitar verdades difíciles bloquea la energía y la sabiduría interior para alcanzar la coherencia individual y organizacional. Cuando la verdad no puede transcurrir abierta y libremente, la energía merma. La organización se debilita cuando los individuos que la componen son censurados.

Siempre que la gente actúa en contra del sistema de valores establecido se fomenta la pérdida de conexión y energía. Las personas desconfían unas de otras y de la organización, hasta el punto de que sienten que tienen que criticar o permanecer al margen para mantener su coherencia personal. Sin embargo, el maestro interno permanece recordando a las personas que trabajar para una organización desconectada y sin autenticidad es una pérdida de energía. La incoherencia permea el lugar, corroe la productividad y la satisfacción en el puesto de trabajo, de dentro a fuera, como un virus voraz que mata a su portador.

Los líderes tienen una gran responsabilidad. Si no buscan la verdad evitan su responsabilidad. Aquellos que tienen posiciones de liderazgo han de hacerse especialmente responsables si la organización no se muestra alineada con los valores establecidos. Los miembros de una organización que temen las consecuencias de sus dirigentes son identificados con facilidad. Aquellos que se preocupan y quieren expresar la verdad se rinden porque no quieren saber la dirección. Los pecados de omisión se convierten en frecuentes en un ambiente de «no preguntes-no te digo». Es imprescindible hablar sobre los «indiscutibles» y decir la verdad. Incluso si los líderes no poseen los recursos para hacer frente a un problema, es importante reconocer la preocupación de la comunidad. A pesar de los retos intrínsecos que tiene toda organización por el solo hecho de trabajar al máximo rendimiento, los líderes necesitan acometer las dificultades directa y abiertamente.

Lea: *«El jefe de Steve, director de Operaciones de la siderúrgica, también perteneciente al Comité de Importación de Acero en Washington, DC., le pidió que comprase acero de proveedores extranjeros para ahorrar dinero. Steve preguntó qué pasaría si alguien en el Comité de Importación lo descubría. Sin recibir ningún tipo de respuesta, Steve se dio cuenta de que su jefe había actuado como si no tuviera nada que ver con el tema. Si alguien en la industria lo descubría, Steve sería el chivo expiatorio».*

Algunas formas de ganar dinero son más rápidas y fáciles que otras, por lo que la rentabilidad no puede ser el único objetivo en una organización energética. El camino de menor resistencia no conduce a ninguna parte. Así como las personas coherentes saben que deben hacer un trabajo interno difícil, la organización energética sabe que el beneficio es el resultado de mantener los valores con acción auténtica. La práctica del «no saber» por parte de quienes están en lo más alto de la organización necesita ser abordada. Decir la verdad es un trabajo difícil pero genera grandes dividendos para la comunidad y sus miembros.

Se dice que los empleados tratan a los clientes de la misma manera que la organización trata a sus miembros. El equipo directivo debe hacer lo que predica ya que si no no puede esperar que nadie más lo haga. Los líderes deben vivir los valores para que otros los sigan.

EL COACH ENERGÉTICO ORGANIZACIONAL

El *coach* energético actúa en el ámbito de las relaciones, examinando las lagunas entre los valores internos y su expresión externa. Empezando por los altos directivos de la organización; el objetivo es alcanzar un nivel ejecutivo de coherencia entre valores y comportamientos. Solo cuando los ejecutivos logran la coherencia, los miembros (sus colaboradores) pueden ser entrenados a nivel individual para alcanzar altos estándares en las relaciones y la operativa.

Los *coaches* energéticos identifican y comunican las lagunas entre los distintos niveles organizativos para que lo desconocido se convierta en conocido. Incluso si nada se puede hacer ante alguna situación, al menos se destapa la olla a presión y los miembros se sienten conectados mientras afrontan las dificultades y los retos comunes de manera honesta.

Los *coaches* energéticos se convierten en mensajeros de la dirección en nombre de sus miembros, de manera que la organización pueda afrontar los impedimentos para alcanzar la confianza y el respeto. Buscamos la verdad y ponemos enfrente de la dirección temas controvertidos o incómodos. Retamos al liderazgo a que sea responsable y un ejemplo para otros. Al seguir el ejemplo de los líderes, los miembros de todos los niveles de la organización aumentan su responsabilidad. La energía positiva sostenible –la del espíritu– eleva a la organización a altos estándares de integridad personal y trabajo.

Los *coaches* energéticos ayudan a otros a identificar y valorar los riesgos. Como testigos compasivos y objetivos de la organización, comunicamos para que otros se sientan libres de decir la verdad y actuar con autenticidad. Cuando retamos a las personas a dar lo mejor de sí mimas, sacamos provecho del maestro interior. Ayudamos a los líderes a afrontar los retos con valentía. Los *coaches* energéticos llegan a ser el espejo de los ejecutivos valientes que quieren alinearse y actuar de acuerdo con altos niveles de verdad, integridad y autenticidad, creando coherencia en toda la organización.

John: «*En mi trabajo anterior como consultor interno en Desarrollo Organizacional (OD) se me dio la oportunidad de trabajar con Joe, que estaba a cargo del departamento de Ventas al por menor con muchos subordinados directos. Su jefe, vicepresidente de Ventas de la compañía, le daba nuevos objetivos cada año. Joe estaba agotado porque los nuevos objetivos nada tenían que ver con su desempeño anterior ni con ninguna otra medida que fuese relevante. Estaba preocupado de que la corporación estuviera tan alejada de la realidad del día a día y de las dificultades y problemas que su división tenía que afrontar a diario. La sede central definía objetivos de ventas que estaban fuera del alcance de su personal. Hablé con él sobre cómo manejar los incrementos para que estuvieran basados en hechos prácticos y que no sacaran su resentimiento. Mirando hacia atrás, como coach energético podría haber actuado más instintivamente, desde la emoción, ayudándole a trabajar en cómo mantener su integridad frente a su personal, al tiempo que hacía malabarismos con las poco razonables peticiones de la organización. Ambos hubiéramos coincidido en nuestra búsqueda del modo más adecuado de presentar los nuevos objetivos al personal de una forma coherente y auténtica. Así, había podido entrenar a su personal desde las mismas reacciones que ya había experimentado pero de manera más positiva y proactiva para evitar tanto la reacción «estímulo-respuesta» como la pérdida de motivación que podían acarrear las peticiones irracionales. Yo le habría alentado a confiar en la verdad y transmitir los mensajes de sus colaboradores a la empresa de manera que pudieran ser escuchados. Si no hubiéramos logrado encontrar una forma de hacer ambas cosas con integridad hu-*

biera trabajado con él para lidiar con lo que significa estar atrapado, con la pérdida de integridad que provoca el tratar de satisfacer las expectativas de los dos lados».

Los *coaches* energéticos, como ejecutivos valientes, se dan cuenta de que cuanto mayor es el riesgo, mayor es el reconocimiento. Sin ataduras a ningún cliente en particular, ni a ningún nivel de ingresos, podemos ser un ejemplo de verdad e integridad. Hacemos de espejo al estándar de la organización y así los directivos pueden actuar en coherencia con los valores establecidos. Sabiendo que arriesgan sus ingresos y el ser relegados al ostracismo al mostrar y afrontar temas delicados en la organización, los *coaches* energéticos se comprometen con la energía del espíritu. Eliminando el doble lenguaje y los dobles raseros fomentamos relaciones estrechas y una comunicación real. Asumiendo los riesgos por el bien de la verdad, servimos de ejemplo a los valientes ejecutivos del compromiso necesario para comportarse congruentemente. La verdad invita al espíritu, poderoso catalizador para mantener la energía en dirección a un cambio positivo en las organizaciones.

Cuando las organizaciones se convierten en entidades cohesionadas en crecimiento, reflejan las características del espíritu que permea la cultura y crea el motor hacia la excelencia. Los ejecutivos valientes hacen de espejo de los valores de la organización; los *coaches* energéticos los retan a reflejar altos estándares y les proporcionan apoyo en las decisiones difíciles. Los ejecutivos valientes muestran coherencia para que la cara externa de la organización refleje los valores internos de sus miembros.

El papel de los individuos espirituales en las organizaciones

La mejora sostenida en las organizaciones no puede tener lugar si las personas que la integran no se responsabilizan de la parte que les corresponde. El apoyo de la dirección es lo primero, pero es solo un ingrediente de la mezcla. Cada miembro de la organización debe dar lo mejor. Igual que una pequeña cantidad de sal puede alterar drásticamente el sabor de una receta, cada persona puede afectar a una comunidad.

Aproximarnos a empresas grandes y complejas desde un enfoque individual puede parecer poco práctico. Pero, al igual que un holograma, el todo refleja sus partes; cada individuo refleja a la organización. Cuando la organización logra coherencia, todos se benefician de la energía superior. El espíritu es lo que hace la suma mayor que las partes. Ayuda a realizar un trabajo que no sería posible de manera individual. No tenemos explicación de cómo funciona el espíritu, pero si la gente y las organizaciones se alinean con su visión y sus valores de manera consistente forman una masa crítica para crear una cultura coherente que llama a los individuos a dar lo mejor de sí mismos.

Para crear, sostener e infundir energía, todos los individuos deben experimentar la libre elección. Las personas crean organizaciones para personas. El verdadero poder es la habilidad de tener opciones y elegir entre ellas. Cuando empoderamos la elección que proviene del individuo, la visión y los valores se vinculan y su alienación sinérgica se abre al espíritu. Cuando los equipos operan de manera cohesiva, su trabajo fluye y se resuelven sus problemas sin demandas o amenazas externas.

Según Michael Abrashoff, en un artículo de la revista Fast Company: *«No puedes ordenar a las personas que lleguen a ser cohesivas. No puedes pedir un gran rendimiento.*

Tienes que crear la cultura y el clima que lo hacen posible. Tienes que crear vínculos de confianza... Encontré que la única manera de hacerlo es uno a uno».

RELACIONES PODEROSAS

«En las organizaciones, el poder y la energía real se generan a través de las relaciones. Los patrones de relación y las capacidades para crearlas son más importantes que las tareas, las funciones, los roles y las posiciones».
MARGARET WHEATLEY

Lea: *«Durante nuestro desayuno semanal, mi amiga Herb y yo intercambiábamos ideas de cómo mejorar nuestro entorno de trabajo. Las dos habíamos trabajado en Recursos Humanos y en Desarrollo Organizacional, así que a menudo nos enredábamos en estimulantes conversaciones sobre cómo dirigir una compañía. Teníamos un dicho que suena simple y del que nos reíamos: 'iEs la relación, estúpida!'. «Estúpida» significaba que lo que estaba ocurriendo en la dinámica organizacional era obvio, pero los directivos lo estaban pasando por alto, minimizando o ignorando la dimensión de las relaciones. A menudo nos dábamos cuenta de cómo algunas personas podrían trabajar juntas para llevar un proyecto a lo más alto, mientras que otros podían trabajar unos en contra de otros esquivando el trabajo. La diferencia se veía en el resultado. Para nosotras era evidente lo importante que eran las relaciones humanas, pero parecía que éramos las únicas que prestábamos atención a este aspecto dentro de la organización».*

Las organizaciones de hoy hablan de «conversaciones poderosas». Una conversación poderosa es aquella en la que el individuo conecta a un nivel profundo con el otro. Cada uno sabe la diferencia entre «¿cómo estás?» y «¿CÓMO ES-TÁS?». El contacto visual, el enfocarse en el otro y el cuidado verdadero caracterizan a las conversaciones reales. Todos los individuos de la organización tienen la capacidad de crear y generar relaciones de respeto y confianza donde florece el espíritu. La gente enciende la chispa de la conexión con intención en el momento presente, creando relaciones desde la conexión que hacen que ir al trabajo sea mucho más divertido.

Abrashoff continúa señalando: «*Más que nada, tu gente quiere líderes auténticos... Necesitan creer en ti como ejemplo viviente de un propósito claro que les transmites cada día de muy diversas maneras, tanto en las pequeñas como en las grandes cosas*».

Los planteamientos de Abrashoff parecen obvios, pero no significa que sus recomendaciones sean fáciles o comunes. En la medida en que los directivos de una organización muestran coherencia entre lo interno y lo externo, es posible retar a los miembros de la organización a mostrar esa misma coherencia. Muchas organizaciones carecen de espíritu porque están perdiendo los valores espirituales. Los *coaches* energéticos tenemos la oportunidad, junto con la dirección, de ayudar a los ejecutivos valientes a desarrollar un impacto positivo de gran alcance en toda la organización actuando correctamente y haciendo el bien.

En las relaciones nadie es mejor que nadie o merece más la pena que otro. Las organizaciones operan bajo la ilusión de un mayor o menor merecimiento a través de estructuras salariales jerarquizadas y sistemas de mando. Si los líderes esperan que la gente apoye los valores de la organización tienen que tratarles con equidad y respeto. El verdadero trabajo es expresar autenticidad personal; el rango de la persona no importa en la organización, sus valores sí. Cuando una organización abraza su maestro interior, atrae la energía que sostiene los valores y la visión. El presidente podrá retirarse pero el espíritu de la organización sobrevivirá y prosperará.

Una visión para futuro

Los individuos y las comunidades están evolucionando más allá de la mentalidad objetiva y lineal del método científico, la medición y la gestión. Las personas están buscando algo más que un modelo médico en el cual los clientes confían en un experto externo más que en su propia sabiduría interior. El espíritu les ayuda a darse cuenta de su gran potencial.

El Desarrollo Organizacional trabaja desde la perspectiva macro de todo el sistema. El *coaching* energético trabaja desde la micro perspectiva del individuo en relación con otros, que sostiene el ideal de unidad a una perspectiva macro. Los dos campos pueden fundirse para ayudar a individuos y organizaciones a alcanzar y mantener un equilibrio holístico por el bien de todos. La que sigue es una breve comparativa de algunos rasgos característicos que distinguen a los *coaches* energéticos de los consultores organizacionales.

COACHES ENERGÉTICOS	PROFESIONALES ORGANIZACIONALES
Movilizan la energía deliberadamente para ayudar al crecimiento y al descubrimiento.	Están enfocados en las dinámicas de la organización vista como un sistema.
Fomentan el desarrollo de opciones desde las que los individuos puedan elegir colectivamente.	Realizan evaluaciones y hacen recomendaciones.
Trabajan con las personas en el nivel de sus «yoes» supremos (su máximo potencial).	Trabajan con la cultura de la organización con el apoyo de la alta dirección.
Plantean preguntas que generan introspección.	Plantean preguntas para entender el sistema.

COACHES ENERGÉTICOS	PROFESIONALES ORGANIZACIONALES
Guían a los miembros en presencia de la energía creativa del espíritu.	Crean planes estratégicos y dirigen la energía hacia el cambio del sistema.
Se enfocan en las relaciones que los miembros tienen consigo mismos, con los otros y con la comunidad.	Se enfocan en sistemas de control influencia y diplomacia.
Guían a los miembros a resolver la incoherencia individual.	Identifican fortalezas y debilidades de la organización en su conjunto.

En ocasiones, las organizaciones necesitan expertos externos para introducir nuevos paradigmas, lecciones y tecnología esenciales para dar solución a las aceleradas peticiones del entorno. Los *coaches* energéticos ayudan a los individuos y a la organización a hacer uso de su conocimiento innato y del poder de la buena voluntad para conectar los unos con los otros hacia un cambio evolutivo. Los consultores organizacionales importan experiencia y conocimientos externos, mientras que nosotros fomentamos la sabiduría interna para encontrar la verdad, el desarrollo de nuevas ideas y la forma de llevarlas a la práctica. Esto puede llevar más tiempo, pero los resultados son a más largo plazo y merecen la pena.

Como el *coaching* energético es un empeño que va de dentro a fuera puede toparse con resistencia o escepticismo en el entorno de los negocios Muchas personas y sociedades creen que lo que está dentro está escondido y quizás no tiene importancia. En realidad, lo que la gente piensa se revela en los otros como un espejo. Se necesita tiempo y gran esfuerzo para alcanzar la coherencia interior-exterior, pero sus poderosos efectos perduran. A menudo, las personas y las organizaciones toleran trabajar en una nube de incoherencia e inconsistencia entre los ideales y las acciones. Pueden encontrar difícil admitir la forma en que las partes han creado lo que el todo experimenta. El cambio que se necesita crea el momento para superar la inercia del *statu quo*. La energía de la alineación con valores de nivel elevado requiere manifestación.

Los *coaches* energéticos sostienen la visión y reflejan las inconsistencias que necesitan ser resueltas. Acogemos el coraje y la consistencia a la que nos adscribimos como individuos, y asumimos la resistencia y el resentimiento del prolongado, y a veces doloroso, proceso cuando el cliente cambia.

EL PODER DE LA COMUNIDAD EN EL TRABAJO

Algunas personas piensan que la palabra «trabajo» es una palabra de siete letras. Viven para el fin de semana y temen los lunes. Trabajan para la jubilación, pero cuando esta llega, buscan trabajo. No toleran a la gente con la que trabajan, pero cuando están desempleados echan de menos las relaciones con otros. Rebotan en su dicotomía, reacios a buscar en su interior la fuente de insatisfacción que proyectan en su lugar de trabajo.

Crear comunidad en el trabajo desafía a las personas a crecer en relación con otros, con gente con la que no elegirían estar en otras situaciones. Puede que se les pida hacer algo que no desean hacer. La falta de atracción entre trabajadores y trabajos puede ser el motor para que algunos busquen fuera el espíritu. La conexión espiritual a través del conocimiento interior les obliga a examinar su ser y hacerlo coherente con su hacer. Los individuos mejoran en poder y eficacia por medio de la comunidad, lo cual desafía a los miembros a ser y hacer por el bien común.

La comunidad es el medio para impactar en el mundo a mayor escala de lo que puede hacerse a nivel individual.

Cuando los individuos unidos crean una comunidad amable y coherente el espíritu emerge. Las personas manifiestan la energía cuando crean relaciones gratificantes basadas en la equidad y en el merecido respeto. Encuentran significado y propósito en todo lo que hacen porque sus valores internos se reflejan externamente. Su centro les proporciona enfoque para alcanzar la expresión externa de su totalidad interna a través de la comunidad.

EL COACHING ENERGÉTICO EN COMUNIDAD

Los *coaches* energéticos saben que las personas quieren trabajar en una organización no solo por dinero, sino por lo que esta representa. Los *coaches* energéticos ayudan a las personas a encontrar conexiones entre ellas, con su trabajo y con los valores y la visión de la comunidad a la que pertenecen. Sabemos que a través de las relaciones individuales que encarnan el respeto y la coherencia interior-exterior la organización se convierte en un todo donde cada individuo es coherente y está conectado.

Las organizaciones energéticas están dirigidas por ejecutivos valientes que se enfocan en criterios cualitativos a largo plazo en lugar de en objetivos financieros a corto plazo. Funcionan en la inmediatez, de persona a persona, con respeto mutuo. La Triple Cuenta de Resultados (TBL) es importante desde el momento en que los miembros son alentados a hacerse responsables de su aportación. Las tácticas de ordeno y mando desaparecen cuando los directivos actúan como mentores y dan ejemplo. Como la gente quiere contribuir y sentirse libre de hacerlo, los individuos se empoderan a ellos mismos y entre ellos. La organización energética evoluciona cuando:

- El comportamiento pasivo, agresivo y con resistencias se convierte en espíritu de equipo unificador.
- Se aborda el comportamiento incoherente, impredecible y negativo.
- Las relaciones de respeto sustituyen a la subordinación y a la marginación social.
- La conexión y la contribución individual sustituyen a la micro gestión y al estar muy ocupados.
- La gente debate lo indiscutible.
- Las comunicaciones honestas y auténticas suplantan a las políticas.
- El empoderamiento individual reemplaza al liderazgo autoritario y a la relación «paternal».
- El conocimiento experimentado de muchos sustituye al rol experto de unos pocos.
- Los individuos alineados en torno a una visión común reemplazan al poder de la jerarquía.
- La iniciativa individual y la responsabilidad restan fuerza a tácticas innecesarias.
- El bien común triunfa sobre motivaciones egocéntricas.
- Las comunicaciones abiertas y honestas sustituyen a la expresión reprimida.
- Una atmósfera de autenticidad crea coherencia entre lo que la gente dice y hace.
- En lugar de usar políticas y procedimientos para compensar la falta de sentido común y cuidado, los líderes proporcionan ejemplos y directrices.
- La verdad y la asunción de riesgos cosechan reconocimiento.
- Las personas quieren trabajar para la organización en vez de tener que trabajar por ella.

- Los individuos conectan a través de la visión, los valores y unos objetivos a largo plazo, por lo que la organización se convierte en una.
- Los individuos se dan cuenta de su rol único, complementario e igualitario a la hora de mantener la salud y la viabilidad de la organización.

En el camino hacia una mejora sostenible en comunidad, el poder verdadero reemplaza al poder medio de una cultura basada en el ego, tal y como ocurre en muchas organizaciones de hoy en día. Igual que tú estás leyendo este libro, valorando sus palabras y decidiendo por ti mismo lo que funcionaría para ti, las organizaciones hacen lo mismo. La organización energética saca lo mejor de las personas y busca conectarlas para que cada una de ellas pueda experimentar esa energía espiritual. Las organizaciones se convierten en el canal de la energía del espíritu, generando relaciones positivas entre la gente para alcanzar mejores resultados que son individualmente reconocidos. Los miembros se conectan e identifican con la visión de sus organizaciones, sabiendo que se beneficiaran de la naturaleza recíproca del libre albedrío. Funcionan como entidades cohesivas con miembros que construyen según su capacidad. Todo el mundo cosecha las recompensas de la conexión y la energía del espíritu, que beneficia a los individuos y a la organización como un todo coherente y congruente.

Anexo al capítulo

Formas en que el coaching energético apoya a la organización energética

1. Ayuda a los miembros desconectados e insatisfechos de una organización a tomar decisiones que conecten con su trabajo, compañeros y valores organizativos.

2. Ayuda a preparar a los miembros para avanzar en la adquisición de roles de mayor responsabilidad en la organización.

3. Ayuda a la preparación de los miembros en traslados o en la reubicación profesional de aquellos que no están en conexión con los valores y la visión de la organización.

4. Escucha a cada uno de los miembros individualmente para comunicarse con la alta dirección en relación con sus preocupaciones, quejas, temas «indiscutibles» y oportunidades de mejora.

5. Los *coaches* ejecutivos son coherentes con los valores declarados de la organización a través de palabras y acciones.

6. Colabora con toda la organización para proporcionar oportunidades de conexión con la visión establecida y ayuda a revisar el lenguaje de la misión de la organización para hacerla coherente.

7. Ayuda a los miembros de la organización a alcanzar coherencia interna-externa, señalándoles cuándo sus acciones son diferentes a sus palabras.

8. Modela la coherencia personal interna y externa, el poder de la autenticidad, la conectividad y el libre albedrío.

9. Proporciona ejemplos y formación para los individuos dentro de la organización para hacerse *coaching* energético unos a otros.

10. Entrena a los ejecutivos a afrontar las peticiones difíciles que llevan a la organización hacia la excelencia con visión y espíritu.
11. Enseña a los individuos a desarrollar discernimiento, intuición y guía interior para tomar decisiones y actuar con congruencia y confianza.
12. Proporciona una caja de resonancia y espacio para que el maestro interior surja en los ejecutivos valientes y que estos muestren imparcialidad, confidencialidad y positivismo en la toma de decisiones difíciles y complejas.
13. Opera como un testigo compasivo de la cultura de la organización para observar y comunicar formas en las que esta puede llegar a ser coherente y conductora de energía espiritual y unión.
14. Involucra al maestro interno de la organización, promoviendo el relato de la verdad individual y reduciendo diferencias entre lo que se quiere y lo que se hace.

Reflexión

- ¿Cómo doy ejemplo y abogo por la coherencia interna-externa en beneficio de mi comunidad?
- ¿Cómo refleja mi comunidad la persona que yo soy?
- ¿Cómo apoya mi comunidad mi integridad y autenticidad? Si no lo hace, ¿cómo puedo influir en mi comunidad para una mayor coherencia?
- ¿Se necesitan cambios o tengo que abandonar la comunidad en la que estoy para mantener mi integridad personal?
- ¿Cómo sería mi comunidad ideal?

IMPRONTA INTENCIONADA

- ¿Cómo sería la comunidad sin mí?
- ¿Cómo puedo contribuir poderosamente en la comunidad para realizar un cambio positivo en el mundo?
- ¿Cómo soy la expresión verdadera de mi ser más auténtico en las comunidades a las que pertenezco?

7. LA SOMBRA Y EL COACHING ENERGÉTICO

«Uno no alcanza la iluminación fantaseando sobre la luz sino haciendo consciente la oscuridad».
CARL JUNG

«El vuelo habitualmente intensifica aquello de lo que uno huye y establece una intimidad especial con ello».
THOMAS MOORE

LA SOMBRA INTERIOR

Como parte del trabajo interior para alcanzar la plenitud, el *coaching* energético trabaja con la sombra de las personas. Todo el mundo tiene un lado oscuro que a menudo es negado. La sombra es un aspecto desconocido de uno mismo con información necesaria e importante para convertirnos en seres íntegros y completos. A pesar de que la sombra es a menudo reprimida y desconocida, las personas dedican mucha energía a conocer y aceptar cada aspecto de sí mismas. Puesto que generalmente es una «zona ciega», los individuos la perciben antes que nada en cualidades que proyectan en los demás. En las relaciones, la finalidad es reconocerla e integrarla en uno mismo. Cuando las personas comentan lo que les gusta o lo que no de los demás, están viendo el espejo de la sombra que les muestra aquello que les gusta o disgusta de ellas mismas y al mismo tiempo, proyectan aspectos de la luz de su ser interior que rinde culto al héroe que habita en ellas. Si las personas quieren conocerse a sí mismas es necesario que inicien el camino de encontrarse con su propia sombra para alcanzar la plenitud y reconocer su verdadero maestro interior. Resistirse y negar importantes aspectos de la sombra que conviven en uno mismo hace que se pierda mucha energía.

Los grupos y las organizaciones, como un todo, también poseen su propia sombra, la cual reside en el lado oculto de cada uno de los individuos que la conforman, generando una sombra colectiva. Así pues, el trabajo a realizar para obtener la ansiada plenitud y bienestar en una organización es que cada uno de sus miembros trabaje individualmente su propia sombra dentro del grupo. Es de vital importancia que los líderes de una organización la conozcan y acepten. Cuando los individuos de una organización retienen su sombra, esta no puede ser dirigida ni liberada y por tanto queda congelada, bloqueando energéticamente sus relaciones.

Algunas personas saben que algo pasa y sienten incoherencia en sus relaciones laborales, pero fingen normalidad y cumplen de forma superficial las políticas y los procedimientos para mantener aparentemente el orden. Por otro lado, aquellos que están deseando revelar la sombra pueden ser marginados, etiquetados, aislados, excluidos o despedidos. Las organizaciones que niegan la sombra a menudo penalizan a los buscadores de la verdad. Dominar, contener o reprimirla mantiene a los individuos en la oscuridad y no les permite acceder al verdadero potencial de energía positiva que contiene y ha creado la sombra.

Las normas culturales, los sistemas sociales de castas o clases y los medios masivos reflejan el trabajo que, de forma colectiva, la humanidad ha de hacer. Estamos expuestos a la sombra cada día. La oscuridad y la negatividad que dominan el medio reflejan la sombra de la conciencia colectiva. Quienes son atraídos por la violencia, los abusos, el miedo y el sufrimiento poseen una sombra personal que necesita ser trabajada.

La sociedad, si bien está impregnada de los aterradores aspectos de la sombra, también representa una oportunidad para que esta sea trabajada por cada individuo. Al relacionarnos con nuestra propia sombra y con la de los demás, la luz de la conciencia se ilumina. En lugar de ser sórdidamente atraídos por la violencia y la explotación de otros, las personas pueden trabajar su sombra como si esta fuera su maestro. Cuando identifican qué aspectos negativos de los otros les atraen sin juzgarlos o resistirse a ellos, disipan toda la polaridad de la sombra que había sido negada. Las personas incorporan la sombra a través del reconocimiento de todas y cada una de las partes de sí mismas, especialmente de aquellas que permanecen escondidas y adormecidas en la oscuridad. Aquello que gusta o disgusta de los demás, de la sociedad o de los medios, son pistas que cada individuo tiene sobre el trabajo que ha de hacer de forma individual con su propia sombra. Igual que el individuo como ser colectivo reconoce lo que rechaza, resiste, envidia o condena en los demás, también las organizaciones y las personas ponen de manifiesto esa honestidad e integridad.

Como el espíritu es íntegro, no pueden existir relaciones que no incluyan a la sombra. Existe en cada persona y en cada organización. Negándola lo único que se consigue es levantar una barrera al propio maestro interior y al espíritu. Los *coaches* energéticos aprenden del «maestro de la sombra». Sabemos que hemos de trabajar nuestra propia sombra antes de ayudar a nuestros clientes a atravesar cada uno de los aspectos de la suya.

C. J. Jung (1875-1961) fue un destacado médico psiquiatra y psicólogo suizo que dedicó su vida a investigar el concepto de la sombra. Observó que trabajar con la sombra es de vital importancia para incorporar lo inconsciente a lo consciente. Lo que causa el conflicto, según Jung, dentro de la psique humana es la energía que se está dirigiendo a integrar el ser, o lo que Jung llama «individuación». Jung constató que las lecciones y la sabiduría que ofrece la sombra dan sentido y significado, y son además un reto que contribuye a hacer crecer y expandir la conciencia.

Negar o reprimir la sombra causa fragmentación. Las personas se desconectan de su sabiduría interior cuando juzgan a los demás sin ver todos los aspectos de sí mismos. El ser humano es un estado dinámico e imperfecto. Siempre hay algo que mejorar. A medida que las personas se conocen a sí mismas al integrar la sombra con el espíritu, la toma de decisiones se hace más consciente. Lidiar con la sombra significa reconocer e integrar no solo nuestras debilidades y defectos, sino también las grandezas internas, los dones naturales y nuestro poder infinito. Reconocer el enorme potencial que poseemos puede ser tan difícil como lo es reconocer lo que no nos gusta de nosotros mismos ni de los demás.

Examinar la sombra requiere de un gran sentido del humor, apertura y un estado de compasión hacia uno mismo y hacia los demás. Los *coaches* que ven su lado más sombrío están más despiertos y no caen en juicios de bueno o malo, correcto o incorrecto. Sabemos que la sombra emite en cada momento destellos espirituales. A medida que vamos alineándonos con las propias congruencias e incongruencias, estamos ayudando a los clientes a asimilar su sombra. Nuestro trabajo no termina nunca. La gestión del dinamismo existente en la interacción entre el espíritu y la sombra es un continuo desafío para la conciencia. Quienes se ven a sí mismos completamente –bien, mal y horribles– y continúan de manera consciente eligiendo ser libres, con buena voluntad conseguirán alcanzar equilibrio, crecimiento e integridad.

LA SOMBRA COMO MAESTRA

«Desafortunadamente no hay duda de que el hombre es, en su totalidad, menos bueno de lo que quisiera o se imagina de sí mismo. Todo el mundo posee una sombra y, cuanto menos incorporada se encuentre en la vida consciente del individuo, más negra y densa es. Si se es consciente de ello, siempre hay una oportunidad de corregirlo. Es más, es ese constante contacto con los intereses de los demás lo que hace a la sombra estar sometida a modificaciones. Pero si es reprimida y aislada de la conciencia, nunca será revisada».
Carl Jung, *Psicología y religión*

Los *coaches* energéticos usan la sombra como maestra. Cuando estamos abiertos al interminable fluir de las lecciones de la vida que la sombra presenta expandimos nuestra consciencia. Es más fácil reconocer solo lo «bueno» sin lo «malo», pero todo tiene ventajas y desventajas. Lo bueno puede convertirse en malo y viceversa. La percepción de bueno o malo es una evaluación subjetiva que crea ilusiones jerárquicas y dualistas de uno u otro pensamiento. El equilibrio de la persona en su centro permite que la sombra entre en la consciencia y quede reflejada en sus elecciones y resultados, sin atacar ni resistir, solo permitiendo a ambos, la sombra y el espíritu, manifestarse.

La conciencia crea el despertar de la maestra sombra. Cuando la persona reacciona emocionalmente de forma intensa obtiene una importante pista acerca de la lección que la sombra maestra le presenta. Las discusiones acaloradas ofrecen una oportunidad para descubrir esa parte del yo que es mejor juzgar y separar de lo que está sucediendo y tomar la responsabilidad personal de trabajar con ella. Los *coaches* energéticos valoran mucho a los clientes que los desafían con los aprendizajes que se desencadenan. La capacidad de acoger en un espacio receptivo a aquellos que están tratando con su propia sombra maestra (o especialmente a aquellos que no están dispuestos a tratar con ella) refleja nuestra capacidad de aprender de la nuestra. Quienes aprenden de su sombra pueden permanecer como observadores objetivos, incluso aunque alguien les apriete las tuercas. En lugar de responder negativamente, o diciendo que no les gustan determinados clientes o circunstancias, los *coaches* energéticos ejercemos un discernimiento sin juicio y una evaluación sin condena. Ayudamos a los demás a aceptar todos los aspectos del yo, especialmente los que preferirían no admitir.

John: «*Cada vez que trato con la sombra, me siento desorientado. A menudo, cuando estoy aprendiendo del maestro de la sombra, los sueños acuden para ayudarme con la lección. A veces me aterrorizan y muchos de ellos me inquietan. Sé que me siento incómodo con lo que está pasando porque hay algo en la situación que provocó y disparó mi propia sombra*».

Lea: «*La sombra a veces puede llegar a mí como un sentimiento de aplastante soledad. Sé que me estoy perdiendo algo dentro de mí, porque nada externo parece satisfacerme. Puedo huir de la sensación, a través de una incesante actividad, pero siempre permanece ahí. Ella me persigue para que investigue. Cuando me estudio a mí misma me doy cuenta de que hay algo en mi interior que necesito trabajar para convertirme en la plena expresión de mi auténtico ser. A menudo tengo que admitir lo que había negado, el papel que jugué en crear lo que no me gustaba de mi vida. La sombra se revela ante mí cuando me niego a admitir mis defectos o someto a mi guía interior y trato de jugar a ser víctima en lugar del poderoso ser creador de mi vida*».

El dolor y el sufrimiento nos revelan al maestro que siempre hay en la sombra. Nadie escapa de las inevitables dificultades de la vida. La sombra no está en el dolor de una trágica pérdida o un terrible calvario, aunque asustan y se siente oscuridad en esos momentos. La sombra está en el apego al sufrimiento. Hasta que no se elije soltar el sufrimiento y arrojar luz sobre la sombra, se mantienen el dolor inicial de pérdida, rechazo, decepción o desilusión. La sombra no hace sufrir; es la persona la que se niega a aceptar y a tratar todas las partes de sí misma en relación con lo que está sucediendo. La sombra maestra contiene secretos sobre cómo trascender el dolor y el sufrimiento para estar en plenitud. Sin el aprendizaje del maestro de la sombra, el ego crea alienación y separación, cuando lo que necesitamos es conexión con los demás e integración con uno mismo.

El resentimiento separa a las personas de sí mismas y de los demás. Puede ser difícil imaginar por qué alguien querría aferrarse al sufrimiento. Pero algunos, después de que sus sentimientos naturales han seguido su curso, se aferran a la pena como si fuera una insignia de honor. En lugar de trascender a un estado de aprendizaje soltando el dolor y continuando con sus vidas, prolongan su dolor culpándose a sí mismos o a los demás por lo ocurrido. Caroline Myss utiliza el término «heridiología» como un apego al sufrimiento que aprisiona el crecimiento y levanta barreras en las relaciones cercanas con los demás y con el propio espíritu. Las tragedias que suspenden el crecimiento de las personas al final pueden impulsarlas a un mayor y más elevado estado de conciencia. Quienes se han alzado y traspasado su sufrimiento atestiguan que no hay mayor fuerza interior y mayor respeto por sí mismos que el obtenido a partir de experiencias injustas, decepcionantes o trágicas de sus vidas.

LA SOMBRA DEL PASADO

«Alabanza y culpa, dolor y pérdida, placer y tristeza vienen y van como el viento. Para ser feliz, descansa como un gran árbol en medio de todos ellos».
ACHAAN CHAA

Los *coaches* habitualmente trabajan con los clientes con el presente y el futuro. Puesto que el *coaching* energético implica que el cliente traiga su yo completo al proceso, estos pueden tener que lidiar con un dolor no resuelto o con apegos al sufrimiento del pasado. Si la cosmovisión o el sistema de creencias de los clientes no está funcionando, es posible que estén aferrados a la pérdida, la decepción y el dolor. Pueden estar compensando su sensación de estar incompletos con una actividad incesante o con la acumulación de posesiones materiales. Cuando el presente no funciona, la sombra opera bajo la superficie. Sin meternos en psicoterapia, animamos a los clientes a intercambiar una experiencia negativa de su pasado por una positiva de aprendizaje que hayan tenido en el presente. El pasado es irrevocable, pero podemos elegir mirar hacia atrás de forma flexible. Las personas pueden replantear su percepción de los eventos pasados para descubrir las fortalezas y lecciones que obtuvieron y que los mismos contribuyan positivamente a su presente y a su futuro. Como adultos comienzan a ejercitar la toma de decisiones consciente. A pesar de lo terrible o maravillosa que haya sido la vida, las personas poseen el poder de elegir cómo experimentar su presente. Crecer con cuchara de plata puede presentar tantos desafíos de adultos como crecer en la pobreza; todo depende de cómo percibe cada uno su propia vida. A veces las personas se castigan porque les va demasiado bien, como estrategia para evitar que otros se molesten con ellos o como excusa para estar por debajo de su potencial. La integridad requiere de una práctica continua para liberar patrones de pensamiento que perpetúan el sufrimiento y así moverse con plenitud en el presente para el mejor futuro posible.

John: *«A Jack, de 40 años, le gustaba pintar casas. Inundado de pobreza y culpa se aseguró de no tener activos, responsabilidades ni compromisos. Provenía de una familia adinerada; ambos padres eran médicos. Debido a que cuando era niño Jack sintió que a sus padres les importaba su carrera y el bienestar material más que lo que él significaba para ellos, creó su vida como adulto rechazando todo lo que ellos representaban.*

Jack no estaba interactuando con su maestro de la sombra. Cuando era joven jugaba a rechazar a sus padres, que le habían intentado reeducar repetidamente desde entonces. Como Jack se había sentido rechazado, justificaba así su rechazo hacia ellos; incluso continuó con ese comportamiento negativo mucho más de lo que ellos lo habían tenido con él. Teniendo Jack más conciencia de sí mismo que sus padres, pero actuando aún por debajo de su potencial, se oponía a sus mayores miedos. Su razonamiento fue que herir a sus padres era justo porque ellos lo habían lastimado. Durante el proceso de coaching se dio cuenta de que manteniendo el pasado y perpetuando el sufrimiento continuaría viviendo una vida que no quería».

Servir de espejo a los clientes implica que los *coaches* energéticos reconocen los propios apegos al pasado, despejando experiencias de la infancia y los guiones, programaciones o patrones que de ahí surgen. Estar presentes y poseer claridad interior nos asegura que no nos quedaremos atrapados por los clientes que están atascados en el pasado con excusas, sentimientos de culpa, lamentos, pesar o autocompasión, que les impiden aprender del maestro de la sombra. Al reconocer el pasado, servimos como testigos compasivos manteniendo el foco en el presente sin poner atención ni dar energía a lo que ya no está en él. Algunas preguntas compasivas y que denotan interés podrían ser:

- ¿Qué te impide ser feliz ahora?
- ¿Cuál es el apego que tienes al traer al presente este dolor del pasado?
- Tengo curiosidad por saber qué beneficio obtienes al centrarte en algo que sucedió hace veinte años.
- ¿Qué necesitas hacer ahora para terminar el proceso de duelo y dejar ir lo que sucedió?

Los niños no lo saben bien, pero los adultos maduros tienen la capacidad de observar las razones que esconden las creencias y las acciones resultantes, y ver qué nos presenta el maestro de la sombra. Siempre que la persona piense que puede justificar un acto dañino, engañoso o vengativo hacia sí mismo o los demás, la sombra maestra nos espera con una lección. La sombra contiene lecciones difíciles de trabajar porque la introspección y la auto-reflexión nos obligan a cambiar. Algunas personas se resisten a ver las cosas de manera diferente, esforzándose en mantener todo igual y justificando el dolor de las heridas de su pasado. Los *coaches* energéticos presentan la sombra de manera positiva para que el miedo y la resistencia no la mantengan por debajo de la conciencia. Actitudes negativas, percepciones distorsionadas, resistencias al perdón y a los juicios condenatorios, mantienen a la maestra sombra en la oscuridad. Al actuar como testigos compasivos y plantear preguntas reflexivas, los *coaches* energéticos ofrecen oportunidades para que los clientes observen la sombra de manera objetiva. Les ayudamos a entender cómo pueden actualizar los patrones de la infancia a nuevas actitudes y creencias que les sirvan mejor en el presente.

Al alentar a los clientes a identificar las diferentes formas en las que permanecen en su dolor, los *coaches* energéticos les hacen darse cuenta de cómo ellos contribuyen a aquello que dicen que no quieren hacer o ser. Y es ahí cuando ven cómo cambiar su presente. Relacionarlos con su sombra les revela cómo generan impotencia y negatividad al entretenerse en pensamientos, sentimientos y percepciones egocéntricas. Incluso aunque a algunos les cueste admitirlo, si su pasado está afectando a su presente es que hicieron malas elecciones y pueden cambiarlas. Los *coaches* energéticos se centran en opciones que a menudo son inconscientes y ayudan a elegir intencionadamente algo mucho mejor. Cuanto más nieguen los clientes su poder para cambiar, mayor es el trabajo con la sombra que necesitan hacer. No tienen que ser quienes no quieren ser. Los clientes pueden elegir ser quienes verdaderamente son y obtener lo que sinceramente quieren.

Cuando se reformulan pensamientos, sentimientos y percepciones, los *coaches* no menosprecian, ni confunden, ni trivializan sobre los asuntos de los clientes. Asisten como testigos de manera compasiva y comprensiva usando la aceptación. Les ayudamos a realizar elecciones y a manejar la consiguiente pérdida de las opciones que antes poseían. Debido a que los *coaches* energéticos hemos tratado con nuestras propias pérdidas, culpas, decepciones, excusas, y despreciado los auto-juicios, vamos acumulando sabiduría y coraje para estar con ellos sin quedarnos enganchados a las terribles dificultades que atraviesen.

El espacio de reflexión abierto que se crea entre el *coach* y el cliente basado en una intención positiva y buena voluntad es el punto central de partida para que los clientes tengan una cita con su sombra. Durante el proceso de *coaching*, los clientes ponen atención en experimentar «las cosas tal cual son» sin acentuarlas o menoscabarlas. A medida que liberan el juicio y la tragedia, van integrando su sombra en la consciencia. La integración puede sentirse como una «iniciación» a un club al que nadie quiere pertenecer. Los *coaches* que han experimentado las enseñanzas de la sombra maestra pueden apoyar a los clientes que comienzan este proceso. Con esmerada compasión permanecemos presentes en el punto central mientras el cliente rodea y se enfrenta a la sombra de sí mismo utilizando al *coach* como espejo. Encarar la sombra en soledad puede ser intimidante, además de hacernos caer en la auto-recriminación; esto es lo que suele pasar a menudo y hace que las personas la rechacen con más fuerza.

Para los *coaches* energéticos, la oportunidad de mirar a y aprender de la sombra ofrece un gran desafío y una gran recompensa en iguales proporciones. Los *coaches* que no han trabajado su sombra no están listos para tratar con la sombra como maestra de sus clientes. El ego tiende a compensar esa falta de trabajo interior mediante la charlatanería y una superioridad superficial hacia los demás. Puesto que alcanzar la integridad disminuye el papel del ego, este no quiere aprender de la sombra. A medida que los clientes van trabajando con ella, es importante que los *coaches* energéticos se den cuenta de cuándo el ego de los clientes se interpone en el camino. El cliente puede proyectar sus problemas personales en el *coach* o terminar la relación del proceso de *coaching*. Sigue siendo elección suya no tratar con la sombra u ocultarla detrás del ego. Si el cliente persiste en el intento de utilizar al *coach*, podemos dejar la relación de *coaching*. Pero el trabajo de la sombra una vez iniciado es irresistible y los clientes que se marchan pueden volver más tarde para continuar su auto-exploración.

Haciendo emerger la sombra en el coaching

> *«La naturaleza nos enseña un principio del cuerpo que también es verdadero en el alma: que el dolor es un maestro, protector y definidor de uno mismo».*
>
> Bernie Siegel

La sombra tiene muchos más aspectos positivos que negativos. Representa una dificultad, pero también una importante oportunidad para las personas dispuestas a ver las cosas de manera diferente. Requiere mucha energía porque es agotador negar continuamente o huir del auto-conocimiento. El camino hacia la totalidad del ser se obtiene mediante la integración de lo que está presente ahora.

La luz y la sombra juegan un papel equilibrador para alcanzar la realización personal. No podemos tener lo uno sin lo otro. Uno se siente bien al trabajar con la luz, pero la sombra enseña lecciones cruciales. Cuando aceptamos el lado sombrío servimos de ejemplo para que los demás hagan lo mismo. Algunos se niegan a lidiar con la sombra centrándose en los atributos positivos y atractivos de la luz, dejando a la sombra en la oscuridad. Para conectar con el espíritu a través del propio conocimiento interno, las personas debemos reconocer e incorporar a la sombra por el aprendizaje y la unicidad que ella nos brinda.

El trabajo con la sombra en el *coaching* implica aprender lecciones personales. Tales lecciones nos guían y estimulan aumentando nuestra autoconciencia para que podamos acompañar mejor a los clientes y ellos también aprendan de su propio maestro de la sombra. Luces y sombras se van manifestando de forma dinámica y equilibrada entre los *coaches* y los clientes.

John: *«Recibí una llamada de Vernon para hacerle coaching en su relación con el dinero. Vernon había oído hablar de mi trabajo por un amigo que había asistido a un curso sobre el propósito de vida que impartí en una universidad. Fijamos una reunión para que él pudiera experimentar mi enfoque sobre el éxito en la vida a través del coaching y yo pudiera evaluar si este se adaptaba a sus necesidades o no.*

En nuestra primera reunión me enteré de que Vernon ya había buscado ayuda de muchas otras fuentes sin éxito. Mientras le escuchaba, mi plexo solar se tensó. He aprendido en mis años de consulta y práctica del coaching a prestar atención a mis reacciones físicas ya que generalmente señalan información importante. Encontré a Vernon abierto y dispuesto a compartir su historia y presentó un desafío que me interesó. Sus palabras 'he ganado mucho dinero para otras personas y, sin embargo, no para mí', sugerían oportunidades para un trabajo efectivo. Vernon encontró beneficiosa nuestra reunión inicial, por lo que empezamos a tratar el contrato de coaching. Como era de prever, planteó su preocupación por el coste, así que exploramos opciones de pago por mis servicios. La reunión se cerró y Vernon se llevó una copia del contrato del proceso de coaching indicando que tomaría una decisión en los próximos tres días.

A pesar de mi reacción inicial creía que tenía mucho que ofrecerle a Vernon. Esperaba que pudiéramos examinar juntos su deseo expreso de trabajar sobre el tema del dinero porque yo podría ayudarle a entender otras áreas de su vida. Había disfrutado de su atractiva manera de ser y Vernon me dijo que nuestro tiempo juntos había sido muy beneficioso. Me sentí optimista y emocionado por seguir adelante con nuestro trabajo.

La sombra en mi coaching estaba en un trasfondo que yo inicialmente elegí ignorar. Lo primero fue una sensación incómoda en mi estómago indicándome que no todo iba bien en nuestra conversación. La segunda, el mensaje que mi voz interna me trasmitió después de la reunión que decía que los problemas de Vernon con el dinero eran una cortina de humo de un asunto más profundo. La tercera fue que me visualicé atrapado en una espiral negativa intentando acabar con las repetidas historias de Vernon de por qué no era capaz de generar ingresos. Noté una falta de coherencia entre mi deseo de seguir adelante y mis señales internas.

Vernon llamó al tercer día y solicitó que volviéramos a discutir los acuerdos del contrato. Esta vez, de forma consciente, presté atención a mis sentimientos, pensamientos internos y visión de nuestro trabajo juntos. Comencé a ver claramente las dificultades que había por delante. Cuando la conversación finalmente llegó al tema del pago por nuestro trabajo juntos, Vernon siguió esquivándolo con historias. Tomé conciencia de que me sentía incómodo con nuestra conversación y decidí que era poco probable que fuera yo la persona que le ayudaría a resolver los problemas de dinero. Le ofrecí buscar otro profesional y que, si quería, podría recomendarle a una persona. Nuestro encuentro terminó con un agradable comentario por su parte y con el agradecimiento de Vernon por mi tiempo».

Este ejemplo demuestra la interacción entre la luz y la sombra en el trabajo de *coaching*. Si los *coaches* ignoramos el sutil valor de la incoherencia y las profundas percepciones que proporciona la sombra nos arriesgamos a desequilibrarnos y dar mucho menos de lo que podemos ofrecer. Albergamos la idea de que los clientes deben estar dispuestos a encontrarse con su sombra y que no podemos dejarnos seducir a esquivar el trabajo con ella. El lado de la sombra suele ser interpretado como desagradable hasta el punto de ser ocultado o ignorado y así evitar ese malestar interno, desacuerdo o auténtico terror. Los clientes pueden hacer fuertes afirmaciones, proporcionar excusas o negaciones para justificar por qué su vida no está funcionando como ellos desean.

Los *coaches* energéticos, que conocen las ventajas de trabajar con la sombra centran su trabajo en el beneficio que a largo plazo representará para ellos. De trabajar con nuestra propia sombra, sabemos que cuando la negamos esta crece y socava la capacidad de los clientes para descubrir y alcanzar la expresión más plena de su auténtico ser.

John: «*Los padres de otro cliente me pidieron que empezara a trabajar con su hija porque no conseguía mantener un nivel de ingresos y gastos adecuado. June y yo acordamos cuatro reuniones para determinar su propósito de vida. A pesar de su inteligencia y habilidades, June se había convertido en una gran carga económica para sus padres. Durante el proceso declaró que no quería serlo. Si bien era convincente en sus afirmaciones, sus acciones decían otra cosa. El espejo de la relación de coaching mostró inmediatamente la sombra. A pesar de que nuestro proceso iba a ser breve, June no podía tolerar, ni siquiera echar un vistazo, a aquello que estaba creando y que decía que no quería. Poco después me contactó por correo electrónico para decir que no continuaba las sesiones acordadas, indicando que 'no se sentía bien', una excusa para abstenerse de hacer la necesaria reflexión y su trabajo con la sombra*».

Las personas ponen al descubierto la sombra a través de su lenguaje y su comportamiento. A menudo entierran las emociones más difíciles en su subconsciente con la intención de aquietar o calmar sus heridas, decepciones, deficiencias o inadecuaciones. Para sacar el máximo rendimiento a la energía de esa sombra que es silenciada y reprimida, el ego se encarga de separar a las personas de quienes muestran las mismas tendencias o las desafían. Lo que vemos en los demás nos dice mucho acerca de nosotros mismos. Y es a través de las relaciones con los demás cuando aprendemos. El otro actúa como un espejo en el que vemos reflejadas y proyectadas cualidades o aspectos de nuestro propio ser que necesitamos mirar dentro de nosotros mismos. La sombra maestra aparece cuando sentimos incomodidad y negación.

Lea: «*Durante mi trayectoria como profesional en ventas tuve un momento especialmente difícil en el departamento de envíos. Yo veía mi trabajo como un servicio al cliente. El personal del departamento de envíos percibía a los vendedores como impacientes, exigentes y poco razonables, y nosotros a ellos como poco fiables y resistentes a nuestras propuestas. Cada departamento culpaba al otro del mal funcionamiento. Entre todos debilitábamos las iniciativas para manejar y solucionar la situación, lo que hizo que las diferencias se agrandaran.*

Un día, cuando nadie en el departamento de envíos respondía a mis llamadas, correos electrónicos ni mensajes de voz, llegué a la conclusión de que me estaban ignorando. Con aire de superioridad y extremadamente indignada (en defensa del cliente, así lo creía), fui al departamento de envíos en busca del supervisor, al que encontré ignorando la luz intermitente que había aparecido en su correo de voz, como había sospechado. Estaba tan enfadada que apenas podía hablar. Cuando por fin comencé a chillar mis demandas, rompí a llorar. Le conté cuán irracionalmente me había tratado un cliente cuando yo llevaba una semana intentando agilizar su pedido. Le expliqué que yo solo estaba tratando de hacer mi trabajo y me disculpé por centrar mi esfuerzo solamente en conseguir esa venta. De repente, me di cuenta de que había estado intentando usar el departamento de envíos (relación yo-objeto) como una cortina de humo del servicio al cliente. También me di cuenta, a través de mis fuertes emociones, que los problemas que había tenido con ellos se habían magnificado por una herida ignorada de la niñez.

Cuando la tensión fue desapareciendo, el supervisor se sentó a mi lado y compartió las frustraciones que llevaba soportando durante sus veintitrés años de dedicación y trabajo en ese departamento. Admitió que estaba cansado de hacer que las ventas fueran buenas cuando todos pensaban que sus monumentales esfuerzos solo eran parte del trabajo diario, nada más. Que nadie reconocía el trabajo del departamento, y que el informe mensual se utilizaba más como un castigo que como una recompensa.

Nadie de ventas ni de envíos habría creído lo que sucedió después. Nos dimos un enorme abrazo y prometimos que haríamos todo lo posible para contribuir a que el trabajo propio y el del otro fuese más fácil. Escuchar los miedos y las frustraciones de la sombra del otro nos permitió respetarnos y apreciarnos mucho mejor».

Hay muchas otras situaciones donde la sombra está presente que son tan negativas, que no resultan fáciles de resolver. Si las personas reaccionan sin saber lo que les está pasando por la existencia de un miedo de fondo, o no son conscientes de que tienen una postura reactiva, estarán conteniendo y soterrando profundamente lecciones importantes. Invitar a la sombra a que se convierta en un espejo de continuo aprendizaje requiere cambiar patrones de respuesta habituales y mucho coraje.

Lea: *«En una reunión introductoria con Melissa, una cliente potencial, noté distanciamiento mientras hablaba sobre su necesidad de recibir coaching. Percibí sus dudas sobre si valdría la pena la inversión. Hacia el final de la reunión sentí que estaba cuestionando mis habilidades y tuve dudas de que fuera a contratarme. Cuando se fue me dijo enfáticamente que me llamaría. Me di cuenta de que cualquier seguimiento por mi parte parecería que estaba tratando de fomentar el consumo de mis servicios. Decidí mirar a mi maestra, la sombra, para que me aconsejara. Pasaron varios días hasta que la lección me llegó en forma de sueño. En el sueño había aprendido a conducir un ca-*

mión pequeño de transporte de mercancías, un símbolo que me advertía de que algo se abalanzaría sobre mí si no tenía cuidado. Sin embargo, en el sueño también me sentía satisfecha sabiendo conducir ese camión, al tiempo que insegura al emprender una nueva tarea (esta tarea representaba el proceso de coaching del potencial cliente). En ese momento decidí que mi primer trabajo sería ayudar a otra persona que acababa de obtener su permiso de conducir. Esta persona resultó ser Mike, mi exmarido, que representa para mí a una persona muy centrada en sí misma. Como Mike me había pedido ayuda, hice este primer trabajo para él en lugar de para mí. Me había dicho que me pagaría por adelantado (cobrar representaba otro de mis temores con el coaching).

Mike me pagó, pero cuando vi el encargo y la ruta me di cuenta de que comprendía la totalidad de la mitad occidental de los Estados Unidos. Tendría que parar en numerosos lugares para recoger a personajes de Looney Tunes (¿verdad que es divertida la sombra?). Quería ayudar a Mike con su nueva carrera, pero sabía que ese trabajo era excesivo para mí.

En mi sueño le devolví a Mike el encargo (el contrato de coaching) y le dije que ese trabajo me llevaría demasiado tiempo. Me sentí mal al renunciar, hasta que le pregunté por qué no conducía él mismo. Me contestó que podía ganar más ese mes si yo conducía para él. Entonces me di cuenta de que quería utilizarme para promover sus asuntos y que no respetaba ni apreciaba que mi oferta fuera un regalo para él.

Este sueño significó para mí, como coach, una necesidad de poner en orden las responsabilidades de cada uno. Había permitido que el foco de mi cliente en el dinero desencadenara mi temor de ser una coach económicamente eficiente. Cuando caí en la cuenta de que su preocupación por el dinero reflejaba la mía, supe que necesitaba tratar mis miedos de ser digna o merecedora de cobrar por mis servicios».

Al comienzo de un proceso de *coaching*, los clientes a menudo se perciben a sí mismos como el objeto que cumple los deseos del *coach* de ganar dinero. Pero antes de obtener cualquier beneficio del *coaching* han de gestionar esto para confiar en su *coach*. Los clientes que proyectan una preocupación, como el dinero en este caso, pueden provocar una preocupación similar en el *coach*. De hecho, con frecuencia atraemos al cliente adecuado, en el momento adecuado, con el tema adecuado para ayudarnos a trabajar nuestra propia sombra. Si rechazamos a los clientes en lugar de mirar hacia el interior corremos el riesgo de perder una gran oportunidad de trabajar con nuestra sombra.

A menudo el dinero plantea grandes oportunidades para trabajar con la sombra porque la mayoría de las personas tienden a determinar lo que es valioso o merece la pena en términos monetarios. Hay quienes ven a los demás como objetos, buscando utilizarlos para conseguir logros centrados en sus propios intereses. Los clientes que ven a los demás como una «cosa» o un tú separado e inconexo piensan que los demás tienen la misma actitud hacia ellos. Si bien un *coach* es un profesional que espera ganarse la vida, también tenemos que sentirnos motivados por una llamada superior y servir con eficacia. El dinero en sí no es una energía motivacional sostenible, y si eso es todo lo que buscamos, los clientes se convierten en objetos más que en personas. Necesitamos conocer qué actitudes o motivaciones nos aseguran que estamos actuando para el más alto nivel de beneficio e interés de nuestros clientes. Nuestra labor es una llamada a servir a otros, el dinero es una consecuencia.

Lea: *«Melissa se convirtió en mi cliente y pagaba escrupulosamente en cada reunión. Inmediatamente comenzó a plantear sus sentimientos sobre sus finanzas. Aunque ella me vio por primera vez como un objeto, yo no tomé su proyección. Nuestro trabajo creció con congruencia y vigor. Al principio Melissa quería depender de mis opiniones, pero rápidamente se dio cuenta de que ella tenía sus propias respuestas.*

Recordando la lección recibida en mi sueño me resistí a asumir su trabajo, incluso aunque sentía que podía guiarla en alguna dirección. Como Melissa asumió su poder personal al encontrar su propio camino, amplió sus sistemas de apoyo e hizo un significativo progreso en dirección a sus metas de valoración y conexión con los demás. Como la autoestima de Melissa aumentó, sus finanzas mejoraron. Como no acepte sus proyecciones, Melissa aprendió a valorar y a conectarse consigo misma. Ella se convirtió en su mejor coach. Fue muy gratificante para mí, aunque a mi ego le gustaba la idea de ser necesitada y admirada».

Las relaciones de las personas con los demás reflejan la relación interna que tienen con ellas mismas. En el espejo del otro son testigos de las cuestiones que necesitan abordar e integrar. Tienden a dar por buenas las relaciones fáciles y aquellas situaciones cómodas donde se aprende poco excepto, tal vez, a apreciar una relación cuando se ha perdido. Pero las relaciones complejas y difíciles hacen que las personas crezcan de una forma que no podrían haber logrado por sí mismas. La sombra utiliza el espejo del otro para dar lecciones y si las personas son capaces de mirar con apertura podrán eludir los mecanismos de defensa del ego como la proyección y/o la falsa percepción de sí mismas y de otros como buenos o malos. El ego evita la oportunidad de aprender de la sombra como maestra, pues separa y juzga. El ego no quiere asumir la responsabilidad de las relaciones o situaciones difíciles. Los *coaches* energéticos saben que todos estamos conectados. La fantasía de la separación hace que tratemos a los demás como no queremos ser tratados y sin ápice de remordimiento. Al culpar a algo que está fuera de nosotros mismos («fue él quien me obligó a hacerlo»), las personas pueden evitar su responsabilidad pero se vuelven menos poderosas. Los *coaches* energéticos tratan a los demás como ellos quieren ser tratados, sabiendo que, de alguna manera, la energía positiva vuelve en espirales hacia el emisor. Observamos nuestros propios intentos egocéntricos de separarnos de algo que nosotros juzgamos como superior o inferior. Los *coaches* energéticos ayudan a los clientes a mirarse en el espejo pues saben que cuando los clientes son coherentes, reconocen lo externo como un mero reflejo de ellos mismos.

El desafío del espejo

«Todo lo que nos irrita de los otros puede llevarnos a un mayor entendimiento de nosotros mismos».
Carl Jung

Es fácil identificarse con personas o situaciones que son complementarias pues se comparten creencias y una cosmovisión más compatible. Bajo el paradigma materialista externo del éxito, la capacidad de las personas para acumular dinero y bienes demuestra su valor personal. Pero una persona orientada hacia el exterior busca relacionarse con aquellos que comparten la misma necesidad de apuntalar su ego. Al buscador interior le interesan los valores duraderos. Cuando la persona se orienta hacia el exterior, se abre una brecha entre ella y el espíritu. Tiene lugar una conspiración tácita para mantener una orientación externa sin desafíos. Pero aquellos que solo buscan el logro y la validación externa pierden el equilibrio y descuidan el desarrollo de sus capacidades internas. Necesitan máscaras para relacionarse con otros y que nadie descubra su carencia interior. La sombra como maestra proporciona un espejo donde se ven las máscaras tal y como son y donde se desvanece el espejismo de la carencia. El trabajo con la sombra revela los inventos y argucias del ego, pone los logros externos en perspectiva y estimula a mirar dentro con el fin de crear relaciones coherentes con uno mismo y con los demás.

Un refrán chino dice «hablar no cocina el arroz» y expresa una verdad: si deseas algo, trabaja por ello. No hables, haz. La acción destruye el miedo. Sin poner acción en la palabra, el yo interior de las personas se vuelve incongruente con su expresión exterior y las aleja de su centro. Cada vez que alguien no hace lo que declara, evita las lecciones de su sombra maestra y cuando la persona se engaña a sí misma o a los demás, la sombra siempre está presente. Es mejor tomar parte en el aprendizaje porque es imposible evitarlo o ignorarlo por mucho tiempo. La sombra maestra aumenta la conciencia con sus enseñanzas. Cuando se la ignora o evita, aumenta el grado de dificultad para conseguir la atención de las personas (es como pagar ahora o pagar más tarde con intereses). El maestro interior utiliza la sombra como maestra para alcanzar la coherencia y lograr equilibrio e integridad conectándose con el espíritu. Las personas que escuchan a su sombra maestra no pueden mentirse ni a sí mismas ni a otras. Aunque quisieran evitar ese trabajo interior, saben que el aprendizaje es necesario para convertirse en un ser completo y auténtico.

EL COACHING ENERGÉTICO Y EL TRABAJO CON LA SOMBRA

La sombra como maestra trabaja en la relación de *coaching* para beneficio de clientes y *coaches*. Trabajar con la sombra produce beneficios, pero la persona no aprende lecciones difíciles sin esfuerzo. Los *coaches* energéticos facilitan este trabajo alentando y haciendo ver a los clientes que sus esfuerzos merecen la pena. Sabemos que lo que tenemos que aprender no desaparece hasta que no nos enfrentamos a ello. El trabajo nunca tiene fin. Los *coaches* energéticos dan la bienvenida a estos desafíos tan estimulantes al saber que son imprescindibles para el crecimiento personal. Un resultado final satisface durante un breve período de tiempo antes de que se presenten nuevas oportunidades. La instrucción siempre está disponible a través de la estrecha relación con el espíritu que ofrece el trabajo con la sombra. La naturaleza humana evita relacionarse con la sombra, pero los *coaches* energéticos saben que los resultados bien merecen la pena

Cuando las personas se resisten y rechazan lo que no quieren admitir, activan la energía de la sombra y todo su potencial para conectarse con el espíritu. El espíritu siempre responde a lo que la persona quiere. No conoce la negatividad el «no, no, no, o nunca»; así pues, superar la resistencia a la sombra permite transformar lo que no se quiere en lo que es anhelado. La danza de la sombra y el espíritu equilibran la energía de la oscuridad y la luz, transformando la débil Ley de la Polaridad en la fuerte Ley de la Atracción. Querer algo e ir hacia el objetivo contiene más poder y energía sustentadora que evitarlo. Una vez que la persona transciende su resistencia para aprender de su sombra, puede libremente visualizar y valorar más aquello que tanto busca. Con el espíritu se convierte en creadora de visiones de su propia realidad. Por supuesto algunos pueden preferir vivir totalmente en el espíritu y no tener que lidiar con la sombra en absoluto, pero para crecer es imprescindible aprender las lecciones de la vida. El trabajo con la sombra es imprescindible para los *coaches*, y a medida que vayamos reconociendo y abracemos las lecciones de nuestra maestra sombra apoyaremos mejor a nuestros clientes y los animaremos a que hagan lo mismo.

Lea: «*Mi nieta de dos años Ava es una gran profesora de las lecciones de la sombra. Con su enfoque sencillo y directo vive espontáneamente y se comporta sin reservas. Su libertad de expresión, sus fuertes deseos y sus exigentes necesidades desafían a sus padres. Los intentos de manipular o de controlar a Ava para convertirla en una niña perfecta no funcionan y ella rápidamente disipa las ilusiones de una paternidad perfecta. Igual que mi hija y mi yerno, comencé mi etapa de abuela intentando ser la perfecta abuela, algo solo un poco más fácil que ser los padres perfectos (aun así, imposible). Reconocí mi lucha en el espejo de los esfuerzos exasperados de mi hija. Y entonces decidí aceptar mis imperfecciones y dejar de lado cómo deseaba poder ser. Cuando me convertí en testigo compasivo del crecimiento y la auto-expresión de mi nieta permití que mi trabajo con la sombra fuese perfecto y estuviese bajo control. Ahora que mi nieta tiene cuatro años, tenemos una relación especial. Continúo guiándola cuando es necesario, pero suelto más fácilmente. Gracias a mi demostrada consistencia y buena intención, Ava me respeta cuando hablo... Veo a Ava como una persona única y no tengo nada que demostrar a través suyo, como buscar mi propia reivindicación como la madre que fui en el pasado. Disfruto de mi «ser abuela» tal y como es. Observo su ego emergente con humor y sostengo el espacio para que ella explore sus límites.*

Con asombro acepto a Ava con su espontaneidad infantil sin la preocupación que tuve como madre y que me impidió aceptar y estar presente en el aquí y ahora.

El trabajo con la sombra

«Cuando tenemos problemas, instintivamente nos resistimos a adentrarnos en el camino que nos lleva hacia la oscuridad y las tinieblas. Únicamente queremos escuchar resultados inequívocos, pero nos olvidamos por completo de que estos solo se logran cuando nos arriesgamos a entrar y emerger de la oscuridad. Pero para penetrar en la oscuridad debemos convocar todos los poderes de la iluminación que la conciencia puede ofrecer».
C. J. Jung, *The States of Life*

Trabajar con la sombra puede ser un fastidio porque no se logra captar algo concreto, al igual que ocurre con el espíritu. Algunos, como el renombrado monje Thomas Moore, separan el espíritu de la sombra. Los *coaches* energéticos ven la sombra como un espejo que refleja los vacíos, disparidades y la desconexión que existe con el espíritu. Como ocurre con la sombra que es producida por la luz solar, cuanto más tiempo permanece mayor es el ángulo del sol. Por el contrario, cuando el sol cae directamente sobre la cabeza de las personas, la sombra se funde con ellas. La sombra vive en aquella parte que la persona no tiene alineada con su luz.

La sombra presenta muchas oportunidades para crecer. A medida que las personas aprenden de ella se van acercando al espíritu. La sombra es una parte importante de la unidad que refleja lo que no se quiere ver pero que se sabe que está allí. Al cambiar de perspectiva, las personas integran la sombra con el espíritu.

Carl Jung la buscó a través de los símbolos en los sueños pues, al igual que el espíritu, no puede definirse con palabras. Y cuanto más dispuesta esté una persona a conocer y trabajar la parte oscura, la sombra como maestra colaborará mostrando las lecciones que la persona necesita aprender. A medida que profundicemos y reflexionemos, la sombra nos responderá con sueños desafiantes.

Lea: «*Mi cliente Joy comenzó a tener sueños inquietantes relacionados con su labor como coach. Al relatarme uno tras otro, ambos empezamos a darnos cuenta de que su sombra estaba presente. A pesar de que sus sueños eran desagradables, tenían mucho sentido y revelaban ideas beneficiosas. Los sueños perturbadores disminuyeron cuando Joy habló de ello*».

La sombra maestra aparece cuando las personas afrontan directamente sus pensamientos ocultos, inaceptables, sentimientos y/o percepciones. Al explorar sus motivaciones e intenciones con honestidad se pueden enfrentar cara a cara con su sombra. Al principio encuentran que ver y aceptar tales aspectos de la personalidad es difícil, pero quienes miran objetivamente dentro por lo general descubren las piezas que faltan y conducen al auto-conocimiento y la integridad.

EL RIESGO DE TRABAJAR CON LA SOMBRA

«Eleva tu corazón a Dios con amor humilde; busca a Dios mismo y no lo que obtienes de él. Cuando comienzas, solo hallas tinieblas como si de una nube de desconocimiento se tratara, pero sigue anhelándolo en esta vida; siempre estará en esta nube, en esta oscuridad».

JULIAN DE NORWICH

Las personas evitan mirar a la oscuridad, donde reside la sombra, por temor a que esa parte oculta sea inherentemente mala. La sociedad puede ejercer presión para que hagas o seas algo determinado para que seas «aceptable».

Incluso existe el «pecado original» que significa que la persona debe arrepentirse y tratar de superar una falta inherente. Cuando se admita que las personas son innatamente buenas y que nadie que se esfuerza con honestidad puede fracasar, solo entonces se podrá entender el concepto de sombra como maestro en lugar de adversario. La resistencia disminuirá. Las personas se mirarán objetivamente, incluso con humor. Ver los aspectos de su sombra valientemente y con curiosidad les ayudará a ganar coherencia interna y externa.

A mayor entendimiento e integración, mayor es el número de personas que crecen. La luz brilla en la oscuridad y esas personas pasan a ser faros para los demás. Como resultado las relaciones se vuelven más coherentes y complementarias, si bien otras desaparecen, mientras la luz brilla en la sombra del otro. Aquellos que han integrado la sombra vibran en una frecuencia alta y es probable que sintonicen con otros con su mismo estado vibracional. Tienden a ser un espejo muy claro en el cual los demás se ven reflejados, aunque por supuesto habrá algunos que no quieran mirarse en ese espejo. Otros pueden tratar de distorsionarlo en vez de realizar alguna reflexión propia. Y otros pueden encontrar amenazante el auto-conocimiento y la aceptación porque se produce a costa de subordinar el ego e integrar la sombra. Los *coaches* energéticos brindan apoyo y estímulo a los clientes a medida que estos van cambiando. Algunos pueden llegar a enfrentarse a familiares, amigos o compañeros de trabajo que, negándose a hacer su propio trabajo con la sombra, desafían la buena voluntad de nuestros clientes para mirar hacia dentro en busca de su verdad y auto-empoderamiento.

A medida que las personas van creciendo es muy posible que no deseen mantener ciertas relaciones. Los finales pueden ser tristes y dolorosos. Algunos pueden cuestionar el camino espiritual que los clientes han elegido; sin embargo, como estos se responsabilizan de sus intenciones, motivaciones e identidad se encontrarán lo suficientemente fuertes como para hacer frente a los desafíos, preguntas y confrontaciones de los demás. Al reconocer su sombra reaccionarán de forma auténtica y objetiva. Las personas con coherencia interna e íntegra saben soltar las relaciones que no funcionan. Cuando las personas toman decisiones desde su maestro interior, que es mucho más poderoso que cualquier cosa externa, están contribuyendo mucho más a construir relaciones más saludables y beneficiosas.

Lea: «*Hubo un tiempo de mi vida en que no toleraba estar sola, sobre todo cuando me estaba planteando el divorcio, a pesar de que mi exmarido y yo habíamos terminado con nuestro matrimonio unos cuantos años atrás. Me despertaba con miedo a la oscuridad y terribles pesadillas. Cuando finalmente reuní el coraje para seguir adelante, mis pesadillas cesaron. Pese a que dejé mi casa y los más cercanos a mí cuestionaron esta decisión, yo experimenté una gran paz interior. Aunque no sabía cómo pagaría las facturas, la fe y la confianza en mí misma para empezar de nuevo me ayudaron. Ya no me sentía sola. Esto fue gracias a que mejoré la relación conmigo misma, y también me di cuenta de que en realidad me gustaba estar sola.*

Haber estado en una relación desconectada me había desconectado de mí misma. Cuando estaba casada no podía entrar en mi casa sin encender la televisión y así tener algún ruido de fondo. En mi pequeño y económico apartamento descubrí la tranquilidad interior. Conecté con una parte de mí misma que había abandonado poniendo en peligro quien era yo y lo que quería ser por una relación que no servía a mi bien más alto».

Dependiendo de la voluntad que tenga cada persona de aprender del maestro de la sombra, las relaciones pueden crecer o desaparecer. Algunos buscan un *coach* o un terapeuta para que haga de espejo de su sombra maestra y así les ayude a conectarse con ellos mismos y dejar ir en base a lo que es mejor.

RECONOCIENDO LA SOMBRA

Los *coaches* reconocen a la sombra cuando los clientes tratan de incorporarla a su juego o melodrama. Lo observamos cuando hacen proyecciones positivas, negativas o juicios sobre los demás. Vemos la maestra sombra en las réplicas o excusas de los clientes por las inconsistencias que hay entre lo que dicen y hacen. Cuando se asustan o están a la defensiva, la sombra está ahí de alguna manera. Cuando se resisten a la introspección, la maestra sombra suele estar ahí para ofrecer una lección.

La mayoría de los clientes querrán ignorar a su maestro interior cuando lidian con sus incoherencias y su sombra. Se requieren coraje y escucha para abrirse a las enseñanzas. Los *coaches* energéticos con un desarrollo personal interior actúan como testigos compasivos y ayudan a sus clientes a mirarse objetivamente. Al principio el ego trata de negar o defenderse, pero el maestro interior del *coach,* al conectarse con el maestro interior de su cliente crea un camino que permite que el trabajo con la sombra progrese respetando el ego. Las personas conectan espiritualmente cuando se vuelven completas y contemplan sus motivos y las recompensas que obtienen de su trabajo con la sombra.

A medida que los clientes experimentan el *coaching* sin tapujos, abiertamente, sin reservas, con cariño, dulcemente e incluso de forma ligera y desenfadada, aceptan a su sombra y comienzan a hacer lo mismo con ellos mismos. Quienes se enfrentan a su sombra ven aumentar su consciencia, mientras que aquellos que eligen no hacerlo pueden llegar a dejar la relación de *coaching*. En este último caso, nosotros, los *coaches,* los liberamos con buena intención para que obtengan los mejores resultados y nuestra actitud será clara, imparcial, reflejando sin juicios en un espejo lo que ocurre para que puedan verlo con claridad. Por supuesto algunas personas nunca mirarán ese reflejo y esto hemos de reconocerlo tan pronto como sea posible en la relación de *coaching*. Es posible que más tarde estos clientes vuelvan de nuevo en un estado más receptivo, o no. Es posible que algunos clientes perciban a los *coaches* energéticos como catalizadores para el auto-conocimiento y la aceptación, otros como los principales responsables de una relación insatisfactoria que desafía sus creencias limitantes y tendencias egocéntricas. En cualquier caso, y como lo hacemos con cualquier otra relación, los liberamos con aceptación y amor.

A mayor desconexión con el maestro de la sombra, mayor potencial de aprendizaje existe para el cliente. El trabajo más importante de la sombra ocurre a menudo en las familias, pues si bien existe un enorme potencial para el juicio y la separación, también existe un grandioso potencial para la aceptación y la conexión.

Lea: «*Carson estaba en desacuerdo con las elecciones que su hijo estaba haciendo en la vida. A los treinta años Jason aún no tenía un 'buen trabajo' y vivía con otros tres hombres en un apartamento lúgubre. Aunque tenía talento para la escritura, continuamente le pedía dinero y su padre se lo negaba instándolo a encontrar un trabajo de verdad. Cuanto más fallaba en estar a la altura de las expectativas de su padre, mayor era el abismo entre ellos. La relación se volvió tan tensa y perjudicial para ambos que a ninguno le gustaba estar en la misma habitación que el otro. Ninguno se daba cuenta de que eran espejos del otro en un camino hacia su propia integridad. El hijo no reconocía que él era una persona digna y que su padre lo amaba. Carson se negó a reconocer que su hijo tenía razones para ser crítico con su padre por haber estado ausente y haberle dado una educación excesivamente indulgente. La manera que tenía Carson de compensar a su hijo por haber estado continuamente fuera durante su infancia era hacerle regalos.*

Cuando Carson recibió un diagnóstico de enfermedad terminal, confesó cuánto lamentaba haberse perdido los años de niñez de Jason. Jason se sorprendió al darse cuenta de lo mucho que el perdón de su padre significaba para él. Cuando Carson dejó de criticar a Jason por el dinero, comprendió que las cosas materiales no formaban parte del sistema de valores de su hijo y que tal vez habían desempeñado una parte demasiado importante en la suya.

Jason se dio cuenta de que con su actitud había estado intentando herir a su padre por haber descuidado su infancia. Meses antes de que Carson muriera, padre e hijo decidieron compartir momentos más amorosos, cercanos y respetuosos juntos. Fue difícil y muy inquietante para ambos reconocer eso tan negativo y dañino a lo que habían estado jugando durante tantos años. Cuando vieron que no tenían nada que ganar con posturas egoístas, comenzaron a abrirse el uno al otro. A pesar de sus dificultades, enfrentaron sus sombras y se reconciliaron. Después de la muerte de su padre, Jason comenzó a ganarse la vida como escritor. La reconciliación liberó a Jason para poder aceptar los deseos de su padre de que tuviera éxito y se ganara la vida haciendo el trabajo que había elegido».

Cuando se establecen relaciones con los demás, estas no solo reflejan la relación que se tiene con uno mismo, sino también el grado de intensidad que requiere el trabajo a realizar con la sombra. Aquellos que conocen bien a una persona son los mejores espejos para reflejar su imagen. El vacío existente en una relación es a menudo más amplio entre los miembros de una familia o amigos cercanos que entre conocidos. Los padres tienden a proyectar su sombra sobre los hijos del mismo sexo, y el trabajo con la sombra entre recién casados surge poco después de la luna de miel. Las personas que no quieren lidiar con su yo interior son propensas a ampliar la brecha en las relaciones con aquellos que les son más cercanos. Aquellos que no quieren mirar dentro de sí, suelen impedir, también, que otros lo hagan.

Las lecciones que nos ofrece nuestra sombra se repiten hasta que se aprenden. Cuando los individuos se enfrentan a relaciones retadoras pueden optar por dejar de culpar al otro y planteárselas como una oportunidad para aprender las lecciones que su sombra viene a mostrarles y llevar esos aprendizajes a la conciencia. Siempre que se tiene un sentimiento negativo hacia otra persona o situación, la sombra está presente. Cualquier percepción de separación, superioridad o inferioridad con o hacia el otro lleva implícitos aspectos ocultos del yo que necesitan ser reconocidos.

El ego siempre viene a estropear la fiesta del maestro de la sombra. La sombra muestra lo que la persona no quiere ver de sí misma y el ego desvía la reflexión y hace parecer que la persona no es responsable de sus pensamientos, sentimientos y percepciones no deseados, a pesar de tener el dominio sobre ellos con su capacidad para elegir. Cuando las personas optan por mantener pensamientos, sentimientos y percepciones negativos no pueden lograr relaciones coherentes y energéticas consigo mismas y menos con los demás. Si permiten la negatividad y el distanciamiento, tanto si son conscientes de ello como si no, sus percepciones también definen la relación. Es mucho más saludable dejar de lado estas relaciones que continuar lastimando al otro con lecciones aún pendientes de aprender.

Cuando se presentan las lecciones, algunas personas hacen cualquier cosa para evitarlas. Niegan su propio poder para cambiar. Cuando ponen foco en el ser interior, se dan cuenta de su inmenso poder para ver y hacer las cosas de manera diferente. El *coaching* energético ofrece prácticas e ideas a aquellos que quieren conocer y aceptar todas las partes de sí mismos y de los demás que se ponen en juego en las relaciones (lo bueno, lo feo y lo malo). De hecho, lo feo, como el patito feo de la historia de los niños, ofrece mayor oportunidad de transformación. Las relaciones más turbulentas representan mayores oportunidades para la auto-reflexión y el crecimiento. Una vez que las personas han aprendido las lecciones de su sombra pueden soltar una relación perjudicial porque no tiene ningún otro propósito beneficioso. Lo que no puede ser cambiado precisa ser soltado. Cuando las lecciones que enseña la sombra se aprenden y se dejan ir relaciones que no permiten seguir creciendo, las personas se liberan y cesan las relaciones perjudiciales o situaciones de autodefensa que las apartan de su crecimiento y sabiduría interior.

En lugar de etiquetar a otros como difíciles, los *coaches* energéticos buscan en las relaciones oportunidades para aprender. No compramos el velo de la separación, superioridad o inferioridad. En su lugar, demostramos a los clientes cómo se descubre la sombra. Demostrar requiere que conozcamos, aceptemos y nos amemos a nosotros mismos a pesar de ser conscientes de nuestra propia sombra y nuestros defectos. Los *coaches* energéticos son los primeros en admitir que nadie es perfecto. Nos reímos de nosotros mismos cuando el ego trata de avivarse a través de luchas de poder o de influir sobre los demás. Somos conscientes de que actuamos como un canal o un instrumento para que los clientes hagan su trabajo. Servimos a algo mucho más grande que nosotros mismos. Nos comprometemos a aprender de nuestras propias lecciones con el fin de crear el espacio para que otros puedan elegir y aprender las suyas.

LA SOMBRA Y EL ESPÍRITU

A continuación, se proporcionan algunos ejemplos de situaciones en un proceso de *coaching* donde se ha de hacer trabajo con la sombra:

- Cuando el *coach* se da cuenta, después de una reunión, que entra en el papel de su cliente.
- Cuando el *coach* teme ser ineficaz.
- Cuando el *coach* se deleita en sus habilidades y en los resultados en vez de apreciar el trabajo que el cliente ha hecho.
- Cuando el *coach* necesita demostrar experiencia y conocimiento al cliente.
- Cuando el *coach* está a la defensiva o necesita probar algo al cliente.
- Cuando el *coach* ve al cliente como objeto de deseo para hacer dinero.
- Cuando el *coach* pasa tiempo y esfuerzo pensando en sí mismo en lugar de estar plenamente presente durante las reuniones con su cliente.
- Cuando el cliente intenta involucrar al *coach* en un juego de culpa o en un melodrama para evitar mirarse a sí mismo.
- Cuando el cliente trata de convencer al *coach* de que le «compre» algo que no es cierto.
- Cuando el cliente se centra en el pasado o se aferra a creencias limitantes.
- Cuando el cliente intenta controlar o influir en el *coach*.
- Cuando el cliente se resiste o se niega a mirar su incoherencia interna-externa.
- Cuando el cliente permite relaciones que reflejan menos de lo que dice que quiere.
- Cuando el cliente percibe al *coach* como superior o inferior.
- Cuando los clientes rompen su palabra repetidamente o se resisten a tomar medidas en relación a los objetivos que han establecido.

En las situaciones anteriores, los *coaches* energéticos han de dejar a un lado la respuesta automática del ego para que el espíritu les proporcione la guía que necesitan de su propio maestro interior. Como testigos compasivos, reflejamos de forma abierta y curiosa sobre lo que nos trae el cliente. Experimentar miedo, separación o ansiedad en una sesión de *coaching* es una oportunidad para regresar al testigo compasivo, observador, presente, comprometido y tolerante. Manteniendo al ego fuera de la interacción con los clientes y conectando con el maestro interior, los *coaches* se vacían para permitir que lo que venga sea lo correcto. Queremos mantener alejada de la relación de *coaching* cualquier respuesta automática propia o necesidad egocéntrica que pueda interferir en el trabajo del cliente. Si perdemos nuestra postura de testigos compasivos y nos separamos, o aún peor, pasamos al juicio, perdemos nuestra conexión con el espíritu y enviamos al cliente el mensaje erróneo de que hay alguna parte de ellos que no está bien. El juicio daña cualquier relación y conduce a la más absoluta profundidad de la sombra.

Cuando nos encontramos trabajando con la sombra, también estamos abiertos a relacionarnos con el espíritu al:

1. Reconocer cómo se vuelven nuestras sensaciones corporales y que las tensiones se relajan.
2. Observar pensamientos críticos, negativos o condenatorios, y liberarlos.
3. Saber cuándo nuestro ego crea una actitud defensiva y la necesidad de justificar o probar algo.
4. Crear conscientemente sentimientos de buena voluntad hacia los clientes.
5. Convertirnos en el testigo compasivo que refleja lo que es sin distorsiones del ego y sin asumir proyecciones del cliente.

6. Permanecer en el punto de equilibrio entre las polaridades de juicio de bueno/malo, querer/no querer, gustar/disgustar, etc.

7. Buscar la conexión con el cliente desde donde está y esperar que el crecimiento ocurra.

8. Permitir que el maestro interior guíe palabras y acciones.

9. Liberar expectativas acerca del resultado.

10. Estar presente con el cliente a pesar de sentir la necesidad de evitar molestias o inquietudes sobre lo que está ocurriendo.

Nuestra postura como *coaches* requiere de un esfuerzo y una conciencia inmediata al momento presente. Con la práctica y la consciencia de uno mismo podemos permanecer como canales abiertos si estamos haciendo nuestro trabajo con la sombra con una actitud íntegra. Ya no somos sensibles a las agendas personales o a las motivaciones impulsadas por el ego. El momento presente se hace expansivo, y el proceso de abrirse al espíritu y recibir su guía desde esa sabiduría interior simplemente ocurre.

Unirnos al espíritu e integrar la sombra

«Aunque la noche oscurezca tu espíritu, su propósito es otorgar luz. Incluso aunque te humille revelando la profundidad de tu miseria, su propósito es exaltarte y elevarte. Aunque te vacíe de todo sentimiento y te desvincule de todos los placeres naturales, su propósito es llenarte de alegría espiritual y unirte a la fuente de esa alegría».
San Juan de la Cruz

Las personas se acercan más a su centro y reciben energía espiritual al trabajar su sombra a medida que van experimentando vivir menos la polaridad de «esto no, esto sí» y se debilitan los apegos para ver las cosas tal como son. Aquí se muestran algunas ideas de cómo moverse de la polaridad al centro y conseguir el equilibrio:

- Sostener el espacio ante las primeras impresiones para que los otros se puedan mostrar como son.
- Hay que recordar que todas las personas son únicas, iguales e importantes.
- Reconocer cuándo se produce separación, retirada o distanciamiento, y actuar para reconectarse con la vida y con los demás.
- Trabajar los temas personales en cada oportunidad que se presente practicando una neutralidad relajada acerca de uno mismo y de los demás.
- Añadir energía positiva a la conciencia colectiva, asumir la responsabilidad de la negatividad y cambiarla desde dentro de uno mismo.
- Reconocer cuándo te encuentras atrapado en la tragedia y entrenar la compasión, el discernimiento, el desapego y la observación.
- Mantener las cosas en perspectiva. Hacerse la pregunta ¿qué importancia tendrá esto para mí dentro de veinte años (o dos...)?
- Practicar el coraje y la autodisciplina mientras se afrontan los miedos.
- Invitar y abrirse al espíritu continuamente.
- Practicar el «dejar ir/soltar» con los pequeños disgustos del día a día y prepararse para abordar los temas «calientes» que te están generando pensamientos y emociones negativas fuertes.
- Decidir ocuparse de la sombra desde una perspectiva positiva en el ejercicio de la libre elección del

mayor resultado positivo, de pequeñas y grandes formas.

- En situaciones o relaciones difíciles, provocar resultados que conduzcan al bien mayor para todos los involucrados.
- Cultivar la conexión con todos los seres vivos, incluyendo plantas y animales, que proporcionan grandes oportunidades para practicar en cualquier momento.
- Actuar desde el amor, empezando por los que son más fáciles de amar y continuando por aquellos que más lo requieren.
- Reconocer las experiencias positivas o negativas como maestros que ofrecen lecciones necesarias.
- Recordar y registrar sueños, pensamientos fugaces que aparecen en el día, sentimientos y cualquier percepción que nos muestre nuestra sombra, y observar objetivamente lo que nos revelan con aceptación en lugar de con aversión.
- Pedirle a alguien cercano que te proporcione información acerca del posible trabajo que necesitas realizar con la sombra.

Crecer, evolucionar y ser coherentes requiere la integración de la sombra; es un proceso continuo e interminable. Está presente cuando tratamos con preocupaciones, sentimientos de inquietud y sensaciones físicas incómodas. Cuando nos aventuramos por ese camino y preguntamos qué necesita para integrarse, es ahí cuando empezamos a movernos con armonía y satisfacción pasando de la auto-reflexión a la auto-aceptación. Al ir asimilando nueva información, se puede elegir conscientemente cómo aplicar las lecciones que nos va enseñando la sombra para aumentar nuestra energía. Al encontrar razones beneficiosas y positivas que ayudan a superar las dificultades y las debilidades personales, las personas consiguen estar más alerta y tener una mayor conciencia de los hábitos recurrentes que mantenían a la sombra en la oscuridad. Podrán mirar el espejo de sus relaciones con los demás, monitorear su progreso y dejar ir los juicios hacia sí mismos y hacia los otros.

La sombra de la comunidad: el liderazgo incoherente

«Muchas organizaciones se presentan a sí mismas, por infinidad de motivos, como entidades bien orientadas y centradas. Hacen declaraciones como 'somos una familia', 'aquí trabajamos en equipo', 'el mejor trabajador de la semana' y similares. Sin embargo, en algunas de estas organizaciones, si se habla con un empleado, la respuesta es un «sí, claro» con un toque irónico que lo dice todo. Existen vacíos entre lo que se afirma y lo que se experimenta en el trabajo. El objetivo es alinear lo expresado o esperado con la experiencia de los miembros que constituyen la organización».
JANE GALLOWAY SEILING, *The Meaning and Role of Organizational Advocacy: Responsibility and Accountability in the Workplace*

«Es una vergüenza que una empresa en quiebra reparta millones de dólares a altos ejecutivos a través de cláusulas de garantía o blindaje y afirme la imperiosa necesidad de eliminar los beneficios sanitarios para las personas que han trabajado toda una vida en la fábrica».
LEO GERARD, presidente de United Steel Workers of America

Ahora como nunca, salen a la luz actos y faltas de responsabilidad por parte de muchos dirigentes de organizaciones, pequeñas, grandes, lucrativas y/o sin ánimo de lucro. Cuando los directivos de las empresas no desarrollan una mayor consciencia, responsabilidad e integridad personal, el impacto que generan es tan negativo que no solo alcanza a los que trabajan para ellos, sino que afecta además a otras economías y mercados del mundo. El *coaching* energético desarrolla y apoya esa búsqueda de responsabilidad, autenticidad y coherencia personal en aquellos individuos que ejercen poder y poseen mayor responsabilidad e impacto en la sociedad. Las organizaciones multiplican exponencialmente los efectos de las incongruencias individuales.

A medida que las personas pasan a posiciones de influencia y contraen una mayor responsabilidad, sus actos impactan de forma inmediata en más individuos. El *coaching* energético para ejecutivos aborda precisamente las justificaciones egocéntricas que quieren sabotear el trabajo con la sombra. Igual que los directivos asumen mayor responsabilidad en sus organizaciones, los *coaches* energéticos que participan en los procesos de *coaching* ejecutivo también han aumentado su responsabilidad hacia ellos. Los líderes reflejan el estado de consciencia de su comunidad, y viceversa. Las comunidades necesitan a sus líderes para elevar su consciencia, integrar su sombra y aumentar la conexión espiritual con la práctica de la coherencia individual y la autenticidad.

Un comportamiento poco sincero, inconsistente y engañoso en la cúpula de las organizaciones es evidente para cada uno, si se elige observarlo en vez de pasarlo por alto. La política y la connivencia en las posiciones de liderazgo garantizan incongruencia en toda la organización. ¿Por qué los profesionales van a hacer lo que prometen o mantener altos estándares de excelencia en su trabajo si sus líderes no lo hacen? No puede existir ninguna expectativa de que los demás sean veraces o confiables si la dirección no lo es. La sombra impregna a la organización con una cultura de huida a la defensiva o, peor aún, que oculta y enmascara resultados solo para seguir manteniendo a altos cargos en el poder sin cuestionamiento.

Cuando se hace el trabajo con la sombra es necesario ir con cierta prudencia en la exposición y la manera de abordar acciones o palabras incongruentes, y no tener en cuenta a quienes exhiben ese comportamiento. Las leyes, controles, políticas, procedimientos y castigos no garantizan el cumplimiento de acuerdos ni la seguridad. Como se muestra en ejemplos recientes de malversación de fondos, cuando los abogados y jueces de la SEC[7] juzgaron a personas corruptas, los autores ya habían dañado irreparablemente a la organización. En la mayoría de las organizaciones hay pocos mecanismos internos que permiten hablar abiertamente y detener los efectos negativos de una ética pobre por parte de aquellos que ocupan puestos de gran responsabilidad. En mayor o menor medida, las incongruencias diarias bloquean la conexión espiritual y la energía que podría sanar y unir a la comunidad para convertirse en un colectivo realmente eficaz. El individuo sabe cuándo está hablando o actuando desde su máximo potencial. El proceso de *coaching* energético para líderes se encarga de abordar la brecha que existe entre lo que dicen que quieren para sus organizaciones y lo que hacen para alcanzar los objetivos, al tiempo que actúan como ejemplo para otros.

Se necesitan directivos con coraje para trabajar con la sombra, especialmente en organizaciones que han sido dañadas por una cultura que permite menos de lo que la

---

7   US Securities and Exchange Commission. Organismo estatal que protege las inversiones municipales y locales en infraestructuras de carácter social.

persona es capaz de ser y hacer. Mientras los directivos valientes luchan por corregir el sistema, pueden solicitar a sus *coaches* energéticos que los apoyen a continuar con su trabajo interior. Como líderes, al ir escalando puestos de mayor autoridad y responsabilidad en la empresa ven el panorama general y son más capaces de contribuir en mayor medida. En algún momento los directivos valientes tendrán que decidir apoyar el sistema existente o desafiarlo para actuar con coherencia y mantener mejor sus valores y visión. Quienes están en las esferas más altas de las empresas son los encargados de sentar ejemplos a emular con estándares de excelencia en las decisiones y en los comportamientos.

Puede llegar un momento en que los directivos con coraje se den cuenta que lo que les pide el sistema para tener éxito va en contra de sus valores internos. Es entonces cuando se enfrentan a un conflicto entre sus valores internos y las restricciones externas. En ese momento han de admitir y reconocer que para seguir progresando en su carrera y en esa organización han de ignorar a su maestro interior. La decisión que tomen les afectará no solo a ellos y a su vida personal, sino también a todos los que están vinculados a la empresa. En cuanto empiecen a hablar y actuar con coherencia esperando que los demás hagan lo mismo, puede suceder que incluso pierdan su estatus e ingresos. Al atreverse a mantener estándares más elevados, corren el riesgo de ser atacados o etiquetados por otros que se sientan amenazados en ser expuestos en el espejo de la relación. Sin embargo, la otra cara de la moneda es que aquellos que no se arriesgan a hacer cambios hacia la coherencia personal van perdiendo confianza y autoestima al permitir que avance el *statu quo* del sistema, y esto ocurre muy a menudo. En una cultura incongruente, el directivo audaz debe tomar decisiones difíciles si quiere ser fiel a sí mismo.

Los *coaches* energéticos ayudan a estos directivos a escuchar a su maestro interior para abordar temores, trabajando con su sombra y permitiendo la creación de una conexión espiritual desde dentro. Y cuando la cultura de la organización apoye la incoherencia, estos directivos serán muy conscientes, al hablar desde su verdad, de las consecuencias desagradables que esto puede conllevar. En este caso, los *coaches* energéticos los apoyarán y acompañarán en el proceso de hacer los cambios necesarios que les permitan ir ganando coherencia organizacional y/o soltar esa relación con la empresa, mientras mantienen su integridad personal intacta.

Lea: *«Dave era el presidente de una empresa mediana de fabricación que fue promocionado por la casa matriz. Esta había comprado su empresa con el propósito de que fueran usuarios de sus productos. Dave no tardó en darse cuenta de ello. La matriz quería utilizar a la empresa subsidiaria como consumidora de sus productos de baja calidad. A medida que crecía la chatarra, la moral de los trabajadores de la sección y de la compañía en general disminuyó. La empresa matriz decidió poner en marcha una iniciativa de Total Quality Management (TQM). Como respuesta, los empleados comenzaron a exigir a Dave que el material que les suministrara la empresa matriz fuera de calidad, en concordancia con su «verbalización» sobre TQM. Manteniendo su integridad personal pero desafiando a la corporación, Dave respondió rechazando todo material defectuoso recibido, como lo había hecho siempre con cualquier otro proveedor. El supervisor directo de Dave, el director de Operaciones de la compañía, respondió enfadado cuando Dave le dijo que trataría a la empresa matriz como a todos sus proveedores. Le comentó a su jefe que la empresa no podía tener dos criterios: o le suministraba buen material o debería abandonar el programa TQM.*

Dave sabía que no podía complacer a la organización y a la vez mantener su integridad personal, por lo que eligió ser fiel a sí mismo. Mientras se ganaba el respeto de sus compañeros de trabajo, fue calificado de problemático y tras veintidós exitosos años en la compañía, le despidieron sin ofrecerle la oportunidad de encontrar otro trabajo antes. Dos años después, la empresa de mil millones de dólares se declaró en quiebra debido a las numerosas decisiones contraproducentes tomadas por el comité de dirección. Como había sido despedido, Dave había vendido sus acciones antes de que perdieran su valor y obtuvo un trabajo mejor en una nueva compañía».

Los *coaches* energéticos son aliados de los directivos valientes que quieren mejorar el sistema y retener a los mejores miembros del mismo o dejar la organización. Sabiendo que el espíritu ayudará en estas iniciativas, promovemos que nuestros clientes hagan balance de sus organizaciones desde una perspectiva y una conciencia metacognitiva. Ayudamos a los clientes a revisar su esfera de influencia, las posibles opciones y las oportunidades de la organización para que puedan mantener integridad personal y coherencia interna/externa. Juntos, los *coaches* y los clientes cotejan los valores y las acciones que se han manifestado durante el proceso para tomar decisiones congruentes. Ocurre muchas veces que los directivos valientes admiten que no poseen buenas soluciones ante un desafío concreto; sin embargo, reconocer esas limitaciones permite que la verdad emerja y trabajar la sombra, trayendo conciencia y coherencia a la persona y la comunidad.

Los *coaches* energéticos sostienen a los clientes mientras enfrentan momentos de temor, inquietud, recelo o duda al tratar con la sombra de la organización. La soledad que se siente es inherente a estar en la cúpula de una organización. La presencia de un testigo es muy útil para realizar una auto-reflexión acerca de lo que ocurre, dentro y fuera, y mostrar las vulnerabilidades e inseguridades propias como ser humano, sin riesgo a ser juzgado o cuestionado.

Todos tenemos problemas personales, temores y miedos de vez en cuando. Incluso los mejores y más experimentados directivos se cuestionan a sí mismos. La capacidad de hacerlo es una señal de fuerza. Aquellos que no pueden cuestionarse a sí mismos son peligrosos, especialmente si están en la parte superior de una organización. Invitar a *coaches* energéticos para que ayuden a buscar coherencia personal entre los valores internos y externos, y poder expresarlos con confianza es garantizarse uno mismo una base sólida y segura para lograr coherencia. Los directivos valientes toman decisiones importantes y hacen los cambios necesarios en las empresas; partiendo del nivel personal, son capaces no solo de evaluar sus acciones y a ellos mismos, sino también de examinar la sombra de la organización poniendo de manifiesto si hay conveniencias, intereses personales, negaciones «indiscutibles», mecanismos de defensa, juegos de poder y/o rivalidades políticas sutiles.

Hoy más que nunca, las organizaciones necesitan auto-cuestionarse y contar la verdad. Si las personas se enfrentan a retos futuros cada vez más complejos, es necesario un compromiso desde el corazón y no solo desde la cabeza o las manos. Cuando los líderes de las organizaciones se comportan de manera auténtica y coherente, los efectos son de largo alcance. El viaje personal hacia la integridad permite que la confianza se manifieste en las relaciones, y en ese caldo de cultivo es cuando las organizaciones innovan y se arriesgan al cambio. Cuando se aumenta la confianza, se construye el respeto y se reduce el riesgo. Cuando la organización exhibe un comportamiento auténtico por parte de sus líderes, los demás responden en reconocimiento de los valores y de una visión elevada. Quienes no quieran, abandonarán. Durante el trayecto, los directivos valientes resisten las críticas porque ya han examinado sus propios motivos, decisiones y acciones. No necesitan mecanismos de defensa, ni capas aislantes de «sí señor», contabilidades opacas, políticas «como de costumbre...», vigilantes y comunicaciones superficiales para que emerja un sistema disfuncional. Reemplazan el control amenazador de tácticas, políticas y procedimientos rígidos por valores vivos y visiones claras. Los directivos con coraje encarnan y esperan la verdad sin importar cuán difícil sea.

Las organizaciones transparentes, visibles a todos los niveles, comprometen a todos con altos estándares de rendimiento y resultados. El cambio positivo duradero ocurre porque quienes están en la cima primero buscan mejorarse a sí mismos para después mejorar la comunidad. Los valores expresados en la misión de una organización cobran vida cuando los directivos emulan y manifiestan dichos valores con palabras y acciones. Los directivos valientes buscan enérgicamente la verdad. Consideran una infracción tanto la ocultación como a los encubridores y no hacen la vista gorda a lo que necesita ser revelado y discutido. Lidian con la sombra viéndola como una oportunidad de aprender y un requisito previo para la integridad. Ese ángulo o zona muerta que se crea cuando se hacen oídos sordos y ciegos a un comportamiento inaceptable o a relaciones disfuncionales, se va transformando a medida que la energía (el espíritu) impregna la organización.

Así como las personas han de asumir la responsabilidad de la calidad de sus relaciones personales con los demás para lograr una dinámica yo-uno, el directivo valiente ha de examinar sus relaciones con otros, especialmente con amigos y familiares, y observar qué imagen le reflejan esas relaciones más cercanas. Los directivos con coraje deben examinar su grado de coherencia con los valores y la visión de la organización para lograr congruencia personal con la cultura organizativa. Si los individuos deciden que la organización no emula sus estándares personales, deben evaluar si pueden realizar un cambio que apoye la excelencia. A lo largo del proceso para llegar a ser coherentes con uno mismo, con los otros y la comunidad, los *coaches* y los clientes recurren a la maestra sombra que es quien identifica los vacíos o lagunas en la integridad y refleja cómo cada persona de la organización ha contribuido a la situación que se vive. Al destapar la incoherencia individual en la organización se deja al descubierto la sombra colectiva. Aunque se necesita coraje para aprender de la sombra, esta brinda a los participantes los recursos para conseguir una comunidad saludable de individuos que operan en una totalidad unificada a largo plazo. El trabajo conjunto de los *coaches* energéticos y los directivos valientes permite mantener la luz que se necesita sobre la organización para aclarar e integrar la sombra colectiva.

Igual que un individuo tiene que abandonar patrones de creencias tribales, los directivos valientes que valoran la integridad y la honestidad pueden tener que abandonar organizaciones que por sistema practican un comportamiento incongruente y poco ético. El individuo que toma un camino auténtico a veces se compromete con opciones difíciles y aterradoras. Los *coaches* energéticos apoyan a sus clientes en el proceso de toma de decisiones y les ayudan a embarcarse en caminos positivos y vibrantes dentro o fuera de la organización sin entrar en especulaciones o apegos a resultados específicos que bloquean esa conexión espiritual. Ellos descubren la sombra para hacer frente a las dudas y temores sobre el futuro. El directivo valiente puede no saber los detalles de cómo van a funcionar las cosas, pero sabe que siendo fiel a sí mismo, esa energía especial hará que todo funcione en consonancia y al unísono creando un bien mayor.

Anexo al capítulo

Reflexión

- ¿Qué lecciones está tratando de enseñarme mi maestra sombra por medio de personas y situaciones que no me gustan?
- ¿En qué áreas experimento incongruencia entre mi ser interior y exterior?
- ¿Qué me están diciendo mis sueños, conciencia o intuición, respecto a aspectos de mí mismo con los que no estoy tratando conscientemente?
- ¿Cómo puedo desarrollar una relación de amistad y aprendizaje con mi sombra para integrarme a mí mismo por completo?
- ¿Qué muestran de mí las relaciones y las organizaciones en las que exhibo mi sombra maestra? ¿Qué necesito aprender?
- Lo que es rechazado dentro es proyectado fuera. ¿Qué proyecto en los demás que necesito trabajar en mí mismo?
- ¿La comunidad en la que estoy trabaja su sombra? Si no es así, ¿qué puedo hacer al respecto?

Impronta intencional

- ¿Qué lecciones se me presentan repetidamente por parte de mi maestra, mi sombra, que necesito aprender?
- ¿Cómo puedo dejar de lado la culpa, el resentimiento, el miedo o la impotencia para convertirme en la expresión más plena de mi auténtico ser?
- ¿Qué puedo hacer ahora para cambiar el pasado y crear un futuro positivo?
- ¿Cómo mantiene mi ego a su sombra en la oscuridad?

- ¿Cómo puedo incorporar mi sombra para lograr integridad personal?
- ¿He experimentado algún sentimiento recurrente e incómodo al leer este libro? ¿Qué puede esto indicar?

8. PRÁCTICA PARA LA CONEXIÓN ESPIRITUAL

«La visión no es suficiente. Tiene que estar combinada con la aventura. No es suficiente mirar hacia arriba los escalones, debemos subir las escaleras».
Vaclav Havel

«Si las personas supieran lo duro que trabajo para conseguir mi maestría, no sería vista como algo tan maravilloso».
Miguel Ángel

Hasta aquí hemos hablado tanto de maneras de incrementar la conexión espiritual y la energía como de lo que bloquea el proceso. Es una elección personal poner al espíritu en la relación, comenzando con la relación con uno mismo y extendiéndola a la relación con los demás. El espíritu espera la invitación a través de la bondad intencionada. Hemos hablado del respeto por los otros y de la igualdad, así como de la interacción del ego y la sombra, y la importancia de integrar todos los aspectos de la experiencia humana para dirigirnos a la totalidad y la unidad. Es fundamentalmente hablar usando palabras que expresen dinámicas esotéricas entre el *coaching* y el espíritu. Ahora vamos a retarte, lector, a crear tu propia conexión espiritual si no la has establecido ya. Las personas necesitan consciencia, coherencia y elección intencionada para descubrir la energía espiritual y la conexión. Practicar demuestra la voluntad de experimentar una relación con lo espiritual. Qué hacer y cómo practicar es una elección individual que puede adoptar muchas formas. Los caminos personales y únicos con que cada uno crea su práctica espiritual pueden cambiar con el paso del tiempo. Los *coaches* energéticos tejemos nuestra práctica espiritual de manera que funcione para nosotros y anime a nuestros clientes a hacer lo mismo. Este capítulo propone algunas de las prácticas espirituales que nosotros y nuestros clientes podemos usar. Algunas han surgido del estilo de vida actual y otras son ancestrales. Como ocurre con otras tareas, la práctica incrementa nuestras habilidades. Todo el mundo tiene la habilidad innata de conectar con el espíritu. Practicar con intención pura para tener una relación coherente con uno mismo y con el espíritu nos proporciona el suelo fértil para que la semilla de la energía espiritual crezca. La gente que quiere conectar con el espíritu realiza la práctica con carácter habitual para suprimir bloqueos y abrirse a algo que hay más allá de los cinco sentidos. La práctica cotidiana forja una conexión interior fuerte, duradera y sostenible con el espíritu.

Los humanos conectamos los mundos espiritual y material. Mucho se ha escrito acerca de personas que han experimentado una espontánea, trascendente y amorosa conexión con el espíritu. Aquellos que han experimentado estos encuentros de cerca han contado su deseo de quedarse en ese estado de unidad. Sin embargo, esa experiencia no puede mantenerse de manera continuada en la cotidianidad de nuestra vida. La conexión espiritual puede ser transitoria, pero nos recuerda su perfección en la unidad y en la totalidad. Lo que apreciamos como recuerdo de una experiencia espiritual directa puede ser difícil de contar a otros o de replicar. Rememorarlo crea la conciencia del ser esencial. Tal conciencia disipa las ilusiones de un mundo secular y separado o de superioridad o inferioridad del yo. Esto recuerda un estado del ser que refleja la totalidad de la humanidad y la importancia y el poder de la persona.

Así como la gente entrena en el gimnasio y trabaja su cuerpo físico, se puede utilizar de forma deliberada el entrenamiento físico, mental y emocional para desarrollar el cuerpo espiritual. La práctica invita a una conexión en el momento presente con el espíritu. El contacto espiritual no siempre es necesario, pero el desarrollo de una relación estrecha con el espíritu abre al maestro interior para proporcionar perspectiva y guía a través de la tranquila y pequeña voz interior. Lo más importante no es si las personas experimentan directamente al espíritu a través de la práctica; lo realmente importante es si demuestran la intención de invitarle a manifestarse, a hacerse presente. Es un proceso. La permanente relación con el espíritu es como el gozoso fundirse en la unidad de dos amantes, pero más sostenible en el tiempo. El amor implica el colapso de los límites del ego y la vulnerable sumisión a algo más grande que uno mismo. El reconocimiento de algo más grande nos abre al espíritu, pero el miedo humano y la vulnerabilidad que supone rendirse y soltar levanta barreras. El espíritu no abandonará ni reafirmará una voluntad distinta. La libertad individual es inviolable. La conexión con el espíritu empodera a las personas. Pueden estar físicamente solas, pero no se sienten solas. La invitación y la práctica permiten una consciencia duradera de identidad separada y unidad conectada.

John: «*Una clave para practicar es tener un motivo. Hace poco participé en un retiro espiritual para abrir mi ser al espíritu. Tuve una preparación de un año que me condujo a la experiencia de apertura al espíritu en el momento presente. Pasé por una fase que implicaba realizar ayuno. Hasta ese momento creía que estaba preparándome afanosamente para hacer eso que yo llamaba 'retiro espiritual'. Una vez en la situación, sin comida ni agua, me di cuenta de que estaba formándome a tiempo real en la tarea o la práctica de cómo quería vivir mi vida. No estoy hablando de convertirme en un asceta religioso. Sin embargo, cuando incorporé el ayuno al resto de prácticas del retiro espiritual pude concentrarme mejor en el momento presente. Ayunar me mostró cómo podía cambiar mi realidad para apoyar mejor mi deseo de ser uno con el Todo».*

En el proceso de aprender a través del ser y hacer con intención de crecer espiritualmente, las personas experimentan «ajás» que llevan a nuevas maneras de equilibrar el estrés de la vida diaria. A través de la práctica aprenden sobre el enorme yo espiritual interior. La práctica no siempre es fácil o cómoda. Al principio las personas suelen ser diligentes y luego con el tiempo se dispersan. Pueden preguntarse por qué se sienten fuera de sincronía y desconectados. Pueden sentirse culpables por abandonar las prácticas que les habían funcionado antes. Desvanecerse y fluir en la práctica es una característica de la naturaleza humana. Se trata de mantener un equilibrio dinámico, dando y recibiendo, siendo y haciendo, aferrándose y dejando ir. La práctica espiritual requiere querer hacerlo más que tener que hacerlo. La práctica es un regalo que las personas se dan a sí mismas. Requiere elección y compromiso, tiempo y esfuerzo, pero crea una consciencia espiritual y una conexión real de forma que la relación perdura incluso cuando la práctica disminuye.

Muchos comienzan una práctica espiritual cuando sienten que algo falta en su vida. Irónicamente, abordar la pérdida de algo a través del crecimiento personal abre la puerta a un «algo me falta» adicional. El proceso de aprendizaje evoluciona constantemente. La vida presenta infinitas oportunidades para buscar la verdad y experimentar que el espíritu se convierte en la expresión más plena del auténtico yo. El proceso muestra un estado de unidad que es separado y distinto a la vez que unido y completo. Practicar para conectar con el espíritu es una elección que se hace minuto a minuto. Invita a la dirección y energía para tener nuevas experiencias que brindan mayores oportunidades para crecer. Haciendo con intención consciente, la gente demuestra que desea mantener una relación personal y estrecha con el espíritu. Su intención sostiene la apertura y la invitación al espíritu. La práctica integra el decir con el hacer y se demuestra con el ejemplo reflejando buena fe, intención e invitación.

Este capítulo enumera una lista y una breve descripción de algunas prácticas espirituales. No intentamos presentar una enumeración exhaustiva de la multitud de métodos para invitar al espíritu a la relación.

Hay miles de textos y enseñanzas que describen prácticas que abren canales al espíritu. La esencia de lo que funciona en todas ellas es la buena disposición en la práctica y una forma continuada que invita a la conexión espiritual. La gente envía energía allí donde pone el foco. Esa energía dirigida como láser de atención al espíritu con intención de conectar crea diferentes oportunidades y experiencias para hacerlo.

Como los individuos somos únicos, hay prácticas que funcionan mejor para unas personas que para otras dependiendo del momento. La clave que las hace funcionar es que perduren en el tiempo. Lejos de soluciones rápidas o a corto plazo, la armonización espiritual requiere renovar las buenas intenciones a diario. A través de la práctica, la gente muestra qué es lo que quiere, de forma que el espíritu proporcione guía y sabiduría a través del maestro interior, así como significado y propósito a través de las relaciones interpersonales. Los *coaches* energéticos trabajan deliberadamente con la práctica para aumentar la conexión espiritual que crea el espacio para que todas las cosas funcionen conectadas en aras del bien.

Prácticas espirituales

Meditación

«En la meditación es posible sumergirse profundamente dentro de la mente, en un lugar donde no hay perturbación y existe la soledad absoluta. Es tal este punto de profunda quietud que el sonido de la mente puede ser oído».
A. E. I. Falconar

La meditación adopta muchas formas tanto en la realización como en la quietud del simple ser. Meditación es silenciar los pensamientos interiores y las distracciones externas para dejar una apertura a la experiencia de la presencia del espíritu como fusión en la unidad. Entre los pensamientos hay un espacio donde vive el espíritu.

Las personas meditan para desarrollar una calma interna y una quietud que abre a la conexión espiritual. Aquellos que utilizan este tipo de apertura para el espíritu escuchan su voz interior a través de la intuición, experimentan destellos de percepción, un sentido de conocimiento, sentimientos de paz y tranquilidad, y experiencias de unidad y equilibrio. Pueden meditar mientras están sentados, andando, corriendo, escuchando música o realizando tareas rutinarias, repetitivas y triviales. Dependiendo de su habilidad para identificar y mantenerse desvinculadas de sus pensamientos, las personas pueden meditar casi en cualquier sitio porque su consciencia permanece más allá de los pensamientos. La meditación les permite observar objetiva y conscientemente su mente y sus emociones. Eso mejora su capacidad para dejar ir los pensamientos en la quietud del momento. Hay distintas formas de llevar a cabo la meditación: a través de la observación de la entrada y salida de la respiración, entonando un mantra u otro sonido repetitivo, andando con mente plena u observando la llama parpadeante de una vela. Todo lo que mueva a la gente a observar sus pensamientos, a soltarlos, crea el espacio para que el espíritu pueda ser incluido.

La meditación abre la puerta al espíritu eliminando barreras de preocupación, estrés y pensamientos obsesivos. Si rezar es hablar con Dios, meditar es escuchar a Dios.

He aquí un ejemplo de práctica de meditación:

Reserva de 10 a 20 minutos diarios. Mucha gente encuentra la meditación al despertar una manera beneficiosa de procesar las percepciones matutinas y promover la paz interior para el resto del día. Siéntate tranquilo en una posición cómoda. Observa la respiración, el ritmo al exhalar e inhalar. Observa también los pensamientos. A medida que los pensamientos atraviesan la mente imagínalos como si fueran hojas flotando en un río de consciencia. Deja que el fluir del río permita a las hojas-pensamiento salir de tu vista. Mantén el contacto con la parte que está observando tus pensamientos. Este es el lugar de conexión con el espíritu (donde el Gran Yo deja ir los incesantes pensamientos del pequeño yo). Ante cualquier distracción por un pensamiento vuelve a inhalar y exhalar el aire, dejando ir el pensamiento. Con la práctica, soltar es más fácil. No te juzgues o condenes por tener pensamientos que te distraen. La práctica de dejar ir es lo verdaderamente importante; por lo tanto, cuantos más pensamientos, más práctica.

Aquellos que liberan sus pensamientos sin aferrarse a ellos experimentan una profunda libertad de elección y empoderamiento personal. La «mente de mono» no juega ya con ellos como si fueran muñecos. Observar los pensamientos sin apego a menudo revela patrones superficiales y repetitivos. El bombardeo mental tiene un propósito: que la gente se mantenga lejos del momento presente de conciencia. Eso crea la ilusión de que no pueden controlar sus pensamientos.

El estímulo-respuesta, que es quien habitualmente alberga los pensamientos, bloquea la conexión espiritual. Una vez que las personas aprenden a observar y dejar ir los pensamientos cultivan una habilidad automática de producir calma interior y apertura.

Lea: «*Acabo de hablar con una coach que había roto con su novio. Estaba afligida. Le pregunté si podía dejar de pensar en él por un momento. Ella no creía que fuera posible. Le expliqué cómo funcionan las redes neuronales y que el cerebro está cableado para pensar de cierta manera y como es importante reemplazar los pensamientos habituales por algo nuevo que rompa la relación adictiva. Entonces me di cuenta de que probablemente para mí era más fácil cambiar mis pensamientos por algo más deseable porque durante muchos años había estado practicando el soltar los pensamientos a través de la meditación*».

Respiración profunda

Desarrollar una conciencia de la respiración a través de respirar profundamente proporciona una manera inmediata de conectar con el espíritu. El espíritu a menudo equivale a una respiración viva, que sustenta y activa el cuerpo. Cuando los humanos se concentran en el acto de respirar, su mente se calma y sus cuerpos se relajan. Prestar atención a la respiración nos conecta con el espíritu.

John: «*Asistí a un curso dirigido por Jack Schwarz, fundador y presidente de la Fundación Aletheia Psycho-Psysical. Allí aprendí un patrón de respiración llamado respiración paradójica º, que Jack describe en su libro, Controles Voluntarios. El patrón de respiración es principalmente abdominal y torácico. He estado practicando la respiración paradójica casi a diario durante los últimos diez años para potenciar mis facultades físicas y espirituales.*

Para comenzar la respiración paradójica, inhala profundamente mientras metes el abdomen para dentro. Cuando exhales saca el abdomen fuera. Mantén la secuencia de respiración dentro y fuera como sigue:

- *Inhala: Cuenta de 1 a 8*
- *Mantén: Cuenta de 1 a 4*
- *Exhala: Cuenta de 1 a 8*
- *Inhala: Cuenta de 1 a 4*
- Mantén: Cuenta de 1 a 4
- *Exhala: Cuenta de 1 a 8*
- *Inhala: Cuenta de 1 a 4*
- *Mantén: Cuenta de 1 a 4*
- *Exhala: Cuenta de 1 a 16*
- *Inhala: Cuenta de 1 a 4*
- *Mantén: Cuenta de 1 a 4*
- *Exhala: Cuenta de 1 a 32*

Después de muchos años de respiración paradójica, he aprendido a realizar la secuencia sin necesidad de contar. He disfrutado de sus crecientes beneficios. Mi práctica se ha convertido en un hábito del que no me gustaría desprenderme. Sé que esa respiración regular y consciente me ha situado en un estado de salud y conexión con el espíritu».

RELAJACIÓN PROGRESIVA

Herbert Bensen explica los beneficios de la relajación consciente del cuerpo en su best-seller *Relaxation Response. (La respuesta de la relajación)*. Dejar ir las tensiones corporales es una manera maravillosa de reducir el estrés y proporcionar apertura al espíritu.

John: «*Me he dado cuenta de que cuando me tenso bloqueo la energía espiritual. En general, mi cuerpo es el primer indicador de que estoy atrapado en pensamientos negativos y sentimientos de ansiedad. Para deshacerme de la energía debilitadora empleo una combinación de respiración paradójica y relajación física progresiva. Mi propósito es relajar mi cuerpo completamente mientras mantengo alerta mental y apertura espiritual. He aquí una descripción de la relajación física que practico.*

Siéntate cómodamente en una silla o sobre el suelo de forma que el cuerpo no requiera de esfuerzo muscular para mantener la posición. Empieza con una respiración profunda, y en dos sucesivas exhalaciones naturales di, 'Mi coronilla se relajará; mi coronilla se está relajando'. Repite para la frente, orejas, ojos, cara, mandíbulas, cuello, hombros, brazos, y muñecas, hasta llegar a los pies. Llegados a este punto en siete exhalaciones sucesivas, di:

'Me estoy relajando',

'Me estoy relajando',

'Mi mente está en calma y despejada, despierta y consciente',

'Mi mente está en calma y despejada, despierta y consciente',

'Me estoy relajando',

'Me estoy relajando',

'Me estoy relajando'.

Vuelve hacia arriba desde los pies a la coronilla, diciendo 'Mis pies están relajados, mis tobillos están relajados', y así sucesivamente. Después de volver hasta la coronilla, di en siete sucesivas exhalaciones:

'Estoy relajado',

'Profundamente relajado',

'Profundamente',

'Profundo',

'Profundo',
'Profundo',
'Profundo'.

Se tardan pocos minutos en realizar esta práctica. Puedes hacerla en silencio y mentalmente en cualquier lugar y momento donde puedas mantener una postura cómoda y prestar atención únicamente al cuerpo durante ese periodo de tiempo. Puede que quieras hacer una grabación con tu propia voz que te dirija en los pasos. Los efectos rejuvenecedores liberan el cuerpo de bloqueos del chi (fuerza vital) para permitir al espíritu moverse a través de él».

Nota: Muchas personas usan la respiración profunda y la relajación progresiva durante la meditación para aquietar los pensamientos y abrirse a la expansión de la espiritualidad. Las tres prácticas pueden trabajarse por separado o de forma conjunta, dependiendo de la preferencia de cada cual.

AFIRMACIONES

«Tanto si crees que puedes hacer algo como si crees que no,
estás en lo cierto».
HENRY FORD

Las personas usan afirmaciones para crear lo que desean en su vida. Repetir afirmaciones durante la meditación o a lo largo del día, en voz alta o mentalmente, atrae pensamientos positivos. Conectándose con la respiración, pueden decir en silencio, «Yo respiro amor; yo exhalo paz». Las afirmaciones tienen que ser coherentes con las creencias, el propósito de vida y los ideales. Lo que el corazón y la mente creen juntos se percibirá y manifestará en el cuerpo. Cuando las personas declaran lo que quieren en el tiempo presente, ya lo han creado de alguna manera. Usando las afirmaciones con la confianza de que ya han empezado a archivar sus deseos las personas generan energía positiva para producir «esto o algo mejor».

Los *coaches* energéticos alientan a sus clientes a crear afirmaciones desde declaraciones de la intención, el propósito de vida y el deseo personal. Los clientes pueden elegirlas cuando se las vayan encontrando a lo largo del día. Las afirmaciones recuerdan a las personas lo que ellas ya están trayendo a su existencia.

Algunos ejemplos:

- Soy una persona alegre y pacífica que hace de este un mundo mejor a cada instante del día.
- Vivo el momento, ejerciendo el amor y el agradecimiento, disfrutando con quienes hacen lo mismo.
- Soy maestro y alumno de las grandes lecciones de la vida, practicando la amabilidad y la sabiduría por la gracia del bien mayor.
- Tengo salud y prosperidad, experimentando lo mejor que la vida tiene que ofrecer.

Las personas pueden desarrollar afirmaciones para propósitos específicos como alcanzar el peso deseado, ganar confianza o crear y recibir abundancia. Cuando compongas una afirmación o una meta permite a tu espíritu cocrear los detalles añadiendo «esto o algo mejor». Aquí tenemos algunos ejemplos de enunciados:

- Peso 70 kg o menos y me siento ligero, fuerte y sano.
- Duermo ocho horas cada noche o lo que mi cuerpo necesita para una salud y un bienestar óptimos.
- Gano (rellene el hueco) euros o más con satisfacción y auto-realización.

Como el espíritu no reconoce calificativos negativos, debemos usar afirmaciones positivas. Decir que no quieres algo en realidad atrae aquello que no deseas. Por ejemplo, «no quiero seguir arruinado» está cargado de energía negativa. Este tipo de pensamiento se concentra en «arruinado», provocando polaridad e inestabilidad. La energía negativa, incluso la de baja intensidad, o el miedo son suficientes para bloquear la energía positiva que la gente necesita para atraer lo que desea. Como un círculo vicioso, la energía negativa genera energía negativa. Pensar de forma negativa desvía del foco positivo que las personas necesitan para alcanzar su visión y sus valores. Las emociones negativas bloquean el espíritu; las emociones positivas atraen al espíritu.

Para la gente puede ser más fácil decidir lo que no quieren que lo que quiere. Pueden mover la energía espiritual en la dirección de lo que quieren eligiendo sus afirmaciones. Practicar afirmaciones construye el sentimiento positivo que se necesita para superar el hábito de pensar negativamente. El optimismo tiende a disipar la preocupación y el miedo y hace sitio al aprendizaje. Dirigiendo la energía positiva hacia lo que desean, las personas pueden cambiar gradualmente hábitos de pensamiento de estímulo-respuesta negativo al modo proactivo positivo.

Junto con las palabras de la afirmación, es importante crear el sentimiento positivo de cómo será cuando lo querido sea recibido. Por ejemplo, alguien que quiere perder peso tiene que sentir cómo sería estar más delgado y ligero, llevando ropa diferente, disfrutando del ejercicio y saboreando una dieta sana. La experiencia del estado deseado con antelación crea que lo que es querido en lo invisible antes de que llegue a lo visible.

VISUALIZACIÓN

*«El secreto para hacer que algo funcione en nuestras vidas
es, antes que nada, el profundo deseo de hacerlo funcionar;
luego, la fe y la creencia de que puede funcionar; luego,
sostener esa clara y definitiva visión en nuestra conciencia
y verla funcionando paso a paso, sin ningún pensamiento
de duda o desconfianza».*
EILEEN CADDY

Algunas personas prefieren orientarse en el mundo de modo visual. Cuando quieren generar ideas, ven símbolos, dibujos, fotos, *collages* o películas. Para descubrir su sistema de valores y objetivos deseados y grabar en su mente subconsciente su futuro ideal, los individuos pueden crear representaciones pictóricas si tienen problemas en visualizar.

Visualizar es pintar una afirmación. Algunas personas encuentran útil realizar un *collage* y colgarlo de la pared para grabar sus sueños y objetivos. Otros dibujan cuadros o crean símbolos de lo que desean. Incluso los hay que escriben palabras clave en notas post-it que les recuerden estar concentrados en las ideas escogidas. A muchos les gusta visualizar su poderoso futuro en el ojo de su mente. Pueden incluso combinar su imagen mental con emociones y sentimientos. Cuánto más visualizan lo que quieren en detalle con pensamientos, sentimientos y percepciones coherentes, más lo cargan con energía para darle forma.

Lea: *«Encuentro difícil ver una visión de lo que quiero crear, así que siento la sensación que estoy experimentando. Dawna Markova, en su libro 'The Open Mind' (La Mente Abierta) habla de lo que hacen los kinestésicos 'sentimágenes' en paralelo con el término 'imágenes' que usan los visuales. Mientras estaba escribiendo este libro tuve que sobreponerme a la sensación inicial de la naturaleza intan-*

gible de mi tarea. No pude visualizar el libro al principio, así que imaginé cómo podría ser en el ojo de mi mente.

Vi y experimenté lo que sentiría al tener el libro terminado en mis manos. Después de que John y yo hubiéramos estado escribiendo durante un año tuve el claro sentimiento de que el libro había nacido como una entidad tangible separada de mí, casi como un ser viviente al que le hubiéramos dado aliento. John dijo que él había experimentado algo similar. Al visualizar el libro mentalmente y poner un sentimiento emocional y físico en ello se convirtió en real para nosotros antes de que fuera una realidad. Cuando finalmente sostuve una copia encuadernada en mis manos me pareció familiar, como si lo hubiera visto antes. Sé que los sentimientos de reconocimiento y realización eran iguales».

La visualización puede estar combinada con la meditación y la afirmación de crear el mundo interior deseado, que entonces se manifiesta energéticamente de forma tridimensional. Afirmaciones, visualizaciones y meditación unen los reinos emocional, físico y mental con la consciencia de crear la impronta psíquica de lo que la gente desea. Cuando enfocan su maestro interior en la congruencia y el equilibrio con intención deliberada, dirigen la energía espiritual para crear el bien más alto.

RITUAL

«Preparar un cuenco de flores por la mañana puede dar una sensación de quietud en un día de mucha actividad, como escribir un poema o recitar una oración. Lo que ocurre es que uno está interiormente atento por un momento».

ANNE MORROW LINDBERG

Los rituales son el proceso consciente de invertir en una actividad exterior con un significado interior. Cualquier tarea puede convertirse en un ritual si las personas concentran su energía en lo que están haciendo dándole significado. Pueden crear sus propios rituales o adoptar algunos que llevan ideas del pasado. Algunos creen que los rituales no se pueden aplicar a la vida moderna. Los rituales no están relegados a la religión, la brujería, el chamanismo, el paganismo o similares. Hoy tienen aplicaciones prácticas para gente que quiere conectar con su interior y con el espíritu.

Lea: «*Me cansé de las tareas cotidianas de vestirme, salir de la cama, darme una ducha, peinarme, darme crema corporal, realizar unos pocos estiramientos, ponerme la ropa, echar el cerrojo a la puerta para irme a trabajar, generalmente con retraso. La rutina se había convertido en un aburrimiento y una lata. Entonces pude transformar mi rutina diaria en un ritual móvil.*

Ahora, antes de salir de la cama, doy gracias por el regalo de un nuevo día. Mientras me levanto, digo gracias por mi cómoda cama. Al ducharme, valoro el agua caliente. Me digo a mí misma que estoy aseada y sana. Cuando me peino, me figuro que expulso la maraña de pensamientos que han comenzado a instalarse en mi cabeza. Mientras me doy la crema doy gracias a mi cuerpo por permitirme moverme en este mundo Al vestirme, doy las gracias por la ropa que tengo y a las personas que la han diseñado. Al desayunar, agradezco la comida que me nutre y a la tierra y las personas que han ayudado a traerla a mi mesa. Dejo mi casa dando gracias por la morada que me cobija. Empiezo el día con una actitud de gratitud; soy bendecida puesto que estoy vestida».

No es el ritual en sí mismo el que proporciona un significado. La gente le da significado cuando hace consciente e intencionalmente lo que sea que haya decidido honrar. Los rituales centran la atención en traer significado al momento presente. Integran mente, cuerpo y emoción, y compartidos con otros, conectan y concentran la energía comunitaria. Ya sea bailando, cantando, actuando o representando, los rituales nos aportan el significado de un evento o intención desde la alerta consciente dándole expresión a ritos de pasaje, cultos religiosos y cambios de vida. Las personas crean y realizan rituales para expresar su propio ser y la intención de unirse al espíritu individualmente y con otros.

NATURALEZA

«No puede haber gran miseria para aquel que vive en medio de la naturaleza y mantiene sus sentidos firmes».
HENRY DAVID THOREAU

Los antiguos alquimistas celebraban el *«Lumen Naturae»*, que significa la «luz de la naturaleza». La luz que existe en la naturaleza brilla para todos y conecta a todas las personas. La naturaleza encarna características y expresiones espirituales. Como co-creaciones suyas los seres humanos conectan con el medio natural y con el espíritu a través de la conciencia de esta luz común. La naturaleza puede existir sin las personas, pero estas no pueden existir sin la naturaleza. La naturaleza ilustra las cualidades del espíritu en un ejemplo inmediato y accesible de la inmensidad, el poder, la majestuosidad, la abundancia y la sostenibilidad de la misma.

Los individuos pueden crear calma pacífica y meditativa con un paseo consciente y agradecido por la naturaleza. La gente encuentra claridad interior, plenitud y equilibrio cuando está en contacto con el mundo natural. En la sociedad moderna muchos se desconectan de la naturaleza, lo que les pone a la deriva en una forma de desarraigo espiritual.

La producción masiva, la comercialización y el marketing les separa de la fuente de vida por una ilusión de separación con la tierra. Existe incluso el concepto de «privación de la naturaleza». «Biofilia», el amor por las cosas vivas, describe como las personas en general prefieren un paisaje natural a uno creado por el hombre porque en la naturaleza desarrolla buenos sentimientos. Algunos pensadores especulan con la idea de que los seres humanos están genéticamente conectados a la necesidad de comunicarse con la naturaleza. La mayoría de las personas dicen sentirse física y emocionalmente restauradas después de pasar tiempo en la naturaleza.

La naturaleza proporciona sustento; agua para beber, comida para comer y aire para respirar. Nos da medicinas a través de las hierbas naturales y los productos farmacéuticos derivados de la naturaleza. Las personas están tan intrínsecamente ligadas a la naturaleza que lo dan por sentado sin darse cuenta de lo dependientes que son de ella. Ahora más que nunca en la historia de la vida humana en la Tierra, la gente necesita apreciar, respetar y preservar la naturaleza para las generaciones actuales y futuras. La ley de la reciprocidad funciona a través de la naturaleza. Los seres humanos deben nutrir lo que les nutre y actuar para asegurar buena comida, agua y aire. Necesitan un mundo natural saludable para mantener a la gente sana. Esto es evidente, pero muchas personas y organizaciones se oponen a las leyes naturales con acciones incongruentes que las desconectan de la naturaleza.

Desde una perspectiva espiritual, la palabra naturaleza tiene significado. En el alfabeto hebreo, las letras, cada una con un valor numérico, tienen conexión cuando palabras diferentes suman lo mismo. Las letras hebreas para la naturaleza y el nombre hebreo para Dios son iguales en valor numérico. Varias religiones y sistemas de creencias culturales dan a los lugares y características de la naturaleza un especial significado espiritual. Los nativos americanos tienen animales espirituales que representan características con significado. Diferentes grupos religiosos y seculares realizan rituales que incluyen piedras, estrellas, aromas, las cuatro estaciones, las cuatro direcciones, y otros elementos para crear significado y conexión.

La esencia de vida en la Tierra se llama Gaia. La fuerza común de vida de las personas y la naturaleza está intrínsecamente entrelazada en el tejido de los mundos visible e invisible.

Pero todavía queda quien expolia la Tierra dando por sentado que sus dones se nos dan libremente. Niegan el impacto negativo que las personas tienen sobre la naturaleza y su correspondiente efecto sobre la salud personal y el bienestar. Los humanos han sobrepoblado la Tierra, han contaminado el aire, esquilmado el suelo y los alimentos que produce, y han contaminado el agua en todo el mundo. Los deshechos humanos y el exceso de consumo han llevado los recursos al límite. Ahora nos enfrentamos a las consecuencias del abuso ambiental. Los individuos que desarrollan una relación yo-uno con la naturaleza en lugar de la utilitaria perspectiva yo-objeto actual, encuentran plenitud.

A medida que crecen en consciencia espiritual, la interconexión de la gente con la naturaleza se torna evidente. Los que están en el camino del crecimiento espiritual desarrollan una motivación natural para proteger y sostener la tierra como una importante conexión con ellos mismos. Forman comunidades que protegen el medioambiente para ellos y para generaciones futuras. La conexión física con la naturaleza es un vehículo para la conexión espiritual. Cuando es atendida y apreciada, la naturaleza refleja las características del espíritu y se las transmite a todos por igual.

El que todos estemos conectados a través de la naturaleza nos proporciona un terreno común para edificar relaciones y comunidades. La práctica de apreciar intencionadamente la naturaleza y conservar y proteger los recursos naturales para generaciones futuras es algo que puede reducir diferencias, tender puentes entre las distintas razas y grupos socioeconómicos y que nos une en la apreciación y el respeto por un tema de interés mutuo.

SERVICIO/VOLUNTARIADO

«No sé cuál será vuestro destino, pero sé una cosa: los únicos entre vosotros que serán realmente felices son aquellos que habrán buscado y encontrado cómo servir».
ALBERT SCHWEITZER

«Una de las más hermosas compensaciones de esta vida es que ningún hombre puede sinceramente tratar de ayudar a otro sin ayudarse a sí mismo».
RALPH WALDO EMERSON

A medida que la gente experimenta plenitud personal e interconexión, siente una llamada a servir. Cuando se sensibiliza con su mundo interior, se vuelve más sensible con el mundo exterior. La llamada al servicio es una oportunidad práctica de permitir al espíritu trabajar a través de los individuos como instrumento de la Fuente. Hay ilimitadas formas en el amplio mundo y en los íntimos detalles del día a día de actuar con espíritu de servicio. Las personas tienen distintas fortalezas, intereses y talentos y, por tanto, diferentes formas de servir. El maestro interior ayuda a los individuos a encontrar qué servicio se ajusta más a uno mismo. A algunos les gusta trabajar con las manos y construyendo cosas. Pueden verse atraídos por el hábitat o por proyectos humanitarios. Algunos sienten una especial afinidad por los niños, por lo que podrían ofrecerse como voluntarios en el Court Appointed Special Advocate Program (en Estados Unidos es un programa de voluntariado que provee a niños maltratados de un entorno seguro en hogares permanentes) o en programas de apoyo extraescolar. Otros trabajan diligentemente en promover causas ambientales o mantener parques locales. También los hay que conectan con su comunidad más inmediata patrocinando proyectos de limpieza. Algunas personas, que tienen una orientación política, ayudan en campañas y asuntos legislativos. Otros se convierten en misioneros que ayudan a proporcionar comida, atención sanitaria, educación y apoyo espiritual a los que lo necesitan.

Hay causas grandes y pequeñas para servir, pero todas son iguales para el espíritu. Es la calidad y pureza de la intención lo que crea conexión espiritual. Ya sea servir a un vecino o trabajar con miles, que los resultados se noten en el exterior o no, las personas obtienen una satisfacción intrínseca a través de un acto de servicio sin apego a resultados egocéntricos. Porque los seres humanos están todos conectados, lo que hacen por otros lo hacen por sí mismos.

Citando el boletín informativo del Instituto de HeartMath del invierno de 2006:

«La investigación muestra que las personas altruistas están más sanas y viven más tiempo. En un estudio que hizo seguimiento a 400 mujeres durante 30 años, los investigadores descubrieron que el 52% de aquellas que no participaron en ningún trabajo voluntario sufrieron una enfermedad grave, en comparación con solo el 36% de las que hicieron voluntariado. En una encuesta británica a los voluntarios, la mitad de los encuestados dijo que su salud había mejorado durante el transcurso del voluntariado. Uno de cada cinco dijo que el voluntariado le había ayudado a perder peso. Otro gran estudio de investigación encontró una reducción del 44% en muertes tempranas entre los

voluntarios, un efecto mayor que el ejercicio cuatro veces a la semana. Y una investigación reciente, realizada por el Instituto de la Universidad de Michigan Social Research, encontró que los ancianos que son útiles a los demás reducen su riesgo de morir cerca del 60% en comparación con los compañeros que no prestaron ayuda práctica, ni apoyo emocional a familiares, vecinos o amigos».

Aquellos que sirven como instrumento del espíritu lo hacen sin necesidad de reconocimiento social o autopromoción. Se contentan con trabajar tras del escenario para promover su causa. La intención de actuar al servicio de los demás proporciona mayor significado y propósito que cualquier motivo egocéntrico. El servicio sustenta la energía y el compromiso incluso cuando los resultados no aparecen o cuando el trabajo resulta abrumador. Aquellos que sirven por el bien de su práctica espiritual están motivados desde dentro. Saben que una vocación personal es parte del camino espiritual.

Quienes sirven en conexión con el espíritu no dan porque el otro esté necesitado o sea inferior sino porque el otro es igual y está conectado al Todo. La energía del corazón centrado que elige actuar en nombre de los demás es la expresión práctica de la relación yo-uno, personas que sirven sin expectativa de recompensa, reconocimiento o compensación. El servicio puro por el bien de servir es espiritualidad en acción.

Hay demasiada necesidad y oportunidades como para no responder a las llamadas, grandes o pequeñas, para transformar el mundo. Cada persona tiene una responsabilidad con el planeta por el consumo y la producción de desechos que ocasiona. Tiene la necesidad de devolver lo recibido y contribuir a mitigar su impacto movido por la importancia de dejar el mundo un poco mejor tras haber vivido en él.

Lectura y contemplación

*«Debes comprender la vida entera, no solo una
pequeña parte de ella. Por eso es por lo que debes leer,
por eso es por lo que debes mirar a los cielos,
por eso es por lo que debes cantar y bailar, y escribir
poemas y sufrir; y entender todo lo que es vida».*
Jiddu Krishnamurti

El dicho «eres lo que comes» es verdad para el cuerpo físico. Para el yo interior «eres lo que lees». Las personas que consumen escritos verdaderos, edificantes y divinamente inspirados nutren su conexión espiritual. Los lectores crecen espiritualmente con una dieta regular de textos inspiradores que rememoran lo que su maestro interior ya sabe.

La lectura proporciona validación y sustento interior, así como una relación especial entre el lector y el mensaje. Las palabras influyen poderosamente en los pensamientos, sentimientos y percepciones. La lectura y la contemplación atraen la atención hacia el interior en relación con uno mismo. La elección de qué leer y contemplar puede abrir a la energía espiritual. La validación interna que fluye de los escritos espirituales ayuda a las personas a lo largo de su camino espiritual. Leer la verdad a través de los siglos las conecta con su propia verdad interior.

Lea: *«Mi amiga María estudia los textos antiguos de la biblioteca Nag Hammadi y los manuscritos del Mar Muerto. En los últimos tres años he observado que ha desarrollado una calma y una serenidad interior que proceden de leer y contemplar los manuscritos. Aunque se tope con frustraciones y contratiempos en su vida exterior, permanece espiritualmente conectada gracias a los recordatorios de las antiguas enseñanzas de Jesús, sus discípulos y otros maestros. La intuición y los conocimientos que María tiene de la lectura de los textos la han puesto en contacto con su maestro interior. Leer y contemplar escritos inspirados mantiene su mente sintonizada con sus ideales. A su vez, ella inspira a otros cuando comparte lo que ha aprendido. Aplica conscientemente lo que recuerda de su estudio a su sistema de creencias. Refleja bondad y elegancia en su comportamiento.*

María y yo nos definimos a nosotras mismas como 'adictas a los libros' porque nos encanta navegar por una librería o en una biblioteca. Compartimos historias sobre como el espíritu nos habla a través de los libros. De hecho, cuando una de nosotras tiene una pregunta, una desconexión, una angustia o un momento de juicio, a menudo el libro adecuado parece caer abierto en nuestras manos. Leemos y encontramos consuelo espiritual porque lo estamos buscando. La lectura y la contemplación nos transmiten la conexión con nosotras. Estoy menos sola en compañía de un buen libro».

Para acercarse al espíritu a través de la lectura, las personas necesitan elegir conscientemente lo que las informa e inspira. Leer prensa basura y escritos negativos, sarcásticos y cínicos separa a la gente del espíritu. La negatividad engendra negatividad. Las personas absorben las palabras en un nivel mental y emocional. Los mensajes les afectan de manera sutil y obvia. A medida que se conectan con su maestro interior con la lectura y la contemplación de escritos inspiradores, experimentan recuerdos y reflexiones necesarias para el crecimiento y la dirección espiritual.

MÚSICA Y DANZA

Se ha dicho que la música es el lenguaje del alma. Conecta a la gente con el espíritu a través de palabras, ritmos y melodías que tocan el cuerpo, la mente y el corazón. Sirve de catalizador de las personas con su creatividad e inspiración divina. La música que eleva conecta a la gente consigo misma y con los demás cuando escuchan, cantan y bailan juntos.

Hay algo en el *crescendo* de una orquesta, el tono perfecto de la soprano, el ritmo conmovedor de una banda animada o las palabras sentidas de un himno que enriquece y nutre la conexión espiritual. La música involucra a la gente y enfoca sus sentidos en el momento presente para favorecer la apertura para que el espíritu entre. Las letras de las canciones suelen hablar de cualidades espirituales como el amor y la veneración.

Lea: «*Atrapada en un atasco en la autopista Eisenhower en Chicago, me fui poniendo nerviosa por momentos hasta que miré el coche de al lado. Mi impaciencia desapareció instantáneamente. Vi al conductor con una batuta, dirigiendo atentamente la orquesta invisible en su coche, obviamente disfrutando inmensamente. Sonreí y encendí la radio. Inmerso en la música, mi vecino me había servido para recordarme que tenía que permanecer en el momento y cambiar mi actitud. Qué lección tan agradable.*

Allí había alguien que había trascendido el tráfico a través de la música para poder experimentar un mundo de belleza y gracia mientras otros permanecían quietos. Me alegré de haberme parado junto a alguien que podía ponerme de nuevo en contacto con el momento y transformar el tiempo de inactividad no deseado en una comunión con el espíritu».

El baile conecta el cuerpo con la música y el espíritu a través del movimiento. El movimiento exterior, sincronizado con la conexión interior, equilibra mente, cuerpo y emociones. Cuando la gente se deja llevar por el baile libera el estrés para estar en un momento expansivo y agradable.

Lea: «*Mi sala de estar es un salón de baile popular. Bailo sola, bailo con mi marido y, cuando tenemos una fiesta, bailo con amigos y vecinos. Si suena un buen tema, alguien*

—suelo ser yo— decide animar a los demás. Subimos el volumen y todos los que sienten el impulso comienzan a moverse. Nos reímos, chocamos, giramos y entonamos algunas melodías, luego volvemos atrás para conocer algunos más. Disfruto viendo a aquellos que no han estado expuestos al jaleo unirse a la danza. Empiezan a actuar como niños, retozando y riendo de manera desenfadada. Encuentro energía, diversión y conexiones en mi mezcla de música y baile».

ARTE Y ESCRITURA

«Un hombre que trabaja con sus manos es un trabajador; un hombre que trabaja con sus manos y su cerebro es un artesano; pero un hombre que trabaja con sus manos, su cerebro y su corazón es un artista».
LOUIS NIZER

A lo largo de los siglos las personas han expresado y experimentado la espiritualidad a través del arte y la poesía. El arte toca el alma y hace tangible la conexión espiritual, ya sean las manos de los niños que se enfrentan a su primer dibujo o a través de las pinturas de maestros expertos. Los niños instintivamente aprecian los placeres de la auto-expresión y crean obras de arte para exhibir con orgullo en la puerta de la nevera. Escribir un poema conecta a las personas a través de las palabras y los sentimientos que transmite. Crear y apreciar el arte y la poesía son formas importantes de expresar la identidad, hacer preguntas, transmitir anhelos y compartir ideas. El dibujo y la poesía van más allá de las palabras y las imágenes para llegar al yo interior y conectarse con el espíritu.

Lea: *«Pasé mucho tiempo conmigo misma cuando era niña. Cuando me sentía sola me sentaba en una mesa pe-*

queña en el sótano, pluma y papel en mano. Escribía desde la profundidad de mi espíritu, haciéndome compañía mientras escribía sobre mi pequeño mundo. Recuerdo haberme vaciado de frustraciones y preocupaciones infantiles y llenado de rimas y prosa.

Como adulta, continúo recurriendo al arte y a la poesía para la conexión espiritual y el consuelo. La noche que mi abuela murió, derramé mis emociones escribiendo poesía sobre sus maravillosas cualidades. Las palabras fluían a medida que pasaban las horas. Encontré consuelo al escribir sobre ella y mi relación con ella. A primera hora de la mañana había escrito varios poemas sobre lo que ella significaba para mí. Compartí los poemas en su funeral, donde otros me dijeron que ellos también habían encontrado consuelo en las palabras. Los poemas captaron el legado de la abuela y los compartiré con mi nieta algún día para que sepa algo de lo grande que era su tatarabuela».

Escribir un diario permite que el maestro interior desarrolle una relación con el yo y el espíritu. Los pensamientos obligan a la expresión, pero la gente no siempre tiene que actuar sobre ellos. El diario proporciona una oportunidad de reflexión para encontrar la verdad y elegir si y cómo actuar.

A veces escribir un diario es todo lo que la gente necesita para expresarse sobre sí misma y conectarse con el espíritu. Otros pueden no entenderlos, y la vida siempre trae frustraciones y decepciones con las que lidiar, así que el diario es una manera de comunicarse internamente y encontrar conocimiento interior. Cuando la gente escribe con la intención amorosa de expresar su esencia más plena fortalece la conexión espiritual y la intuición a través de la escritura y la contemplación de pensamientos, sentimientos y percepciones personales. Se conecta más con el yo y el espíritu.

Todo el mundo es un artista. Ser artista significa que la gente se sumerge en la belleza, conecta con su ser elevado y expresa cualidades trascendentes del alma a sí misma y a otros. Cada persona crea artísticamente una vida y el mundo es el lienzo que aguarda. Henry David Thoreau observó: «*Es algo ser capaz de pintar un cuadro en particular o tallar una estatua e incluso hacer un puñado de objetos hermosos; pero es mucho más glorioso tallar y pintar la atmósfera y el medio a través de los cuales miramos. Modificar la calidad del día es el arte más elevado*». Las personas pueden no ser capaces de pintar o escribir como los grandes maestros, pero todos los individuos tienen potencial para la creatividad y la expresión artística. El artista interior se conecta con el espíritu y quiere expresar y compartir con los demás. El gran artista maestro del espíritu está dentro de cada uno buscando crear y comunicarse.

APRENDIZAJE Y ESTUDIO

«Solo hay un rincón del Universo que puedes mejorar con certeza y ese es tu propio yo».
ALDOUS HUXLEY

«Mientras vivas sigue aprendiendo cómo vivir».
SÉNECA

El aprendizaje es algo que va más allá del sistema educativo formal. De hecho, algunas de las lecciones más importantes –como la forma de amar y vivir con autenticidad– son extracurriculares. La vida misma es la escuela para el crecimiento individual, que obliga a la gente a aprender o estancarse. La constante resistencia a las oportunidades de aprendizaje conduce a una mente cerrada, al pensamiento miope y al cansancio. Por medio del aprendizaje las personas obtienen oportunidades y lecciones para conseguir su propósito, valores y visión. Una visión estrecha del mundo limita la conciencia y la conexión. El aprendizaje estimula el crecimiento. La voluntad de aprender abre a los individuos al espíritu y a su maestro interior.

Algunos vamos a la escuela durante muchos años pero nos resistimos a aprender. Los que rechazan dejar atrás el pasado o continúan con hábitos de pensamiento destructivo y negativo han dejado de aprender, ya que aprender requiere apertura y voluntad para descubrir. El ego defensivo y agobiado puede desconectar a la gente de su maestro interior. El espíritu obliga a la expresión como potencial. La experiencia y las emociones favorecen que las personas evolucionen hacia el ser pleno. Mientras revisan sus lecciones y lo que estas les hacen aprender, los seres humanos construyen autoestima y auto-conocimiento. Cuanto más ensanchan las fronteras y amplían las perspectivas, más visible es para las personas la inmensidad y el misterio del universo. Aquellos con deseo de aprender nunca se cansan de la vida.

En Desarrollo de la Organización, el término «estar dispuesto» significa lo receptivas que están las personas a aprender y cambiar. Estar dispuesto es de vital importancia para recibir nueva información y el aprendizaje depende de la receptividad-apertura. Incluso el mejor maestro del mundo no puede instruir a un estudiante poco dispuesto. Los estudiantes determinan su propio grado de preparación.

Hay muchas maneras diferentes de aprender. El proceso de crecimiento hacia el espíritu a través de la bondad proporciona lecciones para conseguir poder personal y energía sostenible. Las oportunidades para aprender no se acaban nunca y resistirse a ello es muestra de que alguna lección vital particular pendiente persiste. El crecimiento personal y la conexión espiritual requieren apertura, disposición y receptividad para explorar lo que habita dentro de cada uno y aprender cómo abrirse al mundo exterior.

DAR MÁS DE TI

> *«A menos que intentes hacer algo más allá de lo que ya dominas nunca crecerás».*
> ANÓNIMO

> *«Mides el tamaño del logro por los obstáculos que has tenido que superar para alcanzar tu meta».*
> BOOKER T. WASHINGTON

Lea: *«Mi vida diaria solía estar llena de cosas que TENÍA que hacer, lo que anulaba automáticamente lo que QUERÍA hacer. Lo que quería hacer me llamaba, pero yo me resistía a tomar medidas. Me molestaba salir de mi zona de confort. Me daba cuenta de que estaba sobrecargada de trabajo y sobrestresada. Un día pensé: 'si voy a hacerlo de todos modos, voy a lograr también disfrutarlo'. Me di cuenta de que tenía esta necesidad y decidí adueñarme de mi tiempo, capacidad y recursos disponibles. Pedí la ayuda y la guía del espíritu que, combinada con mi buena intención, hiciera que las cosas se armonizaran para lograr un bien mayor. Encontré que la flexibilidad que había demostrado inicialmente para hacer lo necesario no era tanta como había proyectado. Ahora he logrado hacer lo que quiero adoptando la inercia de vivir el proceso y soltar el resultado. La especial energía del espíritu se ha unido a mí. Los resentimientos se disolvieron cuando observé los resultados y la facilidad con la que logro lo que deseo en mi trabajo. Ahora puedo hacer más de lo que pensaba que podía o querría con menos esfuerzo y mucho más disfrute».*

Hay una diferencia clara entre las personas que se debilitan o se fortalecen a medida que avanza su proceso vital. Algunas tienen límites sólidos. Se niegan a ir más allá de lo que perciben que son sus limitadas capacidades o a hacer más de lo que piensan que pueden o quieren hacer. Otros viven con entusiasmo. A medida que van logrando sus objetivos y los corrigen con mayor facilidad, y se resisten menos a lo que TIENEN que hacer, se vuelven más poderosas. Viven en el momento presente, operando con el espíritu; no están atormentadas o abrumadas. Disfrutan de la capacidad y la confianza para responder a la llamada. Todas las personas tienen la capacidad de hacer lo que necesitan y quieren hacer, poco a poco. Y pueden llevarlo a cabo relajadas; por eso no miran fuera de sí mismas deseando que otros las compensen o sientan ingratitud hacia ellas. No hay necesidad de manipular o hacer que otros se unan. En lugar de eso, miran hacia el interior para lograr auto-conocimiento y allí encuentran los recursos y las capacidades para hacer lo que quieren hacer y dejar ir el resto con facilidad.

Dar más de sí, yendo más allá no significa estar haciendo cosas constantemente. Significa afrontar el momento en el que puede ser necesario encarar una crisis, ayudar a sostener una carga a otro, cambiar hábitos para sanarse a uno mismo o hacer cambios estratégicos a largo plazo en sistemas u organizaciones disfuncionales. Cuando las personas se enfrentan a dificultades desalentadoras pueden requerir una energía especial para sobreponerse a ellas. En la decisión de hacer y ser más de lo que pensaban que podían ser o hacer descubren que superándose con voluntad libre la buena voluntad atrae la ayuda de la infinita energía del espíritu.

Anexo al capítulo

Reflexión

- ¿Qué prácticas espirituales me atraen?
- ¿Qué otras prácticas espirituales, que no aparecen en el listado anterior, me atraen?
- ¿Qué prácticas me atraen para invitar a la conexión y a la energía? ¿Por qué?
- ¿Qué parte de este capítulo me desafía o me invita?
- ¿Qué resistencia tengo para mantener una práctica para abrirme al espíritu? ¿Cómo puedo convertir energía de resistencia en energía de receptividad?
- ¿Cómo refleja mi práctica cotidiana la más pura expresión de mi auténtico ser?
- ¿Cómo nutro a los demás y cómo me nutro a mí mismo a través de la práctica espiritual diaria?
- ¿Cómo puedo cambiar lo que tengo que hacer en algo que quiero hacer?

Huella intencional

- ¿Qué es lo que conozco y funciona para conectarme con el espíritu? ¿Cuándo lo haré?
- Describe formas en las que has experimentado el espíritu. ¿Cómo puedes recrear esas experiencias?
- ¿Cómo fue? ¿Cómo puedo tener más experiencias de ese tipo?

9. PRINCIPIOS PARA LA CONEXIÓN ESPIRITUAL

«He aprendido de la experiencia que la mayor parte de nuestra felicidad o miseria depende de nuestras disposiciones y no de nuestras circunstancias».
Martha Washington

«La felicidad no reside en las posesiones ni en el oro; la sensación de felicidad habita en el alma».
Demócrito

La gente elige su actitud y la forma de ver las cosas, ya sea consciente o inconscientemente. La elección es un proceso interno que tiene poder sobre la situación externa así como sobre la interna. Debido a que la actitud y la perspectiva influyen en todas las experiencias de la vida, el *coaching* energético enfoca a los clientes en lo que funciona y en remediar lo que no. Enfocarse en lo interior como punto de origen de la experiencia externa responsabiliza a las personas de sus pensamientos, sentimientos y percepciones. Cuando eligen pensamientos positivos y energéticos, sentimientos y percepciones, se convierten en un poderoso láser con mucha más capacidad que las bombillas de 60 vatios. A medida que activan su capacidad interior para elegir, crean una realidad exterior y experiencias externas congruentes con los valores internos del ser y las visiones del hacer. El capítulo 8, «Práctica», se refiere principalmente al hacer. La gente solo puede mantener su propia capacidad de decisión si *quiere* hacer en lugar de si *tiene* que hacer. El deseo tiene que ser para el yo, no simplemente conforme a los deseos de los demás o las demandas de la sociedad. Al tomar decisiones y ejercitarlas con voluntad libre es donde los principios y los valores espirituales se hacen reales.

Las personas actúan en respuesta a un acelerador interno. Desarrollan su conciencia y activan su energía tomando decisiones conscientes. Cuando deciden en coherencia con su maestro interior y su espíritu, actúan con integridad y viven de manera que expresan quiénes son. Una vez han elegido, no pueden proclamarse víctimas y culpar a otros por lo que ellos decidieron. No pueden ya renegar y actuar como si no tuvieran nada que ver con cómo se han desarrollado las cosas. Cuando las personas asumen la responsabilidad de sus elecciones, alineadas con su maestro interior y conectadas con el espíritu, ganan la actitud y la perspectiva que crean el poder personal.

DECIDIR EN EL VACÍO

«Entre el estímulo y la respuesta, hay un espacio.
En ese espacio yace nuestra libertad y poder para
elegir nuestra respuesta. En nuestra respuesta
está nuestro crecimiento y libertad».
VÍCTOR FRANKL

«Cuando vives en la reacción desperdicias tu energía.
Entonces tienes que experimentar a qué le
diste tu energía».
N. SMITH

«No es el estrés el que nos mata,
sino nuestra reacción a él».
HANS SELYE

El espíritu existe en el momento inmediato que hay entre el estímulo y la respuesta. Los individuos eligen cómo llevarán a cabo cada acto, ya sea con energía y entusiasmo o con el corazón a medias, resentido y con desapego. Su actitud se manifiesta a través de todo lo que hacen. La actitud no es fija. La gente genera poder practicando la elección sobre sus pensamientos, sentimientos y percepciones. Pueden reconocer su poder intelectual; sin embargo, sigue siendo una buena idea, no una realidad, hasta que responden a un estímulo de forma consciente y decisiva en lugar de inconscientemente a través de un hábito. Vivir conscientemente en conexión con el espíritu requiere que la persona decida en ese vacío cómo quiere ser mientras hace lo que hace.

Hace años William James dijo: «*El mayor descubrimiento de cualquier generación es que los seres humanos pueden cambiar su vida cambiando su actitud*». Algunos actúan como si no tuvieran control. La felicidad yace en el interior. Si renuncian a su poder para elegir su actitud se convierten, por el estímulo-respuesta, en títeres sujetos a las circunstancias externas. Qué valoran y en qué se centran crea la energía y la dirección para lograr lo que quieren.

Los *coaches* energéticos dan ejemplo para que los clientes vayan más allá de decidir, priorizar y dirigirse hacia metas externas. Además de hacer externamente, nos centramos y mantenemos el espacio para que puedan expresar su yo interior. Apoyamos a los clientes para que encuentren maneras de conectar su hacer con su ser para así vivir de forma deliberada. Ciertamente que hacemos *coaching* para alcanzar objetivos, pero el resultado general del *coaching* energético va más allá de las medidas del éxito externo. El verdadero éxito surge de dentro, donde la gente puede darse cuenta de su mayor poder personal: el poder de elegir cómo estar en el espacio que hay entre el estímulo y la respuesta.

La gente expresa sus valores y pensamientos, sentimientos y percepciones internos en su forma de ser, en su actitud en cada momento con presencia, conciencia y elección. Al igual que ocurre con las prácticas externas desarrolladas en el capítulo 8, la práctica interna desarrolla la conexión espiritual y los hábitos para pensar, sentir y percibir que trabajan para liberar energía y crear poder personal desde dentro. Lo que sigue son ejemplos de principios espirituales en acción que guían a los *coaches* energéticos y a sus clientes para experimentar el poderoso ser interior de modo que su hacer exterior refleje congruentemente su ser energético.

PRACTICA UNA MENTALIDAD MILAGROSA

«Para mí, cada hora de luz y oscuridad es un milagro.
Cada centímetro cúbico de espacio es un milagro».
WALT WHITMAN

«No podemos encender cuando deseamos
El fuego que reside en el corazón.
El espíritu sopla y es permanente
En el misterio que soporta nuestra alma».
MATTHEW ARNOLD

«Solo se ve bien con el corazón;
lo esencial es invisible a los ojos».
ANTOINE DE SAINT-ÉXUPÉRY

Se ha dicho que o todo es un milagro o nada lo es. ¿Qué eliges? Mira a tu alrededor y pregúntate lo que sabes de lo que te afecta personalmente a diario. ¿Sabes cómo funciona el sistema nervioso autónomo para regular los latidos de tu corazón y respiración? ¿Sabes cómo te hicieron en el seno materno? ¿Entiendes cómo gira y evoluciona el Universo? ¿Sabes cuántas estrellas o galaxias espirales hay en el cielo más allá de nosotros? ¿Sabes dónde se originan tus percepciones intuitivas?

A los niños pequeños, nuevos en el mundo, todo les parece milagroso. Preguntan «¿por qué?» y «¿cómo?» para aprender lo más posible. Su curiosidad y capacidad de maravillarse rebosan. ¿Qué pasa entonces? Los adultos suelen perder el asombro infantil a medida que empiezan a no valorar la naturaleza milagrosa de la vida. Mientras los científicos continúan descubriendo los secretos del Universo, muchos cada vez tienen mayor conciencia de que se están enfrentando a algo que está más allá de la comprensión humana. Cada descubrimiento lleva a nuevas preguntas sin respuesta. El mundo parece estar hecho de objetos tangibles, materiales, sólidos, pero en realidad se compone principalmente de lo que parece ser espacio vacío. Las personas encuentran continuamente abundante información que medir y observar, descomponer y cuantificar, entender y explicar, pero cuanto más saben, más se dan cuenta de lo que no saben. La necesidad de saber todo y de reconocerse como experto no solo es imposible, sino que permite al ego bloquear la conexión espiritual.

Cuanto más viven los humanos en el abismo del misterio y el desconocimiento más experimentan una energía inteligente y creativa que mantiene todo conectado y funcionando. Vivir con la conciencia de cuánto desconocemos fomenta la mentalidad milagrosa. Tal maravilla crea una conciencia de las cualidades trascendentes de la vida que invitan a la energía espiritual y la conexión. Esperar lo milagroso y permanecer en lo misterioso es vivir sin creencias limitantes ni hábitos del hacer y el estar, que hacen la vida insulsa, sin interés o francamente aburrida.

Lea: «*Estaba fuera con mi nieta de dos años cuando oímos un pájaro cantando alto en un árbol sobre nosotros. Ella preguntó qué era ese sonido y cuando le dije que era un pájaro, preguntó, '¿Es un pajarito cantando una canción solo para mí?'. Me reí y respondí: '¡Puedes estar segura! El pajarito está cantando una canción solo para ti'. ¿Por qué no?*».

CONTAR BENDICIONES

«Los aspectos de las cosas que son más importantes para nosotros están ocultos por su simplicidad y familiaridad».
PROFESOR LUDWIG WITTGENSTEIN

«Generalmente, el aprecio significa una mezcla de agradecimiento, admiración, aprobación y gratitud. En el mundo financiero, algo que se 'aprecia' aumenta su valor. Con la poderosa herramienta del aprecio obtienes el beneficio de ambas perspectivas: a medida que aprendes a ser constantemente agradecido y condescendiente, tu vida aumenta en valor».
DOC CHILDRE Y HOWARD MARTIN, *The HeartMath Solution*

«Hay más hambre de amor y aprecio en este mundo que de pan».
MADRE TERESA

Así como el aprendizaje aumenta el músculo mental y estimula el crecimiento personal, el aprecio aumenta el «músculo» espiritual y estimula el crecimiento espiritual. Irónicamente, la gente parece menos motivada por lo que tiene que por lo que quiere. Siempre están buscando algo nuevo. Al principio pueden apreciar las posesiones y las relaciones conseguidas con mucho esfuerzo, pero a medida que persiguen nuevos objetivos y realizan adquisiciones tienden a perder la gratitud por los logros anteriores. Soñar y tener metas es necesario, pero centrarse exclusivamente en el futuro y en la adquisición es alejarse de lo que merece la pena y es valioso en el presente. Las personas pueden equilibrar logro y aprecio. A causa de la tendencia a dar por sentado, se requiere atención despierta e intención para ser consciente de las bendiciones y los fundamentos de la vida tales como el agua limpia, la buena comida y un cuerpo sano. Al hacer más hincapié en el hacer exterior nos desviamos del ser interior y del aprecio.

Comenzar cada mañana haciendo recuento de las bendiciones puede marcar el tono para el resto del día. Con una «actitud de gratitud» la gente puede infundir a las pequeñas cosas de la vida que están libremente disponibles un valor y un significado especial. Pueden pasar de ser negativas a ser positivas. Pueden tornar lo oscuro y sombrío en bueno, correcto y hermoso en una fracción de segundo. El aprecio es la clave.

Los individuos pueden desarrollar con el tiempo una actitud agradecida, buscando el bien con constancia. Como seres relativos en un universo relativo, dependiendo de cómo se comparen con otros, pueden elegir sentirse malditos o bendecidos. Siempre habrá quien sea más joven, más delgado, más rico o inteligente, aunque no necesariamente más feliz. Las personas pueden elegir pensar que son superiores o inferiores a otras. Escogen sus propios estándares para compararse consigo mismas y obtienen relativa satisfacción sin siempre elegir cuidadosamente.

La conexión espiritual proporciona un estándar con el que compararse que no depende del cambio de circunstancias o apariencias. Para apreciar continuamente, las personas pueden mirar en su interior lo que es duradero y significativo para ellas; es entonces cuando pueden encontrar significado en las circunstancias externas y mérito en los demás.

Los seres humanos parecen haber sido fabricados para buscar relaciones positivas con los demás. Pero, de nuevo, la mayoría da las relaciones por sentadas, especialmente las más cercanas como la familia y los amigos próximos. Los miedos y las proyecciones pueden aparecer y tomar el control a medida que una relación se acerca a su potencial de ser cariñosa y apreciativa. Es rara la familia o pareja que, de forma consciente y consistente, practica el aprecio mutuo. Respetar y apreciar se puede convertir en una forma de ser de manera que hacerlo sea una expresión natural de amor.

Elegir conscientemente ver lo mejor del otro, con aprecio sincero, saca lo mejor de los demás y de uno mismo. Piensa en una persona en concreto que conozcas bien. Piensa en ella de forma negativa y percibe cómo te sientes. Ahora, emplea cinco minutos en pensar en ella positivamente y examina tus sentimientos otra vez. ¿Cómo funciona mejor? Es la misma persona vista desde dos perspectivas distintas, pero una construye una relación y otra la destruye. El observador decide si la característica es positiva o negativa. Cambiar la perspectiva da a la gente el poder personal de apreciar o despreciar a los otros en las relaciones.

De igual manera, si la gente no aprecia la vida en sí misma encuentra difícil conectar con la Fuente de vida. Aquellos que valoran la vida tienen una fuerte conexión con el espíritu. La Creación aprecia a su Creador cuando ve que la vida es bella.

Puede haber tanto esfuerzo dirigido a cosas externas que las personas descuiden sus relaciones consigo mismas y con los demás. Si aprecian a los otros mientras trabajan para conseguir un objetivo pueden mantener la calidad en las relaciones haciendo y siendo al mismo tiempo. Aprecian más lo que tienen sin la insatisfacción de necesitar algo más.

Las visiones del futuro, los objetivos, los propósitos y los resultados son importantes. Pero si las personas no aprecian lo que tienen en el momento presente, no pueden valorar lo que han logrado. Se arriesgan a buscar algo más que ocupe su lugar eternamente. El *coach* energético se concentra en ayudar a sus clientes a desarrollar una profunda e íntima actitud de gratitud por lo que es ahora mientras hacen *coaching* para su mejora futura.

Haz un estiramiento interno del Ser

«A menos que intentes hacer algo más allá de lo que ya has dominado, nunca crecerás».
Autor desconocido

«Cree en ti mismo. Gana fuerza, valor y confianza en cada experiencia en que miras el miedo a la cara... Debes hacer lo que piensas que no puedes hacer».
Eleanor Roosevelt

«La seguridad es sobre todo una superstición. No existe en la naturaleza, ni en los hijos de los hombres como una experiencia total. Evitar el peligro no es más seguro a largo plazo que una exposición directa. La vida es una aventura atrevida, o nada».
Helen Keller

Lea: *«En este momento estamos llevando a cabo la edición final del libro. Ha sido una empresa de búsqueda del alma y de comprimir el tiempo. Los tres, John, mi coautora, Charlotte, nuestra editora, y yo estamos trabajando juntos con un horario imposible pero con gran alegría. Al escribir esto parece que al final lo conseguiremos en plazo y nuestra relación juntos, aunque ardua y agotadora a veces, se ha vuelto aún más conectada y valiosa. Nos ofrecimos voluntariamente para hacer esto juntos en el último momento. No teníamos que hacerlo, queríamos, y el proceso ha demostrado ser duro pero extremadamente gratificante. Nuestra actitud ha marcado la diferencia».*

La gente se hace más débil o más fuerte a lo largo de la vida. Los que mantienen límites rígidos se niegan a ir más allá de lo que perciben como capacidades finitas. Solo hacen lo que creen que pueden. Otros derrochan entusiasmo y productividad. Porque aceptan lo que hay que hacer, lo consiguen con gracia. Porque trabajan en el momento junto con el espíritu, tienen éxito. Tienen auto-conocimiento sobre su capacidad y confianza para seguir la llamada. Tienen una forma de lidiar con lo que hay que hacer mientras permanecen relajados.

La vida requiere expansión constante. El estirarse para ir más allá de los límites aprendidos acelera el crecimiento, la autoestima y la conexión espiritual. Para ver lo importante que es expandirse observen a quienes se niegan a hacerlo. Goethe dijo: «*Siempre debemos cambiar, renovarnos, rejuvenecernos a nosotros mismos; de lo contrario, nos endurecemos*». Los límites rígidos ahogan el potencial creativo. Pero algunos encuentran difícil romper con viejos hábitos y es un reto asumir los nuevos. Para aquellos que no salen de su zona de confort, la vida se estanca en una monotonía aburrida. No son tan atractivos para otros debido a su bajo nivel de energía. Las personas que operan dentro de límites predefinidos nunca saben cuánto pueden llegar a ser o hacer. Asumiendo riesgos, las personas se muestran a sí mismas y a otras nuevas posibilidades. Para aquellos dispuestos a expandirse, incluso lo percibido como un «fracaso» se puede capitalizar como una experiencia positiva de aprendizaje.

John: «*Mi cuerpo me decía que me faltaba algo. Al principio lo interpreté como ansiedad por tener que llegar a la fecha límite que me imponía para alguna tarea o compromiso. De cualquier forma, como el sentimiento persistía, decidí ir al interior para preguntar a mi maestro interior qué quería decirme. La respuesta que recibí fue la ausencia de creatividad en mi vida. Me había acomodado en la formación e instrucción de grupos porque no necesitaba ampliar conocimientos ya que era muy bueno en eso. Al conectar con mi corazón me di cuenta de que ya no disfrutaba de mi trabajo; de hecho, lo encontraba aburrido. Empecé a mirar en mi interior para encontrar la forma de estimular mi energía creativa. Descubrí la respuesta en la papiroflexia, una actividad con la que estaba familiarizado y que había dejado a un lado durante años. Una mirada conmovedora al interior y embarcarme en una actividad de expresión artística me dio una inyección de energía y un desafío*».

Las dificultades son parte de la vida. De forma comprensible muchos desean tomar el camino de menor resistencia para evitarlas, pero a menudo esa elección aleja del espíritu. Myla Kabat-Zinn dice: «*Cada momento difícil tiene el potencial de abrir mis ojos y mi corazón*». Sin desafíos las personas se quedan cortas en el conocimiento de sus capacidades. Al final del día pueden preguntarse cómo podría haber sido la vida si hubieran explorado territorios desconocidos, desafiando las creencias heredadas y sin examinar, y si hubieran sido capaces de expandirse para ser quienes realmente son y crear lo que soñaban.

Cuando las personas se expanden más allá de su zona de confort pueden obtener otros puntos de vista. La flexibilidad les permite reconocer e integrar su sombra y manejar su ego.

Lea: «*Es posible expandirse demasiado. A menudo digo que mientras la gente sabia conoce sus limitaciones, parece que yo tengo la necesidad de toparme con las mías. La expansión te da auto-conocimiento y autoestima para sobrellevar y superar grandes retos. Por otro lado, hay prioridades en la vida. No todo necesita de un estiramiento. Debido a que me encanta aprender, tengo que recordarme a mí misma permanecer en reposo incluso cuando trabajo en apariencia para conseguir metas y progreso personal. La expansión es un equilibrio, como todo lo demás.*

Una antigua cliente me contactó recientemente para confesar que se había sentido resentida con mi forma de hacer coaching en un momento determinado porque me había pedido que hiciera algo por ella que yo rechacé hacer. Sabía que mi cliente era capaz de lidiar directamente con su miedo y que podía superar lo que estaba evitando. Mi cliente dijo que le llevó más tiempo y que había sido más difícil de lo que le hubiera gustado, pero que consiguió su objetivo y se siente mucho mejor consigo misma por haberlo hecho. Se expandió internamente y aprendió que podía ocuparse de más de lo que pensó que podría».

La gente y las circunstancias que desencadenan juicios, rechazo o disgusto ofrecen una gran oportunidad de ir más allá. Así como el estiramiento físico beneficia al cuerpo, el espiritual da energía al ser. El maestro interior sirve de giroscopio para hacer elecciones: reta a las personas a ir más allá cuando no quieren hacerlo y les avisa cuando están excediendo los límites.

Los *coaches* energéticos invitamos a los clientes a que encuentren el punto medio entre expandirse y el hábito para que puedan integrar los aprendizajes con conveniencia y comodidad. Hay situaciones en la vida que requieren más flexibilidad que otras. Explorar un nuevo territorio hace que el futuro se expanda más fácilmente. Cuando los clientes se liberan de cómo han sido las cosas siempre o de cómo preferirían que hubieran sido, amplían sus posibilidades. El poder personal de la gente permanece desconocido y sin realizarse hasta que se expanden para descubrir el coraje y la fuerza al afrontar los retos. Invitar a nuevas ideas y experiencias permite al espíritu crear oportunidades más allá de lo imaginable.

VIVIR EL MOMENTO

«Para una persona feliz la fórmula de la felicidad es muy simple: independientemente de lo que ocurrió esta mañana temprano, la semana pasada o el año pasado –o lo que pueda suceder esta tarde, mañana o dentro de tres años– ahora es donde reside la felicidad».
RICHARD CARLSON

«No hay otra cosa que el único propósito del momento presente. Toda la vida de un hombre es una sucesión de momento tras momento. Si se entiende plenamente el momento presente no habrá nada más que hacer y nada más que perseguir».
HAGAKURE

Asistir a la conciencia y a la experiencia inmediatas significa liberar incesantes pensamientos de preocupación que nos arrebatan el único instante en que los seres humanos existen: el ahora. Aunque solo pueden vivir en el momento, las personas mezclan continuamente presente, pasado y futuro. Mediante el examen de lo que conservan del momento presente pueden soltar aquello con lo que no pueden hacer nada. Mientras reflexionan sobre lo que no es ahora, no pueden experimentar simultáneamente la plenitud de quiénes son y de lo que está presente. Se necesita una decisión rápida para cambiar la perspectiva al ahora. Centrándose conscientemente en el ser y apreciando el presente se conectan con el espíritu. Ciertamente necesitan metas para dirigir sus vidas hacia ideales y sueños pero la visualización, la afirmación y la acción que se necesitan para manifestar un futuro deseado solo pueden ocurrir en el momento inmediato.

Lea: «*Mientras escribía este capítulo me di cuenta de que había pasado la mayor parte del día pensando en cosas del pasado y del futuro. Decidí vivir el momento para practicar lo que estaba predicando. Escuché a los pájaros cantando fuera y contemplé el hermoso cielo azul y los árboles verdes. Entonces observé mis pensamientos y me di cuenta de lo preocupada que había estado. Adentrándome en el ahora fui consciente de que tenía hambre después de haber estado sentada tanto tiempo. Ya relajada, me acordé de que tenía cita al día siguiente para llevar mi coche al taller. En un descanso lo llevé y volví a la escritura. Entonces disfruté volviendo al trabajo. Con la mente abierta y los pensamientos claros experimenté el ser en un presente expansivo*».

El momento de quietud aumenta el espacio para que entre el espíritu. Con conciencia del ahora la gente puede darse cuenta de cómo su ser inmediato contiene la esencia de la vida. Hacer del ahora el tiempo en el que estar y hacer asegura que el futuro se hará cargo de sí mismo. Vivir momento a momento se vuelve algo natural con la práctica. El tiempo se expande.

John: «*Mientras continúo llevando a cabo reuniones con mis clientes como coach energético, de forma natural estoy presente con más frecuencia en el presente. Parece que traigo a los clientes al ahora al estar yo en contacto con mis pensamientos, sentimientos, percepciones e intenciones del ahora. En lugar de dejarlos pasar desapercibidos y sin examinar, incorporo una dimensión adicional que se manifiesta como una conexión expansiva e inclusiva a la que llamo espíritu. Algunas de las ideas e inspiración que los clientes han 'recibido' durante el coaching demuestran el poder del momento presente para aumentar la consciencia y apertura al maestro interior. El enfoque interno en el presente del coaching energético revela lagunas entre el ser interior y el hacer exterior que los clientes necesitan resolver. Se conectan con pensamientos, sensaciones y sentimientos que podrían haber pasado por alto o haberles pasado desapercibidos antes. Con el coaching aumentan su conciencia del estado expansivo de su ser. Aprenden cómo estar plenamente presentes en el ahora».*

Los *coaches* energéticos permanecen intencionadamente en el momento con conciencia cuando se encuentran con sus clientes. Usando el ahora podemos evocar una presencia poderosa, que los clientes perciben como conexión. La conciencia en el momento crea una relación de *coaching* espiritual mientras nos abrimos y aceptamos a los clientes en el presente infinito.

Dejarlo ir

«Lo que te preocupa te domina».
Haddon W. Robinson

«Si no cambiamos no crecemos. Si no crecemos no estamos viviendo de verdad. El crecimiento exige la rendición temporal de la seguridad».
Gail Sheehy

«Cuando dejo ir lo que soy me convierto en lo que podría ser».
Lao Tzu

La gente puede optar por soltar los resentimientos, las molestias, las distracciones y las preocupaciones. Es la práctica de la liberación lo que hace a los individuos poderosos y relajados. Por supuesto, algunas cosas son más fáciles de liberar que otras. Los *coaches* energéticos ayudan a los clientes a soltar aquello que les frena y agota su energía, incluyendo creencias limitantes, hábitos, decepciones, relaciones, melodrama, deseos ególatras o rencores. Además de hacer preguntas para ayudar a los clientes a soltar, les proporcionamos nuestro ejemplo.

John: «*En el coaching he vivido muchas situaciones en las que los clientes han tenido expectativas poco realistas relacionadas con otras personas y un foco externo desequilibrado en el hacer. A menudo han buscado algo externo que solo podían encontrar en ellos mismos. Yo los dirigí hacia su interior para que identificaran lo que querían.*

Si quieren amor en una relación, primero deben enamorarse de sí mismos. Cuando los clientes se desprenden de las expectativas exteriores o del deseo de que otros cambien liberan su energía para concentrarse en el interior. Entonces pueden hacer lo que consideran mejor sin mirar al pasado o a la situación actual para cambiar. Cuando dejan ir, crean la libertad para que los demás sean ellos mismos. Entonces las dos partes pueden responder de manera auténtica. La situación puede cambiar o no, pero mediante el acto de dejar ir, los clientes pueden moverse en diferentes situaciones y experiencias con gente distinta o simplemente ser diferentes ellos mismos en la misma relación o contexto».

Hay veces en las que la única manera de liberarse a uno mismo es dejando ir. Para hacerlo necesitan soltar dolores, resentimientos, apegos y decepciones. Como *coaches* puede que les sugiramos que se pregunten a sí mismos, «¿qué puedo hacer para mejorar esta situación o resolver este problema ahora?». A veces no hay nada aparente. Mediante la exploración de opciones en el *coaching*, los clientes pueden decidir qué está dentro de su ámbito de influencia y deshacerse de lo que no lo está. Elegir esto último empodera a la gente en vez de decepcionarla y menoscabarla.

Aunque la vida presenta dificultades, el *coaching* no se concentra en el dolor, la carencia o el fallo. Apoyamos las habilidades y estrategias de las personas para que trasciendan. Si los clientes se niegan a deshacerse de lo que les limita, entonces es que encuentran cierta recompensa en la etapa en la que están, sin importar lo aparentemente indeseable que pueda ser. Desde nuestra elección de dejar de lado nuestra agenda en beneficio del cliente o de liberar la propia relación de *coaching*, modelamos la ética y los límites dentro de un ambiente seguro. El ser auténticos y un comportamiento sincero crea una dinámica que permite que las relaciones crezcan. Los *coaches* energéticos saben que el espíritu está siempre preparado para llenar el hueco, reemplazando lo que ya no sirve con algo significativo y deseable.

La práctica de dejar ir libera la energía necesaria para que la gente pueda hacer algo. Aunque desde el exterior parezca que hay una pérdida, lo que aparece en su lugar con el paso del tiempo compensa cien veces más.

Lea: «*Una cliente me preguntó si era posible dejar ir demasiado. Le pregunté si tenía algún problema con soltar; quizá no confiaba en sí misma para decidir cuánto quedarse o cuánto soltar. Judy me dijo que todavía lamentaba un momento en el que había soltado 'demasiado' fácilmente. Le expliqué cómo el péndulo podía oscilar para compensar el exceso, pero que en algún punto intermedio entre aferrarse y dejar ir había un lugar donde podía descansar. Reconoció que la sobre-compensación para limpiarse del pasado no era necesaria. Para que le sirviera en el futuro, empezó a liberar y conservar con decisión y discernimiento. Judy se empezó a dar cuenta de que las relaciones son vías de dos sentidos y que podía elegir aquellas que no son de un único sentido o callejones sin salida. Confiar más en sí misma y sabe que cada final es también un nuevo comienzo».*

Liberar el pasado a menudo significa perdonar. Las personas no pueden perdonar a otros a menos que puedan perdonarse a sí mismas. Algunas personas son duras con ellas mismas y cuestionan sus decisiones sin reconocer que hicieron lo mejor que sabían en ese momento. Al soltar los «errores» o «fracasos» (si existen tales cosas) la gente puede dejar ir «errores» o «fracasos» que percibe en los demás.

CREA IMPACTO EN EL MUNDO

«Si crees que eres demasiado pequeño para producir algún impacto, trata de irte a la cama con un mosquito en la habitación».
ANITA KODDICK

«Todo parece cambiar cuando cambiamos».
HENRI AMIEL

Los *coaches* energéticos observan la energía de los clientes. ¿Resistiéndose a lo que no quieren están creando lo que tienen? De adentro hacia afuera, los clientes aprenden a ver cómo manifiestan su propia realidad. Descubren que pueden agravar problemas o idear soluciones. Les pedimos que decidan qué impacto quieren tener en el mundo para luego apoyar el desarrollo de pensamientos, acciones, emociones y palabras verbalizadas para lograr los resultados deseados.

Una manera de que la gente evalúe su impacto en el mundo es mirar la calidad de sus relaciones con los demás. ¿Se están relacionando de la manera en que les gustaría con los que están a su alrededor? ¿Cada relación les beneficia a ellos y a los demás? ¿Sus relaciones están creciendo y son respetuosas? ¿Son iguales y recíprocas? ¿Son positivas y de apoyo? Para crear más de lo que quieren, las personas pueden enseñar a otros cómo tratarlos. Cuando observan su impacto en la relación con otros, ven reflejado qué impacto tienen en el mundo. Se necesita esfuerzo consciente y elección para decidir cómo vivir y qué dejar como legado.

El papel de los padres es generalmente la relación más larga e importante. La salud de la sociedad depende de la salud de la familia. Si los niños crecen hacia una edad adulta responsable, crean bondad para sí mismos y para otros. Aprenden cómo ser y cómo relacionarse a través del ejemplo de sus padres y de otras personas importantes para ellos. No es fácil ser padre; conlleva un crecimiento debido a que ayudar a otro a crecer es personalmente gratificante. La relación con un niño es la más impactante que cualquiera pueda crear. Por esta razón, al hacer *coaching* a aquellos que tienen hijos, los *coaches* energéticos se enfocan en las relaciones familiares y mantienen en primer plano la importancia de la influencia y el ejemplo que los progenitores representan en los niños.

No hay padres ni infancias perfectas. La mayor parte de la gente está continuamente construyendo desde sus cimientos para convertirse en adultos completos. Los *coaches* energéticos mantienen el espacio para que los clientes liberen lo que ya no les sirve de sus sistemas de creencias e historias pasadas. Les animamos a poner la mirada en cosas que los liberan de lo negativo de su pasado y crean en positivo su presente y futuro.

Las relaciones son la clave para saber en qué punto del camino están. En cada nivel de progreso, las personas crecen juntas o por separado. Especialmente en las relaciones íntimas, de uno a uno, el otro sirve como espejo. Los compañeros pueden determinar quiénes son y el impacto que tienen examinando sus relaciones. Los clientes pueden no ser conscientes de su efecto en los demás. Al mirar el panorama general, los *coaches* ayudan a los clientes a apreciar su impacto. Una vez son conscientes de su potencial, es probable que actúen conscientemente para crear buenas relaciones individualmente.

Lea: «*Sally me dijo que había pasado tres meses planeando un retiro solo para tener su idea bien clara. Le pregunté por qué quería trabajar solamente con grupos. Aunque dijo que prefería el trabajo uno a uno, no le parecía lo suficientemente 'grande'. Le ofrecí consejo en vez de hacer coaching con ella y le expliqué que, desde mi perspectiva y experiencia en Desarrollo Organizacional, el cambio de sistema ocurre persona a persona en cada momento. Uno es tan 'grande' como quiera serlo*».

HACER UNA PAUSA

«Renovarse completamente cada día; hacerlo de nuevo, y otra vez, y para siempre de nuevo».
Inscripción china citada por Thoreau en *Walden*

«Deja de hablar, deja de pensar y no habrá nada que no entiendas. Vuelve a la raíz y encontrarás significado».
Sengtsan

Los niños sobreexcitados y fuera de control pueden resistirse al aislamiento como castigo. Los adultos, por otra parte, pueden valorarlo para calmarse y volver a enfocar, rebajar el estrés y aumentar la claridad. Cualquiera puede beneficiarse de crear un espacio para tranquilizarse. Como disciplina o práctica, hacer un descanso ofrece recompensas al interrumpir lo que es improductivo. Redireccionando la energía hacia el momento presente la gente puede disfrutar del ser sin el hacer.

John: «*En el coaching, un 'patrón de interrupción' puede orientar a los clientes al presente. A veces, en el torrente de hablar y dialogar, pierden el rastro de su misión. Aunque disfruto del intercambio amistoso, si siento que nuestra conversación no está cumpliendo con el propósito establecido los redirijo al diálogo intencionado. Si los clientes están dispersos e inquietos les pido que reflexionen sobre lo que están percibiendo, lo cual les trae al momento presente.*

Automáticamente respiran más lentamente e inician una introspección durante una 'pausa obligada'. Por lo general después reconocen que han cambiado algún aspecto de sí mismos. Yo permanezco comprometido y atento a cómo el cambio de ritmo les aporta ideas. El silencio y el espacio de reflexión que siguen pueden ser poderosos. En la conciencia tranquila del espacio del momento compartido, se conectan con ellos mismos y sus resultados deseados de manera real y abierta».

El *coaching* energético ayuda a los clientes a ver cómo la actividad no es necesariamente productiva. Como hay una tendencia a apreciar en los demás y en uno mismo lo que se hace externamente más que el ser internamente, ellos mismos crean desequilibrio. El *coaching* energético pone énfasis en el ser para que los clientes no siempre tengan que hacer algo excepto mostrarse abiertos y receptivos. Una pausa crea espacio entre el estímulo y la respuesta para que la gente pueda deliberar. Antes de reaccionar inconscientemente pueden experimentar el momento desde una perspectiva de mayor nivel. Durante una pausa pueden elegir conscientemente, observarse objetivamente y preguntarse «¿qué puedo hacer ahora mismo para mejorar esta situación? Una consciencia de alto nivel abre canales al espíritu; la información que recibirán puede ser espontánea y sorprendente.

Hacer una pausa en un período estresante o agitado ayuda a evitar errores o accidentes. Pueden elegir sus palabras, considerar opciones, imaginar posibles resultados, respirar profundamente y decidir el siguiente paso. Los tiempos muertos difuminan el estrés y traen consciencia calmada al momento presente.

Lea: *«Cuando estaba enseñando, utilizaba los tiempos muertos para situar a la clase en el momento presente. Si sentía desconexión por parte de los estudiantes paraba la lección. Permitía que otros hablaran y seguidamente hacía un silencio completo. La energía del aula cambiaba y los estudiantes volcaban su atención y receptividad en la clase. Haciendo una pausa volvía al momento presente para conectar con ellos en lugar de estar centrada exclusivamente en lo que pensaba que tenía que enseñar».*

CAMBIA TU ENFOQUE

«Cada uno de nosotros escoge literalmente, por su manera de ocuparse de las cosas, qué clase de universo habitará».
WILLIAM JAMES

«El secreto de la felicidad no consiste en hacer lo que uno quiere, sino en que te guste lo que tienes que hacer».
J. M. BARRIE

Para lograr una meta o una visión en el mundo, la gente debe imaginarla primero. Entonces la mente trabaja para que la imagen presente coincida con el futuro deseado. Para lograr el objetivo se requiere fe –creencia sin evidencia– en que las personas poseen la capacidad de crear lo que quieren. Centrándose en la visión o la meta dirigen su energía hacia el logro e involucran a los sentidos antes de que el ego pueda juzgar. La imaginación supera el proceso de hacer paso a paso para centrarse en el resultado. Cuando las personas experimentan su futuro deseado en el presente, como si ya lo hubieran logrado, comienzan a hacer realidad la experiencia deseada, casi de forma mágica, transformándola en su nueva realidad. Es lo que a veces se llama la Ley de la Atracción.

Hay una parte del cerebro llamada Sistema de Activación Reticular (SAR) que actúa como un eficiente asistente ejecutivo. A partir de los datos entrantes filtra y clasifica lo que es crucial. Asociado al ciclo sueño-vigilia, es el centro de la activación y la motivación.

El SAR alerta a los humanos sobre la información que está asociada a lo que ellos valoran mientras elimina las cosas no esenciales, las distracciones y el desorden. Igual que al sintonizar un televisor, la antena del SAR capta las frecuencias deseadas, aunque estén disponibles muchos otros programas.

Si la gente se centra en lo negativo, incluso sin ser consciente de ello, el SAR sintoniza con lo que no quiere, como el miedo y la impotencia. Irónicamente, el miedo y la evitación de lo que la gente no quiere atraen lo negativo porque están en su enfoque. Un protocolo fundamental del *coaching* aspira a cambiar los sistemas de creencias negativas, atribuciones, visiones y proyecciones a un lenguaje y percepciones en positivo. Aquellos que se centran en lo positivo son propensos a crear más lo que quieren en lugar de lo que no.

Las personas seleccionan la información a la que prestan atención. Si viven con miedo operan en un nivel de baja frecuencia y activan energía negativa. Cuando los medios de comunicación muestran aspectos negativos de los acontecimientos mundiales enfocan a los espectadores en la dificultad y la desesperación. Aun así, la gente puede evitar la energía negativa apagando el horror, el asesinato, la explotación y la depravación humana en la pantalla, en la radio e

Internet. Necesitan centrarse en la contribución buena y positiva para compensar tanta negatividad. La programación *prime time* puede resultar atractiva para algunos, pero no para todos. A pesar de las tragedias reales o imaginarias, los temores, advertencias terribles y alertas rojas, la gente positiva en equilibrio puede neutralizar los efectos de las noticias, los programas de televisión y a las personas negativas en sus vidas. Individual y colectivamente pueden elegir el enfoque positivo y las acciones a pesar de lo que está mal en el mundo.

La negatividad ejerce una fuerza de atracción. Una persona infeliz puede influenciar a otras que no tienen una visión positiva. Pero la gente puede desconectarse de la negatividad centrándose en lo positivo. Al concentrarse en objetivos y replanteándose los mensajes negativos, los individuos invocan el poder de la fe. Para algunos, proyectar metas puede ser visto como falsear, pero visualizar no es un juego de niños. Este tipo de confianza en las cosas invisibles requiere un conocimiento interior de que todas las cosas funcionan en conjunto para crear lo bueno cuando es intencionado.

La medicina moderna reconoce que frecuentemente hay una conexión psicológica o emocional en la aparición de la enfermedad. El estrés y la negatividad agotan el sistema inmunológico del cuerpo. Igual que la gente puede caer enferma como consecuencia del pensamiento negativo, el estrés y la preocupación, también puede utilizar la energía positiva para sanar.

Los *coaches* energéticos se dan cuenta de dónde ponen los clientes su energía. Que estén enfocados hace que dejen ir todo lo demás. Algunas personas mantienen una perspectiva optimista de forma natural, pero otras, en lugar de eso recurren a la pesimista. Podemos redirigir el foco preguntando a los clientes sobre los aspectos positivos de una creencia o un resultado percibido como negativo. Elegir una actitud positiva es un replanteamiento y no un optimismo exagerado. Nunca hay algo positivo sin un negativo y viceversa, así que es importante elegir dónde situar la energía. Los *coaches* energéticos ayudan continuamente a sus clientes a darse cuenta de dónde están poniendo el foco y cómo están etiquetando un evento o un sentimiento. Les desafiamos a dirigirse a donde sea más beneficioso.

ASUMIR LA RESPONSABILIDAD

«Nuestra última libertad es el derecho y el poder de decidir cómo alguien o algo que está fuera de nosotros nos afectará».
STEPHEN COVEY

«Mientras puedas encontrar a alguien más a quien culpar por lo que estás haciendo, no puedes rendir cuentas o ser responsable de tu crecimiento o la falta de él».
SUN BEAR

Para lograr la plenitud, las personas asumen la responsabilidad de sus acciones desde el conocimiento de su intención. Cuando se excusan o culpan a otros su esfera de influencia disminuye. Separados de sí mismos y de los demás pierden energía espiritual. Al compadecerse abdican del poder de crear algo bueno. Como seres conectados, los individuos pueden usar las mismas normas tanto para ellos como para los demás. Asumir la responsabilidad significa mirar lo que está fuera y buscar una conexión con el interior. Contemplando las oportunidades de aprendizaje de lo que está ocurriendo, las personas pueden alcanzar el poder personal creando lo que quieren con él. Al no asumir conscientemente el compromiso y la responsabilidad personal algunos se convierten en títeres del estímulo-respuesta en lugar de poderosos creadores de la realidad.

Desde el desarrollo de nuestro propio sentido de la responsabilidad, los *coaches* energéticos respondemos fácilmente si los clientes culpan a otros o buscan las causas fuera de ellos mismos. Algunos renuncian a su responsabilidad personal culpándose primero a sí mismos para evitar que otros les hagan rendir cuentas. Muchos se niegan a cambiar por dentro. Su situación les hace impotentes. Los *coaches* energéticos mantienen el foco puesto en lo que el cliente quiere. La culpa, la proyección y la evitación, las excusas y ponerse a la defensiva, agotan la energía y bloquean el espíritu. Ayudamos a los clientes a sacar a la superficie y examinar sus excusas o su evasión de la responsabilidad personal. También equilibramos a aquellos que tienen tendencia a culparse o a asumir demasiada responsabilidad por los demás o por acontecimientos imprevistos. Ayudamos a nuestros clientes a construir sistemas de creencias positivos y equilibrados y a actuar en lo que pueden hacer de manera responsable.

Lea: «*Cuando los clientes se rechazan y se condenan a sí mismos o a otros les pregunto: '¿qué puedes hacer para cambiar a la otra persona o la situación?'. Por lo general, concluyen que no pueden cambiar a los demás. A menudo pueden pensar en algo que cambie la situación, incluido el dejarla ir, algo que pueden no querer hacer. Cuando encuentran fallos o se culpan a sí mismos o a otros, siento una espiral descendente de energía que no conduce a ninguna parte. Pero incluso si no pueden hacer nada para cambiar lo externo, siempre pueden cambiar su percepción de la situación. Al elegir sus propias actitudes expresan su poder. Es gratificante ver como los clientes se empoderan y reclaman lo que quieren en lugar de quejarse de lo que no quieren.*

Mi cliente, John, estaba muy centrado en otra persona de su grupo de la parroquia. No importaba lo que qui-

siera hacer, esta persona le criticaba y daba otra idea de cómo hacerlo mejor. Fui testigo de la híper-focalización de John en esa persona y le pregunté si era capaz de cambiar su foco a otros del grupo. Se sorprendió al darse cuenta de que había otras quince personas en el grupo de estudio que dirigía, pero daba toda su energía a una de ellas. Esto agotaba su energía y su disfrute. Cuando quitó el foco de esa persona resultó ser menos problemática».

VIVE LA REGLA DE ORO

«El sentimiento de buena voluntad de un hombre hacia los demás es el imán más fuerte para atraer la buena voluntad hacia sí mismo».
LORD CHESTERFIELD

«No ha aprendido muy bien la lección de la vida si no ha notado que puede dar el tono o el color, o decidir la reacción que quiere de la gente de antemano. Es increíblemente simple. Si desea que se interesen por usted, tenga interés en los demás primero. Si quiere ponerles nerviosos, póngase nervioso... Es tan simple como eso. La gente le tratará como les trate. No es ningún secreto. Mire a su alrededor. Puede probarlo con la próxima persona que conozca».
SIR WINSTON CHURCHILL

Casi todo el mundo está familiarizado con la Regla de Oro que enseña a la gente a tratar a los otros como ella quiere ser tratada (o que no hagan a otros lo que no querrían que les hicieran a ellos). La ley de la reciprocidad funciona en las relaciones. Si todas las personas practicaran esta regla harían del mundo un lugar maravilloso.

¿Por qué no lo hacen?

Cualquier cosa que no sea uno es una ilusión. Lo que se le hace a otro se hace a uno mismo. La gente escucha su propia sabiduría y observa el efecto de sus acciones viendo cómo responden otros. El maestro interior monitoriza quien es alguien y la conciencia colectiva refleja el estado actual de conciencia de la sociedad en su conjunto. Para la conexión espiritual y la energía las relaciones con uno mismo y con los otros deben ser congruentes. Las personas espiritualmente conectadas asumen la responsabilidad de lo que muestran y eligen, sabiendo que están relacionados con otros como espejos y reflejos.

Vivir la Regla de Oro significa practicar la bondad, el afecto y la buena voluntad hacia los demás. La regla también implica cuidado y buenas intenciones hacia uno mismo. La incoherencia en pensamiento, palabra y obra hace difícil, sino imposible, conocerse, aceptarse y amarse. A menos que la gente practique la Regla de Oro interiormente y se trate amable, compasiva y amorosamente, no podrá tratar a otros de esta manera.

Hacer frente a los retos de la vida crea un terreno común para la conexión. La adversidad enseña empatía y comprensión. Después de que las personas experimentan el dolor y el sufrimiento a menudo son más compasivas con el dolor y el sufrimiento de los demás. La vida es corta. Puede ser muy difícil. Aquellos que no quieran añadir más dificultades al mundo pueden actuar para llevar la carga de otros, levantando así la suya propia

La gente normalmente no habla de dolor y de dificultades por educación. Avergonzada por la tristeza, la decepción o la pena, oculta sus heridas tras el silencio o entierra sus problemas bajo la conciencia. Muchos quieren evitar ser alguien que deprime a los demás. Algunos viven superficialmente una pseudofelicidad con momentos de cólera por pequeñas cosas. Otros se deprimen al reprimir la ira y la decepción. Al enterrar lo que les hiere se aíslan en el dolor. En apariencia inconscientes de lo mucho que exhiben su cinismo y decepción, algunos tienen tanto resentimiento que no saben cómo ser amables con los demás. O puede no importarles. Cuando lo último que la gente quiere es llegarles a otros, es el momento más propicio para darles lo que más les gustaría recibir. Cuando no hay nada que una persona pueda hacer para sentirse mejor siempre puede hacer algo por otro, algo que le revertirá positivamente.

Cuando los clientes tratan con personas que no son amables, los *coaches* energéticos buscan hacer que sus clientes entiendan el papel que esos interpretan. Ayudamos a los clientes en su crecimiento para que vean las dificultades de los otros en un contexto expansivo. Por lo general, las personas con las que los clientes tratan han pasado por alguna dificultad o decepción grave.

Las personas que toman represalias, menosprecian o evalúan erróneamente las intenciones de otros son buenos ejemplos de cómo no ser. En lugar de perpetuar la negatividad con una respuesta similar pueden elegir opciones compasivas. A menudo el comportamiento hiriente proviene de una parte escondida o reprimida del pasado. Nuestros clientes no necesitan conocer en detalle las razones de sus proyecciones injustas o de los malos tratos de otros. Esas personas tienen sus propios problemas que resolver. Los clientes reciben *coaching* para dejar ir, darse cuenta de que es algo que tiene más que ver con la otra persona que con ellos y abstenerse de tratar de rescatarlos o compensar su mal comportamiento. Lo que funciona para el bien de ambas partes es mostrar amabilidad cuando no la hay, preocuparse cuando es difícil y mostrar buena voluntad hacia todos.

El *coaching* energético está llamado a usar la Regla de Oro en la relación con uno mismo y con los demás. Tal vez cuando otros operan desde un auto-juicio negativo lo mejor sea aceptarlos plenamente sin culparlos y sin tratar de cambiarlos. Entonces se ofrece un buen ejemplo de cómo uno espera ser tratado.

Los clientes, en presencia del *coach* energético, como testigo compasivo, pueden proyectar atribuciones, ira, resentimiento o decepción. Sabemos que están lidiando con problemas que todavía tienen que abordar y asimilar. Creamos un espacio para que aprendan sobre sí mismos y se acepten. Como instrumentos del espíritu sabemos que no podemos soportar el juicio, la condena o la separación de otros. En lugar de proporcionar energía al doloroso pasado, la historia triste o la dificultad actual, los *coaches* energéticos optan por hacer hincapié en el potencial. Manteniendo la visión de lo que los clientes quieren ser, los ayudamos a encontrar valor en sí mismos y en sus experiencias. Porque honramos la chispa del espíritu que hay dentro de ellos, podemos reflejarles lo que importa: todos somos infinitamente poderosos, amables y valiosos. A pesar de nuestros mejores esfuerzos puede haber algunos que se nieguen a ver su propia bondad y cómo han llegado a crear su situación actual. Si llega un momento en que es obvio que hacer más sesiones no ayudará al cliente a liberarse, se recomienda la terapia. Y mientras tanto, el *coach* empleará intencionalmente la Regla de Oro.

ELEGIR O NO ELEGIR

«Hablar de bondad no es bueno, solo practicarla lo es».
PROVERBIO CHINO

Los principios y prácticas espirituales son solo ideas hasta que las personas las adoptan y aplican. Se necesita una elección consciente para ser y hacer de manera diferente. Lo admita la gente o no, el mundo interior de los pensamientos, los sentimientos, las percepciones y las intenciones está sujeto a su dominio. Las personas eligen cómo expresarse en el mundo. Hay un impulso innato hacia el crecimiento y la bondad. Sin embargo, no siempre viene fácilmente o de manera natural. Ante los retos de la vida, la gente debe elegir diariamente cómo ser. Hay que extender las ramas hacia afuera como una manifestación de las elecciones internas. Al decidir constantemente alcanzar la bondad, la conexión, la unidad y la integridad, las personas invitan a la luz que guía sus ideales a unirse con el soleado estallido del espíritu para iluminar su camino. Se convierten en faros. No es fácil, por supuesto, pero ¿qué otra manera hay de validar y reflejar el potencial humano? ¿De qué otra manera puede uno mostrar su verdadero carácter? El cómo ser es una elección, la elección más importante que podemos hacer. Los *coaches* energéticos elegimos cómo queremos ser y qué queremos reflejar. Ponemos las cosas en orden por nosotros mismos a través de nuestro maestro interior cuando nuestro camino toma un giro e intencionadamente servimos como faros a otros para conectar con la luz de la Fuente.

ANEXO AL CAPÍTULO

REFLEXIÓN

- ¿A qué posibles cambios de percepción y actitud me resisto? ¿Qué puedo aprender de mi resistencia? ¿Qué necesito permitirme para alcanzar mis ideales?
- ¿Cómo practico lo que predico?
- ¿Cuál es mi reto como *coach* energético?
- ¿Qué otros principios espirituales me proporcionan energía y conexión para servir al bien común que me he propuesto?

MEDITA SOBRE LO QUE SIGUE

«La transformación personal puede tener, y de hecho tiene, efectos globales. A medida que avanzamos, avanza el mundo porque el mundo somos nosotros. La revolución que salvará el mundo es, en última instancia, personal».
MARIANNE WILLIAMSON

«Nos causamos todo tipo de molestias para satisfacer nuestro sentimiento de culpa, pero cuando la cuestión es superarlo no movemos un dedo. Es un penique de sufrimiento que nadie quiere gastar».
ST. LEONARD OF PORT MAURICE

HUELLA INTENCIONAL

- ¿Qué principios espirituales quiero asumir para hacer del mundo un lugar mejor?

10. VALORES ESPIRITUALES

«La palabra inteligencia –en inglés Intelligence– se deriva de dos palabras, inter y legere. 'Inter' significa 'entre' y 'legere' significa 'elegir'. Por lo tanto, una persona inteligente es aquella que ha aprendido «a elegir entre». Sabe que el bien es mejor que el mal, que la confianza debe reemplazar el miedo, que el amor es superior al odio, que la dulzura es mejor que la crueldad, la paciencia que la intolerancia, la compasión que la arrogancia y que la verdad tiene más virtud que la ignorancia».

J. MARTIN KLOTSCHE

Los valores espirituales forman el núcleo del *coaching* energético. Sabemos que los valores internos conscientemente elegidos catalizan el crecimiento individual y la conexión espiritual. En este capítulo presentamos algunos de los valores internos que los clientes pueden elegir como ideales para guiar sus pensamientos, percepciones, emociones, intenciones, palabras y acciones. Los clientes aportan sus propios valores al *coaching*, independientemente de si son conscientes de conocerlos o no. La mayoría de los valores mantenidos inconscientemente se originan en la infancia y algunos ya no son útiles cuando eres adulto. Apoyamos a los clientes a revisar sus valores y a decidir cuáles necesitan revisar o reemplazar por los que les servirán mejor ahora. Aunque no es una lista completa, ofrecemos una visión de algunos valores espirituales importantes para cultivar la congruencia interna y externa, y de esta forma crear el conocimiento interno y la conexión espiritual.

PROPÓSITO Y SIGNIFICADO

«Demasiadas personas caminan por ahí con una vida sin sentido. Parecen estar medio dormidas, hasta cuando están ocupadas haciendo cosas que parecieran ser importantes. Esto es porque están persiguiendo cosas equivocadas. La forma de tener sentido en la vida es dedicándose a amar a los demás, dedicándose a la comunidad y al entorno, y dedicándose a algo que te dé propósito y significado».
MITCH ALBOM, *Martes con mi viejo profesor*

El propósito y el significado no se encuentran ni se descubren como si estuvieran ocultos o perdidos. Los seres humanos no tienen que buscar para qué están aquí o qué tienen que hacer aquí. Más bien deciden el propósito y el significado de su vida. Como decía Carl Jung, *«todo depende de cómo vemos las cosas y no de cómo las cosas son en sí mismas. La menor de las cosas con un significado vale más en la vida que la cosa más grande sin él»*. Las personas dan importancia a las cosas con sus elecciones y su guía interior. No pueden darse cuenta de sus dones y talentos únicos hasta que toman decisiones conscientes para reconocerlos y usarlos. Muchos buscan como si el propósito y el significado pudieran ser encontrados «allá afuera», pero hasta que deciden su propósito no pueden sostener significación y motivación. Aquellos sin propósito y significado en la vida son aquellos que aún no han elegido.

El propósito positivo es un impulso humano dirigido interiormente que crea una conexión perfecta con el espíritu. Existe una tendencia a dotar de propósito y significado a los eventos externos, pero cualquier valor que se le da a las externalidades viene de dentro. El significado en la vida va desde no tener conciencia en un nivel consciente hasta una conexión exquisita con cada aspecto de la experiencia diaria. Teniendo esta opción, las personas pueden fijar su intención para que toda experiencia de vida tenga un significado. A medida que las personas se conectan con el espíritu, los detalles más minuciosos aumentan en importancia. La serendipia, o descubrimiento casual, abunda y los eventos sincrónicos se suceden.

Una vez que se satisfacen las necesidades básicas de supervivencia, las personas buscan el significado y su propósito en la vida de forma natural. Con la madurez, muchos revisan sus vidas en busca de sentido. Los *coaches* energéticos trabajan con clientes que han logrado el éxito exterior pero que han llegado a experimentar la satisfacción del logro externo como la última instancia. La adquisición material ya no les motiva. Las posesiones poseen al poseedor con la obligación constante y la demanda de mantenimiento y atención. Muchos buscan el *coaching* para lograr el éxito, pero por diferentes razones. Quieren basar sus esfuerzos en valores espirituales internos en lugar de en necesidades externas basadas en el ego. Los *coaches* energéticos ayudan a que los clientes hablen y actúen en línea con los valores espirituales y según lo establecido por su propósito de vida, una intención significativa o su declaración de principios. Crean energía interior sostenible a través de una razón general para hacer aquello que realmente tiene significado desde su punto de vista. No se trata tanto del detalle de las metas, sino del sentido y significado que tienen esas metas.

Como escribió Peter Senge en *La quinta disciplina*: «*A menudo pasamos tanto tiempo haciendo frente a problemas a lo largo de nuestro camino que nos olvidamos de por qué estamos en él. El resultado es que solo tenemos una visión débil, o incluso inexacta, de lo que realmente es importante para nosotros*». En vez de combatir el fuego que surge en cualquier momento de la vida, las personas con propósito y significado otorgan una perspectiva estratégica a las prioridades. Ellas les dan más peso a los valores duraderos.

Lea: «*Estaba hablando con una exclienta, Sandy, que acababa de empezar de nuevo la universidad para convertirse en enfermera. Le costaba estudiar Biología, así que le pregunté si tenía la intención de continuar en el programa de enfermería. Dijo que había vuelto a la universidad para obtener un título para ayudar a la gente. Quería completar una profesión de servicio. Reconoció que disfrutaba del desafío de la escuela. Continuar con las clases le ayudó a construir su carácter y autoestima. El deseo de ayudar a otros y crecer como persona facilitaron el propósito y el significado necesarios para cambiar de carrera y trabajar con intensidad para perseguir sus sueños. A pesar de que no estaba totalmente segura del resultado, el propósito y el significado sostuvieron el esfuerzo*».

Tener un propósito de ser da sentido a la vida y ayuda a superar la depresión, la desesperanza y el sentido de inutilidad. ¿Alguna vez has conocido a una persona deprimida que tenga un fuerte propósito y significado en su vida? El propósito y el significado llaman a la gente a trabajar para el bien. A cambio, cosechan recompensas a través de la satisfacción interior y el crecimiento. Una vida útil y significativa crea salud mental, estabilidad emocional y gratificación física. Los *coaches* energéticos han elegido y creado su propio significado y propósito. Nosotros animamos a los clientes a hacer lo mismo, individualmente y en su relación con los demás.

AMOR

«No es lo mucho que haces, sino cuánto amor pones en hacer lo que importa».
MADRE TERESA

«Ni una inteligencia sublime, ni una gran imaginación, ni las dos cosas juntas forman el genio. Amor, Amor, Amor, eso es el alma del genio».
Wolfgang Amadeus Mozart

En su famosa cita, Teilhard de Chardin declara: «*Algún día, después de dominar los vientos, las olas, las mareas y la gravedad, aprovecharemos de Dios la energía del amor y, entonces, por segunda vez en la historia del mundo, el hombre habrá descubierto el fuego*». Los seres humanos han dominado energías físicas potentes en el Universo y las han usado, pero ¿qué saben del amor? ¿Cuántos buscan el amor y qué pocos lo encuentran verdadero y duradero? Encontrar el verdadero amor es como encontrar el propósito y el significado, es una decisión. No es algo que se encuentra en sí, se crea intencionalmente.

El amor es un impulso básico del comportamiento humano. Al igual que el propósito y el significado, la gente suele buscarlo externamente en vez de crearlo internamente de forma consciente. Muchos equiparan al amor a la liberación de sustancias químicas cerebrales y la pérdida temporal de los límites del ego. El amor no es una reacción química y no tiene nada que ver con la atracción inicial. El amor es una elección. La decisión de ser y hacer amor es una manera segura de crearlo en la vida.

Ser y hacer amor invita a la energía del espíritu como ninguna otra decisión que los seres humanos puedan adoptar porque el espíritu es amor. El amor es la esencia más profunda del ser interior. El amor trasciende el ego porque el amor no tiene otro deseo que lo mejor para uno mismo y para los demás. El amor reconoce la unicidad y el valor dentro de uno mismo y dentro de otros. Como el espíritu, el amor no puede ser adquirido directamente. Debe darse para ser recibido. El amor es desinteresado e incondicional. El amor no pasa por alto los defectos y las deficiencias de uno mismo y de los demás, sino que decide amar a pesar de la fragilidad y las debilidades humanas.

Amor, como espíritu, son palabras mal utilizadas y en exceso. Aunque las personas experimentan el amor emocionalmente, no es un sentimiento. El amor es la conexión directa con el espíritu que integra los cuerpos físicos, mentales y emocionales. Obliga a las personas a actuar con buena intención y libre elección.

M. Scott Peck, en su libro *El camino menos transitado,* dice: «*Yo defino el amor de esta manera: la voluntad de extender nuestro ser con el propósito de nutrir el crecimiento espiritual de uno mismo o de otro*». Esta definición sencilla dice mucho sobre el poder del amor para conectar a los seres humanos con algo más grande y más duradero que una sensación fugaz de una explosión en el cerebro de sustancias químicas o de una necesidad egocéntrica de sentirse especial. Requiere la buena voluntad libre y la extensión de nuestro ser hacia otro.

La fuerza del amor proporciona el motivo y la energía que la gente necesita para sostener la disciplina y la práctica en su crecimiento espiritual. Como ocurre con el espíritu, el amor es de una naturaleza misteriosa que debe ser experimentada antes de que las palabras tengan sentido. El amor inspira a los individuos la relación ideal con uno mismo, con otros y con la comunidad, y los guía a actuar para crear un bien mayor para todos. Como observó Igor Stravinski: «*Para crear, debe haber una fuerza dinámica, y ¿qué fuerza es más potente que el amor?*». El amor proporciona la energía y la intención para que la creatividad florezca.

Cuando las personas basan la intención y el propósito en el amor, se abren a la energía creativa del espíritu. Al dar amor reciben amor; el espejo y la reflexión se unen. Aquellos que quieren amor en sus vidas deciden ser y hacer amor para tener amor. Gracias a la conexión del amor con el ser y el espíritu, cuantas más personas se aman más conexiones espirituales existen. El verdadero amor existe en el punto central donde la energía espiritual se conecta con el maestro interior. A pesar de que el amor no busca la auto-realización a través de otros, los amantes experimentan el aumento y el crecimiento cuando dos se convierten en uno. Experimentan la totalidad expandida y el amor propio en un círculo cada vez más amplio de auto-perpetuación de la energía. Una vez que las personas crean conscientemente el amor desde dentro, lo experimentan de manera duradera y satisfactoria en cualquier otro lugar.

El psicoanalista Erich Fromm describe el amor en su libro *El arte de amar*. Observando la tendencia a orientarse externamente de manera materialista, dice: «*El mundo es un enorme objeto de nuestro apetito, una gran manzana, una gran botella, un enorme pecho; todos succionamos, los eternamente expectantes, los esperanzados y los eternamente desilusionados*». Los seres humanos no pueden sostener el amor únicamente por gratificación personal. El amor no puede ser adquirido como una posesión. Si las personas se orientan hacia el exterior, ven a los demás y el mundo como algo separado y auto-gratificante. La imposición bloquea el amor y la conexión espiritual.

El amor requiere conciencia y esfuerzo. Doc Childre y Sara Paddison, en el HeartMath Discovery Program, dicen: «*El amor no es automático. Se necesita constante práctica y conocimiento, igual que tocar el piano o jugar al golf. Sin embargo, tienes muchas oportunidades. Todo el mundo que conoces puede ser tu oportunidad para practicar*». Las personas pueden expresar amor en todas partes, en cada momento del día. Cuanto más lo hacen, con más naturalidad aman y más amor vuelve a ellos. El amor por los demás solo se logra cuando los individuos se conocen y se aman a sí mismos. Al decidir amar a los demás a pesar de sus deficiencias, las personas llegan a amarse. El amor se convierte en una fuerza autoreplicante de energía; lo que las personas dan vuelve a ellas en especie.

Lea: *«No sé cómo encontré a mi marido, mi verdadero amor. Todo lo que sé es que no estaba buscándolo. Cansada de 'encontrar' el amor en 'fracasadas' relaciones, de muchos años de intentos, me había dado por vencida. Había soltado y me había alejado de Dios, por así decirlo, y decidí amarme a mí misma mejor que a todos. Me convertí en el tipo de persona que me gustaría tener en mi vida. Practiqué el ser amorosa, confiable, amable y abierta. Liberé el equipaje pasado e hice mucho desarrollo personal. Mi trabajo en mí misma me mantuvo tan ocupada y enfocada que casi no reconocí a Steve como el tipo de compañero que había estado buscando a lo largo del camino».*

El *coaching* energético busca ayudar a los clientes a entender el amor y elegirlo por sí mismos. Como *coaches* primero debemos saber y ser amor para ayudar a otros a saber y ser lo que quieren. Necesitamos conocer y expresar el amor en la relación, primero a través del amor a nosotros mismos, incluidas las verrugas. La energía espiritual de la relación yo-uno redirige a los clientes que buscan el amor fuera de sí mismos. Los *coaches* energéticos les mantienen enfocados hacia dentro para decidir amar-ser y hacer amor en lugar de obtener y poseer el amor. Como la expresión más grande del ser auténtico, el amor vive dentro de cada uno en el centro de la conexión espiritual.

Bondad

«Mantenga un buen corazón. Eso es lo más importante en la vida. No es cuánto dinero tiene o cuánto puede conseguir. El arte de esto es mantener un buen corazón».
Joni Mitchell

La bondad es nuestra naturaleza. Hay muy pocas personas que no quieren ser y hacer el bien. Incluso cuando no quieren nadie lo admite porque la bondad es un dato en cuanto a lo que debemos ser. También aquellos que cometen actos malos justifican y racionalizan consigo mismos que lo que están haciendo es lo correcto. El mal disfrazado de bondad ha hecho mucho daño en el mundo, testigo de una guerra «santa», pero la bondad verdadera siempre prevalece. La gente nunca podrá sostenerse creando dificultades y dañando a otros. Siempre serán, en última instancia, superadas por la bondad.

Las personas desean que los demás las vean como buenas y, aunque nazcan en la bondad, a menudo luchan por sentirse bien con ellas mismas. Ser y hacer el bien son opciones. La bondad está disponible para todos. Para tener un buen corazón la gente debe elegir interiormente crear bondad exteriormente. Nuestro gratificante trabajo en el *coaching* energético es promover intencionalmente la bondad en nosotros mismos y mantener el espacio para que los clientes elijan ser y hacer el bien.

Algunas cosas parecen ser inherentemente buenas. Aquellos conectados con el espíritu son propensos a hacer cosas buenas que otros perciben como malas o indeseables. Las personas que encuentran lo bueno en tiempos difíciles trascienden la situación actual. Pueden imaginar algo mejor y trabajar para conseguirlo. La intención de encontrar la bondad anula el juicio y la separación de el «no es eso», y une al espíritu en la creación de algo bueno a partir de algo «malo». Igual que lo que la gente desea parece ser «bueno» y lo que no desea parece ser «malo», sus percepciones forman sus opiniones.

Lea: «*Mi clienta de coaching, Carolyn, estaba luchando con su actitud. Me confesó que sentía celos de los demás. Pensó que los celos eran totalmente 'malos'. Le pregunté: ¿Y si los celos fueran algo bueno?'. Mi pregunta cambió su modelo de pensamiento, abriendo una oportunidad de aprendizaje. Al mirar a otros como posibles ejemplos de lo que podía ser y hacer, Carolyn comenzó a abrazar los celos como un motivador positivo para decidir lo que quería en su propia vida. Usó los celos para recordar que mirar dentro y redirigir la energía la ayuda a encontrar una estrategia positiva para lograr lo que quiere*».

A pesar de que hay bondad en el interior de todo el mundo, los pensamientos, sentimientos y percepciones negativos permanecen hasta que las personas los reconocen y cambian. En las relaciones existe un canal de conexión entre personas; en él se transmiten sus pensamientos internos, hablados o no hablados. La mayoría puede distinguir fácilmente la diferencia entre personas con una actitud positiva o negativa. Hay una aversión natural a los que albergan mala voluntad. Hay maneras de discernir la bondad, incluso inconscientemente. Las personas miran a los ojos y sonríen como prueba de sinceridad. Escuchan la intención detrás de las palabras. Creen que las acciones son más que declaraciones. Pueden decir cuando otros son de buen corazón y responden automáticamente del mismo modo. Sienten cuando pueden confiar y abrirse a otros o cuando necesitan ponerse en guardia. Los *coaches* energéticos manifiestan buen corazón con palabras y acciones y esperan que los clientes sigan su ejemplo. Cuando sentimos algo menos que bondad, compartimos nuestras percepciones, hacemos preguntas sin proyección ni juicio y confiamos en que prevalecerá el bien.

Compromiso y responsabilidad personal

*«No esperes a que aparezca una luz al final del túnel;
camina por ahí... y enciéndela tú mismo».*
Sara Henderson

Hay una diferencia obvia entre los que aceptan la responsabilidad personal y se hacen responsables, y los que se dejan llevar de la mano; entre los que esperan, los que sostienen a otros, los que renuncian a la responsabilidad personal, y los que asumen su responsabilidad. Algunos van más allá de la llamada del deber y otros ignoran el clarín que suena. Al igual que ocurre con todos los valores nobles y valiosos, el compromiso, la responsabilidad personal y la revisión interna requieren tomar decisiones conscientes, a veces enfrentándose a obstáculos y probabilidades desalentadoras. Marie Curie declaró: *«La vida no es fácil para ninguno de nosotros, pero ¡qué importa! Hay que perseverar y, sobre todo, tener confianza en uno mismo. Hay que sentirse dotado para realizar algunas cosas y esas cosas hay que alcanzarlas, cueste lo que cueste».* El *coaching* energético ayuda a los clientes a decidir sobre compromisos conformes con su orientación interior y la intención como expresiones externas de su ser.

Algunos asumen demasiada responsabilidad y otros muy poca. Debido a que las personas no pueden comprometerse con todo, su propósito e intención les ayuda a priorizar. Los *coaches* energéticos guían los procesos para que los clientes puedan elegir cómo equilibrar sus compromisos. Por ejemplo, en las relaciones una persona puede tratar de compensar la falta de compromiso de la otra. Los que no se comprometen evitan priorizar y llevar a cabo acciones. Quienes se comprometen, por el contrario, pueden permitir que otros les echen la culpa y renuncien a su responsabilidad personal respecto a ellos. Las relaciones equitativas son una vía de doble sentido de esfuerzo y responsabilidad por ambas partes.

Para mantener el equilibrio de los compromisos y asumir la responsabilidad de sus actos, las personas eligen conscientemente lo que es suyo y lo que no. A medida que asumen la responsabilidad, tienen que tomar decisiones difíciles de cuándo comprometerse completamente, cuándo participar temporalmente o cuándo permanecer sin implicarse. Demuestran compromiso personal cuando mantienen la responsabilidad, incluso cuando la situación se pone difícil sin importar que la opción sea fácil o no. Ya sea en las relaciones o con una causa, demuestran un carácter fuerte y un sistema de valores interno al asumir una responsabilidad personal de manera decisiva y permaneciendo en ella.

La vida de cada individuo refleja los compromisos que asume. Aquellos que se encuentran comprometidos difícilmente basan sus vidas en una pauta cambiante de comportamiento estímulo-respuesta. En cambio, de los desimplicados se sabe que no se puede depender de ellos para hacer lo que prometieron. Nadie puede seguir el rastro de sus palabras, y aquellos que se relacionan con ellos a menudo tienen que comprometerse a compensar. Las acciones demuestran lo que las personas valoran y con lo que se han comprometido y dan a los demás un fuerte sentido de quiénes son ellos. La gente demuestra integridad y autenticidad con su capacidad de actuar de una manera equilibrada y reflexiva.

John: «*Cuando me reúno con nuevos clientes, discuto su compromiso de obtener los resultados que dicen que quieren con un sentido de bienestar. Algunos clientes piensan que estoy sugiriendo que tendrán que poner un montón de esfuerzo sin darse cuenta de la energía que recibirán a cambio.*

Cuando me comprometo con una tarea o una forma de ser, dejo ir todo lo que se supone que debo hacer o cómo me tengo que sentir mientras la estoy haciendo. Para mí, el compromiso significa estar en el momento presente y focalizado en alcanzar mi objetivo. No hay lugar para todas las suposiciones acerca de por qué el proyecto no funcionará o el hecho de que nunca se ha hecho antes. Tampoco hay angustia acerca de si voy a tener éxito o no, o si el resultado será lo suficientemente bueno. Siento alegría por todo lo que descubro, abierto a la orientación del espíritu y divirtiéndome en mi creatividad. Admito que hay momentos en que la energía del espíritu es necesaria para recordarme lo simple que puede ser un compromiso. Mi compromiso me define y demuestra a los demás lo que es importante para mí. Esta distinción establece prioridades y libera tiempo y energía para que yo actúe en lo que me comprometí. Los demás me conocen por aquello a lo que me comprometo y por mi dedicación, percibiendo lo mejor de mi capacidad. A través de mi experiencia y ejemplo personal, los clientes ven que el compromiso y el esfuerzo valen la pena como una forma positiva de expresar quiénes son».

Al adquirir compromisos (sin comprometerse) y asumir la responsabilidad personal de los resultados, con el tiempo se crea un legado de confiabilidad. Manteniéndose centrados, persisten en los compromisos adquiridos. Como *coaches* energéticos queremos asumir compromisos estratégicos y responsabilidad personal para el crecimiento interno y contribuir de forma continua a un mundo mejor, ayudando a otros a hacer lo mismo. Cuando las personas asumen su responsabilidad personal, sus intenciones y los resultados de sus esfuerzos crean una fuerte identidad. Demostramos esa identidad, voluntad y resolución en nuestras relaciones de *coaching*. El espíritu añade fuerza y coraje para seguir adelante a medida que los clientes eligen compromisos positivos, priorizados y equilibrados asumiendo la responsabilidad personal de sus acciones y resultados.

Lea: «*El compromiso y la responsabilidad personal son muy valorados. Siendo la perseverancia mi mayor signo de fortaleza según la escala www.authentichappiness.com, a veces me han llamado terca. No importa cuánto esfuerzo o tiempo tome llevarlos a cabo, veo los proyectos a su finalización. Tal vez por eso dos empresas diferentes me ofrecieron volver a trabajar con ellas después de una larga ausencia sin colaborar. Soy conocida por decir lo que pienso. Eso parece ser algo muy raro y valorado por otros, especialmente por las empresas que a veces se sorprenden cuando las personas hacen lo que dicen y cumplen las tareas fijadas».*

ACEPTACIÓN

«Señor, concédeme la serenidad para aceptar las cosas que no puedo cambiar, el valor para cambiar las que puedo y la sabiduría para saber la diferencia».
Oración de la serenidad

Cuando las personas aceptan situaciones que no pueden cambiar desde lo que son, demuestran no-juicio, perdón y comprensión. La aceptación significa dejar ir lo que está fuera del círculo personal de influencia del yo interior. Ese círculo de influencia puede parecer limitado, pero el espacio interior es mucho más amplio que el espacio exterior. Cuando miran dentro en busca de dirección y toman decisiones conscientes para liberar lo que está fuera del control personal, las personas se empoderan. Respetando su propia libertad y sus límites, también respetan la libertad y los límites de los demás.

Los *coaches* energéticos ayudan a los clientes a determinar qué pueden hacer y qué no. Algunos tienen un gran reto en dejar de hacer porque están enganchados al juzgar, culpar, rechazar y condenar. Muchos buscan el *coaching* porque se han centrado en cosas sobre las que no pueden hacer nada. La situación o la otra persona pueden o no cambiar, pero las personas pueden optar por aceptar y permitir. Algunos necesitan perdonar a los demás. Según Joan Borysenko, PhD., «el perdón no es el acto de condenar conductas irresponsables e hirientes. Tampoco es un giro superficial de la otra mejilla lo que nos hace sentir víctimas y martirizados. Más bien es cerrar viejas historias, lo que nos permite experimentar el presente, libre de contaminación del pasado». Liberar a través del perdón y la aceptación es señal de que las personas han elegido ser y hacer de acuerdo con su espíritu. Crean espacio y energía al aceptar que no pueden hacer nada; entonces pueden concentrar toda su energía en lo que pueden lograr. Al aceptar y dejar ir permiten a los demás los mismos derechos a ser y hacer de acuerdo con su círculo de influencia. En un universo basado en la libre elección, todos tienen el derecho y la responsabilidad de elegir por sí mismos. Si sus acciones afectan a otros negativamente, los afectados pueden dejar de lado la relación sin resentimiento. Liberar permite mucho más que tratar de cambiar a otra persona. Permanecer en relaciones negativas hace que se pierda poder y que el comportamiento no sea auténtico.

Incluso si las personas no pueden entender una situación, pueden optar por aceptarla. Aceptar sin una buena razón o conocer los resultados puede ser difícil. La habilidad humana para no enjuiciar, perdonar y comprender es limitada; requiere de práctica a lo largo de la vida. Dejar ir las apariencias y el deseo con fe de que todas las cosas trabajan juntas para el bien alimenta al espíritu. Cuando las personas eligen dejar ir y permanecer abiertas a esto o a algo mejor, todo lo que pueden hacer es esperar con esperanza. Tarde o temprano podrían ver que la aceptación les ha abierto al espíritu y ha permitido que todo funcione de formas inimaginables. Si se abren a ella, lo que perciben como malo puede haber cambiado a bueno.

La siguiente historia está adaptada de la literatura taoísta clásica y modificada para reflejar la cultura nativa americana por Raymond Reyes, PhD, vicepresidente adjunto de la Misión para las Relaciones Interculturales de la Universidad de Gonzaga.

QUIZÁS

Había una vez un anciano que era muy pobre, pero era feliz y estaba contento. Todo lo que tenía en el mundo era una pequeña parcela de tierra, su humilde casa, un viejo caballo y un joven nieto, fuerte y guerrero. Una noche el caballo huyó. Cuando los vecinos del anciano se enteraron, vinieron en grupo para dar sus condolencias y le dijeron: «Esto es una gran desgracia». Pero el anciano respondió: «quizás», y sonrió. Los vecinos se sorprendieron y pensaron que era un poco extraño.

La noche siguiente, el anciano oyó un gran estallido fuera de su casa. Su caballo había regresado, pero no solo. Regresó con varios caballos salvajes y los llevó directamente al corral del anciano. Al día siguiente, los vecinos volvieron. Esta vez estaban muy alegres y le dijeron al anciano: «Seguramente la buena fortuna brilla sobre ti y el Creador ha bendecido a tu familia». El anciano sonrió como antes y de nuevo respondió, «quizás». Los miembros de la comunidad le consideró desagradecido y hasta un poco perturbado, y se fueron murmurando entre ellos.

Pronto llegó el momento de domesticar a los caballos salvajes y el nieto del anciano intentó montar uno para comenzar el proceso. El caballo lo descabalgó inmediatamente y el joven se rompió una pierna. Los vecinos, al enterarse de esto y al ser una comunidad genuinamente preocupada, volvieron una vez más a la casa del abuelo para ofrecer su apoyo ante lo sucedido. Una vez más, a pesar de las dificultades que lo ocurrido supondría para el anciano, este simplemente sonrió y dijo, «quizás». Esta vez los vecinos se marcharon con disgusto, pensando que el abuelo era tonto o estaba loco.

Al día siguiente, sin embargo, un grupo de guerreros experimentados recorrió el pueblo, obligando a todos los jóvenes a unirse a ellos. El jefe de la tribu se iba a la guerra y estos jóvenes serían sus soldados. Cuando estos guerreros llegaron a la cabaña del abuelo, encontraron al nieto incapaz de caminar, y por lo tanto inútil como guerrero. Lo dejaron atrás.

Pronto los vecinos volvieron al anciano, algunos llorando porque sus hijos habían sido llevados tal vez para no volver jamás. Vieron que el nieto del anciano todavía estaba en su cama, la pierna con una férula y vendada. Le dijeron al viejo: «Realmente es usted un hombre afortunado». El abuelo sonrió suavemente y solo dijo: «quizás». Los vecinos permanecieron en silencio durante algún tiempo. Poco a poco, ellos también comenzaron a sonreír y a asentir con la cabeza. Y mientras se iban despacio, también se oía decir entre ellos: «quizás».

La aceptación significa ir del juicio y la resistencia a una postura abierta de «quizá». Las oportunidades para aceptar se presentan una y otra vez en la vida. Cada situación que alguien quiera cambiar contiene la oportunidad de la aceptación. La aceptación representa poco desafío cuando la situación exterior o la persona están de acuerdo. Cuando no están de acuerdo, los *coaches* energéticos proponen que los clientes se hagan estas preguntas: «¿Qué puedo hacer con esta situación?» y «¿qué tengo que liberar?». La aceptación no significa renunciar a la responsabilidad personal. Significa que las personas identifiquen dónde termina su responsabilidad y dónde comienza la de otro. La aceptación permite que las personas se separen de lo que está más allá de su círculo personal de influencia para poder mantener su energía y poder personal, aunque prefirieran que las cosas fuesen diferentes en el exterior.

Los clientes esperan que los *coaches* los acepten como son. La aceptación puede ser un desafío. ¿Qué pasa cuando los clientes pierden las citas o cuando sus primeras palabras son «no tuve tiempo de prepararme para nuestra reunión?». La aceptación asegura a los clientes la confianza del testigo compasivo. Debido a que la gente se juzga a sí misma con poca auto-aceptación, el ego trata de compensarlo. Reflejar la aceptación al cliente junto con la expectativa de algo mejor neutraliza las excusas y los mecanismos de defensa del ego. Apoyamos a los clientes en su progreso, con resultados y compromiso. A través del no juicio y la aceptación de que son perfectos como son, atraemos la energía positiva del espíritu en la relación de *coaching*. Demostramos aceptación mientras desafiamos a los clientes a alcanzar sus metas. Los seres humanos logran lo mejor al esperar el éxito.

Los *coaches* energéticos muestran características del espíritu a través de la paciencia y la aceptación. Nuestra aceptación de los clientes fomenta la aceptación de ellos mismos. Al empoderarlos buscan respuestas desde dentro, toman decisiones y confían en sí mismos. Los *coaches* energéticos tienen la responsabilidad personal de hacer lo que pueden dentro de sus límites para ayudar a los clientes a cumplir su propósito y alcanzar sus metas. Tenemos confianza en que los clientes están en el lugar perfecto y que todos estamos viviendo un proceso de perfeccionamiento que nunca será completo.

Igualdad y equilibrio

«Es el corazón lo que hace a una persona rica. Es rica conforme a lo que es, no a lo que tiene».
Henry Ward Beecher

«No podemos ser felices si esperamos vivir todo el tiempo en el pico más alto de intensidad. La felicidad no es cuestión de intensidad, sino de equilibrio, orden, ritmo y armonía».

Thomas Merton

Las personas son equilibradas cuando hay igualdad sin juicios de lo que es superior o inferior. Los *coaches* energéticos aceptan que hay dos lados equilibrados de la moneda en la vida y que no puede haber bien sin mal, sombra sin luz. Nos damos cuenta de que el mundo exterior refleja lo interior y que, a pesar de tener apariencias separadas, todos somos uno. Esta perspectiva equilibrada conduce a la apertura a través de la aceptación. Pone a las personas en el centro de su maestro interior donde se conectan con el espíritu. Ya no tienen que resistir o responder con mecanismos de defensa del ego. Pueden ser y hacer libremente y permitir a los demás la misma oportunidad.

Los seres humanos son todos iguales, por supuesto, pero la tendencia a juzgar y separar los desconecta de los demás y del espíritu. Igualdad significa aceptar a los demás tal y como son, sin juzgarlos o colocarlos en una jerarquía. Cada persona posee diferentes rasgos, fortalezas, apariencias externas, capacidades y habilidades, pero todos regresan a la misma fuente en su interior. El ego puede querer que pensemos de otra manera para justificar su existencia, pero al elegir la igualdad y el equilibrio creamos el espejo claro con un reflejo coherente de cómo son realmente las cosas. Permitir el beneficio de la duda proporciona ideas sobre por qué otros se comportan de la manera que lo hacen sin necesidad de juzgar o separar. En el punto central del ser y el hacer es más fácil aceptar lo que es. Al elegir la igualdad y una perspectiva equilibrada, los individuos valoran el yo y a los demás como partes iguales de uno. No importa cuál sea nuestra condición social, capacidad intelectual o posición relativa comparada con otra; todas las personas son intrínsecamente iguales.

Hay igual valor en todos a pesar de lo que las personas aparentan o como se comportan. Como individuos en una curva de crecimiento particular, las personas operan en diferentes frecuencias y naturalmente atraen y conectan con los de una longitud de onda similar. Esto puede causar una tendencia a sintonizar y separarnos de los de otras frecuencias. A través de la elección consciente de mantener igualdad y equilibrio a pesar de la atracción inmediata o la reacción frente a otra persona, la gente se relaciona con los demás como iguales. Saben que las diferencias percibidas son superficiales y que en el interior todos somos iguales. A través de la experiencia y el ejemplo de aceptar las imperfecciones menores (e ilusorias) de los demás, las personas se aceptan por lo que son. Una vez que realmente se conocen a sí mismas y su gran potencial para superar las diferencias, pueden ser quienes son con auto-aceptación y permitir que otros sean ellos mismos. Incluso si los demás eligen estar en el juicio y la separación pueden mantener la apertura que conecta, a sabiendas de que no puede haber una separación real en este bote salvavidas llamado Tierra.

Conociendo la unidad y la ilusión del estatus creado por el ego, las personas quieren para los demás lo que quieren para sí mismas. La paz interior y la felicidad son derechos humanos irrenunciables. Abandonando las tendencias egoístas y egocentristas, la gente alcanza la unidad a través de la igualdad con los demás y el equilibrio interior.

Como seres relacionales en un mundo dualista, se tiende a compararse con otros. En el mundo de apariencias orientado hacia el exterior, no se puede encontrar la felicidad. Los individuos nunca pueden ser lo suficientemente jóvenes, lo suficientemente guapos, lo suficientemente inteligentes o lo suficientemente ricos. Cuando la gente mira a los demás conforme a un estándar de ser, pierde su sentido de conexión e igualdad. El maestro interior es silenciado por el juicio de otra persona, ya sea como «menos que» (construyendo su relación con ellos mismos) o como «mejor que» (menospreciando la relación con ellos mismos). Al no ser conscientes de las comparaciones o de ser utilizados por ellas, las personas pierden la conciencia que las devuelve al punto central y pierden el equilibrio. Una vez que experimentan la paz en su centro, la valoran tanto que las comparaciones y los juicios ya no son atractivos. La polaridad producida por juzgar a otros como buenos o malos, inferiores o superiores, desconecta del espíritu. Desde una conciencia creciente pueden recuperar el equilibrio eligiendo no juzgar. Cuando se dan cuenta de que la falsa separación ha creado una condición desequilibrada, pueden experimentar el deseo de recuperar el estado más feliz de igualdad y conexión.

Cuando el ser y el hacer son coherentes con el equilibrio de la identidad, se comprende la naturaleza holográfica de la vida. Se comprende que el uno es todo y que el todo está en cada uno. Se ve el panorama general con su gran perspectiva. Una perspectiva más amplia ayuda a las personas a dejar de etiquetar a otros como «buenos» o «malos», «negros» o «blancos». Los tonos del gris se extienden desde un extremo del espectro a otro, de modo que no existen los contrastes blancos ni negros que el juicio crea.

Como *coaches* energéticos ayudamos a los clientes a darse cuenta de que todo puede no ser como parece, que tal vez pueden elegir permanecer fuera del juicio de sí mismos, de los demás y de la situación. Al ganar una perspectiva más amplia, mantenemos la igualdad y el equilibrio sin el gravamen del juicio que bloquea la conexión espiritual.

SENTIDO DEL HUMOR

«Un sentido del humor lo suficientemente agudo como para mostrar a un hombre sus propios absurdos, así como los de otras personas, le mantendrá absuelto de todos los pecados, o casi todos, salvo de los que vale la pena cometer».
SAMUEL BUTLER

*«Estrechamente relacionado con la fe, (el humor) nos pide
que no nos tomemos nada demasiado en serio».*
FULTON J. SHEEN

John: *«George se describe a sí mismo como escandaloso.
Lo conocí en una comunidad espiritual. Cuando se acercó
a mí me dijo su nombre de este modo: 'Vine de visita para
dos días y me quedé 32 años'. Me sentí atraído por George y
pude sentir su espíritu irradiando de su presencia.*

*Hice averiguaciones con personas que lo conocían des-
de hacía mucho tiempo. Estaban de acuerdo, desde el profundo cariño, en que se comportaba de manera exagerada.
En su juventud había sido ministro metodista. Había via-
jado mucho representando a la comunidad en conferencias
mundiales y pasando tiempo con personas influyentes.*

*Como excelente contador de historias, George las com-
partía con cualquier persona que le escuchaba. Nos entre-
tuvo a mi amigo David y a mí mientras íbamos a las seis
de la mañana de excursión por las colinas de las afueras de
Denver, Colorado. Junto a un canal, sobre rocas y arbustos,
George compartió parte de la historia de su vida con afirmaciones ingeniosas y mantras animados. Estoy seguro de
que mucho de lo que escuchamos estará en el libro que él y
un amigo están escribiendo, 'George', por George. Sentí a
George como un ser humano abierto y juguetón conectado
con su maestro interior y contento con su vida. No era de
extrañar que hubiera atraído a muchos individuos a su comunidad. George hablaba desde el corazón de sus 71 años
de vida. Lo que oí y sentí fue la energía de un hombre que
sabía quien era y que tenía con una perspectiva humorísti-
ca. Tiene la capacidad de tocar las vidas de las personas, a
veces desvergonzadamente, desde el amor. Sentí la gracia
del espíritu principalmente a través de su ilimitado sentido
del humor».*

A medida que el ego se vuelve menos necesario para la protección, una conexión más estrecha con el espíritu genera una perspectiva alegre que naturalmente da como resultado un sentido espontáneo y eruptivo del humor puro. Al trascender el ego, la gente aprende a reírse de sí misma y con los demás en una conexión sana y feliz. Se divierten sin burlarse de nada. Cuando el maestro interior revela un aspecto oculto de uno mismo, el sentido del humor trae un reconocimiento, un guiño, en lugar de un retroceso de rechazo. Una sonrisa interior surge tras haber pillado al ego en sus trucos. El trabajo de auto-reflexión y auto-conocimiento se hace exploratorio y juguetón, pues el sentido del humor brota espontáneamente desde dentro.

Una estrecha relación con el maestro interior y el espíritu desarrolla la capacidad de iluminar y reconocer el humor en la vida cotidiana. La gente puede volar lo suficientemente alto para ver el panorama general con menos apego al ego cuando se lo toma a la ligera. Cambian la autoconciencia y el miedo a la vergüenza por diversión.

La humillación pública es una oportunidad para reírse de uno mismo antes de que otros puedan hacerlo. Con la auto-aceptación hasta de sus verrugas, los enanos se vuelven divertidos. El humor invita a la energía del espíritu.

Lea: «*Una de las razones por las que elegí a John como coach fue por el sentido del humor que transmitía cuando hablé por primera vez con él por teléfono. Su risa espontánea y su divertida perspectiva hicieron que nuestras reuniones de coaching fueran alegres, un gran equilibrio para mis pesadas cargas. Incluso cuando yo estaba frustrada hasta el punto de llorar, John mantuvo el brillo en sus ojos restándole energía negativa a lo que estaba sucediendo. El ingenio y el humor de John siempre están presentes y listos. No quiere decir que no haya alguna conversación difícil, pero siempre hay una forma de darle un tono más ligero. John moderó las emociones desmesuradas y el desánimo silencioso que surgieron en las sesiones de coaching con la sabiduría de que ir allí conmigo no serviría para nada. Ha sido un placer conocer a John. El intercambio en nuestras reuniones de sonrisas, risitas y carcajadas a veces creaba una tendencia contagiosa a reírme de mi propia seriedad. Su sentido del humor es una forma de aceptación para uno mismo y otros. Puedo decir que nunca se reirá de nadie; se reirá con ellos. El sentido del humor es una energía atractiva que lo completa. La risa es contagiosa. Me encontré disfrutando de mi trabajo de mejora personal gracias al humor de John».*

La autoconciencia y el crecimiento espiritual generan un sentido del humor sano. Sentido del humor no quiere decir que la gente no pueda ser seria cuando sea necesario, pero sí significa que no permiten el cinismo en los demás o en ellos mismos para actuar sin control o albergar negatividad y tragedia. Esta perspectiva de ir con el corazón ligero es demasiado valiosa para «dejarla ir» fácilmente. Mantener el sentido del humor fomenta la tendencia a ver las cosas en términos de lo que está funcionando en lugar de lo que no. Aquellos que tienen gracia pueden mantenerse por encima del conflicto y permitir el desarrollo de los acontecimientos, haciendo lo que pueden para mejorar una situación. Los *coaches* energéticos poseen un humor positivo, natural y espontáneo basado en una postura persistentemente optimista obtenida de una interminable tarea de auto-conocimiento y mejora personal sin apego a los resultados.

Con los clientes necesitamos ser sensibles con el tono de lo que encuentran divertido y cómo lo expresan. Si los clientes usan el humor negro o un despreciable sarcasmo, podemos usar preguntas poderosas para explorar la sombra que hay detrás de ese oscuro humor, las proyecciones negativas y la falsa separación. El *coaching* energético ayuda a los clientes a determinar qué humor es a costa de los demás y cuál surge espontáneamente de conocerse a uno mismo, crecer en potencial y apreciar la gracia y la bondad (y el humor) que hay detrás de las apariencias. La capacidad de reírse de uno mismo y de aligerar el juicio a uno mismo permite a una persona abrazar completamente su ser y dejar ir el ego. Sentimos cuándo el humor de un cliente es auténtico o no. Una sonrisa despectiva, una sonrisa superficial o una risa falsa significa que se necesita más exploración en el momento. El *coach* no puede optar por evitar un camino complicado que el cliente preferiría ignorar o del que preferiría reírse. No pasamos por alto cuando alguien hace un comentario cortante y lo excusa diciendo que está «bromeando». Si duele no es humor. Los *coaches* energéticos trabajan para desarrollar un sentido del humor espontáneo, verdadero y real.

APRENDIZAJE, APERTURA Y HUMILDAD

«Haciéndote preguntas más profundas abres nuevas maneras de estar en el mundo. Traes un soplo de aire fresco. Haces la vida más alegre. El verdadero truco no es estar en el conocimiento, sino estar en el misterio».
FRED ALAN WOLF

«Recorriendo una lista de personas famosas que afirmaron algo como si fuera la última palabra, no puedo pensar en una sola que no haya demostrado estar equivocada».
JEFFREY SATINOVER

La conexión espiritual revela cuánto sabemos ahora pero no cuánto llegaremos a saber. Incluso el consumado Miguel Ángel admitió: «Todavía estoy aprendiendo». Cuantas más personas estén abiertas a las diferentes maneras y experiencias del espíritu, más se darán cuenta de lo grandiosa y misteriosa que es la vida. Cuando estamos abiertos a aprender con humildad, las tendencias egocéntricas están equilibradas. El asombro y el aprecio por la vida crecen a medida que los individuos se vuelven adaptables a la nueva información. Se dan cuenta de que cuanto más saben más desconocen. La vida ofrece oportunidades ilimitadas para aprender y es la universidad definitiva. Cuando el aprendizaje cesa, el mundo se vuelve deslucido, sin vida y aburrido. Cuando la gente se resiste a aprender creyendo que ya sabe lo suficiente o que no quiere aprender de forma diferente, pierde la oportunidad de aprender una nueva lección que desafíe la visión estática del mundo y estimule un nuevo crecimiento. La humildad genera una mayor apertura mental para un mayor aprendizaje dejando ir la necesidad del ego de ser «correcto» y la necesidad de saber. La humildad crea la disposición a aceptar el aprendizaje como viene, sabiendo que las lecciones traen consigo aún más lecciones. La apertura y la humildad pueden ser los valores espirituales más difíciles de cultivar porque las personas están muy atadas a sus historias y visión del mundo, incluso si estas no funcionan o no les permiten volver a ser más de lo que realmente son. Una vez más, ser abiertos y humildes son rasgos que se cultivan a través de la elección consciente.

Lea: *«He impartido muchos cursos en los colegios de la comunidad. En algunas de mis clases he comenzado con la declaración: 'No puedo enseñarte nada'. Los estudiantes se quedan confundidos hasta que explico que nadie puede enseñar nada a nadie a menos que esa persona decida aprender. Asumo la responsabilidad de enseñar a la clase, pero la responsabilidad del aprendizaje pertenece al estudiante».*

La mayoría de las personas que vienen a *coaching* es porque están abiertas a un nuevo aprendizaje. Eso no significa que no haya obstáculos en el camino cuando haya resistencia ante el nuevo aprendizaje que revela diferentes maneras de ser y hacer que suponen retos. El *coaching* crea el espacio para que el aprendizaje nuevo y necesario sea elegido y adoptado. La sabiduría proviene de la incorporación de información nueva y desafiante. El ego puede resistir las lecciones más difíciles e importantes. Los *coaches* energéticos promueven el aprendizaje haciendo preguntas en lugar de pronunciar las respuestas de los clientes. Aquellos que vienen a *coaching* muy probablemente tienen un sistema de valores que incluye el aprendizaje, la apertura y la humildad, pero suelen presentar problemas que están preguntándose cómo resolver. Al ayudar a los clientes a ponerse en contacto con su yo interior, fomentamos la preparación y receptividad de formas más auténticas de ser y hacer. Cuando los clientes se resisten a aprender, los *coaches* energéticos los desafiamos a investigar la naturaleza de la resistencia. Normalmente tiene que ver con un paradigma gastado que ya no funciona. Los *coaches* energéticos se dan cuenta de que los clientes tienen que elegir qué nueva información les puede beneficiar y decidir si están listos para aprenderla. Los clientes aprenden cuándo ya no es ventajoso resistirse y porque tienen una voluntad predominante de crecer. El espacio receptivo y abierto que tiene el testimonio compasivo del *coach* permite a los clientes ser abiertos y humildes, y estar listos para un nuevo crecimiento.

COMPASIÓN

«Una persona experimenta la vida como algo separado del resto, una especie de ilusión óptica de la conciencia. Nuestra tarea debe ser liberarnos de esta prisión auto-impuesta a través de la compasión para encontrar la realidad de la Unidad».
ALBERT EINSTEIN

El entrenador de baloncesto de la NBA, Phil Jackson, comentó sobre el juego: «Una vez que hayas hecho el trabajo mental, llega un punto en el que debes lanzarte a la acción y poner tu corazón en la línea. Eso significa no solo ser valiente, sino ser compasivo hacia ti mismo, tus compañeros de equipo y tus oponentes». La compasión competitiva es rara. Hay más exhibiciones de conducta antideportiva. Se necesitan más ejemplos de acciones compasivas en nuestro mundo. Los *coaches* energéticos muestran compasión y alientan las opciones compasivas para ayudar a los clientes a convertirse en mejores personas creando un mundo mejor.

Para tener compasión por los demás, las personas primero deben tener compasión por ellas mismas. Los individuos no pueden dar lo que no tienen y no pueden tener lo que no pueden ofrecer. Todos los valores humanos internos deben ser adoptados por libre elección y cultivados desde dentro para expresarse sin importar los demás. Las personas de modo natural sienten mayor compasión por los demás a medida que desarrollan compasión por sí mismas. Como todo lo que tiene un valor duradero, la compasión viene de dentro a través de la elección y surge sola al ponerme en los zapatos de otra persona. Esto crea la conexión de unidad que es tan necesaria para sacar lo mejor y crear la voluntad de trabajar juntos por el bien común.

La compasión deriva de sentir empatía. Cuando los individuos se permiten a sí mismos experimentar los mismos sentimientos que otros, los límites egocéntricos se disuelven. Tener compasión no significa sentir lástima o proyectarse sobre las heridas de otro. Ambos son manifestaciones del ego para hacernos sentir separados y superiores, auto-referentes y egocéntricos. Algunos automáticamente sienten lástima por otras personas y consciente o inconscientemente las rechazan. Solo aquellos que tienen autocompasión quieren compasión de los demás, pero eso quita poder e incapacita. La verdadera compasión es un poderoso ser manifestado en un poderoso hacer. Las personas compasivas reconocen los hilos comunes de la experiencia humana. Saben que la vida es difícil y quieren ayudar a que lo sea menos. Debido a su capacidad de conectar y construir puentes, la compasión aporta alta conciencia y conocimiento de la interconexión de todas las cosas. Hace posible que la gente esté completamente abierta a lo que está sucediendo sin juicio. El espíritu se experimenta a través de pensamientos, palabras y acciones compasivas.

Lea: «*Estaba haciendo coaching a una clienta sobre una relación difícil con una persona con la que en su momento había mantenido una amistad muy cercana. Por algo que sucedió, su amiga la acusó de ser deshonesta. Conociendo a mi clienta y lo importante que para ella era ser veraz, pregunté si de hecho no había sido suficientemente clara con la otra persona. A medida que se desarrollaba la historia, examinamos cualquier brecha de integridad que pudiera haber creado. Como resultado, parecía que la examiga había hecho una falsa acusación sobre mi clienta con respecto a sus verdaderos motivos e intenciones. Una vez que mi clienta pudo ver que ella no había engañado a nadie ni intencionada ni deliberadamente, pudo dejar de lado su necesidad de autocrítica y de defender sus acciones. Entonces fue capaz de mirar objetivamente a la otra persona y preguntarse por qué haría tal proyección. Una vez que se dio cuenta de que su amiga se había sentido herida por otros que no habían sido sinceros, pudo entender por qué se había hecho esa falsa proyección. Examinó su parte en la relación y decidió que era una buena persona y con buena intención. El espejo no tenía que distorsionarse para acomodar la proyección y podía dejar de lado la relación sin culpa y sintiendo compasión por ella misma y por su dolida amiga*».

La compasión surge de modo natural cuando se realiza la unión en el centro de una vida de integridad conectada. Thomas Merton dice: «La idea de la compasión se basa en una aguda conciencia de la interdependencia de todos estos seres vivos, todos los cuales son parte el uno del otro, y todos están involucrados unos con otros». La compasión revela la naturaleza recíproca del Universo. Lo que se hace por los demás vuelve en especie. En tiempos difíciles, las personas tienden a aislarse. Es irónico que la gente se separe y se sienta sola cuando la conexión con otros es necesaria. Paz, comodidad y fuerza se encuentran dando y recibiendo compasión sentida. Desarrollar la compasión crea más auto-aceptación, lo que conduce a la paz interior dentro de uno mismo y a la paz exterior en el mundo.

La compasión es una decisión de conectarse con el mundo que despeja los canales para que el espíritu funcione. Christina Baldwin dice: «La energía espiritual aporta compasión al mundo real. Con compasión vemos con benevolencia nuestra condición humana y la de los seres que nos rodean. Decimos adiós a los prejuicios y nos contenemos de emitir juicios». Los *coaches* energéticos sostienen el espacio como testigos compasivos para que los clientes desarrollen mayor compasión por sí mismos y, como resultado natural, para otros también. La unión se hace evidente cuando la compasión se manifiesta y se conecta.

AMABILIDAD Y SOLIDARIDAD

«No permitas jamás que alguien venga a ti y se aleje sin ser mejor y más feliz. Sé la expresión viva de la bondad de Dios: bondad en tu rostro, bondad en tus ojos, bondad en tu sonrisa».
MADRE TERESA

«Olvídese de las heridas, nunca olvide la amabilidad».
CONFUCIO

Hay quien dice que el civismo está muerto y realmente a veces lo parece. Muchos hogares y organizaciones desatienden a los demás. En la carretera, los enfados de los conductores son generalizados. Detrás de la máscara aislante de quienes son desagradables, hay personas que no son amables con ellas mismas. La bondad y el afecto nos conectan con nosotros mismos, con los demás y con el espíritu. La amabilidad consistente viene de decidir ser así.

Practicar actos de bondad genera más bondad «en especie». Cada vez que se experimenta un acto desagradable o indiferente, lo mejor que se puede hacer es dar bondad a cambio. El círculo vicioso de ojo por ojo está roto. Al ver la desconexión solitaria que hay detrás de la conducta cruel, la gente desarrolla compasión por el otro y devuelve algo mucho mejor que lo que recibió. En lugar de la respuesta humana natural de la represalia, mostrando la bondad se invierte la espiral descendente de la energía negativa. Las buenas acciones y la bondad vuelven la espiral hacia arriba con energía positiva. Como el sabio Sófocles dijo una vez: «La bondad engendra bondad».

Lea: *«La bondad no es algo que busque específicamente en el coaching, pero puedo ver que si falta en uno mismo o en relación con los demás hay una gran brecha que hay que salvar en el camino hacia la totalidad. Escucho las palabras, pero sobre todo el tono, el lenguaje corporal y otras conductas no verbales. Me doy cuenta de cuando los clientes se juzgan a sí mismos y a los otros despectivamente.*

Cuando eso sucede, hago una invitación a ser más abierta y aceptarme con amabilidad a mí misma y a otros. Con un cambio de perspectiva, por lo general hay un conocimiento instantáneo de qué hacer o cómo manejar a personas o situaciones difíciles.

Esta invitación a la amabilidad la uso con mi nieta de cuatro años y ella lo acepta también. Ella responde a palabras amables y acciones muy positivas. Al establecer ese tono y el ejemplo, mi nieta se vuelve más tranquila, amable y bondadosa. Estoy intrigada por lo contagioso de la bondad y cómo evoca automáticamente respuestas similares en otros».

A veces la amabilidad se percibe como debilidad. Los manipuladores tratan de aprovecharse de las personas «buenas», pero la mayor fortaleza radica en la decisión de ser amable, especialmente cuando otros son insensibles. Es fácil corresponder a la conducta grosera con más de lo mismo, pero elegir la amabilidad ofrece el ejemplo a otros de una mejor manera de ser. Las acciones bondadosas interrumpen un patrón negativo y difuminan las emociones destructivas. Aquellos que practican un comportamiento desagradable por lo general pueden justificar sus acciones por cualquier razón, pero no hay ningún beneficio para ellos. Cualquier represalia o «ponerse al mismo nivel» solo hace que las personas se sientan peor consigo mismas. La bondad reflejante, especialmente ante la rudeza, muestra a los demás una manera diferente de ser. En *coaching* energético sostenemos que nunca hay una buena razón para ser cruel. Pensamientos y acciones desagradables nos separan artificialmente de los demás y nos desconectan del maestro interior, silenciando la intuición y bloqueando al espíritu.

> *«A menos que alguien como tú se interese de verdad,*
> *nada va a mejorar. No».*
> Dr. Seuss, *The Lorax*

La amabilidad es una expresión natural de las personas solidarias. La solidaridad está en la raíz del compromiso con la mejora del yo y del mundo. Cuando la solidaridad se practica continuamente, la energía se renueva a través de estar conectados, íntegramente. Leo Buscaglia, autor y profesor, señala el poder de un cumplido: «Con demasiada frecuencia subestimamos el poder de una caricia, una sonrisa, una palabra amable, un oído atento, un cumplido honesto, o el más pequeño acto de cariño, todo lo cual tiene el potencial de cambiar una vida». Cuidar es el regalo más grande que podemos darnos a nosotros mismos y a los demás.

El *coaching* energético es una profesión para ser solidarios. Debido a que ser solidario no siempre es fácil, debemos ser capaces de renovar nuestra capacidad al recordar nuestra razón original para comprometernos con una profesión tan solidaria. La solidaridad sincera con uno mismo y con los demás provoca actos de bondad y compasión, e incluso valor, que surgen espontáneamente. Otros sienten cuando nos preocupamos por ellos y cuando no lo hacemos. Decidimos cuidar, y se nota. Incluso cuando parece más fácil no preocuparse, generalmente no es posible renunciar a nuestra responsabilidad sin perder un sentido importante de quiénes somos y por qué estamos aquí.

La solidaridad es más que «hacerse cargo». Implica involucrarse en una relación positiva que mantiene la congruencia dentro y en conexión con el espíritu. Cuando parece que sería más fácil ignorar la necesidad de alguien o cuando la situación parece desalentadora, los *coaches* toman una decisión consciente de actuar según su compromiso, siempre que sea conveniente. Puede ser frustrante y doloroso preocuparse, pero no estar involucrado y actuar sin cuidado desconecta del espíritu.

La calidad del cuidado demostrado en ser y hacer es evidente para los demás. Mira la diferencia entre los que se preocupan por el trabajo que hacen y los que no. A los que no les importa aumentar la carga de trabajo de los demás y hacer el ambiente de trabajo más estresante y difícil. Lo que no pueden es darse cuenta, sin embargo, de que su actitud influye en los demás y que ellos responderán de la misma manera. Es mucho más difícil ser amable cuando un jefe o compañero de trabajo no colabora. Cuando no se involucran, las personas se convierten en parte del problema. El maestro interior sabe cuándo estamos siendo y haciendo por debajo de nuestro potencial, y la energía se agota.

Lea: «*Le pregunté a mi marido, Steve, sobre su capacidad para lograr resultados. Steve afirmó que atribuye su éxito a su incesante impulso interior por sobresalir. Creo que este impulso proviene de ser una persona bondadosa. Cuando Steve describió algunos de sus logros más gratificantes en su trabajo, me di cuenta de que él se preocupaba por la compañía, incluso cuando otros no lo hacían. Este cuidar el éxito de la compañía, provenía de su cuidado sincero por los que trabajaban allí, no de un deseo personal de tener éxito o salir adelante. Al final, el cuidadoso compromiso de Steve con el logro de metas se convirtió en parte de la cultura de excelencia. Las personas llegaron a preocuparse más las unas de las otras y de su trabajo como consecuencia de su ejemplo. Unos pocos que no se involucraron de la misma manera se hicieron notorios y tuvieron que dejar la compañía o pasar a formarse en un programa implantado para encajar en la cultura. Steve tenía un dicho, 'Si no puedes salir, entra; si no puedes entrar, sal'. El nivel de cuidado que mostró, y esperaba de los demás, no permitió nada menos que la manifestación del mejor esfuerzo de cada uno para llevar adelante el trabajo».*

Lo opuesto al amor y al afecto no es el odio sino la apatía. Cuando la gente se libra de la apatía reemplazándola por el cuidado (el interés), se da cuenta de lo que se puede hacer verdaderamente para mejorar las cosas. Incluso cuando parece que nada puede hacerse, enfocarnos en nuestro corazón, que tanto nos cuida, rezando una oración silenciosa para que las cosas mejoren puede hacer milagros. A algunos que no les importa y renuncian a la responsabilidad personal por la relación o la situación en la que se encuentran. La energía se agota en presencia de aquellos a los que no les importa. Otros creen que la solidaridad es drenar, pero es lo contrario. El verdadero cuidado es una expresión de lo que es ser humano y crea energía y motivación para actuar. La apatía apaga el espíritu, agota a la persona y consume a los que la rodean.

Ser solidario no significa el auto-sacrificio ni estar excesivamente preocupado por los resultados. La decisión de querer y actuar dentro del círculo de influencia es todo lo que se necesita. Las personas pueden preocuparse y al mismo tiempo dejar ir resultados inmediatos o resultados concretos. Si el cuidado se hace agotador, la congruencia interna y externa necesita ser restaurada para volver al equilibrio. La gente primero tiene que cuidarse para tener la capacidad de cuidar a otros o para trabajar en mejorar una situación. El *coaching* energético ayuda a los clientes a mantenerse solidarios mientras sopesan las opciones, evaluando los resultados y permaneciendo pacientes y esperanzados mientras la semilla plantada germina.

Debido a que el *coach* realmente se preocupa y silenciosamente transmite a los clientes su riqueza y valor, el cliente recibe un buen ejemplo de cómo ser y hacer lo mismo. Esta relación le muestra la capacidad de sostener la bondad y el cuidado a pesar de los cambios de otras personas o la situación exterior. Este es un ejemplo de cómo ser eso que se necesita en el mundo de hoy. Para funcionar como una comunidad global interconectada, cada persona debe comprometerse a largo plazo e invertir personalmente en preservar nuestro medio ambiente y a la humanidad. A pesar de que los problemas que se enfrentan hoy en día parecen abrumadores e incluso insuperables, el *coaching* energético anima a los clientes a preocuparse por los demás para marcar una diferencia positiva en una persona cada vez. Mejoramos a todo el mundo a través de mejoras crecientemente realizadas en cada vida individual. Sostener ese proceso requiere verdadera solidaridad.

Coraje y fuerza

«El hombre superior se culpa a sí mismo, el hombre inferior
acusa a los demás».
François La Rochefoucauld

«Todas las batallas importantes se libran dentro de uno».
SHELDON KOPP

El *coaching* energético es un trabajo interno. El valor subyace a la capacidad de auto-reflexionar y tomar decisiones sobre cómo ser. La fuerza nos da la capacidad de tomar decisiones. Se necesita coraje moral para adherirse a los valores, lo que puede significar perder relaciones, ser ridiculizado, ser excluido o culpado, incluso sentir la desconfianza de aquellos a los que no les gusta el reflejo en el espejo. El proceso nunca termina. Como comprobó el escritor británico Joseph Conrad, «enfrentarse, siempre enfrentarse, es el modo de resolver el problema». Muchos no quieren hacer eso.

La auto-reflexión interna es difícil. Mirar el mundo exterior y escuchar sus mensajes es también aterrador. Diariamente la gente está expuesta a mensajes, imágenes e incluso anuncios que provocan temor, pues están diseñados para hacerles comprar algo que les proteja de lo desconocido, de una espantosa posibilidad (que podría ser tan horrible como no estar un día con la serie de TV favorita de moda). Sin siquiera saberlo, la gente es seducida por una sensación de falsa seguridad acumulando bienes o viviendo en una comunidad cerrada. La única seguridad verdadera proviene de dentro, pero encontrarla requiere del coraje de mirar dentro y de la fuerza para hacer lo que hay que hacer para desarrollar auto-suficiencia.

Algunos han estado bajo una tremenda presión para seguir las normas del partido, estar con la multitud o simplemente llevarse bien. Sienten que tienen que dejar ir lo que son y lo que quieren solo para mantener las relaciones. Las piezas pequeñas se dividen y los individuos se vuelven más pequeños y fragmentados. Las personas se orientan hacia el exterior y sus resultados son de estímulo-respuesta. La brújula interior arroja oscilaciones salvajes y es difícil encontrar el norte verdadero. Las personas se mantienen en relaciones en las que revelan menos de lo que son a causa del miedo, pues el demonio que conozco es mejor que el que no conozco. La gente se pierde pieza por pieza, y el ego se necesita cada vez más como el falso protector del yo, más pequeño y temeroso.

En los niños pequeños se necesita orientación externa y un montón de «noes». Los niños son socializados e instruidos en los patrones y normas de la cultura. La gente comienza la vida orientada hacia el exterior y dirigida, pero ya no pueden permitirse el lujo de ser así si quiere convertirse en la expresión más plena de su ser auténtico. El coraje y la fuerza son necesarios para mirar hacia dentro y conocer la verdadera identidad para expresarse plenamente. Cada decisión de hacer frente a la resistencia, las falsas proyecciones, la coacción de otros, los sistemas de mando/control, las amenazas, los castigos y la política partidista hacen a los individuos más fuertes y valientes. No puede ser fácil. Reflexión, intención y decisión son necesarias para conocerse y soportar el desafío. Las personas no se volverían fuertes y respetuosas consigo mismas sin desafíos que superar. Ser auténticas refleja su poderosa y positiva identidad a pesar de las presiones externas de ser etiquetadas, marginadas, excluidas o amenazadas por otros. Todas las cosas se ponen en perspectiva cuando la persona es valiente y conoce su fuerza interior. Perder un trabajo no es lo mismo que perder una vida, e incluso perder una vida puede no parecer tan amenazador en comparación con la perspectiva de no vivir en la verdad y la integridad.

Lea: «*Soy constantemente desafiada por quienes quieren algo de mí que deberían encontrar en sí mismos. Pongo en riesgo relaciones al no sentirme obligada a compensar a otros. Las relaciones que tengo están basadas en la fuerza más que en la debilidad, mientras nos desafiamos mutuamente a permanecer en nuestro mejor nivel personal. Mi carrera también ha supuesto muchos retos para mi auténtico ser. Nunca fui buena en política o fingiendo no saber.*

Fui despedida una vez de un trabajo en el que recurrían a amenazas y tácticas silenciosas de advertencia para evitar que me expresara y fuera yo misma. Como madre soltera perdí mi casa debido a la consiguiente pérdida de ingresos. Desde la escuela, cuando me enfrentaba a la intimidación del patio de recreo, hasta ahora que estoy trabajando en los cambios del sistema de protección infantil, a veces me siento sola y un poco debilitada por los desafíos. Las dificultades no solo son creadas por sistemas enormes y pesados que no funcionan, sino por individuos dentro de ellos que están excesivamente inmersos en mantener el statu quo y asegurar su posición de poder ilusorio. Me comprometo a no ser así y a menudo me encuentro al margen. No encajo, pero tampoco quiero.

Comencé en el coaching durante un período de intenso auto-cuestionamiento, preguntándome cómo había creado mi historia en relaciones y carreras 'fallidas'. Incluso en mis posiciones de voluntaria, no podía soportar los sistemas de oficios políticos y favores personales o cómo la gente se trataba irrespetuosamente y hablaba por detrás a sus espaldas. A través de John, con el coaching energético me puse más en contacto con mi maestro interior. La confianza de John en mí y la creencia en mis intenciones positivas reforzaron mi determinación de seguir siendo yo misma, no buscando enfrentamientos, pero tampoco retrocediendo cuando me lanzaban el guante. John me ha ayudado a ver cómo mis desafíos me han hecho más fuerte y ha apoyado mis decisiones difíciles de seguir desde mi verdad».

Los *coaches* energéticos ayudan a los clientes a ponerse en contacto con su maestro interior y a darse cuenta de su poder interior. Les animamos a expresar el coraje y la fuerza necesarios para lograr ser coherentes, lo que significa casar su hacer exterior con su ser interior y convertirse en la expresión más plena de su yo auténtico. Entonces pueden mirar hacia fuera desde su propósito de vida y perseguirlo haciendo elecciones conscientes que nacen desde dentro. Estas decisiones conscientes proporcionan el recuerdo, la renovación y la resolución necesarias cuando se les ridiculiza y etiqueta como alborotadores por «salir de la caja» y por decir la verdad y expresar grandes ideales. Requiere fuerza y coraje hacer el trabajo de crecimiento interno y expresar consistentemente valores en el lenguaje y la acción exterior. Los valores nos obligan a permanecer coherentes frente a los grandes obstáculos y las presiones a los que tenemos que adaptarnos. Los *coaches* energéticos ayudan a los clientes a tomar decisiones difíciles y a tomar medidas, incluso ante el peligro percibido, la amenaza o la pérdida.

Lea: «*Mi cultura familiar, buena en muchos sentidos, incluía un aspecto relacionado con la sombra: ser 'mejor que otros'. Cuando era niña traté de seguir este paradigma, pero curiosamente siempre me sentía 'menos que' en lugar de 'más que' (gracioso cómo la necesidad de ser mejor que otros realmente crea la energía opuesta de ser menos que). A medida que crecí tuve que dejar de lado la necesidad de ser mejor que, era demasiado trabajo para mí. Entonces me volví sensible a los comentarios humillantes hechos a otros. Tanto así que ya no podía tolerar la negatividad y no podía reírme con humillaciones o bromas étnicas. He tenido que cambiar conversaciones, ignorar e incluso pedir más respeto. Esto ha ofendido a la gente, y ha habido alguna represalia ('Oh, Lea piensa que ella es mejor que'), pero finalmente mis deseos han sido respetados. Creo que mi posición de no escuchar chismes o tolerar bromas humillantes ha ayudado a los demás a reflexionar sobre sí mismos y finalmente a ver que se sienten mejor si no son tan negativos y despectivos. Que no hay necesidad de poner a otros por debajo para sentirse mejor uno mismo*».

El miedo más insidioso es un grado bajo de ansiedad a posibles consecuencias no identificadas. Se requiere decisión para no reaccionar ante el miedo y en su lugar examinar un continuo de posibilidades de lo peor que podría pasar. La iluminación significa irradiar luz, comprender.

Lo que la energía de la sombra del miedo necesita es más coraje para mirarla. Con el coraje de permanecer fieles a nosotros mismos y la fuerza para reconocer temores internos, el espíritu ayuda a través de la dirección interior y la resolución. Una vez que la acción se toma encarando el miedo, viene la validación externa, pero no antes. Esto es necesario para preservar el principio universal de sentirse libre. El Universo espera una decisión y luego responde. Las personas no sabrán el resultado hasta que se muestren libres. De esta manera, se vuelven plenamente capacitadas al tener la propiedad de sus decisiones y resultados. Ven cómo se unen cuando se alinean con los principios universales que a menudo les llaman a tomar decisiones difíciles o a salirse del camino. Incluso si se experimentaran las consecuencias temidas (lo que rara vez sucede), sería mejor actuar auténticamente que sufrir el estrés de la evasión o falso cumplimiento. Las personas saben cuándo alguien «se vende» y se pierde el respeto.

Debido a que hemos experimentado en persona y superado situaciones difíciles y continuamos aprendiendo del maestro de la sombra, los *coaches* energéticos ayudamos a los clientes a desarrollar fuerza y coraje. Creemos que nombrar el miedo es lo primero. Una vez nombrado es mucho más fácil poner el miedo en abierto y examinarlo objetivamente. Por lo general no es tan temible desde ese momento. No nos permitimos huir del miedo, que solo le hace más fuerte. Sabemos que superar los desafíos crea gran fuerza y coraje a largo plazo. Podemos tener clientes que están enfrentándose a una dificultad extrema, pero a través del conocimiento interno ganado, desmitificando nuestros propios miedos y enfrentándonos a nuestra sombra, apoyamos a los clientes en la toma de medidas adecuadas, incluso cuando aparecen otros y la disfunción sistémica aplica presión para que nos conformemos. Ayudamos a los clientes a cambiar de trabajo, carreras, ubicación, relaciones y a ellos mismos, para embarcarse en lo nuevo y lo desconocido. Sally Ride, la primera mujer astronauta, dice: «Todas las aventuras, especialmente en un nuevo territorio, son aterradoras». La vida es una aventura y el crecimiento a menudo requiere coraje para crear algo nuevo. Los *coaches* energéticos sostienen el espacio con la expectativa de que los clientes tienen el coraje y la fuerza para seguir a su maestro interior. No importa hacia dónde conduzca, los *coaches* energéticos saben que al tomar la decisión de ser fieles a sí mismos, el espíritu se junta con esa energía especial que hace que todas las cosas funcionen unidas para el bien. El coraje y la fuerza crecen actuando de manera fiel a uno mismo. Los *coaches* energéticos ayudan a los clientes a decidir quiénes son realmente y lo que de verdad quieren e ir a por ello.

COACHING ENERGÉTICO PARA LOS VALORES

«Me orientaré de tal manera que refleje bien el coaching como una profesión y me abstendré de hacer cualquier cosa que perjudique la compresión del público y la aceptación del coaching como una profesión».
Estándar de conducta ética, International Coach Federation

La sociedad se gobierna conforme a reglas, regulaciones y guías de actuación como la anterior, que automáticamente crean resistencias en la voluntad interior a través de restricciones externas. Las reglas de conducta establecidas externamente describen un amplio espectro de amenazas y sanciones para asegurar su cumplimiento. Que tenga que crearse un sistema de leyes externas tan inmenso, complicado y costoso es un triste reflejo de la falta de valores internos en los que se pueda confiar para dirigir consistentemente la conducta humana. Para estar plenamente capacitados, la gente necesita poder expresarse libre de dictados externos. Seguir las reglas de la sociedad por el mero cumplimiento de las mismas no es el camino hacia la totalidad humana. Los individuos alcanzan la integridad actuando conforme a valores libremente elegidos que expresan quiénes son realmente. En ese núcleo está la bondad, expresada de una infinita variedad de formas a través de la auto-expresión única.

Cuando el estado interno es egocéntrico e incongruente, las personas tienden a actuar de manera egoísta desconectándose del espíritu. Un requisito fundamental para la trascendencia humana es hacer elecciones libres. Las personas están fuertemente atadas para resistirse a las limitaciones de su libertad. No pueden sostener la motivación interna a menos que puedan elegir entre distintas opciones viables. Cuando las autoridades o las leyes obligan al cumplimiento coaccionando, manipulando u ordenando, las personas se resisten. La fuerza aplasta el empoderamiento interior volviendo a los adultos niños, haciéndoles resistir desafiantes o aceptar con resentimiento.

Un niño de dos años necesita reglas consistentes para su crecimiento y su seguridad personal, pero incluso un niño pequeño responde mejor a las opciones ofrecidas dentro de unos límites en lugar de decirle claramente «no». Un adolescente se rebela automáticamente contra la influencia externa hasta asumir, ya de adulto, responsabilidades acordes con los derechos de independencia. Para su auto-empoderamiento y respeto a sí mismas las personas necesitan tener derecho a tomar sus propias decisiones. Los adultos que exigen libertad sin asumir responsabilidades pierden el equilibrio. Un adulto es aquel que acepta las responsabilidades implícitas a la libertad de elección y no necesita que le digan qué hacer desde fuera. La dirección dada por el maestro interior apunta siempre en la buena dirección. La energía espiritual se une a las personas que eligen libremente para alinearse con lo divino que son.

Los espectadores pasivos pueden criticar el juego, pero en el campo el jugador actúa en el momento. Al adaptarse y tomar el campo, las personas se demuestran a sí mismas y a otros que pueden actuar. No puede haber un ser auténtico sin congruencia y viceversa. Debido a que la sociedad no puede comandar el ser interior, centra las reglas y regulaciones en hacer. Pero las personas no pueden expresar lo que está en el interior. Si las personas se gobernaran a sí mismas a través de una conciencia de alto nivel centrada en valores espirituales, la sociedad no requeriría de un sistema jurídico engorroso y costoso que no se ha demostrado que haga de nadie una mejor persona.

Decidir vivir conforme a valores libremente elegidos y construir la coherencia interna y externa es difícil, especialmente teniendo en cuenta todas las tentaciones exteriores que hay para salir adelante a costa de los demás: «trabajar el sistema», «vender», «encubrir», «tomar el camino fácil», «escaquearse» o «jugar sobre seguro». A menudo los individuos son tentados para «salirse con la suya» con algo que en su corazón saben que no es bueno ni correcto. Incluso los pensamientos negativos pagan su peaje en la psique. Lo que no parece tener un impacto negativo en el exterior, sin embargo sí lo tiene internamente. Las personas pierden el respeto a sí mismas y la conexión con el maestro interior debido a la necesidad de racionalizar y justificar cualquier cosa que no sea la verdad.

La energía espiritual y la conexión surgen cuando se buscan la verdad y la congruencia. La recompensa es la paz interior. Con la práctica, vivir coherentemente con valores de alto nivel se convierte en un hábito. Una vez se está conscientemente alineado con los valores espirituales, las restricciones externas y las instrucciones no son necesarias. La gente se da poder para actuar de una manera que naturalmente sigue las leyes artificiales porque quieren hacer lo correcto. Desafían sistemas y regulaciones que no tienen sentido.

Las relaciones que refleja el sistema de valores de alto nivel de cada persona influyen en la comunidad como un todo, de manera que el efecto se vuelve exponencial. Los *coaches* energéticos buscan esto, comenzando con la creación de una relación coherente con uno mismo y la ramificación a las relaciones con todos los demás.

El *coaching* energético se basa en el principio de «determinismo recíproco», lo que significa que tenemos la capacidad de ejercer control sobre nuestros pensamientos, sentimientos y acciones a través de la elección consciente. Queremos hacerlo porque sabemos que todo en la vida está conectado, y lo que les hacemos a los demás vuelve a nosotros para bien o para mal. El desafío para los *coaches* energéticos es practicar nuestros valores internos y nuestra visión externa en la vida cotidiana. Aspiramos a vivir en el momento con valores espirituales para alcanzar la integridad y la unidad, para ayudar a nuestros clientes a hacer lo mismo. Nosotros hacemos *coaching* a los clientes para que sean adultos, tomando la dirección desde dentro con plena responsabilidad. Esto no es un trabajo fácil, por lo que puede que no se tengan muchos clientes o la carrera de *coach* más lucrativa, aunque ese no es el deseo. Es algo mucho mayor. Queremos ser mejores personas creando un mundo mejor y entrenar a otros que quieren ser y hacer lo mismo.

ANEXO AL CAPÍTULO

REFLEXIÓN

* ¿Cómo me impide mi ego conocer mi verdadero yo?
* ¿Cómo necesito expresar mejor mi verdadero yo?
* ¿Cuáles son mis valores más profundos? ¿Cómo puedo demostrar esos valores a otros?

- ¿Dónde se originaron mis valores? ¿Cómo me sirven ahora? ¿Hay valores que necesitan ser actualizados para servirme mejor?
- ¿Hay valores que necesito y ahora faltan en mi vida? Si es así, ¿cómo puedo actuar de una manera que sea coherente con esos valores?

CONTEMPLA LO SIGUIENTE

«Nunca he pensado muy profundamente en una filosofía de vida, aunque tengo algunas ideas que creo útiles para mí: haz lo que venga en tu camino tan bien como puedas. Piensa lo menos posible acerca de ti. Piensa lo más posible en otras personas. Piensa en cosas interesantes. Puesto que consigues más alegría dando alegría a otros, debes pensar mucho en la felicidad que puedes dar».

ELEANOR ROOSEVELT

IMPRONTA INTENCIONAL

¿Qué valores dirían otros que tengo? ¿Cómo expreso esos valores? ¿Cómo puedo aplicar mi sistema de valores para ser la expresión más plena de mi ser auténtico? ¿Cómo puedo hacerme mejor persona para crear un mundo mejor?

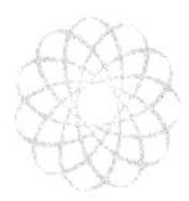

11. EL TODO Y LA UNIDAD

«Ser lo que somos y llegar a ser lo que somos capaces de llegar a ser es el único fin de nuestra vida».
ROBERT LOUIS STEVENSON

El *coaching* con espíritu recorre el círculo completo, devuelve al individuo a la relación consigo mismo. Las personas ampliamos nuestra consciencia con las elecciones que hacemos. Actuando con intención en el mundo para ser mejores personas cocreamos un mundo mejor. Expresándonos a través de nuestras palabras y acciones como seres congruentes invitamos a la energía espiritual. Las personas invocamos el principio de reciprocidad poniendo fuera de nosotros lo que deseamos recibir. Eligiendo conscientemente nuestros valores y visiones junto con nuestras prácticas externas, unimos mente, emoción y cuerpo: mente, eligiendo nuestros pensamientos y percepciones; emociones, eligiendo sentimientos que son positivos y energizantes; cuerpo, expresando pensamientos, percepciones y emociones de forma consciente y congruente a través de nuestras acciones. Las personas equilibran y alinean las tres áreas de experiencia del ser humano de acuerdo con su ser interior, que se refleja en lo que hacen hacia el exterior. Cuando alcanzan esa coherencia, la tríada se convierte en el círculo de totalidad, del Todo en el que los tres aspectos de la experiencia humana se funden en uno. La espiral de energía espiritual se integra en la totalidad, el Todo.

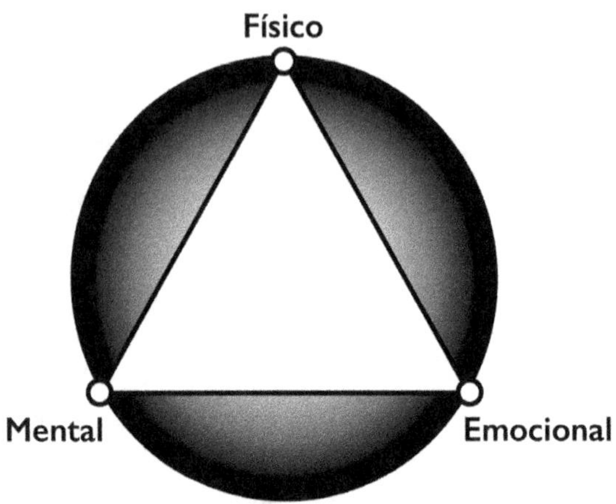

Para alcanzar la totalidad y la conexión individual las personas usamos la buena voluntad para expresar quiénes somos en nuestra relación con nosotros mismos y con los demás. El *coaching* energético ayuda a los clientes a abrir canales internos que se reflejan en relaciones positivas e igualitarias. En el *coaching* energético nos referimos continuamente al «maestro interior». Reforzamos lo que funciona para crear coherencia interior y exterior y así acceder a la energía espiritual y la conexión. El *coaching* energético favorece los principios internos y las prácticas externas que han demostrado a través de los tiempos que potencian el poder personal y la paz.

Con nuestros valores y visiones, las personas creamos nuestra realidad. Fraguamos un legado duradero, nuestra impronta individual en el mundo, expresando quiénes somos en nuestras relaciones con los demás.

A través de elecciones internas en coherencia con quienes somos, las personas creamos sentido y significado. Decidimos hasta qué punto queremos manifestar nuestro potencial. El espíritu ayuda cuando las personas eligen pensamientos y acciones positivas, y crecen conectándose con lo divino en todos los aspectos de su vida porque el *coaching* energético crea una relación basada en los valores, los principios y las prácticas espirituales, donde el cliente aprende a abrirse a su «maestro interior» para obtener energía espiritual y conexión.

Con visión, las personas dirigimos nuestra energía hacia los resultados que queremos. Lo que queremos refleja nuestros valores internos. A través de la creación y el logro de nuestra visión, las personas reflejamos nuestro ser interior en nuestras acciones exteriores. Si la visión es el destino, los valores son la Estrella Polar y los principios nos proporcionan la potencia para llegar hasta allí. La visión personal cambia con el crecimiento y los logros, pero los valores permanecen constantes. La consistencia y la coherencia generan confianza en las relaciones. Las personas desarrollamos autenticidad en las relaciones con otros y, lo que es más importante, en la relación con uno mismo.

Al decidir y definir la relación interna con uno mismo, las personas pueden relajarse acerca de quiénes son. No necesitan buscar validación exterior constantemente para probar su identidad. Porque conocen su yo interior, no necesitan atención externa, reconocimiento o recompensa para validar su valor y su poder. Los valores internos dotan de sentido y significado al cumplimiento externo de su visión. Incluso cuando no son conscientes de sus valores, estos les guían y motivan generando comportamientos y resultados observables. A través de la auto-reflexión, el análisis de las relaciones con otros y la definición del legado que quieren dejar, las personas imprimen su huella personal en el mundo con sus valores. El *coach* energético ayuda a su cliente a elegir sus valores de forma consciente y no tanto por la herencia, un tanto inconsciente, de su familia, su cultura, sus influencias sociales y otros sistemas organizacionales. Los clientes definen qué valores expresan su propósito de vida y se alinean con los principios que funcionan. Los *coaches* energéticos animan a los clientes a llegar a ser las personas que ellos quieren ser en lugar de reaccionar de forma habitual o cumpliendo simplemente con las influencias externas

Las personas detectan los valores de los demás en las relaciones. Quienes dudan de sus propios valores tienden a capitular ante los valores de los demás. Elegir tus propios valores y principios te libera del conflicto interno y del tira y afloja de las expectativas externas. Libera tu energía para perseguir tu visión. Mantener un sistema sólido de valores te permite resistir los retos de otros. Especialmente cuando se produce confrontación o presión, las personas se benefician de la seguridad que proporciona el auto-conocimiento. Su autenticidad se muestra visible cuando no se tienen que cuestionar sus motivos, su valía y su identidad. Mantienen una perspectiva a alto nivel, crean y conservan la energía, no importa cuál sea la situación exterior.

Los valores espirituales como la igualdad, la conexión, la bondad y el amor proporcionan al *coach* energético energía, guía y motivación para servir a otros. Haber elegido y cultivado esos valores, es algo que demostramos en nuestras conductas de *coaching*, que expresan nuestra naturaleza con autenticidad e integridad. El cliente se beneficia con un creciente auto-conocimiento creado al experimentar en el espejo de otro que es coherente en el ser y el hacer. Como seres espirituales viviendo en un mundo material esta reflexión sirve de puente para cubrir la distancia que hay entre la dualidad interior y exterior, y disipa la ilusión de que estamos separados y aislados en un mundo desconectado.

VIVIR LOS VALORES, LOS PRINCIPIOS Y LA VISIÓN

«He pasado muchos días encordando y desencordando mi instrumento y la canción que vine a cantar permanece olvidada».
RABINDRANATH TAGORE

«El carácter se manifiesta en los grandes momentos, pero se forja en los pequeños».
PHILLIPS BROOKS

Los *coaches* energéticos sabemos que solo podemos hablar de energía espiritual y conexión eligiendo conscientemente que nuestro ser y nuestro hacer estén alineados con nuestros valores espirituales, principios y prácticas en nuestra vida diaria. Nuestro maestro interior proporciona una guía que mantiene la coherencia con nuestros valores interiores y nuestra visión exterior. Ignorar o negar al maestro interior cuando nuestros valores se ponen a prueba nos desconecta del espíritu cuando más lo necesitamos. Como puentes entre los mundos visible e invisible, nosotros hacemos real el interior en el mundo exterior a través de nuestras elecciones conscientes. El espíritu responde a nuestra intención consciente de ser y desarrollar todo nuestro potencial.

Lea: *«Recientemente John y yo tuvimos la maravillosa oportunidad de escuchar una charla ofrecida por el 14º Dalai Lama, Tenzin Gyatso, en Washington, DC. Durante la charla sonreía mientras nos contaba que le habían preguntado cuál era 'la mejor' religión. Contestó que lo único importante era elegir qué quieres seguir tú, y después hacerlo de forma continua y deliberada. Señaló que nosotros elegimos la comida y las ropas que llevamos, pero no elegimos conscientemente cómo queremos ser como personas. Desde nuestras elecciones e intenciones, el Dalai Lama sostuvo que cualquier religión podía ser la mejor si se practicaba con consistencia y buen corazón».*

EL PODER DE LOS PRINCIPIOS

«Si hoy en día hubiera en el mundo un gran número de personas que desearan su propia felicidad más de lo que desean la infelicidad de los demás, podríamos tener un paraíso en unos pocos años».
Bertrand Russell

Las relaciones reflejan las características de quienes las protagonizan. El reflejo de los otros les muestra a las personas directamente si están siendo auténticos consigo mismas hasta el punto de que las personas que niegan o reprimen su auténtico ser atraen relaciones en las que pasa lo mismo. Cuanto más cercana es la relación mejor es el espejo, porque aquellos que son más cercanos reflejan mejor. El maestro interior proporciona la brújula para alinear a las personas con los valores que desean y la guía para actuar de acuerdo con sus principios e ideales. Como guardián del propósito de la vida, registra cualquier diferencia entre los valores y la visión y cómo las personas piensan, sienten y se comportan. Obliga a la gente a resolver las discrepancias para experimentar integración, integridad y conexión espiritual con uno mismo y con los demás. Las relaciones reflejan lagunas entre quiénes son y cómo quieren ser. Si ignoran al maestro interior y están en relación con aquellos que no apoyan la expresión de un ser auténtico corren el riesgo de comprometerse con relaciones que no les van a funcionar.

Las personas desarrollamos nuestros valores espirituales, nuestros principios y nuestra visión hablando y actuando intencionadamente en busca del bien mayor. La intención interna dirige nuestra expresión externa. Aunque las situaciones externas cambien, la intención sostiene firme y consistentemente la dirección interna. La energía espiritual se expande en frecuencias crecientes, atrayendo intenciones similares de los otros. Incluso cuando la situación externa parece desoladora, podemos equilibrar y restaurar nuestra energía a través de la buena intención. Mantener la coherencia interna cuando fuera impera el caos nos hace trascender un reto temporal y conservar nuestra paz interior.

Cuando las personas eligen vivir de forma honesta y auténtica con buena intención siempre presente en sus pensamientos, acciones y actos, no necesitan leyes de ordeno y mando, ni mandatos externos, ni códigos de conducta. Desarrollan una relación personal con el espíritu que las libera del dogma de la religión, de los fundamentalismos o de la autocracia. El compromiso con su propio espíritu libera a la persona del enrevesado, costoso e ineficiente sistema externo de recompensas y castigos, y de las imposiciones culturales y los estándares de conducta dictados por la sociedad. Las personas expresan su auténtico ser basado en su impulso interno y la búsqueda externa de su potencial personal. Se convierten en adultos maduros y no en niños rebeldes, atrayendo lo que quieren en lugar de resistirse a lo que no quieren. Quienes se honran a sí mismos honran a los demás.

Aquellos que no se traicionan a sí mismos no traicionan a los demás. Inspiradas por el espíritu, las personas sueltan relaciones negativas que las desgastan y en su lugar optan por relaciones positivas que las reponen. Quienes conocen la verdad no tienen una necesidad acuciante de imponer su voluntad a otros para compensar su duda interior. Pueden vivir sus propias visiones y valores porque trabajan para ellos. No hay necesidad de asumir sistemas defectuosos que no funcionan ni de doblegarse para llevarse bien con los demás.

Sin principios, sin valores y sin una visión elevada, las personas tendemos a buscar culpables fuera de nosotros mismos. Pero el maestro interior sabe la verdad. La conciencia lleva a las personas a afrontar si están mintiendo, engañando, negando, holgazaneando u ocultando. Cualquier cosa que no sea la expresión honesta de uno mismo y la responsabilidad personal se proyecta, y se proyecta sobre uno mismo y sobre los demás. Ningún intento externo para discernir la intención y recompensar o castigar el comportamiento puede resarcir por aquellos que no quieren ser y hacer el bien. Para conectar con el espíritu y el maestro interior debemos elegir ideales internos positivos y mantenerlos sin necesidad de amenazas externas o recompensas.

Las elecciones individuales guían la conducta externa para crear relaciones basadas en las leyes de la atracción y la reciprocidad. Imaginemos cómo sería si cada uno de manera intencionada se alineara con sus valores y mantuviera una conexión con su maestro interior y con el espíritu. Podríamos cocrear el Cielo en la Tierra.

La conciencia llama a las personas a crecer y concebir cómo mejorar. Los valores ayudan a las personas a demostrar desde el interior posibilidades a través del ejemplo personal. Los valores evolucionan según la conciencia va creciendo. La Historia ha demostrado que la injusticia y el autoritarismo no son sostenibles y que la buena voluntad prevalece sobre aquellos que buscan hacer daño. Los humanos somos seres fototróficos: crecemos dirigiéndonos hacia la luz. A medida que el mundo se hace más pequeño por la economía global y por las comunicaciones y los sistemas de colaboración interconectados, se hace más evidente que lo que beneficia al todo beneficia al individuo y viceversa. Una vez que las personas se dan cuenta de la interconexión de todo están obligadas a ser mejores y a crear un mundo mejor. Incluso cuando no es fácil, más desean ser y hacer el bien. Las personas crecemos a través de la mejora continua en nosotros mismos y en las relaciones con los otros. Los *coaches* energéticos asisten a sus clientes en sus esfuerzos por aumentar su conciencia y conectar. Puede que nunca lleguemos del todo, pero elegir libremente la buena intención mantendrá nuestra dirección.

RELACIONES DE DOBLE SENTIDO

«Si cada uno de nosotros barriera delante de sus pies, el mundo entero estaría limpio».
GOETHE

En el Universo hay reciprocidad. Dado que las personas somos un todo conectado, la Regla de Oro sirve como *modus operandi* para la conducta personal; funciona para mejorarse a uno mismo y al otro. Al darnos cuenta de esa unión, la necesidad de juzgar a otros se vuelve innecesaria. Guiados por el maestro interior, las personas actuamos con coherencia. Aunque la expresión de uno mismo puede ser diferente en cada persona, aceptamos esas diferencias sabiendo que, en el centro de su ser, las personas tenemos el mismo deseo de ser conocidas y aceptadas por ser quieres somos. Los *coaches* energéticos ayudan a las personas a llegar a ser la expresión más plena de su auténtico ser a través de la libertad conquistada por la auto-aceptación, el amor y la experiencia de ser, aceptando y amando a los demás como son. Reconociendo la unidad del espejo y el reflejo, las personas se auto-reflejan más que proyectarse en otros. Ya no son seres aislados y separados sino seres conectados y completos.

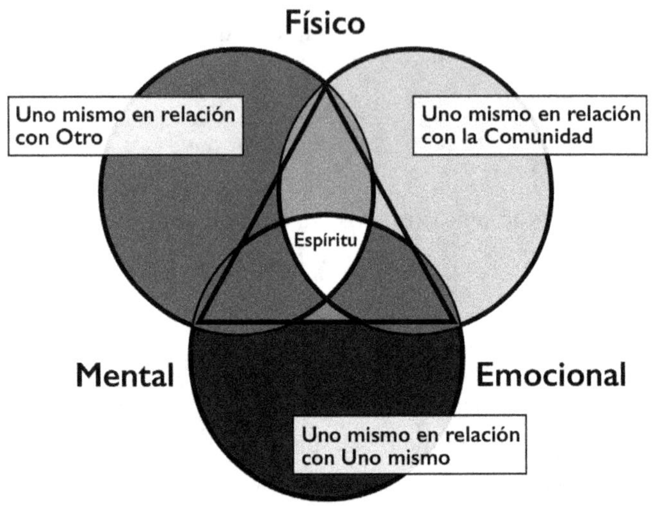

En las relaciones equilibradas, las personas experimentan una auténtica conexión espiritual y energética. A medida que se eligen relaciones en armonía con el yo interior-exterior y con los demás como una expresión combinada de la conciencia creciente, se produce una mayor conexión y unidad.

John y Lea: «*Crear este libro ha sido una alegría para cada uno de nosotros. Aunque colaborar, escribir y editar ha requerido mucho tiempo y energía durante tres años, el proceso ha aumentado nuestra conexión con nosotros mismos y entre nosotros. Porque el trabajo del libro nos ha retado a llevar a la práctica lo que contamos, nos ha obligado a conectar con otros, a trabajar con el espíritu y a vivir conscientemente. El libro se ha derramado en nuestras vidas diarias, mejorando nuestras relaciones y validando nuestros valores.*

Hemos experimentado la energía espiritual a través de nuestra colaboración. Como socios iguales y apreciados, haciendo un trabajo que tenía sentido hemos encontrado que nuestro respeto mutuo servía como ejemplo de cómo queremos ser en todas las relaciones que tengamos. Hemos atraído a personas que nos han ayudado con este el libro, como nuestra compañera coach y editora, Charlotte, y otros amigos y contactos. En nuestro negocio de coaching, nuestra experiencia de colaboración y conexión ha servido de ejemplo de cómo queremos ser con nuestros clientes, creando un espacio de igualdad y aprecio para la auto-reflexión, el auto-descubrimiento, la auto-expresión y la auto-aceptación a través de la maestría interior ampliada.

El día a día en la vida y en el trabajo se convierten en oportunidades para vivir el proceso sobre el que estamos escribiendo: primero trabajando en nuestra coherencia interna, después expresándola a través de nuestra relación con el otro, y posteriormente ofreciendo el libro como una conexión con la comunidad en sentido amplio. Con el proceso hemos comprobado nuestras afirmaciones, nuestros principios, nuestros valores y nuestras acciones para asegurarnos de que funcionaban tal y como las hemos escrito.

Gracias al proceso vivido entre ambos al escribir hemos conectado con el espíritu. Nuestro trabajo ha requerido esfuerzo pero a través del ejercicio de nuestra libre voluntad, el espíritu nos ha traído energía y orientación. El tiempo de estudio y reflexión se ha materializado sin un sentimiento de 'tenemos que terminar'. Sorprendentemente, anticipamos una pérdida al final de este proyecto, como si tuviéramos que buscar energía y equilibrio sin que nuestro trabajo nos llevara de nuevo al centro. Entonces nos dimos cuenta de que no podíamos perder energía y equilibrio a menos que nosotros lo permitiéramos. Hemos creado algo para conectar con el Todo. Ese algo es el 'coaching energético', con el que nuestro crecimiento individual en la totalidad se expande en nuestras relaciones con el otro y hacia la comunidad».

El crecimiento de la conciencia

«Como seres humanos, nuestra grandeza no reside tanto en ser capaces de rehacer el mundo –que es el mito de la era atómica– como en ser capaces de rehacernos a nosotros mismos».
Mahatma Gandhi

«Todo el mundo tropieza con la verdad de vez en cuando, pero la mayoría de las personas se levantan rápido, como si nunca hubiera pasado nada».
Sir Winston Churchill

En nuestro Universo holográfico, el mundo externo refleja el estado interno de los individuos que están en él. Los coaches energéticos buscan facilitar la evolución individual de la conciencia de forma deliberada y consciente, que a su vez impactará para el bien de toda la comunidad. Cada persona tiene un papel que jugar.

En el crecimiento de la conciencia hay un *continuum*. Los *coaches* energéticos se encuentran con los clientes en el punto de ese continuo en el que ellos están. Las diferentes etapas de ese crecimiento tienen que ver con la educación, las experiencias de la vida, la sabiduría innata y el deseo de aprender. Algunas personas llegan al *coaching* con una actitud muy consciente y abierta. Con frecuencia las llamamos «sensitivas» o «intuitivas»; parecen ser conscientes de modo automático. Otras pueden haber evitado el trabajo necesario para mirar hacia el interior y su propio reflejo. Pueden estar aún sujetas a reglas impuestas desde el exterior, dogmas, creencias y prescripciones. Tienen un pasado y aún están apegados a él. Cuando su pasado ya no les funciona, o cuando las recompensas ya no les satisfacen, o cuando las consecuencias se convierten en algo demasiado difícil de ignorar, puede que se abran al *coaching*. En un primer momento, esos clientes se agarran a lo que les ha funcionado en el pasado y quieren que el *coaching* les ayude a mantener una visión del mundo que no es sostenible y que les resta energía y desvía su atención de su ser interior. El *coach* energético crea el espacio para el examen interno. No hay otro lugar donde los clientes deberían estar más que donde están. Deben crecer a un estado de conciencia y auto-conocimiento más elevado, o no. Nosotros proporcionamos el terreno fértil y las semillas igual que lo hace la naturaleza. Como la naturaleza, nosotros solo podemos ofrecer la oportunidad; está en manos del cliente el plantar las semillas y cuidarlas.

Coherencia

«Por encima de todo, sé fiel contigo mismo, y si sigues así, como el sol sigue a la luna, no podrás ser falso con nadie».
William Shakespeare, *Hamlet*

La coherencia termina con la dualidad y la necesidad de comparar y juzgar. Cuando las personas están equilibradas en su centro desaparece la dualidad. La coherencia interna y externa cierra la brecha que las separa del espíritu, de sí mismas y de los demás. Lo que está dentro está también fuera, y viceversa. La coherencia interna y externa con uno mismo y con los demás conecta a las personas y disipa la ilusión de estar aislados, separados y solos.

Las experiencias externas reflejan el estado interno de la persona. El mundo parece tener el poder de cambiar a las personas, pero solo si ellas lo permiten. El espíritu conecta con el corazón común de la humanidad. Los motivos, las proyecciones, los deseos, las necesidades del ego, etc. continuamente retan a las personas, a no ser que estas estén conectadas con su espíritu y conocimiento interior. El espíritu y la maestría interior sirven como protección frente a la manipulación, el tráfico de influencias y la seducción externa. Las personas que desean integridad necesitan conscientemente mantener la coherencia entre su ser interior y su forma de actuar exterior. Los adultos empoderados se crean a sí mismos a través de la motivación interior basada en valores y principios espirituales, no a través de seducciones externas basadas en atracciones y deseos pasajeros. La práctica capacita a las personas para permanecer en el camino, especialmente cuando no es fácil o cómodo hacerlo.

La incoherencia no solo separa a las personas de su maestro interior y de su espíritu, sino que también proyecta la ilusión de una lucha dentro de uno mismo y con los demás. Las personas pierden energía en ese tira y afloja de estímulo y respuesta, y en mantener separadas las partes que no están en armonía. Pocos se dan cuenta del peaje que pagan por pensar, hablar y actuar de forma inconsistente. Un acto incongruente erosiona la confianza que los otros tienen depositada en una persona pensando que será auténtica y consistente en sus relaciones. Recuperar la confianza es difícil, así que mejor no perderla. Es necesario tomar la decisión para seguir siendo congruentes y positivos ante el torrente de acciones y palabras superficiales, falsas, desconsideradas o dañinas. Las personas son coherentes cuando demuestran en la práctica su habilidad para ser y hacer conforme a lo que ellas deciden en lugar de responder de forma inconsciente.

La consistencia en las conductas y respuestas conlleva honestidad, integridad y autenticidad. La consistencia genera credibilidad. La confianza es el vínculo de unión en las relaciones, mejorando la comunicación, la cooperación y la conectividad. Las personas congruentes son consistentes. Saben quiénes son y mantienen su esencia independientemente de lo que ocurra en el exterior con los demás. Saben lo que es suyo y lo que no, y se responsabilizan de lo que han creado. Igual de importante es que dejen ir lo que no es suyo. Estas personas saben que, primero de todo, deben ser honestas consigo mismas, estar alineadas con su maestro interior, y posteriormente todo lo demás se desplegará desde el punto de inicio. Traen paz a las partes internas enfrentadas, lo que permite al maestro interior emerger y ayudarles a tomar decisiones difíciles, proporcionar claridad y ofrecer guía para las elecciones conscientes que se deben adoptar periódicamente para mantener la coherencia interior.

El maestro interior señala al verdadero yo. Las personas aprenden a confiar en ellas mismas porque se conocen. Las personas confían en otros en la medida en que son capaces de confiar en sí mismas. Las relaciones con los demás se complementan a medida que los individuos crecen para conocerse a sí mismos. Al ser capaces de confiar en sí mismas, las personas confían en las relaciones, incluso con aquellas personas que pueden no merecer mucha confianza. Si no lo merecen, el auto-respeto las obliga a abandonar las relaciones con las personas incoherentes sin sentimiento de culpa, lamentaciones, ni auto-recriminación. Consideran que si son traicionadas es más un reflejo del otro que de uno mismo. Todas las relaciones sirven como buenos ejemplos, ya sea de cómo ser o de cómo no ser.

La coherencia en el coaching energético

> *«No puedes pisar el camino sin antes convertirte tú mismo en el camino».*
> Proverbio Zen

Los *coaches* energéticos juegan muchos roles, utilizando enfoques flexibles en el *coaching* con los clientes para lograr coherencia. Estando presentes, abiertos y siendo auténticos cuando hacemos *coaching*, nos comportamos y hablamos con integridad. Dependemos de nuestro maestro interior para mantener la actitud de testigos compasivos al tiempo que realizamos preguntas potentes a nuestros clientes. Reflejamos lo que los clientes proyectan, los retamos con lo que parece ser incongruente y les pedimos que resuman lo que han descubierto y decidido. Al ser nosotros mismos congruentes con la buena intención no necesitamos basarnos en herramientas externas ni técnicas preconcebidas. La libertad nos permite liberarnos de auto-referencias y estar presentes y ser auténticos con los clientes mientras ellos hacen su trabajo.

John: «*Adele quería llegar a ser coach certificada de SUN. La primera parte de nuestro acuerdo era que yo le haría coaching durante ocho sesiones. Nuestro trabajo juntos progresaba adecuadamente a medida que nos acercábamos al momento de su certificación como coach. Un elemento clave de esta formación está relacionado con el marketing y el desarrollo de clientes. Estábamos trabajando para lograr los tres contratos con clientes que requiere la certificación como coach de SUN.*

Me di cuenta de que Adele tenía un conflicto con el marketing, incluso cuando había hecho planes de acción en nuestras sesiones de coaching. Su lenguaje corporal no coincidía con sus palabras.

Cuando le pregunté sobre lo que había identificado se dio cuenta de que no estaba lista para dar el paso de desarrollar clientes. Decidió que quería redefinir su resultado a 'ganar confianza en mis habilidades de coaching'. En ese momento, sentir confianza en sus habilidades de coaching tenía más valor que el marketing. Si yo me hubiera ceñido al programa y no hubiera sido sensible al conocimiento interior de Adele, ella hubiera cumplido con el objetivo de marketing en lugar de ser realmente auténtica con lo que ella quería en ese momento. Adele mejoró sus habilidades de coaching a medida que mejoraba en ser auténtica consigo misma. Ahora se dedica al coaching con éxito debido en parte a una estrategia de marketing personalizada y única que es expresión auténtica de quien es ella».

La coherencia requiere que las personas tomen decisiones continuamente y en el momento, alineando los pensamientos, las palabras y las acciones con lo que quieren ser. Dejan de responder a las presiones externas para guiarse ellas mismas desde del interior de forma consciente. Como actores dirigidos desde el interior, consistentes y automotivados, logran la conexión espiritual a través de la coherencia con los principios y valores espirituales. Al hacer *coaching* para la coherencia, los *coaches* energéticos promueven la auto-reflexión para que la maestría interna pueda desarrollar visiones. Nosotros trabajamos con lo que los clientes «deberían-querrían-podrían». Atendiéndolos, los clientes liberan su energía y se focalizan en el presente y el futuro. Sostenemos el espacio para que descubran su bondad innata, su guía interior y su potente habilidad para llevar adelante decisiones. El *coaching* energético descubre al maestro interior, el *coach* de vida definitivo.

Cerrando el círculo

«Todo el mundo piensa en cambiar el mundo, pero nadie piensa en cambiarse a sí mismo».
Leo Tolstoi

«Solo existe un lugar en el Universo en el que tienes la certeza de poder mejorar, y ese lugar eres tú mismo».
Aldous Huxley

Los seres humanos somos seres espirituales en un mundo material. Al elegir libremente los valores y acciones de nuestro auténtico ser interior creamos integridad y conexión con el espíritu a través de nuestro maestro interior. Cuando el espíritu recibe la elección consciente de conectar se une a los esfuerzos y las intenciones de la gente. Las personas combinan los pensamientos, los sentimientos y las percepciones de su realidad interior antes de crear su realidad exterior. Después, es cuestión de tiempo que manifiesten lo que quieren, o algo mejor, porque ellos mismos se habrán calibrado y también habrán calibrado sus intenciones a un nivel de frecuencia más alto que atrae la conexión y la energía espiritual.

Para vivir en estrecha relación con uno mismo y con el espíritu, las personas están llamadas a ser y hacer de forma auténtica. A medida que su nivel de conciencia aumenta desean más coherencia y conexión. La vida demuestra que existe un ritmo, y la razón y la sincronicidad abundan. Lo que las personas manifiestan proporciona un sentido de individualidad. La coherencia mitiga la alienación creada por la ilusión de la dicotomía y el juicio bueno/malo, bien/mal, me gusta/ no me gusta, esto/eso no, etc. Las personas se convierten en sus mejores amigos, en estrecha relación consigo mismas. Según experimentan la creatividad, la pasión, el propósito, disipan su soledad.

El egocentrismo separa, el espíritu conecta. En la separación, las personas pierden de vista su inmenso y poderoso ser interior. La habilidad para crear más de lo que quieren reside en elegir ser plenamente quienes son. Lo que quieren provoca orientación interior más que adquisiciones externas, que solo pueden servir como sustituto temporal del auto-conocimiento y la aceptación. Todas las relaciones se convierten en importantes, especialmente las más difíciles, porque las usan como un espejo, y el reflejo les ayuda a aprender sobre ellas mismas. El *coach* energético facilita las relaciones de los clientes, empezando y terminando con la relación que tienen con ellas mismas.

Las personas experimentan el espíritu a través de las relaciones entre su ser interior y su ser exterior, y con el ser interior y exterior de los demás. A medida que aprenden también crecen en sus relaciones. A veces pueden desconectarse de sí mismas y de los otros por incoherencia y confusión. Con el fin de sostener el camino, los *coaches* energéticos facilitan a los clientes una relación positiva y validadora que refleja el núcleo común de la bondad y la intención positiva en todas las personas.

Para conseguir lo que quieren en la vida, las personas deben tomar decisiones por sí mismas. Si no lo hacen, alguien las tomará por ellas. Allí donde las personas no pueden tomar el control total de las circunstancias externas, sí pueden mantener su estado interior preferido y una visión llena de sentido basada en los valores que han elegido. Para aquellos que buscan maneras prácticas de ser la expresión más plena de su yo más elevado, los *coaches* energéticos persiguen servir como ejemplo y apoyo cuando otros, investidos de *statu quo*, puedan desafiar el «nuevo tú» de los clientes. Nuestro apoyo y confianza son vitales cuando los clientes están haciendo cambios, y las personas de su alrededor sienten que el control y la influencia que antes tenían está disminuyendo.

Muchas personas se orientan hacia el exterior. Algunos clientes pueden sentirse «perdidos» cuando hacen el cambio hacia su interior. Aunque algunas personas crean sus experiencias desde dentro, puede que no se hayan dado cuenta aún del poder sin explotar que se encuentra en su interior. Cuando se deciden a ser lo que quieren ser y a expresarse en un mundo guiadas por valores y por una visión dirigida desde dentro, el *coach* energético las apoya en su decisión. Los resultados que logran los clientes pueden ser diferentes de lo que originalmente esperaban. Orientarse hacia el interior puede llevar tiempo y esfuerzo, persistencia y paciencia. Puede parecer que no está pasando nada, incluso cuando los clientes están avanzando en su trabajo. Los *coaches* energéticos conocemos el proceso porque ya hemos pasado por él para descubrir que todo goza de un orden sublime. Lo que los clientes son y lo que quieren ya lo han creado dentro de ellos; es simplemente cuestión de tiempo que manifiesten sus visiones.

Nuestra visión del coaching energético

«La verdad está escondida en la sutil naturaleza del corazón de todas las cosas, aunque es invisible. No se puede ver desde el interior y tampoco desde la superficie. Solo se puede vivir y experimentar».
Sutra del corazón

Imagina cómo sería el mundo si todos eligiéramos conscientemente la conexión espiritual a través de los valores y la visión positiva. Sería un mundo de paz, libre de juicios y lleno de amabilidad. Las relaciones se sanarían y las naciones compartirían sus fronteras y creencias. Todas las comunidades honrarían a las personas por hacer contribuciones positivas y útiles. Las personas se tratarían bien unas a otras y basarían su relación en la igualdad, libres de la falsa separación y la falta de confianza que protegen al ego. Se podrían comunicar abiertamente unos con otros desde la esencia interior. Manifestarían con confianza su verdad personal y disfrutarían siendo quienes son. Cada persona respetaría el yo único de cada uno y su camino.

En estos momentos, en las comunidades de todo el mundo las personas están expresando y experimentando sus cualidades trascendentales. Están conectando con el espíritu y con los otros. Las personas libres comunican sus cualidades interiores únicamente en relaciones con personas que también son libres para hacer lo mismo. El *coaching* energético visualiza una masa crítica de gente haciéndose responsable de ser lo que quiere ver en el mundo. El hecho de elegir libremente conectar con uno mismo y con los otros desencadena energía y entusiasmo. El espíritu libera la energía de las personas una por una, para que llegue a estar tan presente, positiva y generalizada de forma tan obvia que aquellos que eligen permanecer separados y dirigidos por el ego deban hacer auto-reflexión más que proyectar sobre otros. Cuando las personas comprenden la iluminación como el poder y la paz de conectar, la oscuridad se convierte en luz. La resistencia será inútil. Para aquellos a quienes les gustaría esconderse, no habrá ningún lugar al que ir donde la luz no brille. Por último, aquellos que elijan vivir en la oscuridad serán incluidos y amados a pesar de sus intenciones y acciones. Los *coaches* energéticos saben que, en nuestra esencia, todos somos iguales; deseamos y merecemos amor.

Mientras la energía de la bondad y el amor que es el espíritu se propaga, la humanidad se vuelve amable y equilibrada en el centro de la unidad. Lo que antes eran dos en la ilusión de la dualidad y la separación, se convierten en uno. Logrando el alineamiento de nuestro interior y exterior, las personas creamos coherencia en el mundo. El yo y el otro permanecen individuales y únicos, al tiempo que conectados. Las relaciones florecen en igualdad y respeto. Las personas perciben las desconexiones como la ilusión de que están desconectados. Saben que la Regla de Oro funciona para todos y quieren tratar a los otros como les gustaría que los trataran.

La luz de la maestría interior está ardiendo continuamente. Solo cuando las personas se dejan engañar por la ilusión de desigualdad y separación, la luz se oculta. Cuando las personas asumen la responsabilidad de ser lo que quieren experimentar en el mundo, juntas crean visiones para superar el dolor y los problemas. Los seres humanos puede que nunca lleguemos a vivir en un mundo externo perfecto, pero la intención positiva y el esfuerzo por crecer en consciencia y conexión crean propósito personal y poder. Las relaciones reflejan quiénes son las personas cuando se unen en la bondad y el amor. El mundo es como un holograma que refleja la coherencia interna y externa en el espejo y el reflejo de cada persona que hay en él.

Si elegimos

Como es arriba es abajo. Como es dentro es fuera. Conocemos al árbol por sus frutos. Vemos una moneda en lugar de dos caras separadas. Lo que se ve por fuera es el reflejo de lo interior, que es invisible. Conectar requiere intención positiva y elección consciente en cada momento, mientras funcionamos como individuos únicos, autónomos y completos. El aspecto holográfico de la individualización y la integración trasciende la dualidad, fusionando los dos en uno.

Cada persona como individuo completa el Todo. El espíritu se manifiesta en el mundo externo a través de la calidad de las relaciones que las personas crean entre ellas. La antigua filosofía de Confucio trataba sobre la creación de comunidad. Cristo afirmó que el Reino de Dios se manifestaría cuando dos llegaran a ser uno. Ya no existe más el estímulo-respuesta, el deseo y la resistencia o las etiquetas de bueno/malo. Ya no existe distancia entre lo que lo que las personas son y cómo se presentan a los demás. Trabajan en ellas mismas para ser las personas que su potencial les permite llegar a ser, para producir coherencia y paz interior. El *Coaching* energético les ayuda a utilizar el espejo y el reflejo de la relación para lograr la unión dinámica.

Crear totalidad y unidad a través de la intención y la invitación al espíritu es el trabajo del *coach* energético. Creamos coherencia interior y exterior cuando decidimos que la totalidad es lo que queremos. Cuando el espíritu y el maestro interior se conectan a través de nuestros valores, principios y visiones, nuestra experiencia exterior refleja nuestro yo interior. Uno mismo se refleja como verdadero en el espejo terrenal. Asumiendo el poder personal y asumiendo responsabilidad nos convertimos en lo que queremos ver en el mundo, libre elección y buena voluntad para todos. En este momento, la unidad se convierte en la Unidad. En este momento, el uno se vuelve Uno.

> *«Nosotros somos aquellos a quienes hemos estado esperando».*
> Oraibi, Arizona Hopi Nation

CON AGRADECIMIENTO

Como coautor de *Coaching energético, ser y hacer con el espíritu*, he llegado a apreciar la sabiduría y el poder de mi maestro interior. Mi más profunda gratitud es la consciencia del trabajo del espíritu durante el tiempo que tardamos en completar este libro. Esta conciencia comenzó cuando mi *coach* y mentora, Teri-E Belf, plantó la semilla en mí de escribir una guía de trabajo asociada a su libro, *Coaching con espíritu, permitiendo que el éxito emerja*. Aunque el libro nunca se materializó, estoy agradecido a Teri-E por encender en mí la chispa de este libro y escribir el prólogo. Una segunda toma de conciencia llegó cuando mi sabio maestro interior me dejó muy claro que debía asociarme con mi clienta y *coach* en formación, Lea Harper, como coautora. Este libro no se habría escrito sin sus valiosas y dedicadas contribuciones ni su apoyo amoroso e inquebrantable durante estos años. Mi gratitud por esta experiencia a Lea es profunda. Una tercera circunstancia fue la idea de invitar a mi colega Charlotte Ward para ser la editora. Agradezco a Charlotte su experiencia y su voluntad de retarnos de forma convincente a que mantuviéramos al lector presente a medida que escribíamos. Mi gratitud va a mis compañeros de *coaching* y los *coaches* en formación que me inspiraron a demostrar y –con la contribución de Lea– perfeccionar los conceptos y aplicaciones contenidas en nuestro libro. Quiero agradecer a mi familia y amigos su generosidad al leer miles de borradores, tan necesarios para lograr el producto final. Su aliento y ánimo, junto con un poco de insistencia, hicieron este viaje más agradable.

JOHN COLLINGS

Cuando encontré a John y le pedí que fuera mi *coach*, mi sabio interior supo, antes de que yo me diera cuenta, lo beneficiosa, positiva y empoderadora que sería nuestra relación. En el exterior hay diferencias entre nosotros; John tenía una exitosa carrera en Desarrollo Organizacional y como Master Certified Coach era muy conocido en su campo. Yo estaba al margen, tratando de encajar en el campo que había elegido, pero no como experta externa, como nos habían enseñado. Encontré que el *coaching* era una esperanza, pero no de modo completo hasta que John y yo colaboramos en este libro. Ahora he encontrado algo que será un reflejo de lo que soy y que es lo que más merece la pena en la vida. Esto es gracias, sobre todo, a John que hizo realidad aquello en lo que yo creía dando validez a la total expresión de mi ser y se unió a mí en querer ser y hacer por un bien mayor. Mi marido, Steve, es un ingrediente clave para la realidad de este esfuerzo. Siempre ha creído en mí y en mis proyectos, desde volver a la escuela de posgrado, iniciar mi propio negocio o escribir este libro. Ha sido mi mentor, mi amigo, mi confidente siempre apoyándome sin hacer preguntas, incluso cuando el retorno no llegaba inmediatamente. Voy aún más atrás del inicio de esta búsqueda de la verdad. Es mi madre a quien encuentro en la raíz de todo esto. Ella me enseñó el valor de ser yo misma. Me enseñó que nadie es mejor que nadie. Me enseñó la verdad, las consecuencias, la dignidad del silencio cuando otros te menosprecian. Me mostró que cualesquiera que fueran los resultados, no podía fallar cuando daba lo mejor de mí. Quisiera agradecerle a mi padre y a mis hermanos haberme enseñado a «dejar ir» y a mi hija y a su familia por ayudarme a crecer. Sé que tanto John como yo queremos agradecer a nuestros nietos su asombro y su sencilla sabiduría de cómo es el mundo, que nos recuerda lo que olvidamos hace mucho tiempo. También quiero dar las gracias a mis amigos que ahora son más amigos de lo que nunca fueron. Me han brindado un buen espejo; me gusta el reflejo que veo de mí en ellos. Me desafían, pero también me dan un lugar seguro al que ir. Debo agradecer a Charlotte Ward que de alguna manera ha convertido en legible lo que yo escribía, con una poesía y delicadeza únicas. Con la paciente tutoría de Charlotte he aprendido mucho. Quiero mostrar mi agradecimiento a Word Association Publishing que ha reconocido la importancia de este trabajo prestándole la atención que merece. Además, para ser honesta y sin saber muy bien cómo decirlo, debo reconocer a la chispa de este esfuerzo, la Fuente que lo reunió, la energía que lo mantuvo en marcha, el semillero de conciencia del que vino uniéndonos para crear aquello más significativo. Finalmente, hay un enorme aprecio por ti, querido lector, por la oportunidad de conectar con la plenitud del Todo.

LEA HARPER

«Saber que existe esta interconexión del Universo, que todos estamos interconectados y que lo estamos al Universo en su nivel fundamental, creo que es una buena explicación de la espiritualidad tal y como es».
STUART HAMEROFF, MD

BIBLIOGRAFÍA

- BELF, TERI-E (2002). *Coaching with Spirit: Allowing Success to Emerge.* San Francisco, CA: Jossey-Bass/Pfeiffer.

- BENSON, HERBERT; KLIPPER, MIRIAM (1975). *The Relaxation Response.* New York, NY: HarperCollins.

- BUBER, MARTIN (1970). *I and Thou.* New York, NY: Touchstone.

- CHILDRE, DOC L.; PADDISON, SARA (1998). *HeartMath Discovery Program Level 1: Daily Readings and Self-Discovery Exercises for Creating a More Rewarding Life.* Boulder Creek, CA: Planetary Publications/HeartMath LLC.

- CHILDRE, DOC; MARTIN, HOWARD (1999). *The Heartmath Solution.* New York, NY: HarperCollins.

- FRANKL, VIKTOR E. (1955). The Doctor and the Soul: From Psychotherapy to Logotherapy. New York, NY: Random House.

- FRANKL, VIKTOR E. (1959). Man's Search for Meaning. Boston,-MA: Beacon Press.

- FROMM, ERICH (1956). The Art of Loving. New York, NY: HarperCollins.

- JUNG, CARL G. (1938). *Psychology and Religion (The Terry Lecture Series).* Binghamton, NY: The Vail-Ballou Press.

- JUNG, CARL G. (1972) *Collected Works of C.G. Jung, Volume 8, The Structure and Dynamics of the Psyche.* Princeton, NJ: Princeton University Press.

- LABORDE, GENIE Z. (1997) *Influencing with Integrity: Management Skills for Communication and Negotiation.* Redwood City, CA: Syntony Press.

- MARKOVA, DAWNA (1996). *The OpenMind: Exploring the 6 Patterns of Intelligence.* Berkley, CA: Conari Press.

- MASLOW, ABRAHAM H. (1999). *Toward a Psychology of Being.* New York, NY: John Wiley and Sons.

- PECK, M. SCOTT (1978). *The Road Less Traveled: A New Psychology of Love, Traditional Values, and Spiritual Growth.* New

York, NY: Touchstone.

- Peck, M. Scott (1987). *The Different Drum: Community Making and Peace.* New York, NY: Touchstone.

- Piedmont, Ralph L. (1999). *Does Spirituality Represent the Sixth Factor of Personality? Spiritual Transcendence and the Five Factor Model.* Journal of Personality, 67, 985 – 1013.

- Ryan, Kathleen; Oestreich, Daniel (1998). *Driving Fear out of the Workplace: Creating the High-Trust, High-Performance Organization.* San Francisco, CA: Jossey-Bass.

- Seiling, J.G. (1997). *The Membership Organization: Achieving Top Performance through the New Workplace Community.* San Francisco, CA: Davies-Black.

- Seiling, J.G. (2001). *The Meaning and Role of Organizational Advocacy: Responsibility and Accountability in the workplace.* Westport, CT: Greenwood Publications.

- Senge, Peter M. (1990). *The Fifth Discipline: The Art and Practice of the Learning Organization.* New York, NY: Bantam Doubleday Dell Publishing Group.

- Wheatley, Margaret J. (1999). *Leadership and the New Science: Discovering Order in a Chaotic World.* San Francisco, CA: Berrett-Koehler Publishers.

KOLIMA
BOOKS